The Theory and Practice of
The Competitive Training for Youth Triathletes

青少年铁人三项运动员竞技训练理论与实践

陶焘 著

北京理工大学出版社
BEIJING INSTITUTE OF TECHNOLOGY PRESS

内容简介

本书以提升青少年铁人三项运动员科学化训练水平为主旨，将运动训练学、竞技参赛学、运动解剖学、运动生理学、运动生物力学、运动医学等多学科融为一体，构建了以青少年生长发育规律与体、技能发展特征为逻辑起点，以游、骑、跑三项技术学习和战术培养为主体，以紧密贴合铁人三项专项体能需求为根本，以运动训练的科学化监控方法为支撑，以提高青少年铁人三项运动员竞技参赛能力为最终目标的铁人三项训练体系。

本书不仅可供铁人三项教练员与运动员使用，同样可为从事游、骑、跑三个单项以及其他耐力性运动或多项组合类运动的教练员、运动员、体育教师、体育科研人员提供参考。

版权专有　侵权必究

图书在版编目（CIP）数据

青少年铁人三项运动员竞技训练理论与实践 / 陶焘著. －－北京：北京理工大学出版社，2022.3
ISBN 978－7－5763－1149－5

Ⅰ.①青… Ⅱ.①陶… Ⅲ.①青少年—铁人三项全能运动—运动训练—研究 Ⅳ.①G888.12

中国版本图书馆 CIP 数据核字（2022）第 041415 号

出版发行 /	北京理工大学出版社有限责任公司
社　　址 /	北京市海淀区中关村南大街 5 号
邮　　编 /	100081
电　　话 /	（010）68914775（总编室）
	（010）82562903（教材售后服务热线）
	（010）68944723（其他图书服务热线）
网　　址 /	http：//www.bitpress.com.cn
经　　销 /	全国各地新华书店
印　　刷 /	三河市华骏印务包装有限公司
开　　本 /	710 毫米 × 1000 毫米　1/16
印　　张 / 26	责任编辑 / 徐　宁
字　　数 / 424 千字	文案编辑 / 刘琳琳
版　　次 / 2022 年 3 月第 1 版　2022 年 3 月第 1 次印刷	责任校对 / 周瑞红
定　　价 / 138.00 元	责任印制 / 李志强

图书出现印装质量问题，请拨打售后服务热线，本社负责调换

前 言

青少年是人类的未来,是社会可持续发展的基石。青少年体育是一个国家体育事业的核心和基础。近年来,我国青少年体育事业整体上取得了不错的成就,但是,随着我国社会经济和体育事业进入更高的发展阶段,青少年体育也面临一系列的新问题与新挑战。培养高水平的竞技体育后备人才是我国青少年体育工作的主要职责之一。培养全面发展的优秀体育人才是国家赋予青少年训练的主要任务。它既为国家竞技体育事业发展和实施"奥运争光计划"培养优秀的竞技体育后备人才,又为群众体育事业发展和实施"全民健身计划"培养大量的体育骨干。

当今,青少年体育工作的指导思想是:高举中国特色社会主义伟大旗帜,深入贯彻落实党的十九大和十九届四中、五中、六中全会精神以及习近平总书记的系列讲话精神,以科学发展观统领青少年体育工作,以增强青少年体质为根本宗旨,按照建设体育强国的战略部署,以广泛开展青少年体育活动和加强竞技体育后备人才培养为主要任务,深化体制机制改革。促进发展方式创新,完善政策法规制度,努力营造全社会关心、支持青少年体育发展的氛围和环境,不断提高青少年体育公共服务水平,显著提高发展的全面性、协调性和可持续性,为全面建设小康社会和构建社会主义和谐社会做出应有贡献。

至"十四五"末期,青少年体育工作的总体目标是:青少年体育各项基础性建设工作取得重要进展,改革创新在青少年体育各个领域稳步推进,青少年体育活动更加普及,组织化水平明显提高,场地设施条件进一步改善,初步建成青少年体育公共服务体系;竞技体育后备人才培养方式创新取得重要进展,可持续发展能力进一步增强,构建适应社会发展、充满活力的竞技体育后备人才培养体系。

目前青少年体育工作面临的形势可以说是挑战与机遇并存，困难与希望同在。我们要正确把握机遇和挑战的辩证关系，进一步增强机遇意识，善于在严峻的挑战中捕捉和运用机遇。要进一步增强青少年体育工作的忧患意识，始终居安思危，充分顾及青少年体育长远发展中可以预见和难以预见的困难和风险，提高抓住机遇、化解挑战的能力，不断开创青少年体育工作新局面。

铁人三项运动是体育运动项目之一，属于新兴综合性运动竞赛项目，2000年成为奥运会项目，2006年成为亚运会项目。铁人三项运动从20世纪80年代传入中国后，便得到了迅速的发展；在我国开展的初期，以群众参与为主，专业竞技水平较低，成绩与国际水平有较大差距。但近年来，通过积极地推广与组织比赛，我国铁人三项进入较快发展的阶段，关于该项目的运动训练方法和训练内容的研究已成为运动训练领域研究的热点之一。但是，当前所有的研究大致可以分为两大类，这两大类研究分别指导两个不同的运动群体：一是针对入门级选手的技术训练研究；二是针对专业选手的体能发展研究。在满足这两大类运动群体发展需求之时，我们似乎遗漏了一个特殊群体——业余青少年选手，他们不是成人的缩小版，那些适用于成人的训练理论与方法未必完全适用于他们。

青少年训练是培养优秀运动员系统工程的基础，每一位替国出征的奥运会选手都在青少年时期经历了科学系统的训练。他们的卓越战绩离不开青少年时期奠定的扎实的训练基础。青少年训练是培养优秀运动员的沃土、世界冠军的摇篮。随着竞赛和训练体制改革进程的加快，青少年训练也面临新的挑战和机遇。为了使青少年铁人三项训练持续稳定地发展，满足中国铁人三项运动发展和奥运争光计划对优质后备人才的需要，对青少年铁人三项运动员的竞技训练进行理论研究与实践探索是极为必要的。

本书作者一直致力于铁人三项运动，并对青少年训练有多年的研究，具有扎实的理论研究基础与丰富的实践教学经验。作者运用现代教学训练理论，建立年龄组全面基础训练的架构，解决了基本技术的规范化和技术发展个性化的关系，针对铁人三项这项综合性运动的复杂性特征，采取有针对性的措施，构建了多年训练体系，帮助青少年运动员达到个人素质和技术的最高水平，为创造优异成绩打下基础。

愿本书的出版能给铁人三项青少年训练者以新的启发。本书的撰写工作得到了中国铁人三项运动协会领导与全国广大教练员的关心和帮助，有幸邀请到国家铁人三项青年队主教练刘忱，国家队现役运动员曹澍、张思怡，退役运动员方舟担任本书的技术示范模特，在此向诸位同伴表示诚挚的感谢！同时，也向参与本书编写工作的北京师范大学体育与运动学院研究生李晨幕、武明霞、何昀灿、蒋政军、王奕涵同学表示感谢！

陶焘

2021 年 12 月 31 日

目 录

第一章　铁人三项运动概述 …………………………………………… 1
　　第一节　铁人三项运动的起源与发展 ………………………………… 1
　　第二节　我国铁人三项运动发展概况 ………………………………… 3
　　第三节　铁人三项运动的内涵与特征 ………………………………… 4

第二章　青少年训练的指导思想与训练原则 ………………………… 11
　　第一节　青少年铁人三项训练总体目标 ……………………………… 11
　　第二节　青少年铁人三项训练的指导思想 …………………………… 12
　　第三节　青少年铁人三项训练基本原则 ……………………………… 13
　　第四节　青少年训练注意事项 ………………………………………… 15

第三章　青少年运动员全程性多年训练设计 ………………………… 21
　　第一节　加拿大成功的运动员竞技能力发展模式借鉴 ……………… 22
　　第二节　LTAD 模式应用的理论基础与框架设计 …………………… 28
　　第三节　不同周期类型的训练计划介绍及其实践指导作用 ………… 40
　　第四节　关于运动训练长期计划模式的热门训练理论的辨析及
　　　　　　应用 ……………………………………………………………… 46

第四章　儿童青少年身心发展阶段性特征及实践应用 ……………… 66
　　第一节　不同年龄阶段儿童青少年身心发展特征与训练重点 …… 66
　　第二节　不同年龄阶段青少年身体素质发展敏感期的监控与训练
　　　　　　设计 ……………………………………………………………… 71
　　第三节　儿童青少年动作技能发展规律、阶段特征及实践应用 …… 77

第五章　青少年铁人三项运动员技战术训练理论与实践 ……… 86

　　第一节　游泳技战术训练理论与实践 …………………………… 86
　　第二节　骑行技战术训练理论与实践 …………………………… 130
　　第三节　跑步技战术训练理论与实践 …………………………… 184

第六章　青少年铁人三项运动员体能训练理论与实践 ………… 230

　　第一节　铁人三项能量代谢特点 ………………………………… 230
　　第二节　体能的构成 ……………………………………………… 231
　　第三节　青少年铁人三项运动员体能训练内容设计 …………… 243
　　第四节　青少年铁人三项运动员体能训练方法分类 …………… 277
　　第五节　发展人体三大供能系统的训练方法 …………………… 294
　　第六节　速度耐力型项目体能训练新方法 ……………………… 300

第七章　铁人三项运动训练的科学化监控方法与实践 ………… 309

　　第一节　体能测评方法与实践 …………………………………… 311
　　第二节　运动负荷的科学化监控 ………………………………… 323
　　第三节　功能性动作筛查的意义及实操 ………………………… 337

第八章　铁人三项运动员竞技参赛原则与程序化参赛方案制订 ……………………………………………………………… 374

　　第一节　竞技参赛原则概述 ……………………………………… 374
　　第二节　指导参赛者行为规范的竞技参赛原则 ………………… 379
　　第三节　指导参赛者获得理想竞技表现的竞技参赛原则 ……… 382
　　第四节　铁人三项运动员竞技参赛准备 ………………………… 389
　　第五节　铁人三项运动员竞技参赛方案的制订 ………………… 399

主要参考文献 …………………………………………………………… 404

第一章

铁人三项运动概述

铁人三项运动是一项综合公开水域游泳、公路自行车以及越野跑的新兴体育项目，具有较强的观赏性、竞争性和挑战性。尽管只有40多年的发展历程，铁人三项还是凭借其独特的运动魅力迅速席卷全球，不仅成为最快进入奥运大家庭的竞技项目，而且吸引了数以百万的爱好者热情参与，每年在世界各地举办的铁人三项赛事数以万计。近年来，我国铁人三项运动发展迅速，频繁举办国际国内赛事，各地的协会以及业余团体、俱乐部也纷纷建立。随着我国体育市场的深入开发，铁人三项运动在我国的发展前景十分广阔。

第一节 铁人三项运动的起源与发展

20世纪70年代，美国的社会工业化和城市化进程不断加快，城市拥挤、环境污染等问题日益突出，人们承受的工作和生活压力与日俱增，在这种社会背景下，利用自然资源开展的户外运动逐渐流行，铁人三项运动也是在这样的社会背景下应运而生。1974年，美国加州圣地亚哥的一家田径俱乐部的运动员莫利纳、斯科特、坦雷以及阿伦在完成长距离跑步后，又大胆尝试了8 km自行车和500 m游泳，经过长时间的奋勇拼搏，他们克服了极度的身心疲惫，实现了一次性完成三个运动项目的创举，这也成为铁人三项运动的雏形。

1978年，铁人三项运动正式诞生于美国的夏威夷群岛，海军准将柯林斯在与朋友讨论世界上最刺激、最具挑战性的运动项目时，提出能够连续完成3.8 km游泳、180 km环岛自行车以及42.195 km全程马拉松的人可被称为"铁人"。在人们渴望回归自然、摆脱压力等内在情结的推动下，柯林斯的这一提议得到了人们的一致赞同。同年2月18日，柯林斯在檀香山组织举办了首次铁人三项比赛，共有15人参加了比赛，其中包括1名女运动员，最终14人赛完全程。之后，人们便把这一运动称为"铁人三项"。

1980年、1981年、1982年，柯林斯在夏威夷连续组织了3次铁人三项比赛，参赛规模不断扩大。由于这项运动是以游泳、自行车、跑步这三大基础体育项目为主体，且崇尚回归自然、挑战极限的精神，因此，它受到了越来越多人的喜爱和热衷，并很快风靡欧美与世界各地，尤其是在美国、加拿大、澳大利亚、西班牙等国得到了广泛的开展。

1983年，美国加州圣安东尼奥湖的国际铁人三项赛吸引了27个国家的1 000多名运动员参赛，年龄层次在15~66岁不等。

1989年，国际铁人三项联盟（ITU）在法国阿维尼翁正式成立，组织管理世界铁人三项运动的开展和推广，在首届代表大会上，加拿大人麦克唐纳被推选为第一任主席。此外，会议还确定了"1.5 km游泳、40 km自行车、10 km跑步"的铁人三项奥林匹克标准距离。同年8月，国际铁联在法国举办了首届世界铁人三项世锦赛，吸引了来自40多个国家的800多名运动员参赛。自此，世界铁人三项运动进入快速发展时期，每年全球的铁人三项比赛多达2 000多场，参与人群多达上百万。

1991年，美国的希尔克和吉尔斯在佛罗里达州联合创办了世界铁人公司（WTC），并在世界范围推广了一系列铁人三项赛事。

1994年，国际奥委会正式通过了铁人三项加入奥运大家庭的决议。

2000年，悉尼奥运会的首枚金牌便是在铁人三项比赛中产生。此后，青奥会、世界友好运动会、各大洲洲际综合运动会等陆续将铁人三项列为正式比赛项目。经过40多年的发展，铁人三项运动已经辐射至世界160多个国家和地区。各国各地的参与热情日益高涨，世界铁人三项运动继续呈现出蓬勃发展的景象。

第二节　我国铁人三项运动发展概况

一、起步发展阶段（20世纪80年代）

20世纪80年代，铁人三项运动传入我国，迅速吸引了大量群众参与到该运动之中。1985年，应美国驻华使馆的邀请，我国八一军体大队战士与美国海军陆战队士兵在北京密云进行了一场铁人三项比赛较量，并最终赢得了这场关系国家荣誉的竞赛。1987年，中国侨联主席庄炎林先生在海南三亚牵头举行了我国第一个正式的铁人三项比赛，来自不同行业、不同年龄的45名选手参加了比赛。此后，一些社会团体相继在北京、上海、宁波等城市举行了各类铁人三项赛。1989年1月13日，为更好地促进我国铁人三项运动的普及与提高，国家体育运动委员会将铁人三项列为我国正式开展的体育项目。同年8月22日，国家体育运动委员会下发了《关于开展铁人三项运动的通知》，10月，在北京举办了首期铁人三项裁判员培训班。

二、规范发展阶段（20世纪90年代）

1990年1月16日，中国铁人三项运动协会在北京正式成立，负责我国铁人三项运动的组织与推广。同年2月，人民体育出版社出版发行了《铁人三项裁判员管理制度》与《铁人三项竞赛规则》。9月17日，国家体育运动委员会下发了《关于加强铁人三项运动管理的通知》。这一系列举措的实施标志着我国的铁人三项运动从此走向规范化的发展道路。1991年，北京国际铁人三项锦标赛在北京举行，这是中国铁人三项运动协会举办的首个国际铁人三项赛事，来自21个国家的200多名运动员报名参赛。此后几年，我国陆续在天津、三亚、秦皇岛、沈阳、青岛等城市举办了多场铁人三项赛。不过，这个时期的铁人三项运动还不属于奥运会和全运会比赛项目，我国铁人三项运动的发展还是以群众参与为主，专业队伍仍旧处于萌芽阶段，国家队运动员也是从业余爱好者中选拔出来，除八一军体大队为参加世界军人运动会组建了专业队外，其他省市都尚未建立铁人三项专业队。

三、快速发展阶段（21世纪以来）

随着铁人三项加入奥运会以及世界铁人三项运动的广泛开展，铁人三项运动在国际、国内赛场的地位迅速提升。2001年以后，我国一些省市对铁人三项运动的重视程度倍增，上海、江苏等8省市纷纷组建专业队伍。2005年，第10届全运会增设铁人三项为正式比赛项目。2008年，我国承办了第29届奥运会铁人三项比赛。一系列规模大、级别高的赛事极大地推动了我国铁人三项运动的发展和普及。与此同时，我国运动员也能够与世界各国的高水平运动员同场竞技，竞技水平得到较大提升。从最初的每年一场数十人参赛到如今的每年几十场数万人参赛，我国铁人三项比赛的场次日益增多、规模日益扩大。此外，部分省市陆续举办了一些地方性的业余铁人三项比赛，带动了我国铁人三项运动的普及。2015年，我国业余运动员李鹏程和胡春煦双双完成世界最高规格的夏威夷铁人三项世锦赛，极大地激发了我国铁人三项爱好者的参与热情。据中国铁人三项协会统计，近些年我国的注册运动员和俱乐部呈现急剧增长的态势，2015年注册运动员共计3 000多人，注册团体达到140余个。此外，万达集团成功并购世界铁人公司对我国铁人三项运动的发展也具有重大的推动作用。

第三节 铁人三项运动的内涵与特征

只有对铁人三项运动的概念与内涵有了正确的把握，我们才能更好地揭示铁人三项运动的本质和特征。

一、铁人三项运动的内涵与定义

铁人三项运动属于异属多项组合项群，包含长距离游泳、长距离公路自行车和长距离越野跑三个项目。首先，它属于一项挑战人体极限的长距离体能主导类耐力项目集合；其次，它本质上又是一项运动，其根本特征是"动"。当然这种"动"是有目的的,是在人的意识支配下多器官协调一致的身体活动。世界上没有哪种体育会脱离身体的运动,所以说,铁人三项运动本质上也是一种以身体练习为最基本手段的运动。从铁人三项运动的项目结构及其发展来看,可将其分为有形要素和无形要素两部分。有形要素是指铁人三项运动的客观活动载体,主要包括这项运动开展所需要的参与人群、活动设施与设备、活动场所等物和人;无形要素则是铁人三项运动发展的比较抽象的部分,主要包括铁人三项运动的思想和精神、文化内涵以及规章制度等。由此,对铁人三项运动的内涵我们可以做下述理解:①铁人三项运动是以肢体活动为主要练习手段的长时间耐力性体能类项目的集合;②铁人三项运动追求的不仅是健康的体魄,也是融入自然、融入社会、挑战自我极限的统一;③铁人三项运动是根据不同参与者的类型以及场地、活动目的等实际情况而开展的,是以实现人健康体魄、快乐心理等特定目的为核心的。因此,我们给铁人三项运动定义为:铁人三项运动是人们将长距离游泳、自行车和越野跑三个体育项目进行创新性重新组合,在既定规则指引下,要求参与者不间断地完成所有比赛,是一项人与自然融合的,挑战参与者体能、技术、技巧的新型综合性户外体育运动。简而言之,铁人三项运动是由长距离游泳、自行车、越野跑组成,具有这些项目本身所具备的周期性与耐力性特点,也包含水陆不同运动形式,对人体有氧耐力极限提出了挑战,重组、整合形成了一个与时代发展相吻合的全新的时尚户外运动项目,并逐步形成具备一定规范和可持续发展条件的运动项目集合。

自诞生之初,铁人三项运动就倡导融入自然、挑战人体极限,在与自然的对话中发现自我的生活理念,被人们认为是体育运动中最具刺激性、挑战性的项目,能够体现民族精神和民族文化,具有丰富的文化内涵,代表人类对于自身生命力的挑战与自然魅力的永恒追求。铁人三项运动不仅代表的是"时尚""年轻""充满活力",也昭示着"艰辛""苛刻",同时深刻体现现代人对生命与自然的一种人生哲理和生活态度。铁人三项运动的蓬勃开展以及不断扩张是现代社会发展进步的结果,同时也是人类物质需求满足下对精神和理想的追逐,是人类极大地追求"人与人"和"人与自然"两大关系的平衡和谐与永续发展。

二、铁人三项运动的特征

铁人三项运动集合了周期性、耐力性体能主导类项目的众多特征与属性，主要集中表现在以下几点。

（一）项目的包容性与广泛性

铁人三项运动既能充分展现专业运动员的残酷竞争，又可以满足普通人群对挑战极限的痴迷，是目前为止世界上屈指可数的允许顶尖职业高手与普通爱好者同场竞技的体育项目之一，这在其他体育项目比赛中是不多见的。在赛事组织部门的积极推广和宣传下，吸引很多感兴趣的普通群众、专业选手和学生等参与到比赛中来。美国户外基金会（Outdoor Foundation）调查报告显示，铁人三项运动（非传统/山地）在2008—2012年成为美国户外活动参与人数增长最多的运动，约为144万人；而铁人三项运动（传统/公路）参与人数为218万人，举办的赛事每年多达800余场，参加标准铁人三项赛事的人群中年龄跨度从8岁到94岁不等，而且还有众多身残志坚的特殊人群参与其中，使得铁人三项比赛既有专业选手激烈竞争的精彩场面，又有广大业余爱好者挑战自我的感人场景。因此，项目的广泛参与性是铁人三项运动的一个重要特点。

（二）项目设置的灵活性与挑战性

铁人三项运动的比赛场地可根据场地资源因地制宜，比赛距离可自行决定长短，项目设置可根据情况设三项或两项，比赛组织形式灵活，极大地满足了不同层次、不同类别和目的的需要，便于项目赛事的开展和推广。

铁人三项运动根据比赛距离长短和项目设置差异可划分为多种不同的赛事种类：依据竞赛距离划分，有俗称"标铁"的奥运会、世界锦标赛、世界杯系列赛、亚运会、全运会等，也有俗称"大铁"的长距离铁人三项世界杯系列赛和俗称"半铁"的青奥会、青运会以及青少年锦标赛；依据竞赛项目数目划分，有铁人三项赛和铁人两项赛；依据竞赛项目种类划分，有冬季铁人三项赛、越野铁人三项赛、室内铁人三项赛和户外铁人三项赛；依据参赛人群划分，有残疾人铁人三项赛、青少年铁人三项赛、群众性铁人三项赛和专业铁人三项赛。

铁人三项运动要求运动员连续不断地完成较长距离的比赛，是对选手耐力与意志的双重考验，赛程长、难度大、体能要求高、人为操控少，参与者通过亲身体验实现对大自然和自我的挑战。只有意志力坚强、储备雄厚、奋勇拼搏的强者才能获得挑战的最后胜利。

（三）项目的商业性与文化传播性

铁人三项运动发展迅猛，赛事场次众多，每年举办的各类赛事与培训活动千余场。同时，与其他体育赛事相比，铁人三项运动参与群体的消费购买力和社会影响力具有明显的优势，参与人群大都被贴上了诸如"高学历""高收入""社会精英"等标签。铁人三项赛事除了直接影响参与者在赛场的消费购买行为外，还会带动其他诸多行业的连锁消费，如旅游、酒店、住宿、餐饮等。更为重要的是，赛事的举办对城市整体形象提升具有很大助推作用。2014年，Challenge Family 在一份调查报告中指出，在一场1 000名运动员参加的铁人三项比赛中，加上运动员所携带的家人、朋友，可为当地带来超过1 000万元人民币的直接经济收入。这还不包括比赛宣传所产生的间接经济价值以及对当地旅游业发展产生的深远影响。与其他大型比赛相比，铁人三项比赛商业价值明显，发展潜力巨大。它既能充分展现城市整体形象、特色人文、地物特征，又能有力地促进当地旅游业等多行业的协同发展。万达集团正是看中了铁人三项运动的商业价值，才完成对世界铁人公司的并购，其赛事举办、运动员经纪、赛事营销、赛事转播等全产业链正成为其跨入体育领域的巨大杠杆。同时，万达也是看好铁人三项运动发展的潜力以及文化传承与商业发展空间，才雄心勃勃地以此作为进入全球体育产业战略平台的切入口。此外，铁人三项运动文化底蕴深厚，以国内比赛为例，从长江黄河挑战赛到戈壁高原争霸赛，人们沿着丝绸之路实现"体育文化一体化"，诸多"铁三"小镇、"铁三"主题公园、"铁三"休闲基地的建成无不彰显铁人三项运动的文化精髓。国际顶级的赛事——夏威夷世界铁人三项锦标赛更是成为参与者心向神往的精神"圣殿"，诸如此类的标志性活动无时无刻不渗透出铁人三项运动的文化与精神。

（四）铁人三项运动的价值

中国近几年大力推广与宣传铁人三项运动，其作为一项综合性的竞技运动项目，所具有的社会价值是不可小觑的。

1. 教育价值

铁人三项运动在比赛过程中可以培养人们的民族意识以及爱国主义、集体主义、责任感、荣誉感等。对运动员而言，铁人三项运动既是对运动员的体能和意志品质的严峻考验，也是对运动技术水平和参赛经验积累的一次严格检验。首先，由于铁人三项比赛需要不间断地完成三个长距离项目，运动员的体力和精力消耗非常大，运动员在比赛和训练期间坚韧不拔、顽强不屈的意志品质成为其必备素养。其次，铁人三项运动比拼的是选手的综合实力，大多数参与者可能在自己比较擅长的项目中取得好成绩，而在其他项目上成绩比较落后，这就要求运动员展现出勇敢顽强、克服困难的意志力和正视成败、培养自信、拼搏进取、不断战胜自我的积极心态。

2. 健身价值

铁人三项是一项对参与者的竞技能力、心理品质等各方面要求都非常高的运动，它是一项长距离的、能够充分展现运动员各方面综合实力的运动项目。长期参与铁人三项运动，可使运动员在意志品质、身体素质、运动技巧、战术决策等各方面得到全面的锻炼与增强。另外，规律性地进行铁人三项运动还可以增强免疫力、增加骨密度、有效控制体脂，从而更加有利于参与者保持身心健康，提升生活满意度。

3. 娱乐价值

铁人三项运动的赛场一般设置在海滨城市、风景名胜地区，或者在地理资源丰富、地形独特的名山大川之中，比赛路线设计时将充分利用当地丰富的水域资源和其他环境资源，使比赛具有较强的观赏性。同时，铁人三项运动是在江河海湖中挑战自己，在山野草地中驰骋，其丰富多彩、积极健康的运动方式与异彩纷呈的拼搏场景让参与者和欣赏者在欢悦中获得积极性休息，在运动中体验生活乐趣，享受情感升华，具有很高的欣赏与娱乐价值。

4. 商业价值

随着体育市场的日益活跃和成熟，经济发达国家都非常重视发挥体育的商业价值。万达集团正是看好铁人三项运动潜在的商业发展空间及其文化影响力，并购了世界铁人公司，将更多的精力和财力投入铁人三项运动的比赛中。同时，铁人三项运动可全面带动当地旅游、餐饮、交通、物流、媒体、科技等行业，直接或间接地增加国民经济收入。这不仅为地方带来了较大的经济回报，创造了巨大的商业价值，而且也有力地推动了全民健身事业的蓬勃发展。

5. 科技价值

先进的高科技价值主要体现在铁人三项运动员的比赛装备和训练设备上。高科技的泳装、低风阻的头盔、自行车以及功能性运动服，无不展现着科技的力量与社会的进步。当然，事物之间的作用都是相互的，科技的进步促使铁人三项运动更好地发展，而铁人三项的发展与"铁人"们坚持取胜的信念也不断地促进科技迈入新纪元，进而为社会发展做出更大的贡献。

（五）铁人三项运动的文化属性

铁人三项运动的文化属性是指在铁人三项运动形成、发展过程中，所逐渐积累的具备铁人三项特质的物质文化和精神文化的总和。"物质文化"是指铁人三项运动对人体机能的改造和促进，及其项目自身发展所采用的器材、场地、运动竞赛制度等文化形态；"精神文化"是指铁人三项运动形成与发展对社会个体的意志品质、社会风气、民族精神的影响以及与铁人三项运动密切相关的文化活动。狭义上来讲，铁人三项运动文化是指铁人三项运动自身的发展历史、精神传统和竞技规范等人文方面的特征。具体来讲，铁人三项运动来源于西方的竞技体育，具有西方体育文化的各种特质，崇尚个人的胜败，谋求强健的体魄、自强不息的精神、不断进取的毅力和永不服输的意志。随着铁人三项运动日渐繁荣和社会的不断发展，铁人三项运动文化逐渐发生积淀、演变，并与时代发展和人类生存发展需求逐渐融合，由最初单纯地追求身体强健、健康祛疾、进取超越、不言放弃，逐渐拓展为释放自我、愉悦身心、舒慰情怀、张扬个性、融入自然、展现魅力等绿色时尚元素。

1. 铁人三项运动是对人类生存文化的不断继承与发展

铁人三项运动中所蕴含的文化精神反映了人类社会对人自身的生存意义、生命质量、自身发展、自我价值实现与突破的不断追求，彰显了人类延续自我、征服自然、挑战自我、追求卓越的精神。铁人三项运动不仅是人类智慧与世界体育历史长河的例证，也是现代社会人不断寻求继承和突破、发展的一个永恒符号。通过铁人三项运动精神的继承和传播，展现人类不屈不挠的进取向上精神、用积极健康的手段追求人类自我的最大价值实现，保障了人类生生不息的开拓进取和持续发展。

2. 铁人三项运动是对人类文化遗产的呵护与创新

铁人三项运动是人类智慧和文化发展的结晶，是人类社会文化发展的瑰宝，是现代社会发展到一定阶段的产物。游泳、自行车和越野跑这三个项目本身就具有深厚的体育文化积淀，铁人三项运动在这三个子项的基础上进行重新组合创新，不仅融合了各子项自身的优点，同时也发扬了各子项之间的互补作用，使其具有更强大的生命力与活力，体现了人类对文化遗产的悉心呵护和创新突破。例如，铁人三项运动的起源地——夏威夷Kona，这里不仅诞生了这项世界上最具挑战性的运动，而且也是这项运动最高规格比赛的举办地，是铁人三项运动爱好者心中的比赛圣地与传奇之所，也成为铁人三项运动无上荣誉的代名词。无数的铁人三项爱好者怀着无限的憧憬与向往聚集在此，不断实现自我突破和对人类极限的挑战。

3. 铁人三项运动精神是现代奥林匹克体育精神一脉相承的延续

铁人三项运动是一项将自我融入自然，挑战自我极限、永不服输、永不言败的运动。这种精神代表着人类在征服自然过程中百折不挠、持之以恒的体育精神，也是现代奥林匹克所倡导的"更高、更快、更强"精神的延续，与现代奥林匹克"参与比取胜更重要"的格言和始终倡导的"人人参与、公平竞赛"理念是相得益彰、一脉相承的。这种理念首先体现在运动项目之中，不同国籍与身份地位，不同学历与经济条件，不同能力与参赛组别的选手都可在同一竞赛环境中一决高下。竞赛规则对所有参赛者都是一视同仁的，所有参赛者都以固定的方式与标准来衡量能力高低，真正实现了"人人参与、公平竞赛"。

4. 铁人三项运动是现代人类全新价值观和创新思维的表征

社会经济发展与时代变革带给人们的压力是多方面的，社会竞争、文化碰撞、心理失衡愈演愈烈。随着物质生活的富足、闲暇时间的增多，现代人的价值观和行为方式发生了很大改变。人们更加注重生活品质的提升和思想的解放，铁人三项运动正是在这一时代背景下应运而生。人们以一种最为原始的方式回归自然，在与自然的抗争与融合中发现自我、实现自我，进而超越自我，力争从纷杂繁重的世事中摆脱出来，唤醒心灵深处最朴素的自我。铁人三项运动爱好者追求的沉静淳朴、心胸豁达、超然淡定、忘我无私、道德高尚、和谐纯真、意志卓越的"铁三精神"，亦是生活在现代的人们所执着追求的"超然"境界。

第二章

青少年训练的指导思想与训练原则

第一节 青少年铁人三项训练总体目标

我国开展铁人三项运动是要贯彻落实党的十八大以来习近平总书记等中央领导同志关于体育工作的系列重要批示和讲话精神,以国家战略的要求,通过推动群众体育工作,推广铁人三项运动的理念、文化,使铁人三项运动走进校园、社区以及各个基层,让青少年参与并从中得到身体的锻炼和意志的磨砺,培养从容、自信的品格,健康、阳光的精神体貌,成为社会的有用之才。

青少年铁人三项运动训练的总体目标是:坚持"以人为本"的教学理念,实施"全面发展",夯实儿童、青少年的运动基础,培养身心健康、兴趣广泛的青少年。遵循《奥运项目竞技体育后备人才培养中长期规划》的要求,推进我国铁人三项后备人才培养的系统工程健康持续发展,使我国各省、区、市青少年铁人三项队伍的竞技水平达到亚洲第一层次行列,为优秀运动队和高水平铁人三项俱乐部培养优质的后备力量,为国家和社会输送全面发展的铁人三项运动人才。

第二节 青少年铁人三项训练的指导思想

"训练观念"是训练实践活动的决策思想，它是整个训练活动的设计者，包含对专项技术、训练指导思想、思路和实施计划的认识，是运动训练活动和任何专项训练的发展方向。"训练观念"统一了训练活动参与者的思想认识。有了正确的训练观念，才能统一训练活动的参与者对训练目标、训练指导思想和训练实施过程的思想认识以及行为。思想认识统一，行动才能协调配合，才能同心协力克服种种困难、超越种种障碍，保证训练活动的顺利实施。

在日常训练活动中，可采用的训练方法有很多，但一定要选择与运动员所从事的运动项目关联最为密切、最为有效、最为安全、最符合运动员自身条件的那些方法。由于每个运动员的个性不同，且训练经验与基础水平均存在差异，所以同样的训练方法对不同的运动员会产生不同的作用，并且运动员在不同的训练阶段所要完成的训练与竞赛任务也有所不同，因此在制订训练计划时一定要切实根据运动员的实际情况来"量身"设计。在运动训练过程中，教练员通过给运动员施加运动量与运动强度使其产生适应性变化，以促进竞技水平提升，这是获取成绩进步的重要方法，也是唯一有效的途径。实际上，教练员在制订训练计划时也是紧密围绕这两个因素来展开思考，即"练什么"和"怎样练"。"练什么"决定了训练活动的具体内容与操作方法；"怎样练"涉及训练强度、负荷量以及训练活动的组织形式。科学合理的训练计划会使运动员的神经与肌肉自发、自主地产生一种反应，这种反应经过多次反复会使运动员产生适应性，并逐渐产生适应性结构。

训练中，运动负荷不断加大，突出重视负荷强度，尤其是专项负荷强度的增加，并十分强调负荷安排的定量化。通过增加负荷量和负荷强度，打破原来有机体的机能平衡，并使之达到新的平衡，以此周而复始地进行，逐步提高运动员的运动水平。运动训练使运动员机体功能呈螺旋形上升的过程，其实质就是运动员负荷适应刺激的过程。在以前的运动训练中，人们将练习的重点放在运动量的累积上，不太重视运动强度的提升，而长期大运动量、低强度的训练造成了运动员中枢疲劳、完成动作的速度减慢，使训练效应不符合竞速项目的专项特点，尤其是那些对速度、爆发力有着极高要求的短距离项目，运动员练习至一定水平时会遭遇"速度瓶颈"，很难再获得突破。因此，科学的训练应以负荷强度为主，或者说以强度作为训练负荷的灵魂。即使在准备期的训练中，也需要有一定比例的高强度练习，主要是专项完整技术和速度爆发力训练，而练习的时间和负荷的数量可适当减少。这样的训练针对性强，可以有效地发展专项素质与改进专项技术，而且易于培养和控制运动员的竞技状态，使其更加适应比赛要求。

在平时的训练中，一切训练内容、方法、手段和训练强度等都应该尽可能地接近实战的要求。只有这样，神经肌肉和供能系统才可能以实战的要求来建立稳定的状态结构。有了符合实战要求的高水平的神经肌肉和供能系统稳定的结构，运动员才可能在比赛中发挥出稳定而良好的竞技水平。

比赛是训练的杠杆，只有通过比赛，运动训练的成果才能得以体现。比赛对运动员所处的状态有着特定的要求。在大多数情况下，运动员在比赛中都怀着强烈的取胜欲，以充沛的体力投入预定的比赛中去。因此，比赛的安排对训练活动的组织有着重要的影响。此外，我们还常常将某些比赛作为特定的训练手段发展运动员在某些重大比赛中所需要的专门品质和能力，或通过准备性比赛及训练性比赛来检查某一阶段训练的效果，检测新的技术是否稳定、新的战术是否具有预期的效力。运动训练的最终目标是创造优异成绩，而优异成绩只有通过比赛才能获得。由于受多种因素的影响，在比赛中并不是所有运动员的竞技水平都能得到体现，因此通过不断地参加比赛，以此提高临场比赛能力或者说参赛能力便成为运动训练的一个重要组成部分，也就是说，通过训练来解决比赛所暴露出的问题。

第三节　青少年铁人三项训练基本原则

不同竞技项目的运动训练随着本领域训练理论的完善、训练技术的突破以及运动装备的迭代更新，逐渐呈现出该项目训练的专属特征，我们将其称为"专项训练特征"。铁人三项的青少年训练经过多年摸索、实践、积累，其专项训练特征也逐渐明晰。我们对该项目的专项训练特征进行剖析、提炼，总结归纳了以下10条基本训练原则，供广大教练员与运动员参考。

（1）强调运动员竞技能力整体、全面地发展，而非各子项单独发展。
（2）重视负荷强度，尤其是专项负荷强度，并强调负荷安排的定向化。

（3）注重负荷刺激后机体与心理的恢复和调整，恢复训练应为训练过程中不可缺少的重要内容。

（4）注重实战能力发展，更多地采用专项练习手段，并更加注重模拟比赛状态。

（5）强调训练的定量化。

（6）强调训练的综合化。

（7）年度训练中，设置多个训练大周期，控制（缩短）每个大周期的训练时间。

（8）重视及时获取运动员的反馈信息。

（9）注重心理训练。

（10）注重科学选材，提倡早期培养。

运动训练的基本原则产生于训练实践，依托运动训练的基本规律，它的提出是为了保障训练活动的正确性和有效性。执教者只有掌握和运用好运动训练的基本原则，才能科学地组织训练活动，恰当地选择训练内容，正确地确定训练方法，有效地促进训练发展，提高运动训练的质量和效率。同时，运动训练的理念和方法也是在不断地变化和发展的，正是这种变化与发展，更需要我们去不断丰富、完善各项基本原则，使其更加贴近训练实际、更具指导性，以适应新形势下运动训练的需求。

运动训练的基本原则既不能完全脱离前人总结的训练经验及理论研究成果，也不能是原先训练原则的翻版和已有训练原则的堆砌，必须是在保留其合理成分基础上的发展，并对体育运动训练规律进行重新认识，必须保证原则的科学性、全面概括性和逻辑体系的严谨性，处理好批判与继承、理论与实践、共性与个性之间的关系。铁人三项运动训练基本原则的确立，应从铁人三项训练活动的基本原理和训练发展的长远需求出发，从实践中求取真理，可借鉴同类训练的相关经验，但不能全盘照搬，需要形成具有专项特色的指导原则，要从整体上认识和把握训练原则，要活学活用、注重实效，以提高训练质量为组织训练活动的最终目的。

在运动训练中，发展体能、提高运动能力的前提是拥有健康，唯有如此才能确保正常的生活和身心全面发展。我们所进行的运动训练是为了增进健康和增强体质，我们围绕这一目标进行的活动必须在身体健康的前提下开展。虽然在训练中我们提倡咬紧牙关、迎难而上，培养坚韧的意志，但是依然要把握好训练的"度"，秉持"任一训练的开展都需在维护和建立健康体能的范畴之内"的指导思想。贯彻健康性原则不仅要在思想意识方面引起重视，在具体的运动训练中也要表现出来，如在训练中的安全保护措施要考虑周全，关注设施的安全性能问题，做到提前预防伤害事件的发生，确保训练是在安全、健康、卫生的环境中进行。同时，参训人员更应该做到在机体健康、无重大伤病的情况下进行训练。另外，执教者也要兼顾参训人员的心理健康。

为了达到全面发展的目的，训练中的首要任务是突破弱项、保持强项、做到强弱兼顾。请记住，"全面发展是前提，强化薄弱环节是关键"。兼顾发展弱项是为了更好地使受训者达到全面发展的终极目标。与此同时，我们也需认清运动能力与身体素质二者之间的关系。运动能力提高了，身体素质水平也会随之提高；而身体素质的发展又将反作用于运动能力的提升。两者是相辅相成的，既相互影响，又相互促进。若要全面发展，必须二者兼顾、协调训练。

每名受训者的身体素质、健康状况和运动能力等条件是不同的，因此运动训练需因人而异，确立适合于受训者自身实际情况的训练模式与练习方法，做到有针对性的练习。针对性训练是指平时的运动训练必须与实战需求相结合，培养受训者能够在铁人三项复杂多变的竞赛环境中表现出快速适应的能力，以及在瞬息万变的竞争态势下能够表现出迅速应对的能力。在体育运动训练中，教练员只有掌握和运用好运动训练的基本原则，才能有效地促进运动能力发展，达到预期目标。

第四节 青少年训练注意事项

一、安全第一

体育训练的根本目的是促进身心健康，青少年训练更应以"健康"为第一目标，任何有悖于青少年身心健康发展的活动都应被停止。对于铁人三项这类综合性运动而言，其运动风险往往高于单项运动。造成潜在运动风险的主要因素有：①复杂多变的运动环境；②参与者基础健康水平与运动能力水平（包括技能、体能、经验与认知水平等）；③执教者教学水平（包括专项教学能力、风险预判与防控能力、组织能力等）；④运动设施与装备。只要执教者、受训者注意以上几个方面，秉持"安全第一"原则开展训练，相信能够有效规避潜在风险。在此，重点提醒各位铁人三项爱好者与教练员，选择一款适合的运动是开展铁人三项训练与比赛的必备工作。

二、优先发展游泳

铁人三项的三个竞技子项均属于体能主导类耐力型运动，具有周期性运动特征，都是以竞速的方式决出胜负。它们的制胜因素都可归纳为"速度—耐力"二元复合素质水平。但是，三个竞技子项的动作模式与运动空间不同，导致它们在运动效率提升过程中的侧重点也有所不同，具体表现为：①游泳是借助水的物理特性以俯卧姿态进行的上下肢协同运动的体育项目，运动过程中主要克服由身体姿态产生的压差阻力和由不同技术动作形成的波浪阻力以及在"水"这个特殊物理环境中的空间（方向）感知能力与身体（触觉）感知能力；②骑行是以器械为运动功率传导的媒介，以坐立姿态进行的下肢动作为主导的"人—车"交互运动，运动过程中一方面要克服身体姿态变化产生的压差阻力，另一方面需要减小受骑行速度与骑行条件（主要是轮胎规格和路面条件）所影响的摩擦阻力；③跑步是以直立姿态进行的上下肢协同运动的体育项目，相较于其他两项，它的运动环境相对简单，运动过程中主要克服垂直方向上的重力，通过增加水平方向的推进力来获得前进效率。综上所述，三个竞技子项虽同属于"速度—耐力"素质主导的运动，但因运动方式的差异导致三个竞技子项在能力培养方向上产生区别。而运动能力的培养是具有时序发展特征的，需结合儿童青少年的生长发育规律与能力习得规律适时开展特定能力的开发与培养。根据运动训练领域对各项群运动多年实践的总结与判断，那些对于空间感知能力、协调能力、柔韧素质要求较高的运动项目应在早期进行开发，如体操、跳水等运动；而对于灵敏、速度、耐力素质要求较高的运动项目可在青少年阶段的中后期开发，如田径类运动。依据上述三个竞技子项的运动特征，我们可以得出，对于空间感知能力与身体感知能力要求较高的游泳项目应作为优先发展项目，其次是对于空间感知及器械操控能力要求较高的骑行项目，最后是对于体能要求较高的跑步项目。如此，在儿童、青少年成长的各个阶段进行有针对性的教学与训练，才能够抓住不同能力与不同运动项目发展的"窗口期"，使训练效率事半功倍。

三、预防过度训练

过度训练是指运动员由于疲劳的连续积累而导致机体出现功能紊乱或病理状态的训练或比赛。过度训练状态是一种训练与恢复、运动与运动能力、应激与应激耐受性之间的失衡状态。根据运动疲劳的累积程度,过度训练可分为短期过度训练和过度训练综合征。目前,对于过度训练的发病机制还不是十分清楚。有学者认为是由于运动员神经系统的过分紧张,造成兴奋和抑制之间失去平衡所致。也有学者认为,过度训练不仅表现为身体机能紊乱,还可能存在着运动者的骨骼肌和内脏的形态变化。我们根据现有的理论研究及运动实践经验,将导致过度训练的主要原因进行分析、归纳,总结为以下几点:①训练负荷安排不合理。未遵守循序渐进、系统训练的原则,运动负荷过大、大运动负荷持续时间过久,超过了人体的承受能力。②训练方法错误。训练方法单调、枯燥乏味,使运动员局部负荷过大,最终造成过度训练。这一现象多见于运动新手,他们缺乏全面的身体训练基础,仅仅重复少数的几种专项练习,机体极易疲劳。③训练时机错误。安排运动员在身体机能欠佳的情况下,参加紧张的训练或比赛,如伤病后、身体衰弱时,或高强度训练后机体尚未完全恢复时,极易造成训练伤害。不少过度训练案例显示,感冒后过早投入训练或感冒时期训练量过大易造成过度训练,还有旅途劳累、时差反应尚未消除时也不是开展大运动量训练的适宜时期。因此,学会因时制宜地开展训练是十分有必要的。④生活不规律。运动员在没有足够的体力和精神的情况下参加比赛,或比赛过多、间歇过短,竞赛或训练后得不到充分休息,社交活动过多,破坏了原有的稳定的生活规律(特别是睡眠不足),易引起过度训练。

预防过度训练的关键在于执教者需要根据训练者的个体情况,包括性别、年龄、身体发育状况、训练水平和训练状态等制订合理的、切合实际的训练计划。需做到因时制宜、因人而异、因地制宜地开展训练,训练强度的累加需逐渐递增、节奏明显,避免骤然增加(尤其是运动量的增加)的训练方案。

四、注重动作节奏练习

动作节奏,是动作构成的要素之一,指动作各个部分按一定顺序和间隔时间所表现出来的强弱关系，具体表现为动作的快与慢、用力的大与小、肌肉收缩与放松等均按一定时间间隔交替进行。任何动作都有一定的节奏，在周期性练习中更为明显。如游泳时，臂、腿、呼吸之间的配合就是以一定顺序、用力强弱和时间间隔交替进行的；又如跑步时，摆臂与腿部的蹬踏以及呼吸也是按一定的时间配比进行的。合理的动作节奏有利于正确掌握技术动作，形成动力定型，使动作更协调、更经济化，能节省运动员的体能，减少运动损伤，在团队竞赛或集体活动中还能促进集体动作整齐一致。

动作节奏与运动员的动作模式、身体素质、气质类型密切相关，对神经、肌肉的控制能力要求较高，受先天遗传与后期培养这两方面的影响。由于其对于运动员的速度素质水平、中枢神经的动员能力、肌肉的控制能力要求较高，所以需要在早期（儿童、青少年时期）进行针对性的培养，一旦运动员的技术动作成型、各项运动素质（主要为协调能力与速度素质）发展成熟后将较难有大幅度的提升空间。

五、学习换项技术

一场完整的铁人三项比赛包括其三个竞技子项（游泳、骑行、跑步）以及连接三个子项的两次换项过程，即"游骑换项"和"骑跑换项"。我们在调研基层训练时，发现大部分的俱乐部对于三个竞技子项的技术训练与体能训练较为重视，这部分训练占据了非常多的时间比重，而对于换项与连项训练的关注度与投入度就远远不及游、骑、跑三个单项。我们认为，这样的训练安排是缺乏合理性的。就青少年运动员的比赛距离设置而言，游、骑、跑三个单项的竞赛距离与成年运动员的标铁距离差距较大，最小年龄段（儿童 4~7 岁组）的竞赛距离仅为游泳 25 m + 自行车 500 m + 跑步 100 m，但是其换项距离与标铁比赛的差距却远不及三个单项差距之大，这是受铁人三项运动的场地条件限制而造成的。因此，对于年龄越小、竞赛总距离越短的运动员而言，其换项的距离在整个赛程中所占的比重越大，即换项成绩对比赛排名的贡献愈加重要。另外，从运动模式角度分析，游、骑、跑三个单项均属于单一动作的重复性运动，而换项却属于多种不同动作的串联组合模式，其动作复杂程度以及对运动员的体能、技能与智能的要求程度均高于三个单项。这也是在低年龄组的竞赛中，换项过程犯规率高于三个单项赛段的主要原因。因此，我们需正确认识换项能力的重要性，在训练的初期就对运动员进行培养，通过重复性的练习，帮助年轻运动员建立正确的换项程序，增强"快速换项"的意识。

六、注重连项训练

这里要强调一个概念："换项能力不等于连项能力。"之所以在此处着重提出，是因为我们看到在基层训练甚至部分省专业队的训练活动中，依旧将这两种能力错误地混淆，造成训练针对性不强。所以，我们在此对这两个概念进行细致阐述，以期能为你厘清这两种能力的差异，进而助你提升训练的科学化程度。

换项，指从前一个竞赛项目转换至下一个竞赛项目的"完整过程"，包括运动装备的转换、器材的转换、动作模式的转换，它更加强调运动员的技术动作与动作进行的时间顺序，其比拼的是运动员技术的正确性、规范性以及程序化操作的能力。

连项，指将前一个竞赛项目与后一个（或多个）竞赛项目联合训练或比赛的能力，它包含换项能力，更加强调机体内在的快速调整与适应能力，其比拼的是运动员的体能、技能、战略谋划能力、心理稳定能力以及意志品质。与换项能力相比，连项能力的训练内容范围更广，能力培养周期更长，对于运动员与教练员的挑战更大。

如上所述，连项能力是青少年运动员竞技表现的重要影响因素，但在基层训练中其受重视程度依然不如三个单项的技术训练与体能训练。究其原因，铁人三项运动进入我国时间尚短，虽然近10年该项目在群众性的业余竞赛上有了飞速发展，但是在专业训练领域，我们的理论研究与训练实操依旧处于探索阶段。多数执教者还是停留在针对该项目的外在特征进行较为单一的训练阶段，未能透过现象看本质，在规划运动员的竞技发展、设计训练方案时，未能够抓住这项运动内在的"根本性"运作逻辑，未能够深度辨析高水平运动员的制胜因素，致使训练效率低下。请记住，铁人三项运动是游、骑、跑三个项目的有机整合，而不是三个项目的简单叠加。训练的目标应是提升三个项目的系统合力，而不仅是分项的实力。将三个单项"融合"与"联合"的本领一定是这项运动的专项特征，也是运动员的制胜之匙。

七、训练游戏化

基于耐力性项目单一动作重复进行与训练时间长的特点，训练较为枯燥，运动员易感疲劳，儿童、青少年更是容易对其失去兴趣。因此，教练员在制订训练方案时应将练习的趣味性作为一个重要的考虑因素，通过巧妙的设计，将其渗透于我们的日常练习中，使运动员始终保持浓厚的兴趣，并通过竞赛类游戏让运动员体会"成功"的感觉，激励他们不断突破自我。

第三章

青少年运动员全程性多年训练设计

近10年，铁人三项运动在世界铁人三项（World Triathlon）联盟的大力推广下，开展得如火如荼。我国作为铁人三项运动的积极推广国，对该项目在我国的发展投入了大量的人力、物力与财力。虽然我国经过多年的不懈努力，将铁人三项的群众基础拓宽，形成较好的发展势头，但我国在铁人三项运动整体竞技水平的推进方面依然深陷于"高投入、低产出"的发展困境之中。尤其在青少年运动员培育层面，显现出"重训练实操轻理论研究""重短期目标轻长远发展""重基础体能轻专项技能"等现实问题。上述发展困境和发展短板与我们中华民族在国际体坛中的综合地位和发展目标不相符、不匹配。反思我国铁人三项运动近年来在国际大赛中出现竞技表现不佳、青少年运动员培养青黄不接这一现象，其根本原因为：①参与铁人三项运动的青少年运动员总数少、能力弱、后续发展乏力，存在后备人才梯队断层问题；②我国青少年铁人三项运动员科学化训练水平不高，缺乏系统、科学、整体的长期训练规划；③对青少年铁人三项运动员体能、技能与战术之间的作用机制及影响关系认识不深、理解不透，未能将全程性多年训练与中、短期训练目标及训练内容有效协调统一；④对青少年铁人三项运动员"体能""技战术"与"心智"发展的横向时序特征和纵向结构特征缺乏全面、客观的认识，未能处理好青少年技能学习与体能发展、身心发育与运动能力培养之间的复合关系及协同机制。综上所述，如何立足于青少年铁人三项运动员竞技能力全面发展的系统视角，遵循青少年身心发育和竞技能力形成的客观规律，不断优化体、技、心能的训练内容与方法，全面提升训练质量，不仅是我国青少年铁人三项运动员亟待解决的竞技训练难题，亦是提升我国优秀铁人三项运动员综合竞技实力的重要命题。

第一节　加拿大成功的运动员竞技能力发展模式借鉴

一、加拿大 LTAD 模式简介

LTAD 模式（the Long-Term Athlete Development Model，运动员长期发展模式），由加拿大体育联合会率先提出。该模式最初是作为一种训练思想体系，应用于运动员竞技能力发展的整个训练过程中，为运动员运动能力的可持续发展提供训练思路。

这个思想体系适用于所有运动项目的长期训练规划，提供了普适性很强的分阶段训练思想，并阐明了不同阶段的训练方向。LTAD 模式注重有关人体生长、发展及基础动作能力可训练性的学科知识。根据这些普适性的文献资料以及相关信息，至今已有多个体育强国的体育管理机构都认识到 LTAD 模式的科学性，并纷纷对此模式进行进一步的细化，在原基础上制定符合本国运动员身心发展特征且内容更为具体的 LTAD 运动模式。据不完全统计，近 10 年来国际上针对此类人才培养模式如何科学开展而进行的讨论会议举办了数十次。加拿大铁人三项运动训练专家组中的个别成员也曾在部分会议中出席，向各国从事铁人三项或其他运动训练的工作者介绍了 LTAD 模式对于加拿大铁人三项竞技水平提升的促进作用。这些会议为加拿大体育联合会专家小组和参会的其他体育联合会成员提供了一个信息共享和互相交流的机会，同时也为进一步探索各个体育联合会之间的主动合作提供了可能性。

加拿大铁人三项运动的 LTAD 体系框架可以被视为一个注重整合多种运动能力，使其在不同阶段协同发展，反对单一阶段的能力最大化挖掘，提倡终身运动能力的最优化开发的训练模式。它非常适合于我国从事竞技训练的年龄组运动员以及精英运动员的发展系统，因为该模式能够对上述运动员竞技训练生涯的长期规划提供明确的方向指引。

加拿大铁人三项运动的竞技培训工作者也曾公开表述："LTAD 训练体系能够影响一个运动员竞技发展过程中的所有阶段，包括运动员在儿童时期从事多项体育活动与身体锻炼阶段、青少年时期的运动专项发展阶段、成年后的创造竞技巅峰阶段以及竞技能力衰退阶段。同时，它在儿童、青少年的运动天赋检测、运动专项选择、训练发展规划以及实践过程指导方面也给予了帮助，提供在竞技能力发展的不同阶段与当前身体生长阶段所适配的训练和竞赛方法，鼓励每一位铁人三项运动者终身参加这项运动。"当然，促使加拿大铁人三项竞技水平在世界角逐中保持长盛不衰的因素有很多，但是正确的训练指导思想一定是成功的首要因素。以下 4 项指导原则便是加拿大铁人三项运动员竞技能力长期发展框架制定的核心思想。

（1）我们（加拿大）的训练目标旨在指导运动员在正确的时间做正确的事情。

（2）鼓励我们（加拿大）的运动员在进行下一阶段的相关活动之前先完成当前阶段的具体任务。

（3）我们（加拿大）的训练方案是基于运动员的身体条件、心理素质以及社会性质而为其量身定制的。

（4）铁人三项运动与其他体育运动之间应是相互促进的关系，并非对立关系或简单重复（一些运动）关系，铁人三项运动员在其早期的运动能力发展过程中属于多项运动的参与者。

二、LTAD 模式的理论内涵

LTAD 模式是 20 世纪 90 年代加拿大学者伊斯特巴依创造的科学化、系统化、周期性的青少年运动能力长期规划发展的理论体系。该理论体系以培养儿童、青少年的运动兴趣为切入口，以促进儿童与青少年科学、系统、均衡地发展终身运动能力为整体目标，依据身心发展的阶段性特征，有针对性地制定运动员竞技能力培养的全程性多年训练规划。目前，该模式在英国、加拿大等国家都得到了广泛应用，并取得了显著成效。通过与以往的青少年运动训练模式比较，LTAD 模式具有以下几个优势：①该模式能根据不同训练个体的生理年龄与生长发育不同阶段的生理特点，合理安排训练内容与训练方法，为青少年运动素质的全面发展提供科学指导，并能因人而异地为处于不同生理年龄阶段的运动员制订训练方案，提高训练的科学化水平；②该模式是对运动员整个运动生涯的动态发展过程的科学规划，模式中倡导的训练思想贯穿于运动员运动生涯的全部阶段，甚至能够贯穿运动员或体育锻炼者的一生；③该模式遵循以人为本的训练理念,最优化地开发运动员的整体竞技能力,不急功近利;④该模式十分注重运动员动作技能的学习与改进,强调技能与体能均衡发展的重要性,通过运动员竞技能力的均衡开发,使其运动潜能得到最好的挖掘,使其运动生涯得到最长的延续。

(一) LTAD 模式的基本定义

LTAD 模式是帮助从事或参加不同运动项目的职业或业余运动员最大限度地开发运动潜能及享受运动乐趣的一套完整的、渐进式的训练培育体系。它结合了人体自然生长规律与运动能力发展的时间顺序特征,为体育练习者提供了涵盖体能、技能、竞赛能力和综合运动能力的整体训练框架,是对受训个体运动生涯整体的系统化规划与设计。它以生物年龄作为监测运动员运动能力发展的风向指标,遵循人的自然发展规律,通过跟踪监测青少年运动员的 PHV (peak height velocity, 身高增长高峰期) 和 PWV (peak weight velocity, 体重增长高峰期) 计算出每一个体运动素质发展的敏感期。该训练模式既注重单一运动子能力在时间横轴上的阶段性发展特征,又强调空间纵轴上多项能力综合培育、均衡发展的全面性与系统性,较为精准地揭示了人体自然生长规律下不同竞技子能力发展的时序特征以及各项子能力协调开发、融合培养的基本法则。

(二) LTAD 模式的根本宗旨

LTAD 模式依据青少年身体、心理、智力发展的非同步性特点,因时制宜地展开相应的能力开发。提倡从运动员运动能力的长期发展和系统训练规划的角度来审视全程性多年训练方案中各个阶段的训练设计,这就使得各阶段的训练设计更具有可持续发展的优势。同时,也使各训练阶段之间的衔接更为紧密且有序。该模式不仅考虑了运动员身心发育过程中的阶段性特点,还明确提出了不同训练阶段的划分应根据运动员的生物年龄与训练年限进行综合考虑,不能简单地以运动员的生物年龄进行划分,更不能以生活年龄进行"一刀切"。唯有如此,才能准确把握不同运动员体能发展及技能储备的敏感机遇期,从而开展有针对性的竞技能力培养,促进运动员运动能力的长期、有序发展。

(三) LTAD 模式的基本目标

LTAD 模式提倡在儿童期与青少年早期,应当着重发展运动员的体育素养,包括体育意识、体育知识、体育行为、体质水平与体育技能等,在青少年后期或成年后再开展以追求优异竞技表现的专项竞技训练，包括参赛能力、竞技表现调控能力、自我认识能力与生活自理能力等。其强调在提高青少年技能和体能的同时，充分挖掘每位青少年的个体潜能，通过培养青少年对于运动专项的兴趣和正确的认识，助其延长运动寿命、养成终身锻炼的意识。该模式具有三个基本培养目标：①发展全面的身体素质，奠定运动基础；②把握各项能力开发敏感期，提高运动水平；③提升动作质量，延长运动寿命。这三大目标的落实使得体育锻炼更具包容性、综合性和高效性，同时也使得高水平运动员的发展更具系统化。

三、LTAD 模式的内容设计

（一）LTAD 模式的框架构建

该模式的整体框架及指导思路是以"鼓励终身运动"为训练设计的总目标，将体育锻炼者或运动员的整体运动生涯划分为五个阶段并明确了每一阶段的主要训练任务（图 3.1）。

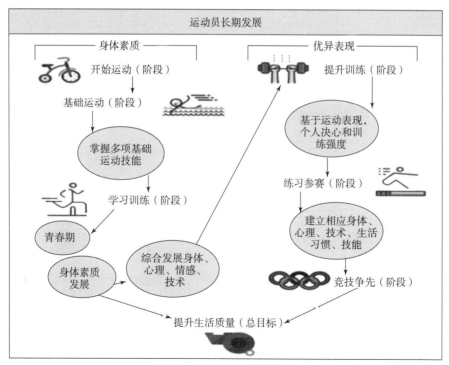

图 3.1　LTAD 模式框架设计

(1) Fundamentals（基础运动）：学习基本运动技能。

(2) Learn to Train（学习训练）：前期大力发展身体素质，后期同步开发体技能与心智能。

(3) Train to Train（提升训练）：基于当下的运动表现、个人目标与训练强度，制订个性化的专项训练方案。

(4) Train to Compete（练习参赛）：培养全面的体能、技能、心智能与生活技能，具备独立参赛能力。

(5) Train to Win（竞技争先）：学会整合各项运动能力，创造佳绩。

（二）LTAD 模式的周期划分与内容安排

LTAD 模式提倡将运动员的生物年龄与训练年限结合考虑，从横向时间维度和综合空间结构设计运动员全程性多年训练方案（图3.2与图3.3）。建议：孩童6~9岁阶段应以培养运动兴趣为导向，练习内容主要为基本动作技巧和克服自重的身体练习，通过各种形式的趣味性较强的身体活动或游戏来培养孩子参与体育运动的积极性，为之后参加专项运动打

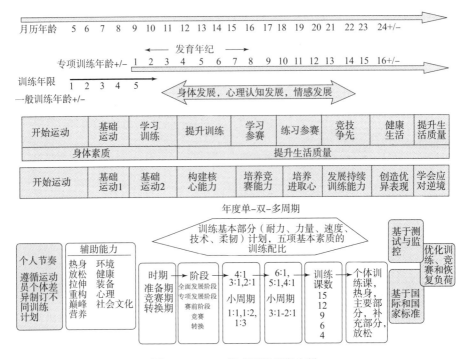

图3.2　LTAD 模式训练周期安排

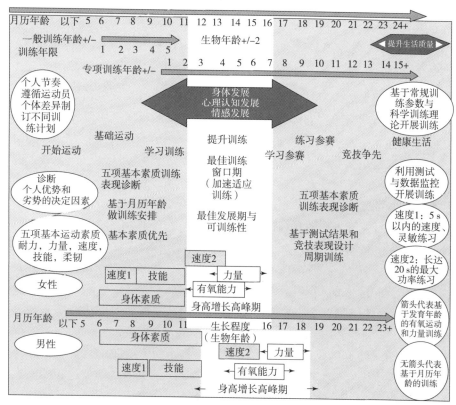

图 3.3　基于 LTAD 模式的（加拿大）运动员竞技能力最优化发展设计图

下基础。8~11 岁女孩和 9~12 岁男孩在进行动作技能学习的过程中可以适当融入增强身体素质的练习，可以引入具有竞争性的体育活动和体育游戏，促使小运动员们积极参与到运动中来，并且有意识地在练习的开始和结束部分加入热身、放松内容，让小运动员们理解热身与放松对运动表现的重要影响作用。12~15 岁阶段的女孩与 13~16 岁阶段的男孩，应有序地开展耐力、速度和力量练习。这一阶段仍以基础的身体素质训练为主，融入少量的竞赛，注重青少年身体生长发育的自然差异，待训练能力积累到一定程度后，可以实施高强度间歇训练手段，但此时需注意控制接近比赛负荷的训练频度，预防负荷过度而产生运动损伤。16 岁左右的男孩与女孩，可以发展竞赛能力，其训练方向应以提升专项技能与体能、掌握参赛技巧、培养独立参赛能力为主。当运动员具备较好的专项能力且熟练掌握参赛技巧后，训练中应当加大对于运动员心理能力与运动智能的培养比重，帮助运动员整合多项竞技能力，建立积极的心态与坚定的信念，鼓励并辅助其创造个人竞技巅峰。

第二节　LTAD 模式应用的理论基础与框架设计

当前我国多数的基层铁人三项训练都未将运动员竞技能力的可持续发展当成一项长期系统的工作来考虑，致使大部分的基层训练陷入短期功利化的非良性发展模式之中。这对于运动员而言，无论是运动能力开发的时间长度，抑或是多种核心竞技能力综合发展的空间深度，都会产生较大的负面影响。因此，我们有必要在 LTAD 模式的理论框架下，结合我国铁人三项训练长期发展中存在的根源问题进行分析，针对运动员的生长发育阶段特点，制订完成不同动作技能的身体素质训练计划，并明确各阶段身体练习的原则、依据、方法、负荷等操作性内容，以期达成下列目标。

（1）提升铁人三项运动员身体训练的科学化水平。遵循运动员身心发育和动作技能形成的基本规律，注重运动员动作技能与身体能力双向发展，并将此过程视作运动员综合竞技能力的形成过程，对此进行统筹规划与系统设计。

（2）遵循不同阶段运动员身心发展特点，有针对性地设计符合生理年龄的身体训练内容与方法。通过 LTAD 模式对铁人三项运动员运动能力发展进行科学划分，明确各阶段身体练习的重点和依据，力求运用科学、有效的训练手段和方法，提升运动员的技能水平和基础体能。

（3）通过将动作技能融入身体训练的方式，不断提高铁人三项运动员的动作技能娴熟度，使体能训练紧密围绕专项需求开展。将技能与身体练习相融合，不仅能提高身体练习的趣味性，而且能增加学习动作技能的积极性，同时能够帮助运动员建立正确的动作模式和用力习惯，既为体能发挥搭建良好的技能平台，又为竞技巅峰延长奠定坚实的身体能力基础。

一、青少年铁人三项运动员应用 LTAD 模式的理论基础

从时间横轴来看，运动员的生长发育呈现出明显的具有阶段性特征的持续发展规律，但发育过程中运动员的身体形态与生理机能以及运动素质能力会出现非均衡性的生长与发展。例如，不同时期身体各器官系统的发

育速度、不同动作技能掌握程度以及不同运动素质发展水平等均显现出非衡性发展特点。

（一）不同年龄阶段生理发展特点

1. 神经系统发育特点

神经肌肉系统是人体的信息传递和命令系统，其主要功能是感知身体内外环境的变化，并对这些环境变化进行感觉登记和系统分析，然后通过人体肌肉的收缩或者腺体分泌活动做出相应的身体反应。在运动过程中，神经系统与人体功能的整合可以确保肌肉的募集数量和发力顺序，使人体在不同身体活动中完成特定的运动方向、幅度、速度和力量控制，以满足不同运动形式的需求。青少年神经系统的特点为兴奋过程占优势并容易扩散，神经细胞的抑制过程不完善，分化抑制能力差。这主要表现为：情绪易波动、好奇心强、学习和模仿能力强；活泼好动、精力旺盛但易疲劳；协调素质、平衡能力差，动作时常出错，但灵活性较好，可塑性较强。因此，青少年运动员进行基础身体练习和专项体能训练时，应注重训练内容的多样化、全面化、科学化，可选择灵敏性和速度性为主的身体练习，并辅以游戏化设计手段，避免动作练习内容单调枯燥。

2. 骨骼肌肉发育特点

骨骼肌受神经系统的支配，当人体感知觉器官受到外部刺激时，骨骼肌会在神经系统的支配下产生收缩或放松，从而完成动作任务，达成动作目的。骨骼肌是人体组织、器官中占比最大的组织，占人体体重的36%~45%。在青少年生长发育时期，骨骼的生长速度较快，以骨构建为主、骨转换加快且骨形成占很大优势，骨量得到稳定增长。青少年时期尤其是青春期，以骨量累积为主，成人40%~60%的骨量在这一时期获得。青少年成长至18岁左右迎来骨量峰值期，此时骨量累积将达到成人的90%左右。男孩和女孩的骨骼生长发育具有显著的差异。9~12岁女孩线性生长速度明显快于男孩，女孩在12岁左右达到线性生长速率的高峰，而男孩的线性生长高峰则是出现在15.5岁左右。与女孩相比，男孩具有较长的骨骼生长时期以及更高的骨生长速率。儿童、青少年在10~18岁阶段骨骼生长峰值较高，骨骼发育相对稳定，但骨量的迅速增长对肢体各部位的快速适应能力（适应骨骼生长而产生的身体变化）提出较高的要求，处于这一年龄阶段的青少年容易在运动过程中表现出身体稳定性不足的问题，因此安排体能训练时可以增加促进力量、协调、灵敏、柔韧素质发展的练习，帮助运动员提升身体控制能力和动作稳定性。

肌肉发育特征方面，在儿童、青少年的生长发育过程中，骨骼肌将经历两次快速增长阶段。第一次增长峰值出现在女孩11~13岁、男孩13~15岁，此阶段延续时间较长且肌肉的发育以增量为主。第二次增长峰值出现在女孩16岁左右、男孩18岁左右，相比于第一次增长峰值期，此阶段持续时间较短，肌肉的发育以肌肥大为主。此时男孩、女孩身体各肌肉群发育相对不平衡、不稳定，同时，由于肌肉的生长晚于骨骼的生长，训练中易出现协调性下降、技术动作变形、运动水平停滞不前甚至退步等现象。因此，训练过程中应适当增加能够加速肌肉血液循环、促进肌肉生长的基础体能训练，使以肌肉力量为主的多种复合素质能力能够与训练个体的自然生长速率相匹配。但是必须注意，相较于成人运动员，10~18岁的青少年运动员肌肉力量较弱且容易产生运动性疲劳，在安排训练时应特别注意训练负荷的精准把控以及训练后的恢复性练习。

3. 心血管系统发育特点

处于青少年时期的运动员神经调节功能尚未发育完全，神经活动的兴奋性相对较高，心脏也处于发育过程中。当他们与成年人进行相同负荷的身体练习时，心率将高于成年人，血压却低于成年人。处于青春期的青少年，心脏收缩力将得到大幅度提高，但血管发育却远远落后于心脏，容易出现血压增高的身体症状，我们将这一症状称为"青春期高血压"。青春期高血压的发生多是暂时性的，平时无明显的症状表现，只有在运动量过大或过度疲劳时，才会有轻微的头晕、乏力等症状，度过青春期，心血管系统发育趋于平衡后，血压将恢复正常。因此，这一阶段的体能训练要注意控制好运动负荷，运动量不宜过大，不能进行长时间的紧张性运动与能量物质消耗过大的耐力性练习。

4. 呼吸系统发育特点

青少年运动员的呼吸器官脆弱，呼吸道黏膜容易受损，肺组织中的弹性纤维较少，间隙较多，血管丰富，新陈代谢旺盛，肺部血液较多，空气含量较少，呼吸肌群发育尚不充分，胸廓小、肺活量小。随着年龄增长，肌肉弹性和肺活量将会增加。这一年龄阶段的运动员在体育锻炼中，增加氧量的主要方法是通过加快呼吸频率来获取，而青少年的氧运输能力不如成人，有氧能力与无氧能力均低于成人，所以此阶段的身体训练内容应以发展有氧耐力为主，在训练中要强调呼吸的重要性，教授呼吸的技巧。

5. 能量代谢特点

铁人三项是一项运动环境复杂、动作模式多样的综合型耐力运动。从竞赛环境分析，该项目包括：需要克服低温、克服（因自然水域的不确定性而出现的）恐惧心理、学会利用水的阻力与浮力的游泳运动，需要克服风阻、使用正确的操控（器械）技能提高功率输出的自行车运动，以及需要克服高温与自身重力的跑步运动。从动作模式分析，该项目包括俯卧行进的游泳、坐立骑行的自行车和直立前行的跑步，囊括开链式、半开链式、闭链式三种动作类型。无论是外界环境的复杂性抑或是动作模式的多样化，使得铁人三项运动员在运动过程中产生的能量消耗远远高于游泳、骑行、跑步这三项单项运动。

2020 年，中国铁人三项运动协会为推广"小铁人"项目，专门为不同年龄阶段的儿童、青少年设定了适宜距离的比赛（表 3.1）。相对于以往的青少年短距离竞赛项目设置，此次修订细化了分段年龄与年龄分组相匹配的竞赛距离，将参赛难度降低。但是从表 3.1 中依旧能看出，无论距离如何缩短，青少年铁人三项竞赛始终保持着铁人三项的项目特征——以有氧与混氧供能为主的多项组合型耐力类项目。

表 3.1　青少年铁人三项竞赛项目一览

参赛年龄/岁	竞赛组别	竞赛距离/km			
		游泳距离/km	骑行距离/km	跑步距离/km	总距离/km
4~7	体验距离	0.025	0.50	0.10	0.625
6~9	超迷你距离	0.05	1.60	0.40	2.05
8~11	迷你距离	0.10	3.20	0.80	4.10
10~13	超短距离	0.30	6.40	1.60	8.30
12~15	短距离	0.50	10.00	2.50	13.00
16 及以上	半程	0.75	20.00	5.00	25.75
18 及以上	全程	1.50	40.00	10.00	51.50
18 及以上	长距离	3.00	80.00	20.00	103.00

根据能量代谢的理论，人体一切肌肉活动所需的能量都直接依赖体内的高能磷酸原、三磷酸腺苷（ATP）及磷酸肌酸（CP）的分解，这种供能方式既不消耗氧气，也不产生乳酸，称为无氧非乳酸供能。由于体内高能磷酸原储备量仅能保证 10 s 左右的最高强度，持续的运动有赖于磷酸原的再合成。再合成磷酸原所需的能量在高强度工作供氧不足的条件下，由糖原的无氧酵解提供，而糖原的无氧酵解会产生大量的代谢产物——乳酸。所以，这将抑制供能速度，迫使运动强度下降。因此，高强度的运动一般

也只能持续 2~3 min，随着运动强度的下降，供氧将变得充分，再合成磷酸原所需的能量将主要由糖原的有氧氧化提供，这种方式称为有氧代谢，它不产生乳酸，可维持长达数小时的较低强度运动。

当前生理学的研究技术已经能够确定不同距离和运动强度时肌肉活动能量供应的百分比，为科学化训练提供可靠的参考依据。按照能量供应系统理论，根据项目的特点来安排训练负荷，是近代科学训练中备受推崇的观点。这种观点表明，基于"提升能量供应系统效能"的训练具有更加专项化和个性化的操作特点，训练目的更加明确，而且训练目的在有氧训练和无氧训练的基础上划分得更加精细，能够使训练做到有的放矢。

（二）不同年龄阶段心理发展特点

在竞技体育朝着更高、更快、更强方向快速发展的今天，对竞技参赛运动员的身体能力、技术水平和心理抗压能力的要求也随之提高。运动员在竞技比赛中的出色表现除了依赖场下艰苦的体技能训练之外，也取决于运动员竞赛时的心理状态。根据铁人三项比赛的竞技特点，运动员的心理稳定能力与心理耐受能力是极为重要的。如何在比赛中充分调动个体应激水平，使已具有的训练水平和真实能力得以充分展现，如何通过战术运用成功地规避对手干扰、保持稳定心理状态，以及如何抵抗单一动作结构产生的神经疲劳、提升心理耐受力是影响该项目运动员竞技表现的关键。因此，掌握运动员不同年龄阶段与训练阶段的心理发展特点，有针对性地开展训练，对于运动员竞技能力的形成与开发具有十分重要的作用。

1. 少年时期（10~14 岁）心理特点

青少年在 10~14 岁进入青春期，此阶段大脑皮层的功能和结构在神经与心血管系统的共同作用下得以快速发展，新陈代谢加速使运动员更有活力，身体生长发育迅速，但内部系统各部分的发展相对不平衡；中枢神经系统调节行为能力相对较弱，身体灵活性不佳并且容易疲劳。在认知方面，运动员能够更深刻地感知事物，认知水平提升，心智逐渐成熟，思维具有独立性，但是缺乏辩证思维。因此，教练员需要在训练过程中科学地引导运动员，鼓励他们进行独立思考，培养正确的思维模式。在情感和意志方面，运动员的自我约束能力逐渐提高，但总体表现依旧比较幼稚，情绪易受外界影响，情感丰富，好胜心强。教练员需要不断赋予运动员正能量，对运动员的优点及时给予肯定，从正面指导运动员进行训练。训练要有针对性和目的性,并且要告知运动员每一项训练内容的内在意义,以便运动员能够精准确定行动目的,自觉执行训练计划。

2. 青年时期(15~17岁)心理特点

青年时期,随着训练与比赛的增多,运动员所处的运动环境不再是单一、固定的,周围条件的诸多变化,将会干扰运动员在训练场与赛场上的注意力。因此,培养专注力的心理训练应作为平日训练内容的一部分。运动员可以运用"自我对话"的方法,建立内部提问→应答机制,通过不断地自我完善与鼓励,调动全部能量适应外部环境变化,从而实现对身体状态的自我调节。在此阶段,运动员的身体发育接近成人水平,感知能力得到更加深入、全面的发展,开始以辩证的方式来思考问题,理解能力进一步加强,能够较为正确地理解训练的目的与意义,并且具备一定的辨析能力。但是此阶段机械记忆仍然占据主导地位,潜在记忆的使用频率也更高。由于大量的性荷尔蒙分泌,年轻运动员早期的情绪体验更加强烈,不良的运动表现会导致心理焦虑,因此,在训练时要随时注意每个运动员的训练状态和情绪变化,多采用口头鼓励的形式肯定运动员的训练表现,让其树立自信心,更好地完成训练。

3. 成年时期(18~35岁)心理特点

个体在18~35岁年龄阶段形成一般的、典型的、本质的心理特点,主要表现在以下几个方面。

(1) 智力水平持续发展。知识的获得与应用形成良好的结合,使成年初期智力结构中各要素在保持基本稳定的同时,继续向高一级水平发展。观察能力方面展现出主动性、多维性、持久性的特点;机械记忆能力有所下降,个体的有意记忆、理解记忆占主导地位,记忆容量大;想象过程中的合理成分及创造成分明显增加,想象更具实际作用。

(2) 辩证逻辑思维成为思维的主要形式。成年初期阶段,形式逻辑思维仍处于发展状态,成年初期以后思维中形式逻辑的绝对成分逐渐减少,辩证成分逐渐增多,辩证逻辑思维逐渐发展成为主要的思维形式。

(3) 自我的形成与自我同一性的确立。开始修正一些肤浅的、表面的认知(包括对外界的认知与自我认知),对自我的关心以及对未来自我的追求意识日益强烈,从而促进了自我的形成与自我同一性的确定。

(4) 人际关系的发展。开始学会深入体验人际关系的内涵,并能熟练掌握与人交往的技巧。

(5) 心理的两极性。在意志和行动中始终存在积极和消极、勤奋和懒惰、认真和马虎等矛盾的两极性;在人际关系方面存在友情和孤独、亲密和冷淡、投入和旁观等矛盾的两面性；在内心世界的袒露上，既不像青年前期与中期那般天真、直率，又不像成年中期与晚期那样深沉、老练，表现出闭锁性和开放性共存的矛盾。

（6）人生观的形成与稳定。此时个体更加关注"人应该怎样生活""人生的意义、人生的价值究竟是什么"等与人生、命运密切相关的问题。

（三）不同年龄阶段动作技能发展特点

动作技能是在特定条件和环境背景下，为了实现人类行为目标而合理、有效地运用人体运动系统来执行的身体活动方式，这个定义是从动作技能对人类生存、生活和发展视角来审视其内在价值与外在作用的。由于动作技能依赖于脑、骨骼、关节和神经等系统的相互协调与运作，因此动作技能往往会受制于这些系统内在的结构与功能。尽管肢体伤残和运动损伤都会影响动作技能的学习与发展，但是个体能够在早期的体力活动中获得一定的动作操作经验，这些早期的经验为个体学习并形成熟练、完善、系统的动作技能奠定了良好的基础。

从人类进化发展的视角来审视人类动作技能的形成过程，可以看出人类早期动作技能的学习与形成必定与人类生存、生活和生产实践密不可分。人类为了生存、生活，在与大自然和动物的长期"斗争"中，形成了对世界、自然环境的认识和适应，并在这种思想认识的指导下，逐渐形成了一套解决问题的行为规范和操作方法。人类最初的动作技能就是通过一次又一次重复地模仿学习而获得的。因此动作技能不仅是人类为了生存而开展生产劳动实践所必须掌握的"本领"技能，更是人类适应自然、改造自然的主要斗争"手段"。于人类最初的动作技能形成的内在机制而言，人类动作技能的早期学习与发展主要源于对动作的观察和模仿。从动作控制角度看，动作技能学习是一种从"无序"走向"有序"的渐进形成过程；从认知发展角度看，动作技能学习是一种从刻意模仿的"感性认识"向熟练自如的"理性认识"变化的发展过程。

本书根据个体生长发育的客观规律以及影响人类动作能力形成、发展和退化的内在机制来归纳人类动作的发展走向和变化进程，人类动作能力的形成、发展具有以下六大特性。

1. 结果导向性

技能动作完成质量（动作过程）的提升必定带来任务目标完成结果（动作达成）的优化，同时标示着个体动作能力水平的不断提升和突破。

例如，儿童在学习爬泳技术动作的初始阶段，经常会出现双侧手脚不能协调发力的动作表现，但是随着练习次数的增加和神经肌肉控制能力的增强，儿童逐渐能够协调四肢，以合理的手腿配合运动完成爬泳。这一动作执行过程的质量优化，直接体现在游进效率和速度的提升上，因此动作操作质量（内在表现）的优化，最终都将导向动作结果（外在表现）的提高。在人类长期进化发展的过程中，为了适应环境变化、求得生存与发展，人类在生产实践中不断完善与创新，力争获得最大化的劳动收益。因此在动作执行过程中，也总是期待能够在减少能量消耗的前提下，实现动作输出的最优化结果。这使得人类在动作能力的形成与发展过程中，始终秉持"以提高动作过程的完成质量来增进动作结果的达成效益"这一发展理念。

2. 发展顺序性

从人体生长发育和动作能力发展的客观现实来看，动作模式的发展具有先后顺序性，部分动作或动作组合会优先于其他动作被发展。例如，儿童先学会站立，随后掌握行走和奔跑。这一发展顺序性体现了人类动作能力发展的阶段性特征，同时也能够作为评定个体生长发育水平的标尺。

3. 渐进积累性

人类动作能力的发展总是呈现出渐进发展、逐步积累的特点，即后续的动作发展总是建立在前序动作发展的基础之上，前序动作能力是后续动作发展的基础和前提，后续动作能力的提升又能使前序动作能力得到进一步巩固。因此，前者对后者形成制约，而后者对前者则产生促进，两者相互关联、相互影响。如果前序动作能力发展延缓，则后续动作发展也必然受到影响，前序动作与后续动作之间是继承与发展的关系。例如，在游泳技能教学过程中，不论初学者先学蛙泳还是先学爬泳，其前序游泳动作技能的掌握都为后续动作技能的学习奠定了基础，只要掌握了水中身体平衡、肌肉协同用力和四肢协调控制这三个方面，就是将游泳技能这一层"窗户纸"捅破了，将为后续游泳动作技能学习提供先验的动作记忆基础。这一特性说明在人类动作能力发展的过程中，前后发展的动作序列相互影响、相互促进，我们在对儿童、青少年进行动作能力开发时应避免出现"跨越式"培养，即略过某一既定动作，直接开展后续动作能力的培养，这种"跨越式"培养方式与动作技能先后循序发展的客观规律是相违背的，不具备可持续发展的潜能。

4. 趋势导向性

人类动作能力发展将随着身体能力、练习次数、运动经历和伤病的出现呈现出上下起伏的发展态势,因此人类动作能力发展的运行轨迹不可能总是持续向上（改善提升）,也不可能始终低位运行（退变弱化）。当练习次数逐渐增加、身体能力不断增强时,个体动作能力水平就会呈现出"向好"或"向上"的发展趋势,动作控制也会逐渐娴熟；而当伤病出现、练习次数不足时,动作能力就会呈现出"向坏"或"向下"的发展趋势。不论动作能力逐渐增强还是日渐退化,这都是动作能力发展的必然趋势,代表着动作能力发展变化的走向。所以从动作能力形成与发展的全周期视角审视,人类动作能力的形成与消退总是呈现出此消彼长、上下起伏的发展态势。

5. 多因制约性

人类动作能力形成与发展受制于个体的生长发育水平、体质健康、运动经历、疾病或损伤、背景环境以及任务难度等诸多因素的影响。任何单一因素都不足以对动作能力发展产生影响,只有站在符合多因素影响的视野上,才能真正理解动作能力发展的复杂性。因此我们在促进个体动作能力形成、发展的过程中,应该高效利用对个体动作能力发展起到积极作用的有利因素,如动作练习的频次、时长和及时的教学反馈等,合理规避阻碍儿童动作能力发展的消极因素,如限制班级教学规模、避免消极评价和降低动作难度等。

6. 个体差异性

虽然每一个体的身体生长基本都是朝着日臻成熟的方向发展,但是受到遗传、环境、营养、地理气候和养育方式等诸多因素的影响,使得不同个体的生长发育总是呈现出不同的发展速率,而这种发展程度的差异将直接影响每一个体动作能力的发展。

理解了不同个体生长发育和动作能力形成、发展的特点之后,我们更加明白了动作能力的形成、发展是一个具有鲜明阶段特征的渐进性发展过程。了解这些发展特性并不只是为了帮助我们知晓儿童动作发展的现状,而是可以使我们更加全面地掌握不同个体动作能力发展的演变规律和阶段特点。因此,对于游泳动作能力的评测不能唯"生物年龄"论,虽然在个体生长发育的过程中,生物年龄作为一项参考指标,能够在一定程度上反映与个体年龄密切相关的发育水平和能力差异,但这一项指标仅具有相对的参考价值,并不具有决定性作用。

二、我国青少年铁人三项运动员竞技能力长期发展模式设计

（一）LTAD 模型对我国青少年铁人三项运动员可持续化发展的启示与借鉴

依据 LTAD 模型，儿童、青少年铁人三项运动员运动能力发展的全程性多年训练规划，遵循竞技能力发展的时序特征，因时制宜地开展各项能力素质的培育，应注重各个训练阶段的有序衔接，以发展终身运动能力为整体目标，从而实现不同阶段运动员运动能力的最优化整合，而非当下最大化发展。本研究借鉴 LTAD 理论模型的基本思路，将铁人三项的项目特征与青少年运动员的能力培育规律紧密结合起来，有针对性地设计出儿童、青少年铁人三项运动员运动能力长期发展规划路径图（图 3.4），力图

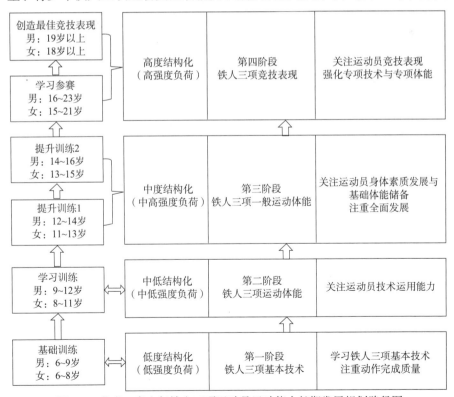

图 3.4　儿童、青少年铁人三项运动员运动能力长期发展规划路径图

解决长期困扰我国铁人三项青少年运动员长期发展中所遇到的"基础训练不实、专项训练不精、阶段目标不清、长期规划不细"等根本问题，为提升我国铁人三项青少年运动员科学化训练水平，持续提高综合运动能力提供新思路。

依据 LTAD 理论模型的基本原理，不同专项运动员运动能力的长期发展是一个不间断的连续过程，其在横向时间上表现为"训练负荷逐级递进""训练内容专项突出"的鲜明特点，基本遵循了生物体"刺激→适应→再刺激→再适应"这一生理原则，而在纵向空间上表现为"专项技能强化先行""基础体能全面均衡"交叉重叠的结构特点。以上时空横纵的训练负荷设计与体技练习侧重对青少年铁人三项运动员竞技能力的长期发展提出了具体要求和明确方向，为青少年运动员竞技能力长期发展提供了基本的训练框架参考。

（二）基于 LTAD 视域的我国青少年铁人三项运动员竞技能力长期发展设计

本书将依据铁人三项运动的自身特点，在结合受训个体身心生长发育规律的基础之上，通过科学化训练理念的引导，对不同年龄的受训者的训练阶段进行细致划分，并明确不同阶段的训练重点和练习内容、方法手段、负荷安排、指导原则及注意事项。科学设计适合各年龄阶段运动员的身体练习动作，在充分掌握基本动作技能、基本运动技能和专项运动技能这三项技能的前提下，有的放矢地发展铁人三项所需的专项运动素质，为运动员增强整体竞技能力、提升运动竞技表现打下坚实基础，如图 3.5 所示。

依据运动员长期发展模型的基本设计思路（图 3.5），在青少年运动员培养过程中我们应始终关注培养对象的各项身体素质的发展过程，而非仅仅关注竞赛成绩，这种注重"能力培育"的训练思想，将会最优化地挖掘运动员身体潜能，能够有效预防为追求阶段性表现而提前挖掘竞技潜能，最终却缩短了运动寿命的现象。

从时间横轴上看，7~12 岁的儿童、青少年正处于基本动作技能形成的关键时期，孩童在这一时期的训练中对于基本动作技能的掌握程度将会直接影响未来专项运动技能的形成。同时，在该阶段中，随着儿童身体的发育，灵敏、平衡、协调、柔韧等运动素质正处于发展敏感期。因此我们在对这一年龄段运动员进行早期培养时应结合儿童的生长发育特点，有针对性地将上述身体素质练习与技术动作学习巧妙融合，在提高素质水平的

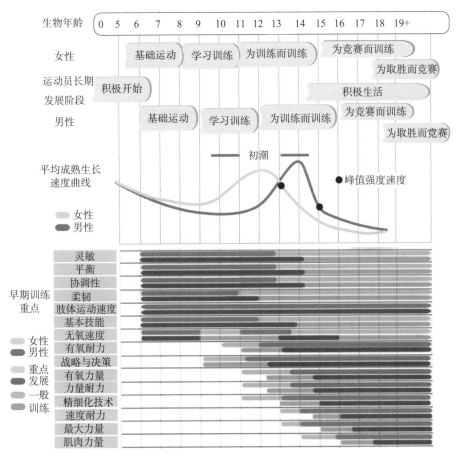

图 3.5　基于 LTAD 视域的铁人三项运动员竞技能力发展设计

同时同步促进动作技能的学习与掌握。同时，安排趣味性的游戏活动是这一阶段儿童、青少年训练必不可少的练习手段，7~12 岁的儿童、青少年好奇心强、自我管理能力较弱，注意力易分散，频繁地重复练习易产生心理疲劳与倦怠，需要通过外界的有效干预来调动他们参与体育运动的积极性，培养乐于学习新动作、勇于尝试新挑战的学习态度。随着运动员年龄的不断增长，其技能水平和身体素质水平也获得提高，13~19 岁阶段的整个训练应着重发展运动员的专项运动技能和综合身体素质，在此阶段的后期开展专项体能培养。在提升生理机能水平的训练中，应注重运动员心肺功能、有氧耐力和混氧代谢能力的训练；在提升身体素质水平的训练中，应加大力量训练比例，提高运动员力量耐力和最大力量水平，为后期开展专项化训练奠定体能基础。

请注意，训练对象的个体生长速度曲线是一切训练安排实施的关键之匙，是训练内容、手段、负荷的制定依据。长期以来，大部分位于训练一线的工作者都习惯于运用训练经验来判断运动员身体素质发展的敏感期，很少有人能够运用运动员身体生长发育变化速率来进行科学的评估。倘若能够通过不同性别、年龄的运动员身高、体重数值的变化，计算出训练对象的生长发育速率，找到"身高增长高峰期"和"体重增长高峰期"，以此把握不同身体素质发展的敏感阶段，做到有针对性地训练，因人而异、因时制宜地训练，想必能提升训练的科学化水平。

另外，儿童、青少年运动员训练初期的训练目标是发展与后期专项运动素质密切相关的协调、平衡、灵敏、速度等复合性身体素质水平。一方面这些身体素质随着神经肌肉系统的成熟将出现训练敏感期；另一方面这些素质是运动员后期竞技能力提升中的基础元素，发挥着十分重要的作用。因此我们开展铁人三项训练时应注重运动员复合性身体素质的培养，力求把握住每一项素质的发展敏感期，开展适宜的体能训练，以获得事半功倍的训练效果，为实现运动员竞技能力可持续化发展创造前提条件。而体能训练的本质就是动作练习，动作是身体训练不可分割的最小单位。个体想要在特定时空中完成具体的动作任务，就必须学会在神经、肌肉等运动系统的支持下合理、有效地运用已掌握的动作技能，通过外显化的动作输出达成运动目的。因此，运动员进入专项化训练阶段时，必须要结合专项所需要的运动能力和专项技战术开展的前提要求，进行专门练习，从而获得专项所需的、符合专项特征的身体运动能力。体能和技能是竞技能力这枚"硬币"的两个面，体能是动作技能表现的根本动力，而技能是体能输出的有效方式。最优化的运动训练就是追求体能与技能皆优，唯有此，运动员在整个运动生涯中才能游刃有余地应对日益激烈的竞赛比拼，才能在高强度、大负荷的训练中降低受伤的风险，才能最大限度地保持良好的竞技状态。

第三节 不同周期类型的训练计划介绍及其实践指导作用

培养一名运动员是一个长期的过程，需要花很多年的时间。铁人三项运动员的全程性训练设计中应包括多年训练设计、年度训练设计、赛季训练计划、周训练计划以及日（课）训练计划。

一、多年训练设计

多年训练设计是对运动员多年训练过程的总体规划,是教练员对于运动员两年以上训练过程的设想、安排,其时间跨度可以从两年至十几年,也可以从儿童期延伸至成人时期。制订多年训练计划时,需要教练员具有一定的战略眼光,能够根据运动员的自身特点、生长发育规律和竞技能力形成规律,对运动员的运动生涯进行细致的规划。

表3.2是美国著名游泳运动员菲尔普斯的多年训练计划,由其教练员鲍曼计划和总结。从表3.2中可以看出,菲尔普斯早期训练时以打好各项基础为主,有针对性地克服自身的弱点,随着年龄的增长和水平的提高,集中提高比赛能力,转型为职业运动员。例如,第32届夏季奥林匹克运动会(以下简称"东京奥运会")游泳项目女子200 m蝶泳冠军中国选手张雨霏及其教练崔登荣,为了东京奥运会共同制订了一个详尽的"奥运周期"训练计划,将2017—2020年(因全球遭受新冠肺炎影响,本届奥运会最终延期一年,于2021年举办)的多年训练目标设定为:①2017年——调整恢复;②2018年——改进技术;③2019年——提升能力;④2020年——实现突破。

表3.2 游泳奥运会冠军菲尔普斯全程性多年训练设计

阶段	亚阶段	年龄/岁	每周次数	每次时间/min	说明
基础训练	初学游泳阶段	7~8	1~3	60	熟悉水性、初步学习四种泳姿,同时参加棒球、橄榄球活动
	提高技术阶段	9~10	4~5	75~90	改进、提高四种泳姿的技术,同时参加棒球、橄榄球活动
	转换阶段	11~12	5~7	120~150	改进蛙泳与自由泳技术,将蝶泳作为主攻项目
专项提高	突破阶段	13~15	9~10	120~150	青春突增期,随着身高体重的明显增长,运动量与强度也上升

续表

阶段	亚阶段	年龄/岁	每周次数	每次时间/min	说明
最佳竞技	高水平阶段	16~17	9~12	120~180	转为职业运动员,在一系列国际大赛中所向披靡
竞技保持	竞赛阶段	18+	9~12	120~180	获得多项奥运会冠军,多次创造世界纪录

优秀教练员在对运动员制订多年训练计划之前需要对运动员的身体活动能力、竞技能力以及身体健康状况等进行一次全面的、客观的评估,将评估结果与预期目标综合考虑,最终制订一份训练目标切实可行的多年训练计划。

二、年度训练设计

多年训练设计对于年度训练设计具有指导意义,多年训练由多个年度训练所组成,而年度训练通常作为组织系统运动训练过程的基本单位。在制订年度训练计划的过程中,教练员可根据比赛的需要,将训练计划划分为两个或三个周期(赛季),如上半年的冠军杯赛季与下半年的锦标赛赛季,运动员在两个赛季中的参赛表现可作为检验赛季训练效果的标准之一。教练员也可以根据运动员的学习、生活安排来划分训练周期,如针对学龄期儿童,可以将年度训练计划划分为三个阶段:2—6月为专项能力提升阶段,进行单项与连项的综合训练;7—8月为参赛阶段,培养比赛能力;9月至次年1月为准备阶段,进行身体素质与单项技能的训练,为下一个年度的参赛与训练奠定基础,见表3.3。

表3.3 年度训练计划范例

所处阶段		技术学习初级阶段		
阶段训练任务		巩固单项技术、掌握换项技术,使运动员具备连项能力		
时间	主要训练内容	不同月份负荷(大、中、小)		主要训练方法、手段
		量	强度	
2月	单项技术换项技术	中	中	有氧训练、无氧阈训练、身体素质训练等

续表

时间	主要训练内容	不同月份负荷（大、中、小）		主要训练方法、手段
		量	强度	
3月	单项技术换项技术	中	中	有氧训练、无氧阈训练、身体素质训练等
4月	连项训练	中	中、中高	专项训练、无氧阈训练等
5月	连项训练	大	中高	专项训练、无氧阈训练等
6月	比赛能力	中	高	专项训练、最大摄氧量训练等
7月	参赛	中	高	以赛代练、调整与恢复训练等
8月	参赛	中	高	以赛代练、调整与恢复训练等
9月	调整	小	低	游戏、低强度有氧训练、身体素质训练等
10月	恢复适应训练	中	低、中	游戏、有氧训练、无氧阈训练、身体素质训练等
11月	骑、跑技术	中	中	有氧训练、无氧阈训练、身体素质训练等
12月	游、骑技术	中	中	有氧训练、无氧阈训练、身体素质训练等
次年1月	游、跑技术	中	中	有氧训练、无氧阈训练、身体素质训练等

制订年度训练计划的依据如下。

（1）上一年度比赛成绩与本年度参赛目标。

（2）上一年度竞技能力状态诊断及本年度竞技能力指标。

（3）实现参赛目标的可行性分析。

（4）实现参赛目标所需要解决的主要问题及拟采取的措施。

（5）上一年度训练负荷的基本统计及本年度的负荷指标。

（6）年度训练的周期、阶段划分及各项计划的内容要点。

（7）不同阶段周期计划的基本模式。

（8）年度计划实施过程中的检查与评定安排。

三、赛季训练计划

赛季训练计划需要将不同的训练内容按照一定的周期划分方法安排到不同的时间，训练计划中应该包括的训练内容有有氧耐力、无氧耐力、速度/爆发力、技术、力量、柔韧、协调、心理能力、比赛节奏与战术。赛季训练计划的推出一般分为五个周期：一般准备期、专门准备期、竞赛准备期、赛前调整期与赛后调整期，每个周期的主要训练目的如下。

1. 一般准备期

一般准备期的主要目的是调整身体状态，为随后的专项训练做好准备。一般在这个时期需要投入大量时间来改进运动员的技术，训练负荷以中等强度为主。对于青少年铁人三项选手而言，在这个阶段可以增大游泳技术课的练习比重，同时将身体素质训练作为辅助手段安排在每次练习课中。

2. 专门准备期

一般准备期结束后，进入专门准备期，在此阶段应集中发展青少年选手的基础耐力、有氧耐力与速度能力。训练目的主要取决于运动员所要参加比赛的难度，以及选手的生理优势与弱点。技术训练的重点应转移至确定比赛技术上，即确定游泳的划幅与划频、骑行的踏蹬频率以及跑步的节奏。素质训练的重点从发展一般身体素质转移至发展专项力量，如游泳推水技术所需的小臂肌肉力量、骑行所需的股四头肌力量以及跑步所需的踝关节力量等。值得注意的是，力量训练需因人而异，年龄较小的选手不适宜进行过多的器械练习，应以克服自身体重的力量练习为主要训练手段。

3. 竞赛准备期

竞赛准备期的主要目标为使选手具备参加比赛的能力，为即将到来的赛事做好准备。在此阶段，每周的主要练习应由接近比赛强度的训练构成，训练强度与频度增加，因此需要有针对性地安排恢复训练课，以帮助修复身体组织。技术训练的重点转移至疲劳条件下保持和优化动作幅度与频率的组合。对于参赛经验较少的选手而言，在此阶段应强化换项技术练习与比赛节奏的练习，同时学习比赛战术。

4. 赛前调整期

调整期的时间根据比赛的重要程度决定,在此期间,选手需要减少运动负荷,教练员需帮助选手建立信心,同时对比赛可能出现的情况进行预估。

5. 赛后调整期

经历高强度的比赛后,选手的心理与生理均需一段时间的调整,教练员需帮助选手总结比赛经验,同时规划下一阶段训练方案。

四、周训练计划

每个赛季训练计划都由若干阶段组成,每个阶段的训练单位就是周训练计划。周训练计划的制订主要包括三个方面:①确定周训练目标;②确定能够完成目标的训练类型,以及不同类型训练的适当的训练量;③确定各训练类型在一周内进行的先后顺序。

表3.4是采用组合法安排的一种周训练计划,针对铁人三项训练中、高级阶段的青少年选手。一周安排11次练习课,其中包含两次重点训练课(即比赛能力训练课),分别安排在周三与周六的上午,两次重点课间隔72~96 h,其间安排了三个单项的技术训练与基础体能训练,以保障肌糖原能够得到充分恢复。

表3.4　周训练计划范例

时间	周一	周二	周三	周四	周五	周六	周日
上午	游泳技术+基础体能	游泳技术+基础体能	连项练习	游泳技术+基础体能	游泳技术+基础体能	连项练习	休息
下午	跑步技术	自行车技术	心智训练	跑步技术	自行车技术	休息	休息

五、日(课)训练计划

训练课是运动训练活动最基本的组织形式,教练员制订的任何计划都需要通过一次次训练课的组织予以贯彻实施。制订一次训练课计划需考虑以下五个要素：训练目的、训练内容、训练方法、训练量与训练强度。多数训练课以发展 1~2 种竞技能力作为课的重点，也有一些训练课综合发展多种能力，教练员需要根据训练课所处的周期阶段有针对性地安排课的重点。值得注意的是，要提高训练课的质量，必须根据每种类型的训练课自身的特点和要求进行，使训练效益最大化。

注意，将训练课进行分类是为了教练员能够有针对性地制订与实施训练计划。通常，我们可以根据运动员竞技能力的构成要素体能、技能、战术能力与心理能力将训练课进行分类；也可以根据训练目的，如调整恢复、提高强度、适应赛场等将训练课进行分类。课训练计划范例见表 3.5。

表 3.5 课训练计划范例

所处阶段	参赛前	训练时间	××年××月××日
课的任务	提升公开水域游进能力	负荷要求	中等强度
	训练内容	时间/min	训练方法、手段
准备部分	陆上热身操 8 节	7	集体活动
开始部分	400 m 混合泳、4×100 m 划手、8×50 m 腿、8×25 m 四式配合游	25	间歇训练法，中低强度
主要部分	8×50 m 抬头游 4×200 m 自由泳 2×800 m 自由泳 2×400 m 混合泳	8 10 25 15	技术训练，中低强度 间歇 20 s，强度递增 重复训练，中等强度 重复训练，中等强度
结束部分	200 m 仰泳 本课总结	5 5	放松游 集体点评

第四节 关于运动训练长期计划模式的热门训练理论的辨析及应用

一、分期训练理论与板块训练理论概述

制订长期的训练计划，根据训练对象的个体情况和比赛目标以及人体各种能力发展的机制，对训练过程进行有目的和针对性的分期设置和控

制，是当代运动训练科学化和系统化的一个鲜明标志。由苏联马特维也夫（L. P. Matveyev）和维尔霍山斯基（J. V. Verchoschanskij）分别在20世纪60年代和80年代相继创建的经典分期训练理论和板块训练理论，就是引领运动训练长期计划模式的经典之作。马特维也夫首次从多年和全年长期系统训练的视角，赋予了分期训练实际内容，提出了不同训练时期负荷量与强度的不同比例关系和一般身体训练与专项训练的不同安排等重要训练原则。而维尔霍山斯基的板块训练理论则是在继承和批判经典分期训练理论的基础上，提出了一个不同于经典分期训练理论的新的训练思路和模式，其主要应用于高水平运动员的训练。它在形式上继承了经典分期的框架结构和阶段划分，但在内容上进行了发展和创新，强调一段时间内的"高度集中训练负荷"、不同能力的"依次序列发展"和训练的"痕迹效应"是进行板块训练的三个重要原则，也是与经典分期训练理论的主要区别之处。板块训练理论并不是对马特维也夫经典分期训练理论的取代，更不是颠覆，而是一种补充和修正。

然而，世界上任何一个理论，包括一些经典的理论，在其发展中不仅都要经过一个不断自我建设的过程，而且也无法回避审视、质疑和批判，需要不断经受时代变迁和科学发展的检验。这里介绍的经典分期训练理论和板块训练理论当然也不例外，在其创建至今的发展历程中，一直都在不断进行着更新和完善，也不断受到学术界的审视和质疑，不同学术观点的表达和争论增进了人们对该理论的关注和了解，也进一步促进了它们的发展。

在我国，对经典分期训练理论的学术关注始于20世纪80年代末，2000年之后，分期训练（periodization of sports training）和板块训练开始成为训练领域的一个研究热点，在之后的10多年中出现了大量的以"分期"和"板块"为关键词的研究论述，它们集结了对这两个训练理论的支持、赞同、审视和批评等不同的观点和意见。本书拟在前人研究的基础上，以这两种理论的起源和发展为切入点，重点对其学术观点的异同以及对当前竞技运动训练的意义和作用进行分析和研究，以期为不同教学阶层的教练员在训练规划与方案制订时提供参考。

二、分期训练理论的起源与发展

在竞技运动训练发展的历程中，苏联马特维也夫创建的经典分期训练理论占据重要地位，在某种程度上可以说是开启了世界竞技运动训练由微观到宏观、由零散到系统的一个新时代。在经典分期训练理论问世后长达50年里，它一直活跃在竞技训练的舞台上，不仅是教练员制订训练计划的基础和依据，也是大学体育专业教学和科学研究的重要内容与热点问题。

分期训练，是指若干以建立受训者最佳竞技状态为目标的，具有特定训练内容和负荷的训练时间序列。也有人认为，分期训练是一个为达到专项能力目标而进行的，以挖掘运动员潜能为目的的、具有逻辑性和阶段性特征的训练控制过程。在当前的运动训练研究领域，分期训练也被称为"周期训练"（cycles of sports training）。其原因很可能是：首先，从定义上看，分期训练主要还是指以某一重大比赛为目标和以1年或短于1年的训练为时间单位的训练阶段划分，在一个分期训练结束之后，下一个分期训练就会接踵而来，如此循环往复贯穿于整个运动训练过程。其次，在分期训练中，又出现了大周期（macrocycles）、中周期（mesocycles）和小周期（microcycles）等不同的训练模块，如本章第三节所介绍的"年度训练""赛季训练""周训练"等，这些都属于在训练周期上有着时间长短差异的训练模块。而这些模块反复交替出现在全年训练中，其英文被称为cycles（周期），这也许是造成"分期"与"周期"混淆的另一个原因。从上述对分期和周期的解释来看，目前世界上仍然没有一个统一的称谓，一直在分期与周期之间摇摆。马特维也夫曾在2001年时说道："分期就是将运动员的训练计划划分为专门的时间阶段（periodization）或时间周期。"著名学者邦帕（T. O. Bompa）认为，"分期这一术语来自单词period，是指对一个部分或一段时间的阶段划分。分期是一种将训练时间分成较小且容易管理的部分，也就是通常所说的训练阶段。"德国权威运动科学词典 *Sportwissenschaftliches Lexikon* 在"训练分期"（trainings periodisierung）一词的解释中，也专门提到分期与周期的问题，从局部上（一个分期）应称为"分期"，而在整体上（多年或一年）也许应该称为"周期"。根据上述定义、解释和各种看法，本书将尊重英文periodization的原意，将马特维也夫创建的这一理论称为"分期训练理论"。

（一）经典分期训练理论的提出与核心

经典分期训练理论是苏联的马特维也夫在20世纪60年代创建的。他的研究开始于20世纪50年代初，其背景是苏联正在准备1952年在芬兰首都赫尔辛基举办的第15届奥运会。马特维也夫和他的团队参与了国家队游泳、举重和田径的径赛等相对较好计量项目的训练工作，同时还对其后至

20世纪60年代一系列准备世界大赛的训练进行了跟踪研究。他从哲学、方法学和生物学等层面上对这些项目数以千计优秀运动员的训练进行了总结和分析,并在此基础上进行了经验和理论提炼,于1962年提出了经典分期训练理论,1964年正式出版了专著 Periodization of Sports Training(《运动训练分期》),标志着经典分期训练理论的问世。

  运动员竞技能力(状态)的形成需经过"获得""保持"和"消退"三个阶段,是经典分期训练理论创建的基础。早在20世纪50年代,苏联的科学家莱图诺夫(Letunov)和普洛考普(Prokop)就从运动生物学的角度对训练过程进行了阶段划分,提出运动员竞技状态的形成具有"训练水平上升阶段、竞技状态保持阶段和训练水平下降阶段"并循环往复的周期性特点。加拿大的塞利(H. Selye)在同一时期也提出了人体的一般适应问题。在这些学术思想和观点提出的背景下,马特维也夫将以某一重大比赛为目标的运动训练过程在纵向上划分为准备期、比赛期和过渡期三个时期,并针对不同时期的特点提出了与之相对应的训练目标、训练任务和训练内容。同时,马特维也夫并没有止步于上述宏观的分期设计,而是进一步筛选和分析了影响运动训练和比赛的若干因素,研究这些因素与运动能力之间以及各个因素相互之间的关系,在横向上对这三个不同训练阶段赋予了实际的内容,提出了"不同训练时期负荷量与强度的不同比例关系"和"一般身体训练与专项训练在不同训练阶段的不同安排"这两个贯穿整个训练过程的训练原则。总体上,经典分期训练理论中反映出一些塞利的"应激-适应"指导思想,但似乎比其走得更远,它试图构建一个庞大而又贯穿训练始终的训练系统,在这个系统的操控下,运动员的最大运动能力能够在预先设定的某一时刻(重大比赛)表现出来。1977年,马特维也夫在前期专著的基础上又出版了《运动训练基础》(Fundamentals of Sports Training)一书,该书不仅将经典分期训练理论作为重点列入其中,而且涉及诸多运动训练的基础学科和领域,全面概括和系统阐述了竞技运动训练的长期计划和实施。尽管早在20世纪50年代中期,民主德国的哈雷(D. Harre)等人就出版了最早的一般训练理论专著《一般训练和竞赛学导论》,但马特维也夫的《运动训练基础》一书显然在内容上更加丰富和系统,其中最突出的是增添了运动训练长期计划的理论与方法,使之成为竞技训练理论中最具特色的内容,也因此而成为之后在世界上较其《运动训练分期》专著更具影响力的训练理论专著。该书由三部分内容构成,其中第三部分是以分期训练为主题,重点介绍了年训练周期的划分以及大周期、中周期和小周期的概念。3~6个小周期构成一个中周期,中周期是构成长期运动训练的中坚,同时还具有承上启下的功能,即连接小周期和大周期的中间环节,若干中周期构成一个以某一重大比赛而定的持续一年或半年的大周期。从周期划分来看,当时马特维也夫经典分期训练理论把运动员全年参加重大比赛的限定在 1~2 次之内,其原因可能有三:其一是当时竞技体育的比赛还远不如现在这么频繁;其二是马特维也夫经典分期训练理论的数据主要来自比赛数量相对较少的体能类项目;其三是他划分周期的依据并不是"重大比赛",而是人体的最佳"竞技状态"。他认为,在一年中运动员的最佳竞技状态的出现是有限的,而且这些有限的最佳竞技状态的形成需要较长时间的训练。

(二) 经典分期训练理论的发展及其意义

自经典分期训练理论问世以来,马特维也夫曾多次对其进行补充和完善,在 1964 年单周期的基础上增加了双周期和三周期,在 20 世纪 90 年代初期又增加了训练个体化的内容,强调在经典分期训练理论的实践应用中应考虑项目特点和运动员的具体情况。马特维也夫经典分期训练理论创建之后,迅速在世界范围内得到传播。1968 年,联邦德国田径投掷教练,之后多年担任德国著名体育刊物《竞技体育》(*Leistungssports*) 主编的施纳 (P. Tschiene) 将其专著《运动训练分期》翻译成德文出版,这是对马特维也夫经典分期训练理论第一次比较全面的介绍,是该理论走向世界的开端。1971 年,原世界著名中跑运动员、后成为德国哥廷根大学体育史学教授的德国人克鲁格 (A. Küger) 再版了施纳的译著,并对该书进行了修订和补充。对将经典分期训练理论推向世界发挥了至关重要作用的是苏格兰田径队教练迪科 (F. Dick),他在 1975 年发表了题为"分期:年训练的方法"(*Periodization*:*An Approach to the Training Year*) 的综述文章,较为全面和深入地介绍了马特维也夫分期训练理论的主旨和内容,并且认为该理论是导致苏联田径项目在 20 世纪 60 年代迅速崛起的重要原因。迪科的文章是继德国的施纳和克鲁格之后首次用英语向世界介绍了马特维也夫的经典分期训练理论,其影响范围大大超越了前者,英美以及大量其他英语国家的教练员、运动员和学者这时才了解到马特维也夫的经典分期训练理论,并通过它了解到苏联运动训练理论的研究状况和进展。此后,马特维也夫的经典分期训练理论在世界上得到快速传播,截至 2001 年,《运动训练基础》一书已经被译为 40 多种语言,对世界竞技运动训练产生了深远和巨大的影响。经典分期训练理论的发展也对中国的竞技训练产生了影响。根据过家兴的研究,"我国 50 年代后期的训练实践中就运用了有关分期训的理论。1961年出版的北京体育学院《体育理论》本科讲义中，作为一条训练原则提出"。从时间上推断，我国早期提出的分期训练应该并不直接来自马特维也夫的经典理论，而是受到一些苏联早期经典分期训练理论影响的初步思想。20世纪60年代中期，我国学者吴焕群等对我国田径、游泳、滑冰、体操、举重和乒乓球等项目的分期训练状况进行了调研，并于1982年发表了题为"周期与训练"的文章，回顾总结了该调研的成果，这也许是我国最早的有关分期训练的研究。1978年，我国学者高大安等人翻译了马特维也夫《运动训练分期问题》一书，首次将该经典理论引入中国。20世纪60年代，对经典分期训练理论的探索和研究并不仅仅发生在苏联。几乎在马特维也夫提出经典分期训练理论的同时，美国也涌现出一位里程碑式的运动训练理论学者——詹姆斯·康希尔曼（J. Counsilman）。这位曾经是世界优秀游泳运动员并拥有生理学博士学位的教练员，在20世纪50年代初就开始了他长达40年的游泳教练员生涯。在塞利适应理论的启发和影响下，他认为运动员竞技能力的增长是机体对训练刺激的一个长期适应过程，该过程受到人体生物因素的影响并存在诸多训练规律，因此必须进行科学的规划和设计。1968年，他就提出了游泳运动员的训练分期构想，将其全年训练划分为准备前期、准备期、大运动量训练期和赛前训练期四个阶段，设计了"3+1"的周训练负荷模式（即3天逐渐增加训练负荷直至最大，然后进行1天的恢复调整）。他被誉为美国竞技体育科学化训练的先驱，是世界上最早关注运动训练长期安排和竞技状态短期调控并将其付诸训练实践的学者之一，也是最早运用心率、心电图和血红蛋白等生理生化指标对训练过程进行监控的教练员。尽管他的主要成果体现在游泳项目上，其执教的运动员共52次打破世界纪录，获得21枚奥运会金牌。1968年，他还出版了被誉为游泳训练"圣经"的《游泳的科学》(*The Science of Swimming*) 一书，他所提出的训练理念和所进行的训练尝试不仅对游泳，而且对其他运动项目乃至整个运动训练理论的发展都产生了重大影响。在经典分期训练理论的发展过程中，还必须提到的是罗马尼亚原田径和赛艇国家队教练、现任加拿大约克大学（York University）教授的邦帕博士。1963年，他在罗马尼亚就提出了"力量分期训练"的理论，在1983年出版了《训练分期理论与方法》(*Periodization Theory and Methodology of Training*)，之后该书分别在1990年、1994年、1999年和2000年再版并被译成多种语言，对经典分期训练理论在世界上的发展起到了重要作用。邦帕的《训练分期理论与方法》一书在主要内容——训练分期上，仍然秉承了马特维也夫的经典分期训练理论的框架和精髓，但在此基础上增添了塞利的应激－适应理论以及大量当代运动生物学的研究成果，在应用上也列举了更多的训练示例。

马特维也夫经典分期训练理论的创建开启了运动训练长期计划与实施的先河，被誉为世界运动训练由盲目到科学、由无序到规律的"分水岭"。在经典分期训练理论问世之前，竞技训练基本还处于混沌和无序的状态，人们对运动训练的认识被局限在短期、微观和具体的目标、任务和方法上，还没有认识到多年和全年系统训练对竞技能力形成、保持和消退的影响作用，也无法做到使运动员的最佳竞技状态定时定点地在大赛中表现出来。

经典分期训练理论对竞技运动训练的主要贡献是：①从整体与宏观的高度和哲学与方法论的层面，开启了对复杂的长期运动训练过程进行计划和控制的先河；②以构建运动员的最佳竞技状态为目标，以探求训练负荷与机体对负荷的应答关系为关键，提出了"适时竞技状态高峰"（peaking at the right time）这一竞技运动训练的核心问题；③给已有的不同训练时期（准备期、比赛期和恢复期）注入实际内容，提出了两个对运动训练具有"杠杆"作用的训练原则：不同训练时期负荷量与强度的不同比例关系和不同训练时期一般身体训练与专项训练的不同安排。同时，该理论还提出了大周期、中周期和小周期等不同类型和规模的训练模块，并对各个周期的构成、功能和实施时间进行了具体界定。

（三）经典分期训练理论的不同观点和争论

对马特维也夫经典分期训练理论最早产生的质疑仍然来自苏联。从20世纪70年代末期开始，苏联就已经开始了一场围绕经典分期训练理论的争论。根据我国学者郭廷栋的译文，1977年，曾获得两届奥运会举重冠军、后成为功勋教练员和运动生理学博士、教授的苏联学者A. H. 沃罗比耶夫，在其《举重－生理和运动训练问题》专著中就明确提出了对马特维也夫经典分期训练理论的质疑，认为该理论的一些观点，如作为该理论核心内容的"不同时期训练量与强度的不同安排"，缺乏生物学基础的支撑，也不符合训练实践的需求，在某种程度上阻碍了运动成绩的提高。之后，以维尔霍山斯基为代表的一些学者也相继对该理论的应用范围提出了不同的意见。以世界著名链球教练员邦达丘克（A. Bondarchuk）为代表的一些苏联教练员提出，他们的训练并没有或没有完全按照经典分期训练理论的模式进行，因此认为马氏理论可能并不适合高水平运动员的训练。20世纪90年代末，维尔霍山斯基撰文对马特维也夫经典分期训练理论做了总结性评论，认为该理论存在缺乏基础理论和实验的支撑、不利于高水平运动员运动水平的继续提高和不适应当代多赛制的发展三方面的问题。

同时，对马特维也夫经典分期训练理论的质疑也受到该理论支持者的批评，具有代表性的是乌克兰国立体育大学的普拉托诺夫（V. N. Platonov）教授，他在2009年发表了题为"全年运动训练分期理论：历史、现状、争论与发展前景"的综述文章，对马特维也夫的经典分期训练理论进行了回顾与展望，其中最为突出的是对苏联沃罗比耶夫、维尔霍山斯基等人对该理论的质疑与批评进行了回应。他认为，在总体上，马特维也夫创建的分期训练理论是一个在理论与实践两个方面都具有坚实基础，并得到了俄罗斯及其他许多国家长期运动训练验证的经典理论，以前、现在和将来都将对竞技运动训练具有重要的指导作用。同时，他也指出，来自各方面的批评"不仅刺激了马特维也夫，也刺激了在这一领域工作的其他专家去批判性地发展分期训练理论的各个方向，夯实其基础，使其更具有依据和实践价值"。

马特维也夫经典分期训练理论的争议也相继引起世界竞技训练领域的关注，特别是在那些受其训练思想影响较大的国家。最早将其经典分期训练理论译成德文的施纳博士先后翻译了博伊科（V. V. Boiko）的专著和介绍了邦达丘克等人的学术观点，德国体育权威刊物《竞技体育》刊发了维尔霍山斯基的有关文章，德国著名训练学学者马汀（D. Martin）等人在《训练学手册》（*Handbuch Trainingslehre*）一书中述评了有关经典分期训练理论的不同观点和争议，豪曼（A. Hohmann）等人的《训练科学导论》（*Einführung in die Trainingswissenschaft*）也将维尔霍山斯基等人提出的板块训练视为对训练长期计划和安排问题的一种新观点。西班牙运动生理学家、在赛前训练研究领域取得诸多研究成果的穆基卡（I. Mujika）认为，经典分期训练理论存在不适应当前赛制、易造成过度训练、存在多种能力不兼容的矛盾等问题，已不适合优秀运动员的训练。

三、板块训练理论的起源与发展

板块训练理论（也叫板块分期训练理论，本书为了便于将其与"经典分期训练理论"做明显区别，方便读者记忆，以下统一将该理论称为"板块训练理论"）是苏联学者在20世纪80年代中期提出的一个具有相对独立体系的训练理论，也是自马特维也夫经典分期训练理论创建之后出现的另一个以运动员长期训练计划和安排为主要目标和内容，并对世界竞技运动训练产生重要影响的分期训练思想。该理论是在世界竞技体育商业化和职业化迅速发展，经典分期训练理论已不能或不能完全解决诸如优秀运动员专项成绩继续提高、赛制大幅度增加和赛前竞技状态快速形成等一系列新问题的背景下提出的，它不仅给出了针对这些问题的应对措施，更重要的是向人们展示了解决这些问题的新视角和新理念。

1984年，板块训练的创始人维尔霍山斯基将其定义为："在一个相对长的训练期间（15～27周），根据不同能力之间的相互作用与影响以及机体对不同能力的适应特点，安排不同的重点负荷'板块'，'板块'由4～6周的重点训练负荷构成，例如技术、力量、耐力等。"伊苏林（V. B. Issurin）认为，板块训练"从其全面的意义来看，是指一种高度专项化集中式负荷的分期训练模式"。从上述板块训练的定义可以看出，板块训练理论并不是一个覆盖整个运动训练过程的面面俱到的训练理论，而是一个主要针对特定训练对象和时间阶段的补充性训练模块。当然，与其他科学理论一样，板块训练理论在其构建和发展过程中一直引起世界竞技训练理论和实践界的广泛关注，集结了赞同、疑惑和否定等各种不同意见。

（一）板块训练理论的提出与核心

与其他重大训练理论和方法一样，板块训练理论的问世也同样源于训练的实践。20世纪80年代，一批苏联的田径、游泳和皮划艇等项目的高水平教练员在其训练实践中首先创造性地运用了不同类型的板块训练，其中包括曾包揽1988年奥运会男子链球金、银、铜牌的世界著名教练员邦达丘克，世界著名游泳运动员波波夫（A. Popov）的教练托瑞斯基（G. Touretski），曾培养出奥运会金牌选手并创造1 500 m自由泳世界纪录的萨鲁伊科夫（V. Saluikov）等多名优秀运动员的考施琴（I. Koshkin）教练和多次在奥运会和一系列世界大赛取得佳绩的苏联皮划艇主教练卡维尔因（V. Kaverin）等人。他们根据各自运动项目的特点，设计和实施了与马特维也夫经典分期训练模式不同的训练计划，并都取得了一系列大赛的成功。苏联学者维尔霍山斯基和伊苏林在这些成功经验的基础上，在理论上对这些训练进行了总结，于20世纪80年代中期提出了板块训练理论。

2008年，已移居以色列的伊苏林出版了《板块分期——运动训练的创新突破》一书，该书从理论和实际应用两个方面对已经问世近30年的板块训练理论做了系统的梳理，在原理论的基础上增添了大量运动生物学和训练学新的研究成果和案例，是迄今为止最完整和权威的板块训练著作。

虽然早期板块训练的设计在一些名词上有所不同，如田径链球教练邦达丘克将他的训练分为发展、比赛和恢复板块；游泳教练托瑞斯基将训练分为一般、专项和比赛板块；皮划艇教练卡维尔因将其分为积累、转换和实现板块，但是他们的训练计划在时间、目标、任务和衔接等方面都具有共同特征：①每一个板块均由2~3周的中周期构成；②每一个板块内的训练任务均集中在1~2项；③不同板块紧密衔接并具有特定的顺序；④不同的板块构成一个持续6~10周的训练阶段；⑤多个训练阶段构成年训练周期。

板块训练理论的核心是在不提高甚至降低整体训练负荷的前提下，利用"刺激-疲劳-适应"的能力提高机制并充分考虑到不同能力之间内在的机理联系，建立了以提高专项能力为目标的高度集中的专门训练负荷模式。

训练课、不同类型的（小、中）周期、（年和多年训练）大周期三个要素构成了伊苏林板块训练理论的主要框架。在训练的长期规划和设计上，板块训练理论的设计者并没有将小周期作为运动训练的最小单位，而是根据高度集中的训练原则，将训练负荷集中到最小数量的靶目标——训练课上。他从三个不同层面对训练课进行了分类划分，从教育学的组织结构上将其分为集体、个体和混合训练课，从训练任务上将其分为素质、技术、战术（或技战术）、测试和混合训练课，从训练负荷上将其分为极限、大量、次最高强度、中等和小量5个负荷级别的训练课。同时，他还紧扣高水平运动员的训练特点，提出了"核心训练课"的概念，在程度上与一般训练课相区别，在功能上超出一般训练课的作用。核心训练课是指那些"最重要的致力于解决当前主要训练问题的发展式训练课"，其目标直指主要训练任务和关键功能。

在每一节训练课中，量化各种不同训练内容的疲劳程度并强调各个训练内容之间的序列和兼容关系，是伊苏林板块训练理论中构建训练课的重要原则。他以运动生理学的相关理论为基础，分别给出了身体素质（速度、有氧耐力、无氧耐力和爆发力等）、技术（学习新技术和技术完善等）和协调灵敏等训练课对人体疲劳程度的影响作用，建议应以此为依据设计和安排训练，如应在体力充沛和良好状态下进行速度、爆发力和学习新技术的训练。在训练课以及训练课内各项训练内容和手段的安排上，也要考虑各个训练内容对机体的不同生理影响以及不同能力之间的相互兼容问题，例如，速度和爆发力的训练应该安排在耐力和最大力量的前面，有氧耐力和最大力量不应该安排在同一节训练课中进行训练。

重视小周期的功能分类以及将其设计成微型板块参与竞技状态的调控，是板块训练理论的一个突出特点。伊苏林将小周期按功能分为6种（表3.6），并且给每一个小周期都设定了不同的目的、负荷水平、特征和持续时间，这种设计不仅进一步明确了各个小周期的不同职能，而且在时间上也做了具有弹性的规定，便于教练员在训练实践中根据不同的情况灵活应用。为了更加有针对性地把握小周期内的训练负荷走势，他还将训练课的5级疲劳等级引入小周期的训练，设计了单、双和三高峰的小周期负荷模式，并将核心训练课注入其中作为主导小周期的支柱性课程。伊苏林认为，高质量小周期的构建主要取决于两个因素，第一是核心训练课的选择和安排，第二是恢复方法和手段的应用。核心训练课的内容和方式基本决定了整个小周期的训练方向和效果，而核心训练课在一个小周期中的数量和出现的时间则基本决定了训练的疲劳程度和恢复效果。

表3.6　板块训练不同小周期的目的、负荷水平及负荷设计一览表

类型	目的	负荷水平	特征	持续时间/天
适应	对适宜负荷的初始适应	中	逐步增加训练负荷	5~7
负荷	发展素质	次最大—高	使用大负荷和次最大负荷	5~9
冲击	运用极限训练刺激发展能力	非常大—极限	极限负荷的使用和总和	4~7
赛前	赛前准备	中	使用专项方式来测试比赛	5~7
比赛	参与比赛	高—非常高	运动游戏和专项竞技能力	2~7
恢复	积极恢复	低	运用各种恢复手段	3~7

注：根据Issurin，2008.

中周期是板块训练的主干。伊苏林以全年不同时期的各重大比赛为目标，在功能上将板块设定为三个彼此紧密衔接的类型，即积累板块、转换板块和实现板块，这种分类和命名显然继承了苏联皮划艇总教练卡维尔因的设计，其原因可能与伊苏林曾多年参与该项目的训练和科研有关。同时，他为各种类型的板块进行了功能定位，三个板块实质上就是2~6周的中周期，它们的功能和持续时间各异：积累板块主要发展基础能力，负荷特征为量大而强度低的训练；转换板块则由于已经接近比赛，所以是以专项能力的训练为主，负荷特征变为降低量和提高强度的训练；实现板块是指已经进入赛前训练的阶段，以专项技战术的训练为主，负荷特征为减量、高强度和充分的恢复。

维尔霍山斯基也对板块训练进行了实验研究，他以快速力量项目的重大比赛为目标，设计了最大力量和专项技术两个前后依次衔接的板块训练计划。他的研究显示，前期集中投入的最大力量板块导致与其密切相关的爆发力出现明显的疲劳状态，技术和一般能力也受之影响处于相对低潮水平。然而，在进入技术训练板块后，爆发力、技术和一般能力则随着最大力量负荷的大幅度减少而出现反弹，该反弹无疑支持了正在进行的技术板块训练。此时，良好的一般能力（身体状态）、高质量的技术训练和突出的爆发力水平交融汇集，共同营造出一个出色的赛前竞技状态。因此，从运动能力形成的角度，也将力量训练板块称为"构建阶段"，将随后爆发力等素质出现的反弹式增长称为"完善阶段"，在完善阶段之后是一次重大比赛，即实现阶段。由此可见，围绕着一次重大比赛而设计的力量板块的训练目的，一方面，是集中发展运动员的力量能力；另一方面，是为下一阶段专项技术的训练和对专项最具影响素质——爆发力的提高做潜在的准备。而在其后的技术训练板块，一方面，得到了力量训练痕迹效应的后续支持；另一方面，也为随后到来的比赛进行技术和能力的整合，3个板块（中周期）各司其职并彼此环环相扣，共同形成了一个训练阶段（大周期）。

由上述板块训练的研究成果和论述可以看出，痕迹效应是一个始终贯穿于板块训练理论的主要基础和依据，它是指"在训练停止后，由系统训练引起的身体变化在超出一段时间后的延续效应"。从"板块"的最小单位训练课的构建，一直到一个训练阶段或大周期的形成，都要考虑各种能力的形成、保持和消退特点，并以此为依据设计不同能力发展的先后顺序和相应训练时间。因此，当训练中出现不同能力的训练痕迹效应彼此无法衔接或能力之间不兼容的时候，就需要对某种能力的痕迹效应进行适当延长，以便在比赛时各种能力同时达到最佳水平，此时就需要一种被称作"微型板块"的方法介入训练。微型板块是指时间较短的小周期，它是由几堂指向性强的训练课构成，可以分为有氧、无氧糖酵解或速度等类型，在训练过程中，尤其是在比赛期或赛前训练期，可以根据需要安排此类训练。微型板块的提出对体能类项目的比赛准备具有重要指导意义，田径的径赛项目、游泳、自行车和赛艇等项目经常会遇到有氧或无氧能力不足以及它们之间比例不匹配的问题，这些问题将对运动员的竞技状态产生决定性影响，微型板块的设计无疑是解决此类问题的最佳选择方案。

（二）板块训练理论的发展及其意义

自20世纪80年代中期板块训练理论在苏联创建之后，很快就引起了世界竞技训练界的关注。1985年，联邦德国的施纳翻译发表了苏联著名教练员邦达丘克《年训练周期的改变》一书的摘要，次年又将该书翻译成德语，这是将"板块"的概念首次传播到苏联以外的国家。此后，施纳又相继将板块训练理论创始人维尔霍山斯基的多篇文章和著作翻译成德文在联邦德国出版，其观点和理论受到联邦德国训练学者的高度重视。德国著名运动训练学者马汀和豪曼等人出版的训练学专著中，均将板块训练作为长期运动训练计划和控制理论的一个重要观点和发展趋势，认为该理论是对马特维也夫经典分期训练理论的补充和发展。西班牙学者穆基卡在其专著《赛前减量与最佳竞技状态高峰》（*Tapering and Peaking for Optimal Performance*）中大量引用了板块的训练思想。他认为，当前世界竞技训练主要采用了两种不同于经典分期训练的模式。第一种是被称作"多周期"的训练模式，它并非把一年作为一个周期，而是根据比赛将其分为若干个相对独立的周期，在每个周期里也分为准备期、比赛期和过渡期，该训练模式最大的特点是训练的目标直指具体的赛事，训练方法和负荷的针对性更强，竞技能力可以出现多个高峰。第二种叫作"板块分期"训练，是一种负荷集中效益的训练模式，它将每个板块分为积累期、转化期和实现期，每个阶段的时间长短根据比赛的重要性而定。在每个阶段里，训练的内容和要求不同，如果在积累期里进行了有氧训练，那么到了转化期就会进行乳酸耐受力的训练。

  板块训练理论的出现也引起美国竞技训练界的注意，其中必须提到的是美国加州大学教授耶塞斯博士（M. Yessis），他曾长期担任 *The Fitness and Sports Review International* 和 *Soviet Sports Review* 两个刊物的主编，翻译了多部苏联学者的专著和论文，其中包括维尔霍山斯基、邦达丘克和伊苏林的专著。近年来，美国以橄榄球、棒球、冰球和篮球为主体的职业体育训练也吸纳了诸多来自该理论的训练思想和方法，这些以高强度对抗、高频率参赛和高伤病风险著称的项目对训练提出了更高的要求。长期从事这类项目体能训练的尼克·温克尔曼（Nick Winkelman）认为，"在传统的分期训练中，运动员只需要在一年中的一两次比赛中发挥出最佳竞技能力，而现代竞技比赛却贯穿于全年，在全年中出现多个竞技状态高峰。于是，我们就需要新的模式来适应这种比赛安排，让运动员全年保持较高的竞技状态"。

  近年来，世界竞技训练界也开始尝试对板块训练理论进行实验性研究。西班牙的格尔斯亚-帕尔拉瑞斯（J. Garcla-Pallares）等人对10名优秀男子皮艇运动员的纵向训练进行了研究。结果表明，尽管在经典分期训练时间长于板块训练的情况下，以两种训练模式进行训练的运动员在最大摄氧量和第二通气阈摄氧量指标上没有显著性差异，但在最大摄氧量的桨频、拉桨速度和功率等指标上，板块训练的选手明显优于经典分期训练的选手。因此，该研究认为，板块训练模式对高水平皮艇运动员竞技能力的提高明显优于经典分期训练。挪威的罗内斯塔德等人也对经典分期训练和板块训练进行了系列研究，他们将高强度间歇训练作为板块插入训练，在相同平均训练时间、负荷、强度和不同强度分布的情况下，检验两种不同模式的训练效果。他们的研究结果显示，无论是受过良好训练的自行车运动员还是优秀越野滑雪运动员，在最大摄氧量、功率等指标上，板块训练的训练效果明显优于经典分期训练。

  板块训练理论为我们提供了一个不同于马特维也夫经典分期训练理论的新的训练思路和方法。尽管它在形式上仍然继承了分期的框架结构，在一个分期内部也沿用了经典分期的阶段划分，但是在基础和内容上对经典分期训练进行了补充和变革。它没有从"一般与专项训练"和"训练量与强度"的宏观角度概括训练的过程，而是从高水平运动员竞技能力的"可塑空间"逐渐缩小，专项成绩的提高速度日趋缓慢，训练负荷与运动损伤的矛盾日益加剧等特点出发，提出了"高度集中专门负荷训练"的理念。该理念突破了经典分期训练中多种能力"面面俱到、均匀分布和同步发展"的训练方式，提出对少数量靶目标能力进行集中专门训练，既精准和高效地发展了运动能力，又尽可能避免或降低了由于增大训练负荷而造成的过度训练和运动损伤的风险，为高水平运动员的训练开辟了新径。

  板块训练理论的另一个亮点在于它拥有相对扎实的运动生物学背景，在宏观上高度重视"适应"理论对竞技训练的指导作用，强调训练与恢复的平衡关系，在微观上明确提出不同能力的"训练痕迹效应"，并将其作为发展各种能力、选择训练手段和确定各个板块持续时间以及彼此衔接的基础和依据。

  以中周期为基本结构的板块训练模式对"赛前减量"训练理论的研究和发展具有重要影响，它赖以为基础的痕迹效应同样也是调控运动员赛前竞技状态的重要依据，它的积累、转换、实现以及"核心训练课"和"微型板块"等训练单元在操作层面上为赛前训练注入了新的内容。

  理论与实践的结合是板块训练模式的又一个特点。该理论为教练员规划出从微观（每一次训练课）到宏观（年训练计划）的训练框架，并对该框架的各个部分赋予了具体的目标、任务、原则和训练内容，设计了如

"核心负荷""核心训练课"和"微型板块"等多种不同规格的训练单元，教练员可以根据所从事项目的特点、所处的训练阶段和运动员的具体情况进行选择和组合，并可以在实施过程中进行调整，极大方便了教练员的实际操作和应用。

四、分期训练理论与板块训练理论的异同

创建于20世纪60年代的马特维也夫经典分期训练理论和在其之后的20世纪80年代出现的板块训练理论，均是以竞技训练的长期计划和安排为主要领域的指导理论，在总体目标、领域和方向上并不存在本质的区别。然而，由于板块训练模式出现在马特维也夫经典分期训练理论之后，而且最早提出该训练模式的是一批高水平教练员，他们的训练尝试建立在经典分期训练的基础之上，所以必然会涉及板块训练理论与经典分期训练理论的差别甚至争议等问题。经典分期训练理论与板块训练理论的主要区别集中在以下四个方面（表3.7）。

表3.7 经典分期训练理论与板块训练理论的主要区别

序号	设计特点	经典分期训练理论	板块训练理论
1	应用范围	所有运动员	高水平运动员
2	科学基础	累加训练效应	累加和训练痕迹效应
3	能力发展	多种能力同步发展	少数能力依次发展
4	负荷特点	全面刺激	集中刺激

注：根据Issurin，2007改编。

第一，在应用范围上，板块训练理论显然并不是一个贯穿整个训练过程和涵盖所有训练内容的一般理论，它的应用对象主要是那些经过多年系统训练的高水平运动员。从多年系统训练的角度来看，竞技训练可以被分为选材、初级、中级和高水平训练等不同的训练阶段，各个阶段的训练均具有不同的特点，应该根据这些特点合理地选择和运用各种训练的方法和手段。当前，随着职业体育的兴起和以奥运项目为代表的竞技体育赛事在世界范围内的快速发展，各种赛事的大幅度增多已经成为一个不争的事实，而作为竞技比赛主体的高水平运动员的连续参赛能力与运动损伤和过度训练风险之间的矛盾也日益突出，传统的以少量参赛为前提的训练以及那些不考虑运动员的健康和以缩短运动寿命为代价的急功近利的训练模

式，显然已经不能适应竞技体育的发展。在此背景下，以板块训练为代表的训练模式（包括其他改良的全年多周期训练模式等）被应用于高水平运动员的训练，以应对和解决在这一特定训练阶段出现的问题。

第二，在科学基础上，尽管经典分期训练也运用一些运动生物学和教育学的理论作为其理论基础，从中可以看到"超量恢复"和"适应理论"等理论的影响，但从整体上看，其科学基础并不突出和显著，这也许与其创建的时代有关。与之相比，板块训练明确将痕迹效应作为该理论的生物学基础，在当代科学研究的基础上，提出了有氧耐力、无氧糖酵解耐力、最大速度（无氧无乳酸）、力量耐力和最大力量等重要能力的训练痕迹效应时间以及相应的生理学背景，形成了对板块中分期训练的支撑。

第三，运动能力发展的模式是经典分期训练理论与板块训练理论的一个主要区别点，经典分期训练采用的是多种能力同步发展的模式，而板块训练则强调选择尽可能少的关键能力进行依次训练的模式。二者的区别并不简单地在于数量（多与少）和时间（同步与依次），而在于训练理念和方法的不同。对高水平运动员来说，多年的训练已经将其训练负荷推到很高的水平，此时如果想再进一步提高运动成绩，就必须面对增加负荷与运动损伤和过度训练风险之间的矛盾。因此，板块训练的创建者将传统的多种能力齐头并进的训练改为少数能力的依次训练，以这样的方式在不提高甚至是降低总体训练负荷的情况下，仍然可以增加少数关键能力训练的局部负荷。同时，少数能力的依次训练不仅可以避免多种能力同时训练所产生的能力不兼容问题，而且还能够充分利用前一种能力的痕迹效应对后一种能力训练的促进作用产生叠加式训练的效果。

第四，负荷是竞技训练的核心，也是两种训练模式的主要区别之一。经典分期训练理论赋予了准备期、比赛期和过渡期具体的训练内容，建立了"不同训练时期负荷量与强度的不同比例关系"和"不同训练时期一般身体训练与专项训练的不同安排"两个贯穿整个训练过程的"杠杆"性负荷原则，推动了长期训练的计划性和系统性发展。板块训练理论却认为，这种训练模式对于高水平运动员来说已经失去了作用，高水平运动员的负荷适应水平已经达到很高的水平，那些一般的、均匀的和分散的训练负荷很难引起他们机体的反应。因此，该理论将训练效应作为评价训练质量的唯一标准，提出了一种以提高运动员专项能力为主要目标的高度集中的训练负荷模式，以期在这种"冲击式"负荷的刺激下突破高水平运动员已经形成的竞技稳态，在更高的水平上建立新的平衡。

五、分期训练理论与板块训练理论的应用

长期计划和实施是竞技运动训练中的一个极其重要的问题，也是一个涉及面广、影响因素多的复杂系统。因此，人们一直不断在探寻一个能够有效指导运动员长期训练的模式，马特维也夫的经典分期训练理论和维尔霍山斯基等人的板块训练理论，就是围绕该问题进行的有益尝试。当然，我们必须认识到这一问题的复杂性，在我们对人类自身的了解还有许多空白和未知的今天，我们仍然走在探索和求解的路上，现有的理论还不能或不能完全给出令人满意的答案。

"竞技状态"在全年训练中的高峰次数以及形成与消退规律，是包括经典分期训练和板块训练在内的各种长期训练计划和安排研究的主要问题，也是该领域不同学术观点和意见的主要分歧点。经典分期训练理论的创始人马特维也夫认为，运动员的最佳竞技状态需要形成、保持和消退这样一个过程，在其运动生涯中只会出现为数不多的"巅峰"状态，在一年中出现的数量也是有限的。从奥运会的宗旨来看，竞技比赛是对人类运动极限发起的挑战，竞技体育的目标是更快、更高、更强，而不是商业化的比赛。但是，在当代职业体育和竞技体育商业化快速发展的形势下，人们已经无法抗拒或漠视多赛事的现实。苏联的邦达丘克、维尔霍山斯基和伊苏林等人提出的板块训练就是想从缩短竞技状态形成时间的角度应对和解决多赛制的问题，他们试图通过"高度集中的专项化负荷"的方法加快竞技状态的形成速度，同时还要尽可能规避高水平运动员的运动损伤和过度训练的风险，使其在多次比赛中取得优异成绩。

从上述观点可以看出，争论的焦点是竞技状态的高峰和形成，其实质是一个运动生理学的问题，即运动员的竞技状态究竟在一年中可以出现多少次的问题。对于这个问题，经典理论的支持者从宏观的角度认为，苏联和受其影响的东欧国家，在20世纪七八十年代的世界重大比赛中，达到个人全年最好水平的概率以50%～60%的比例大幅度高于其后世界锦标赛和奥运会的20%～25%。这表明，重视基础能力的长期准备训练有助于运动员在少数重大比赛中创造更加优异的成绩。然而，根据另一些研究者的数据，世界优秀田径运动员——美国的琼斯、苏联的布勃卡和克斯塔蒂诺娃在20世纪90年代的年度竞技状态高峰次数分别达到了7～11次，世界著名三级跳男子运动员爱德华兹2001年全年比赛量达23次，其中夏季为17

次，冬季为 6 次，所有比赛的成绩都在 17 m 以上。这些数据从另一个方面也说明，高水平运动员有可能在一年中出现多次竞技状态的高峰。上述来自经典分期训练理论和板块训练理论支持者的数据，都试图证明各自理论在竞技状态问题上的合理性，遗憾的是，争论的双方实际上都没有给出确切的回答，即高水平运动员最佳竞技状态的"年出现率"问题，至今还没有发现在这方面具有说服力的研究成果。同时，我们也应注意到，不同的运动项目也许也是影响良好竞技状态出现频率的重要因素之一，耐力项目（铁人三项、马拉松游泳、田径中长距离跑）、爆发力项目（田径短跑和跳跃）、球类项目和技巧类项目在比赛和训练中对运动员体力的输出和恢复显然存在较大的差别，其竞技状态，尤其是最佳的竞技状态形成的时间和频率当然也存在较大的差异。

20 世纪 80 年代，塞利的适应理论开始进入运动训练领域并被广泛接受，一些运动生理学者开始从运动适应的层面上研究竞技能力和竞技状态的形成问题，其中具有代表性的学者为爱沙尼亚的维禄（A. Viru）、德国的马德尔（A. Mader）和诺依曼（G. Neumann）。维禄是体育界最早全面和系统地将适应理论运用到竞技训练领域的学者，他提出了运动训练中的急性适应（acute adaptation）和长期适应（long-term adaptation）的概念。马德尔以适应理论为基础，从细胞的新陈代谢的角度研究了人体机能能力在训练负荷刺激下的变化和适应问题。德国学者诺依曼从时间层面上研究了人体机能的变化-适应，提出了"变化-适应的时间动态过程"的理论。他认为，机体各器官系统受到足够大的外来刺激时就会产生变化，在反复施加负荷的情况下机体则出现适应，其具体表现为机能能力的提高。他从时间上将机体对训练的适应过程划分为四个阶段：①肌肉运动支配程序的改变，7~10 天；②能量储备和肌肉蛋白质的增加，10~20 天；③神经-肌肉系统的适应——机能调节的最优化，20~30 天；④各系统之间的协调配合出现改善，30~40 天。

诺依曼的研究启示我们：机体对训练刺激的适应具有先局部后整体的特性，不同的运动系统对刺激的应答时间不同，无论是马氏的经典分期训练理论还是板块训练理论，都是试图以更科学、更合理的方式对整个训练周期进行划分，以期使最终的训练效益达到最大化。如此，我们从分期训练的角度来看，一个"准备、比赛"周期（传统分期训练）或一个"积累、转换和实现"周期（板块训练）的构成也许至少需要 6 周的时间。

从上述研究中也可以看出，尽管目前还没有一个令人信服的结论，但这些研究表明，"竞技状态"高峰和高峰的形成是一个人体生理学问题，不能或不能完全运用哲学和方法论的方法得到解释。德国的依卡尔特博士（Ekkart）认为，"分期"的实质就是以某一系列比赛或某一个比赛而客观存在训练过程的时间结构，该结构（分期）受到比赛时间、人体生理节律、身体的动态适应和项目特征4个因素的影响，因此，对分期训练的研究应该主要从这四个方面展开。目前，我们已经知道竞技状态具有获得、保持和消退的特性，但是，我们还不清楚这个过程的所有内在机制，不清楚最佳竞技状态出现的次数和频率，也就无法绝对确定经典分期训练理论和板块训练理论哪一个更加适合高水平运动员的训练，这还需要留给未来的基础研究和运动训练的实践来回答。早期将马特维也夫经典分期训练理论译成外文的德国学者克鲁格在2015年也撰文总结了经典分期训练理论对世界竞技运动训练所发挥的重要作用，但同时也指出了包括经典分期训练理论和板块训练理论在内的训练理论存在的问题，认为科学研究和论证是使这些宏观的训练哲学进一步贴近训练实践的必经之路。

总之，竞技运动训练的最终目的就是最大限度地挖掘运动员的运动潜能，冲击人类的运动极限，创造优异的成绩。在这一目标下，训练的实质实际上就是通过施加各种训练负荷使运动员的机体在结构和机能两个方面出现符合专项需求的适应性改变。这种改变是一个复杂的过程，不仅涉及人体多种能力横向的相互匹配，而且涉及各种能力从选材到成为优秀运动员不同训练阶段纵向的系统发展。因此，无论是训练的目标还是训练的过程都与人体的生物基础密切相关，必须深入认识和把握人体在不同负荷刺激下结构和机能的变化——适应规律，从人体对外来刺激（负荷）的应答（适应）的层面上，探寻最佳竞技状态的形成。

我们认为，马特维也夫经典分期训练是一个体系相对完整和全面的理论，不仅涉及运动员的分期训练，而且给出了训练的原则、方法和要求。"板块"训练在规模和范围上都小于马氏经典分期训练理论，它在理论上主要围绕分期训练这一主题，在应用上主要针对高水平运动员的训练。另外，还需要强调的是，板块训练理论并不是对马特维也夫经典理论的取代，更不是颠覆，而是一种补充和修正，这一点在伊苏林的《板块分期——运动训练的创新突破》一书中被很明确地提出。他认为，"当时提出的许多因素迄今仍对训练具有指导作用，包括层级分类法和训练周期术语、一般与专项训练准备的界定、训练量与强度以及短期、中期和长期计划的基本训练方法等"。同时，他还认为，"我们期望40年前提出的理论迄今仍然适用我们的训练显然是不现实的，所以一些原有的训练原则已不适用于现在的板块训练方法"。因此"传统的分期训练目前仍然适用于一般水平运动员的训练,但不适合高水平运动员的训练"。由此可见,经典分期训练理论与板块训练理论并不是两种截然不同或对立的理论,我们可以想象,如果没有马特维也夫及其团队卓有成效的工作,也就不会有维尔霍山斯基等人的板块训练思想。板块训练理论的形成无疑是建立在前者的基础之上,是在一个局部,即高水平运动员的训练领域,提出了自己的学术观点和思想。

同时,我们还需要认识到,尽管两种理论极大推动和促进了竞技运动训练的发展,但它们仍不能满足训练实践的需要,仍不能完全解决运动员长期竞技能力发展和短期竞技状态调控的所有问题,仍需要继续研究和不断完善。

第四章

儿童青少年身心发展阶段性特征及实践应用

第一节 不同年龄阶段儿童青少年身心发展特征与训练重点

一、5~6岁儿童身心发展的阶段特征与训练重点

5~6岁儿童身心发展的阶段特征见表4.1。

表4.1 5~6岁儿童身心发展的阶段特征

身体发育	社会情感	认知发展
乐于长时间的自我玩耍	渴望得到成年人的赞赏	语言理解能力优于语言表达能力
发展手眼协调动作	喜欢角色扮演游戏	对当下与模糊的过去和未来感兴趣
乐于参与小组协作性游戏	渴望参与由成年人主导的新游戏和探险活动	渴望学习

续表

身体发育	社会情感	认知发展
高强度运动后需要休息	渴望得到大龄孩童的认可	喜欢提问
需要改善身体协调能力 此阶段容易摔倒	喜欢尝试新的材质与玩具	以使用者的视角定义事物
	容易被新奇或陌生事物惊吓	发展幽默感
	更愿意参与小组游戏	能与小组同龄者良好地沟通
	能够承担自我可以掌控的责任	开始新的工作任务时需要成年人的指导
	学会与他人协作,但会表现出自私的行为	

注:"*斜体字*"为显著性特征。

5~6岁正值幼儿至儿童的转换时期,该阶段的身体训练需重点发展身体平衡与协调能力、手眼协调能力、走跑跳投等基本动作技能,建立正确的动作模式,多参与水中活动,多采用鼓励与赞赏的方式给予孩童肯定,保持积极沟通,多听取孩童口头反馈的信息。

二、7~9岁儿童身心发展的阶段特征与训练重点

7~9岁儿童身心发展的阶段特征见表4.2。

表4.2　7~9岁儿童身心发展的阶段特征

身体发育	社会情感	认知发展
对游戏充满热情	对独立具有强烈的自我驱动	喜欢交谈,善于语言表达和讲故事
不断改善粗大动作技能和精细技能	对朋友拥有忠诚感	发展时间观念
可以承受高强度的活动	对团队具有内在归属的需求	喜欢收拾

续表

身体发育	社会情感	认知发展
能够在身体活动中逐渐适应动作的桅杆变化	乐于与同性伙伴玩耍和交友	喜欢探宝闯关类游戏
喜欢参与技能类的游戏	喜欢承担责任	在成年人指导下能够设计和执行计划
喜欢参与能够自我改善的游戏	日常生活和行为方式受到孩童特有的游戏、规矩和幽默感的影响	在活动中变得更加有自主性
	乐于结交好友	能够更好地理解和欣赏不同观点
	具有鲜明的善恶观	
	能够接纳团队中有差别和落后的同龄人	

注:"*斜体字*"为显著性特征。

7～9岁为儿童中期,在此阶段一方面需重点发展儿童的日常生活技能,培养独立生活能力,另一方面需要通过大量的身体活动练习发展儿童的粗大动作技能和操控技能,可以开始学习游泳基本技能,为将来成为一名铁人三项运动员做好铺垫。此时,孩子们更倾向于与同龄群体共同玩耍、学习,在技能教学中,采用类比学习将能获取较好的收获。除此之外,在集体活动中增设一些闯关挑战性游戏有助于保持孩子们参与练习的热情。

三、10～12岁儿童身心发展的阶段特征与训练重点

10～12岁儿童身心发展的阶段特征见表4.3。

表4.3 10～12岁儿童身心发展的阶段特征

身体发育	社会情感	认知发展
容易忽略衣物、房间和身体的清洁度	喜欢小型的同龄掌控的小组谈论	*好问且寻求有深度的回答*
女孩伴随初潮会突现身高增长高峰	喜欢参加有组织的团体	*通常能理解他人观点*

续表

身体发育	社会情感	认知发展
喜欢可以掌握特定动作技能的身体活动	有成长焦虑	发展个人浓郁的兴趣、习惯和收集
喜欢竞争性游戏	对同龄团体具有很高的忠诚度	常常白日做梦
可以承受高强度的活动等级	形成紧密的一对一式亲密友情	喜欢参与解题式游戏和智力测试
享受自我提升的游戏	*宣称个体性和独立性的成长需求*	喜欢有规则的游戏
	大胆且具有竞争意识	开始形成个人的社会观与世界观
	能够批评同龄人和成年人	通过开玩笑和挖苦来体现幽默感
	能够较为准确地评估自己的能力	

注:"*斜体字*"为显著性特征。

10~12 岁儿童正处于青春期前期,发展游、骑、跑三个单项的基本运动技能是该阶段的主要训练任务。训练仍需以较大运动量、中等强度的身体练习为主,不宜进行过多或过高强度的专项训练。在训练时应始终以"提高技术有效性"为主要目标,逐步增加连项训练,以较短的距离、较多组次的重复练习帮助小运动员明确铁人三项竞赛的换项流程,充分了解竞赛规则,并且通过设计竞争比拼练习环节来培养小运动员的竞争意识,鼓励小运动员在训练中的一些正面的个性化和独立性的行为表现。

四、13~14 岁青少年身心发展的阶段特征与训练重点

13~14 岁青少年身心发展的阶段特征见表 4.4。

表 4.4　13~14 岁青少年身心发展的阶段特征

身体发育	社会情感	认知发展
由于身体的快速发育而产生尴尬	*对自我的外表显示出敏感*	具有高度的思维抽象能力

续表

身体发育	社会情感	认知发展
开始经历青春发育初期	建立个人道德标准	*开始思考未来生活的角色*
呈现出不同的身体发育速率	不明确自我在社会中的定位	需要时间和自由来开展自我反省
对改变身体的强烈动机变得熟知	依赖同龄团体来证明自我	能够抑制欲念
容易产生疲劳感	质疑亲情和家庭	无论成年人指导与否都能够事先计划和完成事项
可以承受并愿意从事高强度的活动	对服饰、演讲、书法和个人举止表现出极端且狂热的追捧	开始对社会现象形成观念
喜欢协作性和竞争性游戏	形成一对一的亲密友情	
	喜欢小型且有同龄人掌控的小组谈论	
	对宣称个体性和独立性具有强烈需求	

注:"斜体字"为显著性特征。

13~14岁青少年正处于青春期早期,具备一定的独立思考能力,具有争强好胜、以自我为中心的行为表现。此时,教练员需要与运动员建立良好的沟通,获取运动员的信任,要重视运动员的个性和自我独立发展的需求。当训练中遭遇困难时,应提倡自主判断与决策,帮助运动员建立解决困难的勇气与决心。同时,在训练与日常生活中,也需要有目的地培养运动员的团队协作意识与比赛竞标意识。在训练内容安排上,要结合PHV和PWV设计速度、柔韧、灵敏等相应的身体素质练习,逐渐增加运动强度,增加连项训练,提高换项能力,设计接近比赛难度的训练场地,尝试安排运动员进行模拟比赛,以完成半程距离的比赛为练习目标。

第二节 不同年龄阶段青少年身体素质发展敏感期的监控与训练设计

一、运动员身高增长高峰期和体重增长高峰期的理论辨析

个体的生长、发育总是呈现出阶段化发展特征，由于受到遗传、营养、环境等外在因素的影响，同一个体在不同年龄阶段和不同个体在同一年龄阶段的身体素质发展速率均呈现出差异化特点。虽然个体的身体素质发展具有速率上的差异，但每一个体身体素质的发展过程中都存在一个增长迅猛的敏感期，即身体素质关键敏感期。它是指在一个有机体的生命周期中，对环境的影响或外部刺激比其生命中的其他时期更为敏感的时间阶段。关键敏感期的开始与结束都十分迅速，不伴随任何容易觉察的现象和行为。在发展心理学和发展生物学两大研究领域中，均存在儿童生长发育"关键敏感期"这一概念，若在此时期儿童未能获得适宜刺激和发展机遇，儿童将在认知能力、学习能力、管控能力和动作发展等方面表现出不同程度的滞后与差异。因此儿童一旦错过生长发育敏感期，日后不论花费多少的时间和精力，都无法弥补错失这一学习黄金时期的"损失"。

由于身体素质关键敏感期多与人体早期各器官发育进程相关，所以其发展过程具有单向顺序性特点，如错过与神经细胞建立联系的关键时期，将终生无法弥补，各器官本应具备的潜能也将无法得以充分挖掘与激发。如此，将对人体造成不可逆的消极影响，无论是在日常生活中还是在工作中，其身体活动能力将会受到一定程度的限制。因此，在运动员身体训练过程中，我们应根据运动员个体的生长速率和发育水平的阶段性特点，牢牢把握不同身体素质发展的关键时机，并在这一特定时期给予每一个体最佳训练干预，以期取得事半功倍的训练效应。那么，如何把握不同生长发育水平个体的身体素质发展关键敏感期呢？身高增长高峰期和体重增长高峰期这两项生理指标可以帮助体育从业者科学、客观地了解训练对象的生长发育实际水平，可以有针对性、目的性、计划性地开展身体训练，科学、有序地开发训练对象的运动潜能。

（一）身高增长高峰期形成的生理学基础与训练设计

身高增长高峰期是指个体在生长发育过程中身高增长出现最大速率时期，而这一时期所对应的年龄被称为 PHV 年龄，它反映了个体在身体外部形态上的最大发展速率，常作为监测青少年生长发育期间的身体发育水平及发育状态的重要评测指标。女性的身高增长高峰期在 12 岁左右，通常在 PHV 之后出现初潮；男性的身高增长高峰期在 14 岁左右，肌力成长最大速率（peak strength velocity）通常在 PHV 之后一年左右出现。从训练干预影响运动表现的角度分析，正常发育的运动员和略早发育的运动员比晚发育的运动员所获得的训练干预时间更长、可塑空间更大，更利于在外界干预与自身成长之间建立起良性的迁移效应，易于运动潜能的开发与挖掘。晚发育的运动员因自身生长发育的滞后而导致训练干预时期缩短，干预效应不如较早发育和正常发育的运动员那般明显，但较早发育的运动员倘若干预时期不能延长至与正常发育的运动员保持一致，也容易造成训练前期效益明显、后期乏力的现象。男性运动员的发育时间差异最大可达到 4 年左右，女性运动员可达到 2 年左右，训练中需关注这一差异对运动员的发展空间造成的潜在影响。

如图 4.1 所示，女孩在 11～13 岁、男孩在 13～15 岁进入身高增长高峰阶段，此时个体骨骼发育逐渐加快，软骨逐步钙化，身高与四肢出现明显增长。与此同时，随着个体神经、肌肉系统和动作技能的不断完善，运动员已具备开展速度素质练习的基础条件。身体的发育和神经系统的发展都为运动员进行对动作控制要求较高的速度训练提供保障。

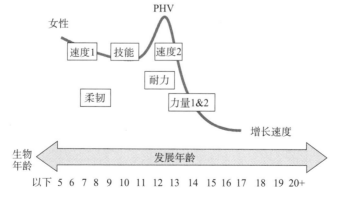

图 4.1 女性与男性身高增长高峰期变化示意图

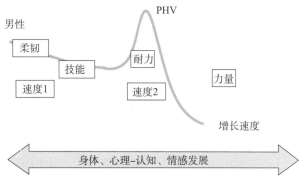

图 4.1　女性与男性身高增长高峰期变化示意图（续）

（二）体重增长高峰期形成的生理学基础与训练设计

PWV 是青春期中个体瘦体重迅速增长的关键时期，同时也是性激素在青少年体内不断增长、刺激机体发育的结果。通过对儿童、青少年身高及体重的生长曲线进行检测与监控，以此对训练对象的训练阶段进行科学划分，这一方式将比传统的使用生物年龄作为统一划分标准的方法更为精确，且更易于开展个性化训练，更易于制订系统化的训练方案。

如图 4.2 所示，女孩成长至 12 岁左右、男孩成长至 14 岁左右，出现体重增长高峰。在这一时期可以加入力量训练，但强度与负荷量不宜过大，应根据运动员个体情况来安排训练内容。理想的训练是依照运动员生长、发育的实际状况以第一个峰值增长率作为参考标记，制订有针对性的训练计划。速度、柔韧性训练应基于生物（月历）年龄，而耐力、力量和技能训练应基于生理（发育）年龄。铁人三项是一项对技术能力和体能水平要求都较为严格的运动，通过科学训练帮助运动员具备良好的有氧代谢能力是十分必要的。女性进行耐力训练的最佳时期是 11~15 岁，男性则是 12~16 岁，具体时间应结合运动员的身体发育实际水平而定。开展专项力量与专项耐力训练的适宜时间为男、女运动员出现体重增长高峰的第 1~1.5 年之后。此时运动员的机体发育相对成熟，能够接受难度较大、强度较高的专门性练习。根据男、女运动员中枢神经系统的发育特征，速度训练的安排应分为两个训练阶段，分别是女性 6~8 岁与 11~13 岁、男性 7~9 岁与 13~16 岁，但此时负荷量和负荷强度不宜过高，应根据实际情况进行训练内容的安排与组织。在体重增长的第二个高峰期，可针对运动专项所需的能量代谢系统进行专门身体练习，满足专项竞赛时的能量供应要求。技能训练则强调将基本动作技能、基本运动技能、专项运动技能三者相结合。柔韧、灵敏、协调能力是技能习得的基础要素，应在早期训练中加以培养。在进入青春期之前是发展灵敏、柔韧等复合性素质的关键敏感时期，这个阶段的训练可将动态拉伸和静态拉伸相结合，使柔韧素质练习融入每一堂训练课中。

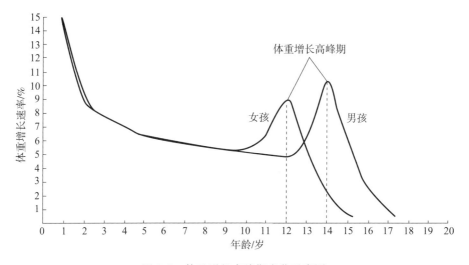

图 4.2　体重增长高峰期变化示意图

LTAD 模式是以运动员为关注中心，促进运动员身体素质和竞技表现长期发展的新模式。该模式将个体运动参与进程划分成为儿童期、青少年期和成人期三个阶段，在三个不同的人生阶段中，每一个体将被给予尽可能多的机会参与到体育锻炼中，使其树立以健体延寿为目的的终身体育锻炼观，在此过程中如参与的运动个体天赋过人、内在动机强大，将会极大地激发运动潜能，从而获得十分优异的竞技表现。

早期运动训练领域的研究通过对大量优秀运动员的走访调查和数据分析，根据运动员不同时期的素质能力与技能水平，将运动员运动素质整体发展的进程划分为运动早期、运动中期和运动晚期三个阶段。此后，通过对优秀青少年运动员的访谈，进一步确认了青少年竞技能力长期发展中存在着三个不同阶段的时间点：基础训练期（6~12 岁）、专项训练期（13~15 岁）和竞技表现期（16 岁及以上）。但是以上两种训练阶段划分方式所依据的理论基础都存在一个难以回避的弊端，那就是机械式地依照个体的生物年龄将运动员能力素质的发展历程进行阶段式划分，但事实上相同生物年龄的个体间普遍存在生长发育速率上的差异，仅利用生物年龄评判个体生长发育态势，使得实际训练过程难免存在瑕疵与不足。因此，执教者应该秉持"以人为本"的教学理念，科学地统筹、规划运动员竞技能力的长期发展，注重将个体的生长发育、训练表现及生活状态等因素综合考虑，才能真正促进青少年运动员竞技水平长远发展。

二、运动员身高增长高峰期和体重增长高峰期的实践应用

（一）身高增长高峰期训练实践

高峰速度仅仅是青少年的身高增长最快的时期，也就是在青春期增长期间增长最快的时期。女性看起来比男性更早出现青春期生长突发和高峰速度（图 4.3），尽管在这段时期男性似乎增长更多。成熟度偏移可用于计算儿童 PHV 的年龄，PHV 的年龄通常被力量训练教练员和体育科学家用来调整运动训练方案。因此，要高度鼓励从事儿童青少年体育培训的教练员、体育教师了解 PHV，以及监测运动员的成熟度偏移（PHV 的年龄）。

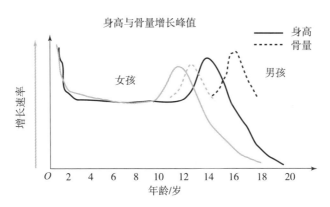

图 4.3　儿童青少年身高和骨量增长变化示意图

在 PHV 之前、期间和之后，年轻运动员似乎在某些时段对特定类型的训练（例如力量、速度、肌肥大）特别敏感。这些时间段以前被称为"机会之窗"，这个术语曾在运动训练学专家与执教者中间激起了一定程度的波澜。因为这意味着有些机会可能会被错过，运动员有可能会错失一个重要的挖掘自身运动潜能的良机。

简而言之，这表明利用"机会之窗"的运动员将比其他运动员具有更

高的运动潜能上限。虽然这听起来并不完全正确，但是实践证明确实如此。并且，随着人们对"机会之窗"的认识加深，"加速适应期"这一概念也产生。它表明这些时间段是运动员在运动能力方面取得更大进步的机会，在这些时间段进行针对性训练将能够使机体获得较快的适应，从而产生更优异的运动表现。无论是"机会之窗"还是"加速适应期"，它们都对训练计划的设计产生许多影响，包括训练内容、训练总量、强度、频率、周期、教练风格和训练组的划分方式等。

（二）体重增长高峰期训练实践

通过统计调查我们可以得到 PWV 对应的大致年龄，但同样重要的是能够判断体重快速增长的起点年龄，在一开始就施加合理的训练，才能达到效益的最大化，这也就需要我们对运动员的身体状况进行实时的监控，做到区别对待。儿童少年体重增长高峰期的出现表明可能存在青春期启动前的脂肪堆积，处于这一阶段的运动员承受身体迅速变化带来的负担，对原来训练所保持的稳态产生一定破坏，而铁人三项属于体能主导类耐力型运动项目，体重高速增长，对机体的有氧能力、速度和力量素质都带来挑战。女孩、男孩分别从 11 岁、12 岁左右进入体重快速增长的阶段，女孩在接近 13 岁、男孩在 14 岁左右时达到体重增长峰值（图 4.4）。为提高运动员的适应能力，以及更好地抓住 PWV 的训练，结合青少年身体素质发展敏感期（表 4.5），我们应着重发展运动员的位移速度，加强其一般耐力与专项耐力的结合性训练，提升一般力量水平，同时增加训练量与训练强度，以便为 PWV 时期的训练打下坚实的基础，并且能够在 PWV 时期冲击更高的训练水平。

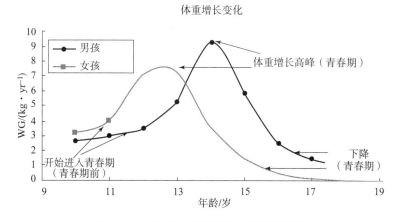

图 4.4　儿童青少年体重增长变化示意图

表 4.5　青少年身体素质发育敏感期

素质	年龄/岁
平衡能力	6~8
反应速度	9~12
移动速度	男：7~14；女：7~12
力量训练	13~17
爆发力	男：7~15；女：7~13
灵敏素质	10~12
柔韧素质	8~12
耐力素质	16~18
协调素质	一般协调能力：6~9 专项协调能力：9~12

男子的 PWV 较女子更高，并且变化也更加剧烈，所以在针对男子的训练中应设置更高的训练水平。女子的体重高速增长期持续时间较男子短，所以在此阶段应着重安排与身体素质发展敏感期相匹配的训练。

同样，除抓好主要身体素质发展敏感期外，也要将柔韧、灵敏、协调适当加入训练中去。同时由于身体产生较大变化，以及训练成绩和强度的起伏不定，势必会对运动员的心理状态产生一定的影响，需要让运动员在了解自身状态的情况下进行必要、合理的心理干预。

第三节　儿童青少年动作技能发展规律、阶段特征及实践应用

一、人类动作技能发展金字塔模型及实践应用

（一）动作技能的分类

1. 连续的和不连续的动作技能

连续的动作技能需要对外部情境进行不断的调节，而且完成动作序列

较长,如骑自行车、开汽车、舞蹈、弹琴、打字、滑冰等活动中需要用连续的动作技能。

不连续的动作技能只包括较短的序列,其精确性可以计数,如射击(射箭)、投篮、投标、举重、按电钮、紧急刹车等都是典型的不连续的动作技能活动。

2. 封闭的与开放性的动作技能

根据动作技能进行过程中外部条件是否变化,连续与不连续的动作技能又可分为封闭的与开放性的两种动作技能。如开汽车就是连续的开放性的动作技能,因为汽车在行进过程中,外部条件不断变化,司机要根据外部条件的变化不断调整自己的操作。而撑竿跳高属于连续的封闭技能,因为运动员每次试跳时,外部环境保持不变。射击是不连续的封闭动作技能,而刹车是不连续的开放性的动作技能的典型例子。

3. 细微型与粗放型的动作技能

细微型动作技能是依靠小肌肉群的运动来实现,一般不需要激烈的大运动,而依靠比较狭窄的空间领域进行手、脚、眼的巧妙的协调动作,如打字、弹琴就是这类动作技能。

粗放型动作技能是依靠大肌肉群的运动来实现,执行动作时伴有强有力的大肌肉收缩和通过全身运动的神经—肌肉协调动作,如举重、铁饼、标枪就属这类动作技能。

4. 徒手型与器械性的动作技能

凡是依靠操作自身的机体来实现的动作技能都属于徒手型动作技能,如跑步、自由体操等活动就是徒手型动作技能。

依靠操作一定的器械来实现的动作技能叫器械性动作技能,如骑车、单杠、双杠、高低杠等。

(二) 动作技能的特点

动作技能作为一种活动方式具有以下特点。

1. 物质性

动作技能的活动方式是由一系列动作构成,动作是主体对动作对象所做出的影响,是活动系列的构成单位。就其动作的对象来说,动作技能的对象是物质性客体或肌肉,因此,动作技能具有物质性的特点。

2. 外显性

就动作技能的进行而言,操作动作由外部显现的肌体运动来实现,具有外显性，是看得见、摸得着的。如学生的广播体操做得好坏、整齐与否，通过观看就可得知。

3. 展开性

动作技能就其动作结构而言，操作活动的每个动作必须切实执行，不能合并，不能省略，在结构上具有展开性的特点。学生做广播体操必须从第一节，按顺序地做完，是不能跳跃、不能省略的。

（三）动作技能的形成阶段和形成标志

动作技能区别于智力技能的根本特点在于这类技能是由一系列的外部动作构成的，是通过练习形成和巩固起来的一种合乎法则的随意行动方式。

1. 动作技能的形成阶段

动作技能形成需要经过以下三个阶段。

1）活动的定向阶段

活动的定向是指学生对活动方式的了解，在头脑中形成关于动作过程的印象，它是动作技能形成的首要环节。要达到学生对活动方式的了解，需要具备一定的条件和要求。

首先要做示范动作，要求示范动作一定要正确，开始时动作的速度不要快，先进行整体动作的示范，而后进行分解动作的示范，并对相似动作进行区分。

其次是对动作方式要进行讲解。通过讲解可以使学生更好地认识活动的结构，确切地了解活动的各个组成部分，还可以使学生掌握完成各个动作的方法和原理。为了充分发挥讲解的作用，可以将讲解与示范相结合，边讲解边示范。

2）模仿动作阶段

从反映论的观点看，模仿是个体反映客体的一种特殊形式（是对别人的行为、动作和心理活动的反映）。模仿是人们掌握动作技能的基本途径，也是动作技能掌握过程中的一个重要阶段。

模仿阶段，学生活动在速度和品质方面，表现为动作迟缓，其正确性、稳定性和灵活性都差。在活动结构方面，其表现为动作之间不够协调，常有顾此失彼的互相干扰现象，有时还掺进不必要的多余动作，如初学写字的人，手指紧握笔杆、面部肌肉紧张、头歪、眼斜、嘴唇噘起、舌头摆动等表现。在对动作的控制能力方面，许多动作经常要在视觉的监督下才能完成，不能分散注意力。在对动作的自我感觉方面，学生会感到紧张和疲劳。

3) 动作的熟练阶段

动作的熟练是通过多次练习而实现的，它标志着操作技能掌握到了高级阶段。由于熟练，人对这种活动方式的意识控制水平大为降低。当动作达到熟练阶段时，其动作表现为敏捷、正确、稳定和灵活；动作之间协调一致，多余动作消失，动作系列高度简化与压缩，个别动作已联结成为一个完整的体系，动作间已形成稳固的顺序性；视觉的监督作用大为降低，而动觉的控制增强，注意分配能力增强；此外，紧张感消失，疲劳的程度也相对降低。

2. 动作技能形成的标志

动作技能达到熟练程度有以下四个标志。

1) 活动结构的改变

首先是实现了动作的联合，即局部动作联合成一个完整的动作系统。其次是不再出现动作之间的相互干扰现象。最后是动作简洁，多余动作消失。如学生在音乐下做广播体操，八节体操很顺利、流畅地完成。

2) 活动速度加快，品质变优

这表现在局部动作联合成一个动作系统，在单位时间内完成动作数量增加，动作准确、协调、稳定和灵活。如武术、跳水技能的形成等。

3) 活动调节上视觉控制减弱，动觉控制增强

可以在不用视觉或少用视觉的条件下，完成一系列的连锁动作。

4) 意识减弱

动作技能达到熟练程度后，动作系统接近自动化。有意注意的调控减弱，舒缓神经紧张，减轻疲劳感。

（四）动作技能的作用

（1）动作技能是人们实践经验的总结，是人类在长期的社会生活及实践过程中积累起来的，是社会经验的重要组成部分之一，它是人类变革现实不可缺少的心理因素。人们借助动作技能一方面能够更好地适应社会，另一方面能够更好地改造社会，它有助于社会科学技术水平的提高，它将促进社会生活的发展。

（2）动作技能是操作能力形成发展的重要构成因素。操作技能的掌握是要使学生形成顺利地完成某种实践任务的熟练的行动方式。这是培养人才的技术能力和才能不可缺少的重要因素。

（3）动作技能的传授及掌握，是构成学校教育的重要内容之一，特别

是在各种职业教育过程中动作技能的掌握占有特别重要的地位。

二、儿童神经发育与动作技能发展的时序特征

人类的神经发育遵循着"由首尾向四周发展"和"由中心向四周发展"的原则。例如,儿童在6岁左右时,大脑的发育程度已达到成人的70%~80%,但此时的行为能力却只有成人水平的40%左右。又如,婴幼儿在学习身体活动技能时,最先掌握的是翻滚、俯卧、匍匐、坐立等躯干运动,其次才是爬行、站立、抓握等四肢运动,明显表现出"先中心后四周"的发展顺序。

如图4.5所示,婴幼儿神经发展的先后顺序使得动作技能获得也表现出一定的时序特征,动作技能的培养大致可分为三个阶段:基本水平阶段、过渡水平阶段与功能水平阶段。

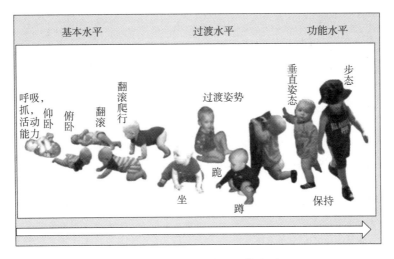

图4.5　婴幼儿动作发展模式图

(1)基本水平阶段(0~6个月),婴儿能够完成呼吸、抓握、横向移动、仰卧、俯卧、翻滚、四肢支撑、爬行等原始反射。原始反射是由脑干控制的自动及刻板的动作,这些反射是负责管理胎儿及新生儿的肢体运动,它们需要被抑制及整合,从而使婴儿的运动能力得到适当的发展。婴儿需要通过有韵律的身体活动,不断重复不同的反射模式,使原始反射得到整合。在这一时期身体的原始反射体现了婴儿的神经发育水平。

(2)过渡水平阶段（6~18个月），幼儿具备了基本动作模式能力，能够完成一些由四肢运动转换至双足运动的过渡动作，如跪、坐、蹲立、扶支撑物站立等，能够维持体姿和保持短暂的身体平衡。

(3)功能水平阶段（18~36个月），幼儿能够较为自如地实现位移和保持平衡，能够掌握站立、基本步态、行走等日常身体活动。

三、儿童感知觉发展阶段特征

依据儿童感知觉发展的金字塔模型（图4.6），儿童的感知觉经历了"感觉发展—感觉运动发展—知觉运动发展—认知发展"四个主要阶段。第一、二阶段的能力发展可以通过日常活动获取，而在第三阶段中，需要增加一些符合此阶段需求的专门运动以促进身体活动能力的持续发展，如通过体操运动锻炼视觉空间感、通过跳舞来提升听知觉、通过乒乓球来促进手眼协调能力、通过游泳来培养皮肤觉等。该阶段是儿童运动觉发展的窗口期，在此阶段儿童运动觉的感受性迅速提高。我们也可以将这一阶段视为由基本活动能力向专门运动能力发展的分水岭，一些对空间感、身体平衡能力及皮肤觉要求较高的运动项目，如体操、跳水、游泳、平衡车等，可在此时期开展培养。

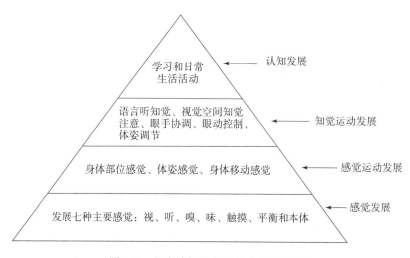

图4.6 儿童感知觉发展的金字塔模型

运动觉和皮肤觉的结合，可以使人在运动中通过触摸器械（如使用球拍、操控自行车、使用单杠等）与接触不同的运动环境（如适应温度、适应气流、适应地理位置等），感知物体的大小、形状、轻重、软硬、弹性、光滑和粗糙等属性以及感受不同运动环境中的力学特性。这种感觉在儿童幼年时就开始发展，随着年龄的增长与能力的提升，这种感觉的感受性逐渐提高。例如，我们对4～7岁的幼儿进行实验，要求幼儿不通过视觉观察，仅仅使用手来掂估物体的重量。结果发现，4岁幼儿对物体轻重的估计，错误率达90%；而7岁幼儿的错误率则明显减少，只有26%。另外，4岁幼儿估计重量时，多采用两个物体同时比较；而7岁幼儿则采用先估计一个，再估计另一个的相继性比较方法。

空间知觉。空间知觉包括方位知觉、距离知觉和形状知觉等。在幼儿3～7岁，空间知觉发展明显，具体表现如下。

（1）方位知觉：方位知觉即对自身或物体所处方向的知觉，如对上、下、左、右、前、后、东、西、南、北的辨别。研究结果表明，3岁幼儿仅能辨别上下方位，4岁幼儿开始能辨别前后方位，5岁幼儿开始能以自身为中心辨别左右方位，6岁幼儿虽能完全正确地辨别上、下、前、后四个方位，但在以自身为中心来判断左、右时仍有困难。许多研究认为左右方位的相对性要到七八岁后方能掌握。

幼儿方位知觉发展的顺序是：上、下、前、后、左、右。而左右方位的辨别是从以自身为中心逐渐过渡到以其他客体为中心。所以，教练员要求幼儿使用左右手或左右脚做动作，或者要求幼儿向左右转时，要考虑发展特点，正确做出示范。例如，想要对面站立的儿童举起右手，教师示范时则要举起左手；或者举出具体的事实说明，如说"伸出右手，就是伸出拿匙的那只手"，不要抽象地说"左右"，避免引起混乱。

（2）距离知觉：距离知觉是对物体距离远近的知觉。幼儿对他们熟悉的物体或场地可以区分出远近，对于比较遥远的空间距离则不能正确认识。幼儿对于透视原理还不能很好掌握，不熟悉"近物大，远物小""近物清晰，远物模糊"等感知距离的视觉信号。所以，他们画出的物体也是远近大小不分，他们还不善于把现实物体的距离、位置、大小等空间特性在图画中正确表现出来，也往往不能正确判断图画中人物的远近位置。例如，把画中表示在远处的树看成小树，表示在近处的树看成大树。为了促进幼儿距离知觉的发展，教练员应该教他们一些判断远近的线索。例如，两个物体是重叠的，则前面的物体在近处，被挡着的物体在远处。又如，看似同样大小的两个物体，轮廓比较清晰的在近处，轮廓模糊些的则在远处。

（3）形状知觉：形状知觉是对物体几何形体的辨别。通过促进形状知觉发展来帮助幼儿知晓不同形状的物体在不同运动环境下的差异性特征是十分必要的，这将有助于幼儿在运动时选择正确的技战术和体姿态来完成规定任务。例如，在水中游进时需保持流线型以减少压差阻力，骑行与跑步时需根据不同的路况（上坡、下坡、弯道等）来选择适宜的技术，跳马练习时需根据器械的长度、宽度、高度做出相应的动作调整。

四、人类身体活动中的 10 个基本动作模式

动作模式是指人体具有一系列相同的空间、时间、形状和方向等成分的解剖动作组合。严格来讲，动作模式是建立在人体的 3 个运动轴和面的基础之上，按照一定的时间、空间和顺序所进行的一系列协调组合的动作。而那些让人体重心进行前后、横向、上下移动的简单而协调的上、下身体动作模式则被视为人体基本动作模式。虽然多数学者都认为动作模式是可以量化的，但针对如何划分和确定人类究竟有多少个基本动作模式的问题，答案却很不一致。Broer（1960）和 Wickstrom（1983）认为基本动作模式是基于人类动作的类别划分的，如走、跑、投、跳、踢、接、传等（knudson，2013）。这种按动作目的和运动形式来划分动作模式显然没有把动作模式和动作技能区分开来用以描述人体复杂多样的动作技能。库克（2010）和鲍伊尔（2010）等学者认为人类动作技能表现是基于他们自身所具有的原始动作模式（primitive or primal movement patterns），包括蹲起、弓箭步、步态、提拉等。这些原始动作模式就是人体的基本动作模式。它们是人们从出生到老年，在日常生活中都需要使用的动作技能和生活技能的基础，也是功能性动作筛查（Cook，2010）和功能性力量训练（Boyle，2010）理论的根基。于我而言，认同库克和鲍伊尔等学者的观点，并依据现有的文献信息和对大量动作的分析结果，把人体基本动作模式归为 10 种（表 4.6）。

表 4.6 人体基本动作模式

基本动作模式	日常生活例子	健身运动例子
蹲起（squat）	坐下站立	负重下蹲练习
弓箭步（lunge）	上楼梯	弓箭步走练习
步态（gait）	行走或跑步	节律跑练习

续表

基本动作模式	日常生活例子	健身运动例子
体屈（bending or hinge）	弯腰捡东西	腰背提拉练习
体转（twisting or turning）	转身拿东西	上身斜拉练习
推撑（pushing）	推门或撑起身体	俯卧撑练习
伸举（pressing）	举放东西	头上举练习
提拉（pulling）	提起包裹	壶铃胸前提拉练习
翻滚（rolling）	床上翻身	胸部转动练习
爬行（crawling）	攀爬楼梯或墙壁	动物爬行练习

五、不同情境下 10 个基本动作模式的运用

人们的日常活动基本由以上 10 个基本动作模式组合、串联而成（图 4.7），体育运动亦是如此。任意一个错误动作都会影响运动效率且有可能造成运动性损伤。因此，了解动作模式与人体的动力链特征，是体育教练员与体育教师们进行教学培训的必需知识。

图 4.7　10 个基本动作模式日常运用展示图

第五章

青少年铁人三项运动员技战术训练理论与实践

第一节 游泳技战术训练理论与实践

大部分的铁人三项比赛都将游泳赛段设置在公开水域。游泳作为第一个竞赛项目，开赛时的恢宏场面是其他两个项目无法比拟的。在鸣枪那一刻，百余名选手同时向着第一个转折浮漂全速冲刺，既要在拥挤的人群中保持最高效的游进技术，又要在风浪中找寻正确的游进方向，这是常年进行静水（泳池）训练的游泳选手难以想象的盛大场面。因此，对于业余选手而言，影响他们在铁人三项运动上持续发展的最大障碍不是完成这项长距离运动所需的充沛体能，而是能够应对公开水域游泳的精湛泳技。虽然游泳是一项普及面比较广泛的运动，但是公开水域游泳是一个较为冷门的运动门类。人民生活水平、运动场地设置、群众安全意识等因素都限制了公开水域游泳的发展。实际上，掌握一定的技巧、遵守运动规则，在公开水域游泳是一项非常好的健身运动，也是一项非常好的求生技能。本节将从"游泳的力学原理与自由泳技术""游泳技术训练""公开水域训练技巧""参赛战术与日常训练"及"游泳训练器材"这五个部分，依次向大家介绍自由泳训练通用知识（静水与公开水域皆适用）、公开水域训练专门知识与铁人三项参赛技巧。

一、游泳的力学原理与自由泳技术

无论是从事铁人三项的运动员,还是专门从事游泳的选手,我们在常年训练中一定思考过一个问题:当一个人在水中游进时水究竟是怎样的反应?在过去的几十年,已经产生了一些关于游泳的流体力学的观点,其中有些是合理的,然而也有一些已受到广泛传播的原理是错误的,或者被误读了,从而直接导致一些运动员技术效率低下。游泳技术的流体力学原理极其复杂,游进过程中我们不可能看清楚水的反应,同时,在水中也不便于进行测量、评估等科学实验,这给人们理解流体力学带来更大的难度。此外,每个运动员都是一个复杂、独立的个体,适合一名运动员的技术不一定完全适合其他人。

我们撰写这部分内容的主要目的是给读者们提供入门级的与游泳相关的流体力学基础原理,帮助读者们从力学的角度来剖析自由泳技术。首先,"游泳的力学原理"用通俗易懂的方法对产生阻力与推进力的物理原理进行分析,并介绍阻力与推进力对于游进技术的限定;随后,"自由泳技术"部分运用流体力学的知识,采用由整体至局部的方法来分析自由泳的节奏、旋转、呼吸、划臂与打腿技术。

(一)游泳的力学原理

追求精湛的游泳技术的过程实际是一个探求阻力与推进力之间的临界平衡的过程。根据牛顿第二定律 $F=Ma$,即力等于质量乘以加速度。也就是说,如果一定质量(M)的物体想要获得一个加速度(a),或者想要加快速度,就需要施加一个力(F)。

现实生活中,F 通常并不仅仅是一个力,还是施加在一个物体上的多个力的总和。这些力可能是同时出现的,也可能是先后出现的。比如,运动员的划水、打腿和身体躯干的波浪式动作都能产生推进力,但是可能发生在不同的时间。优秀运动员通常具备通过协调用力产生最大效果的能力。运动员试图在水中游进产生推进力的同时,同样会受到来自水的阻力。也就是说,可以将牛顿第二定律改写成

$$推进力 - 阻力 = Ma$$

使用这个公式将有助于我们理解游泳时的力。例如,当推进力大于阻力时,运动员将加速游进;如果阻力过大,那么要么速度下降,要么需要

运动员产生更大的推进力来维持游速；另外，在特定的游速下，推进力与阻力是相互抵消的。

根据上述原理，游泳时运动员需要最大限度地产生推进力，并尽可能地降低阻力，想要增大推进力就需要增加力量并改进技术，而降低阻力则主要通过改变身体在水中的姿势来达成。

1. 阻力与游进技术的关系

我们先来讨论一下流体施加于身体或身体在水中运动时产生的力——阻力。阻力是任何阻碍身体或身体某部位在某个特定方向上移动的力。阻力分为三种，分别是压差阻力、摩擦阻力、波浪阻力。

1）压差阻力

压差阻力也称为形状阻力。这正像这个名称所指，当身体没有呈流线型或者比较宽大姿态时，这种阻力所占比重最大。想象一个画面，在一个大风天，当你面对大风时，身体在风中倾斜，当风吹过身体时，风速会下降。风速下降意味着压强增加。注意压强是单位面积的力，即力除以面积。或者反过来看，压力引起的力应该等于压强乘以面积。将压力与压强混为一谈，是一种常见错误，正是这种错误常导致对游泳相关流体力学问题的误读或误判。

在理想的流体中，流体在经过我们的身体时会平稳加速，流过身体到身后时再减速。不过请注意，这里我们假设的是"理想的流体"，即流体在身前、身后是对称均匀的。但是这种情况几乎不存在。在实际生活中，风越大，我们越需要倾斜身体，以免被风吹倒。风吹过身体，在身后将形成大量的湍流（涡流）。因此，流体在身体后方不会回到身体前方那种平稳的状态，而是会在身体后方形成一个尾流区，身后的压强也不会恢复到身前的状态。这样就在身后形成了压强差，身前的压强越大，身后的压强就越小，施加到身体上的净力值等于身前的压强减去身后的压强再乘以身体前面的投影面积。投影面积是指你背对聚光灯、面对墙站立，此时你身后的光线投射到墙上时呈现出的阴影轮廓面积。无论你正对墙壁还是背对墙壁，投影面积都是一样的。由于身前的压力大于身后的压力，因此只要你在风中前行，就会感受到风在向后推你。

这种阻力就是压差阻力，也叫形状阻力。如果身体形状使得流体不能顺畅通过，压差阻力就会显著增大，而如果身体形状能使流体顺畅通过，如像机翼那样的流线型，压差阻力就能降到最低。不过无论如何，压差阻力不会降为零，因为真实的流体都是有黏滞性的，总会在流体经过的时候产生摩擦阻力。综上所述，想要减小压差阻力应保持纤细、修长、前部浑圆后部细长的流线型姿态（图5.1）。

图 5.1　流线型姿态

2）摩擦阻力

犹如上文所述，流体都具有黏滞性，当流体经过物体时，物体周围的流体质点会形成相互的摩擦，这种因相互摩擦而形成的阻力被称为摩擦阻力。它主要受运动员体表的光滑程度和游泳的速度影响，体表越粗糙、游速越快，受到的阻力就越大。

无论在日常生活中，还是在一般性的体育锻炼中，摩擦阻力在总阻力中所占的比重几乎都是最低的。尽管如此，优秀的运动员依旧会想方设法来降低它。例如，鲨鱼皮泳衣、骑行服等各类材质昂贵的比赛服装或参赛器械都是以减少摩擦阻力为主要目的而研发的，甚至有些运动员在比赛前会将体毛剔除，这样做的目的也是提升体表的光滑程度。

3）波浪阻力

第三种和游泳有关的阻力是波浪阻力。这个概念可以这样来理解，就是任何物体在流体中移动时，前部都会出现弓形波。我们可以观察到船或游泳运动员在水里移动时前面形成的弓形波。在低于一定的速度时，弓形波一直在运动员的头前。运动员就像是努力想要爬到弓形波的上面，却永远做不到。这种现象就是波浪阻力的表现。

任何物体都存在临界速度，达到这个速度时，物体可以到达弓形波的上部。同样，当游泳运动员达到或超过临界速度时，会感觉是在弓形波之上游进，此时波浪阻力显著下降，游进速度显著提高。为了便于理解，我们来想象一下，一艘快艇从开始启动到快速行驶的场景。快艇刚开始启动时，船体吃水较深，弓形波在船体前上方，船的后部较低，船在水中前行的状态犹如犁地一般。随着船速超过临界速度，船体位置升高，就像在水面上飞驰一样。

我们通过观察不同水平的游泳比赛可以发现，游得越快的选手身体位置越高。这也是为什么业余铁人三项选手穿防寒泳衣能够提升游泳成绩，而专业选手并不能从防寒泳衣中获取除保暖之外的功能。因为业余选手的游速较慢，身体位置普遍偏低，弓形波始终在头部前方，而防寒泳衣的特殊材质使得其具有一定的浮力功能，能够帮助业余选手提升身体位置，进而减少波浪阻力。但这个浮力功能对于游速较快、身体位置原本就比较高的专业选手而言就没有任何作用。

至此，我们可以对阻力做个小结。游泳运动员游进中遇到的阻力主要有压差阻力、摩擦阻力、波浪阻力。游泳中占主导作用的阻力是压差阻力和波浪阻力。摩擦阻力只是在流线形体（如飞机）或依靠高速游泳或飞行才能生存的动物中才起主导作用。在这类情形下，并不是摩擦阻力增加了，而是这类物体的形状使得压差阻力降低到极小。鱼类和鸟类通常不会像游泳运动员那样在水和空气的交界处移动，因此它们的波浪阻力为零。任何泳姿中，运动员都不可能完全摆脱摩擦阻力，因此我们应该将训练的重点放在改善身体位置、降低压差阻力，以及完善技术动作、增加推进力方面。运动员需要在推进力最大化和阻力最小化这一对矛盾中找到最适宜自己的技术，从而达到最好效果。

2. 水的流动与推进力的关系

当一个较小的外力作用于水的局部时，因压力的作用水将发生形变，水就会从高压区流向低压区，通过流动可以使水达到压力平衡。这种压力平衡的过程称为水的流动。水极易发生形变，这是水具有流动性的原因。游进过程中，推动运动员前进的力主要是阻力推进力和升力推进力。

当水的流动方向与力的方向一致时，就会使推进阻力减小（注意，推进阻力越小，前进速度越慢）。如果此时划臂的速度与水流速度相等，那么水将被手掌带动向后流动，手掌上获得的推进阻力也会减小，出现"划空"的现象。为了保持手掌上的推进阻力值不变，我们必须采取逐渐加速划水的方法，才可以减少推进阻力的损失。

当水的流动方向与力的方向相反时，推进阻力将大幅度提高。由于水的流动具有多向性，不仅顺着力的方向流动，当物体的运动速度提升至一定时速时，水会朝着相反方向流动，以此来弥补物体尾部留下的真空部位。这时水对推动物体运动的力将会大幅度提高，可产生瞬时的钢化作用。在游泳中，如果采用高速划水技术，那么手掌上的推进阻力将随着水流速度的加快而急剧增加。这时的水好像被钢化了一般，划手速度越快，水的瞬时钢化作用越强。手掌的划水近似有固定支撑的效果，但同时身体需要主动发出的力也更大，耗能也相应增高。

水的流动同样具有密闭性和开放性的特点。密闭性是指水在外力作用下，水的质点在水内自由流动的状况。开放性是指水在外力作用下，水的质点有部分涌向低压的空气中的状况。水的密闭性越好，则力的损失就越小，相反则越大。我们在游进过程中，应注意水的开放性和密闭性特点，把推进阻力的损失减少到最小的程度。例如：①用力方向尽量不要向上。如打水动作，向下打水比向上踢水效果好，侧向打水比上下打水效果好。②对于运动轨迹是右前向后并且在水下进行的动作而言，远离水面的技术动作效果好于接近水面的技术动作效果。如尽管腿部力量比手臂的力量大得多，但在自由泳技术动作中，打腿实际效果远不如划水效果好；仰泳划水深一些比浅一些的效果好；潜泳的速度比在水面游的速度快；以上现象都是因为作用点远离水面，密闭性好，推进阻力损失小。

（二）自由泳技术

游泳、骑行与跑步三个项目都是周期性运动，周期性运动的技术动作没有阶段之分，所有的动作都应该是连贯的，动作之间的连接和转换也应该是流畅的。为了分析的便利，以下我们将自由泳技术分成了几个阶段分别进行剖析，但各位读者一定要理解技术的连贯性，好的教练员有责任确保运动员的技术是连贯且有节奏的。

事实上，优秀运动员和一般运动员的主要区别之一就是节奏。技术效率高，运动员就能在一定的能量消耗下游得更快。有些技术还不够娴熟的运动员，常常可以在不加呼吸时游得非常流畅，手腿配合、流线型身体姿势等也保持得很好。然而，在吸气的一刹那，所有的技术都崩塌了。动作变得不协调且笨拙。仅仅是呼吸动作就破坏了整个动作的节奏。相反，高水平运动员可以在呼吸时仍然保持很好的节奏，而且可以在改变打腿的频率和幅度时仍然保持划水、身体转动和呼吸的节奏。高水平运动员在打腿节奏改变，如从两次打腿配合（每划 1 次打腿 1 次）变为 6 次打腿配合（每划 1 次打腿 3 次）时，仍然保持良好的节奏和协调性。

那么，教练员应该如何训练运动员的节奏呢？良好的节奏依赖于身体各部位动作配合的时机。为了形成良好的节奏，可以寻找一些参考标准来帮助身体调节配合时机。例如，老式时钟的节奏是通过钟摆有规律地摆动来实现的。那么自由泳技术可以通过什么来控制节奏，从而使得打腿划水和呼吸动作有序完成并形成良好的节奏呢？能否用手臂动作来控制动作时机和节奏？这看似是可以的，不过手臂动作本身的节奏也会以复杂的方式改变，如手臂围绕肩的转动并不是简单机械地重复动作。在划水阶段，手臂围绕肩的转动速度要明显快于入水和前伸阶段。划水不像打腿那样相对有规律地变化，手臂配合的内部时机其实时刻在变化。特别是采用前交叉配合的运动员，因为入水后，一侧手臂会在身体前方等候另外一侧手臂，那么配合时机的变化就更为复杂。此外，一些高水平运动员在 1 500 m 比赛中会常常在两次打腿与 6 次打腿之间转换，却不会破坏动作节奏和协调性，因此将手臂动作作为节奏的参考项并不理想。

1. 身体的转动与节奏

事实上，在自由泳技术中起钟摆作用、调节动作节奏的是身体围绕纵轴的转动。因为正像老式时钟的钟摆那样，在运动员游进的过程中身体是始终有规律地转动。举例来说，吸气应该设定在当身体向一侧转动到最大幅度，就像钟摆摆动到最大幅度正准备摆回去时，这样的呼吸动作就不会破坏整体动作节奏。很多高水平运动员不管向哪一侧吸气，也不管这个周期是否吸气，转动的幅度都是一致的，他们划水的动作几乎不受吸气的影响，而水平较低的运动员吸气时节奏就容易受到破坏。

在学习和改善动作技术阶段，教练员应该尽量鼓励运动员练习两侧吸气。很多初学者往往喜欢仅在一侧吸气，而教练员最好鼓励运动员每 50 m 至少向不习惯的一侧吸气 1~2 次。因为单侧吸气可能会带来一些问题，包括：①身体向一侧转动幅度更大，身体压向一侧手；②身体姿态不对称，如上身和头向一侧扭曲过大；③身体一侧动作效果远远优于另一侧；④左右手臂动作不平衡。

因此，将身体转动动作作为控制节奏的"钟摆"，使手臂和大腿动作围绕身体转动进行（图 5.2、图 5.3），应该行之有效。将相对规律的动作作为把握节奏的基础，可以带来很多显而易见的优势。

第五章 青少年铁人三项运动员技战术训练理论与实践　　93

图 5.2　转动动作陆地示范

图 5.3　转动动作水中示范

2. 移臂

在移臂阶段，教练员应该向运动员强调使用高肘移臂技术。因为高肘移臂可以确保手臂在移臂过程中不会过于靠外，宽移臂的弊端在于当前移臂过于靠外时，会产生反作用力，使躯干和下肢自然地向另一侧摆动。初学者在移臂时手臂通常会过于靠外,导致下肢向另一侧摆动以此来平衡上肢的摆动,双腿则像制动器那样制造阻力,使身体前进速度减慢。采用高肘移臂可以避免这个问题出现,并让身体在游进过程中保持直线前进,降低阻力,如图 5.4 所示。

(a)　　　　　　　　　　　　　　(b)

图 5.4　高肘移臂与宽移臂对比

(a) 高肘移臂;(b) 宽移臂

高肘移臂其实并不是说一定要屈肘或者肘一定要高于手的位置。许多优秀的铁人三项运动员采用直臂移臂技术(图 5.5),在移臂时手的位置是高于肘的,但是运动员的肩关节良好的柔韧性加上身体的转动,使得移臂动作始终接近身体中线,而不会在较靠外的位置。因此,只要上肢在移臂过程中不偏离中线较多,屈臂或直臂移臂都可行。身体转动的作用就是使手出水的动作能够更轻松地完成,且避免手臂偏离身体中线过多。实际上,穿防寒泳衣游自由泳时,直臂移臂技术似乎更有优势,它可以避免肩、肘受到防寒泳衣的束缚。

3. 入水

当手臂向前伸时,身体会从一侧向另一侧转动。例如右臂向前移臂,使身体从右侧没入水中滚动至左侧露出水面。

图 5.5　直臂移臂技术

根据运动员两臂配合方式的不同，在一侧移臂和前伸阶段，另一侧手臂会在某个点开始抓水，接着进入划水阶段。两臂之间配合的时机，不仅与运动员的习惯有关，还在一定程度上受运动员当时游速的影响。

由于身体向右侧转动，右侧身体会逐渐露出水面，如果运动员此时需要吸气，头可以随着身体转动，使嘴在头部形成的波谷中吸气。头和身体的转动幅度只要足够让运动员吸到气即可，没有必要过度转动。也就是说，如果运动员转动的节奏是正确的，其他动作都与之配合协调，吸气就不会对动作节奏造成任何破坏。身体的转动对于是否能够正确地呼吸是具有很大影响的，正确的转动可以避免一些常见的吸气错误。例如，有很多运动员，甚至是一些具备一定水平的运动员，在吸气时习惯于将头向上抬起来。这个动作会增加身体阻力，并破坏节奏和直线性，如图 5.6 所示。

当身体转动到最大幅度时，右手和前臂插入水中并向前伸展。前伸这个词其实可能会引起歧义，会误导运动员过度向前伸展，导致上身向另一侧扭曲，破坏直线性和流线型。其实只要身体向一侧转动，通常手可以自然地前伸，不会破坏身体的直线性。身体转向一侧时，头自然地靠近前伸的手臂，有助于保持流线型姿势。这样能尽可能减少身体周边水流的破坏，从而降低阻力。

身体转动可以最大限度地降低形状阻力（因身体各部位前后的压强差而形成的阻力）。此外，身体转动时，一侧肩部露出水面，使得身体在水中的横截面积减小，空气和水面交界处的端流减少，因此，还降低了波浪阻力（身体在空气和水面交界处移动形成的波浪所导致的阻力）以及形状阻力，如图 5.7 所示。

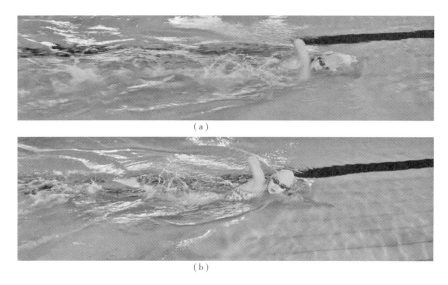

图 5.6 转头吸气与抬头吸气动作对比
(a) 转头吸气;(b) 抬头吸气

图 5.7 入水动作

4. 抓水

身体的转动可以帮助手臂和身体形成较好的流线型姿势。为了缩短产生阻力的时间,手和小臂应尽快形成抓水姿势,特别是在短距离项目中更应如此。在标准距离的铁人三项游泳比赛中,手臂入水后短暂的滑行有助于保持动作节奏,同时形成良好的直线性,降低阻力,从而保持另一手臂划水获得的推进力效应。这种短暂滑行还能够提高动作幅度，使机能获得一定的恢复，从而提高动作经济性，如图 5.8 所示。

图 5.8　短暂滑行与抓水动作

5. 抱水

抓水后，应尽快转入抱水阶段。这个阶段的常见错误是在抱水前手臂放松下沉（俗称"掉肘"），破坏了流线型，增大了阻力。此时应尽快形成高肘姿势（图 5.9），因为高肘动作可以形成强有力的杠杆系统，使肩内旋而产生较大的推进力。所以教练员应向运动员强调高肘的重要性，以保证划水前半部分动作的效果。

身体的转动除了帮助手臂和身体形成流线型外，还能够帮助肌肉形成有利于划水的姿势。抱水时，应将身体转动到接近最大幅度，身体转动与肩内旋肘屈曲动作结合起来，能够有效加快划水的速度，获得更大的推进力，而且身体转动本身也会拉动手臂和手掌进一步提升手的划水速度。

水下摄像显示，优秀运动员也许出水动作相对慢一些、放松一些，但在水下划水的动作非常快。快速的划水动作不仅要靠肩的伸展向后划水，而且要靠肩内旋和屈腕动作。这个动作可以使手和手臂以更大的对手面积推动更多的水，推动的水越多，加速度越大，推进力也就越大。

图 5.9　高肘划水

6. 推水

抱水阶段过后,手臂开始正式向后划水,此时肩的动作从内旋转为借助伸肩和伸肘向后推水(图 5.10)。从抱水到推水,身体转动的方向是相反的,快速转动有助于增大手臂向后划水的力量,就像投掷运动员通过身体转动帮助手向前抛掷物体一样。游泳时身体的转动可帮助手向后产生更大的划水力量,并保持更长时间的推进力。

图 5.10　推水动作

7. 出水

当手掌向后划至大臂几乎伸直时，手掌与小臂立刻转为向上划水，划水的速度到达最快，且身体已完成向划水臂方向的转动。应当借助身体转动的力量与小臂和手掌上划的力量快速但放松地提起肘关节，继而提拉整条手臂出水来进入空中移臂阶段，如图 5.11 所示。

图 5.11　曲臂高肘出水动作

8. 髋与腿的动作

日常训练时，常常能够听到教练员抱怨对于转髋的教学似乎无从入手。其实，教练员不必纠结怎样教运动员转髋，原因如下：首先，髋的转动角度没有肩的转动角度大；其次，髋通常会随着肩的转动而自然转动，只要肩能够流畅地转动，髋和腿会随之转动；此外，髋的转动也能在一定程度上使肩的转动更轻松自然。

根据上面的描述，由于身体是持续转动的，所以不必强调腿部一定要垂直上下打水，否则会适得其反。髋和腿适度转动，使打腿方向倾斜，可以抵消划水导致下肢摆动的惯性。如果下肢左右摆动，将导致阻力增加，而当身体转动时侧向打腿，却可以避免这种摆动，使腿和脚始终与身体呈直线，从而降低阻力，所以应该鼓励髋部转动与侧向打腿，如图 5.12 所示。

教练员要让运动员理解他们需要转动身体，而不是始终平卧。可以让运动员想象游艇在行驶过程中，一会儿向一侧倾斜，一会儿又转向另一侧的画面，帮助运动员理解游进过程中身体转动的作用。上述讨论同样提示

图 5.12　转髋侧打腿动作

了我们，应尽量采用与实际游泳时的身体姿势相近的打腿练习及边打腿边转动身体的练习进行训练，如果使用打水板，应选择能够促使身体转动的打水板，像那种很宽很平的打水板容易限制身体的转动，应该尽量避免使用。此外，如果持板打水，两手应尽量靠近打水板的中部，这样便于身体的转动。如果手放在打水板的边缘，会限制身体转动。

9. 降低阻力并提高效率

如果想要在一定速度下降低能量消耗，或者在相同的能耗下提高速度，就一定要降低阻力。阻力降低后，在一定速度下游进时划幅增大、划频降低。这种情况听起来很容易，但做起来却没有那么简单。

双腿下沉时会导致身体倾斜，这是游进中的主要阻力。打腿可以部分地解决这一问题，因为打腿能够产生相反的扭矩，帮助身体保持平衡并以水平位置游进，如图 5.13 所示。

打腿显然要消耗能量，因此，我们需要尽力想办法减少浮力在重力之前产生的扭曲。当不打腿时，由于下肢下沉，身体与水面形成一个比较大的角度，身体受到的阻力较大。此时，水压向身体的力使得身体在一定的角度和速度下得到平衡的扭矩，这个力虽然有将腿轻轻抬起的作用，但同时也增大了阻力。

是不是还有其他力矩能保持身体的直线性？答案就是前交叉配合技术，即一侧手臂入水后不急于划水，而是等到另一侧手臂即将入水时才开始划水。这种配合技术能够避免腿部下沉。因为与一些初学者采用的快频率配合相比，前交叉配合能够使身体的质量更多地集中在肺部以上，并保持更长时间，从而使浮心和质心接近在一条线上，减缓因腿部转动而使下

(a)

(b)

图 5.13 不打腿运动员与打腿运动员的身体位置对比
(a) 不打腿运动员；(b) 打腿运动员

肢下沉的趋势，这样我们就能够得到较为理想的结果：阻力下降，划频降低，速度保持大幅提高。此外，循环周期延长，划频降低，划水的能量消耗也随之减少。

另外一个导致腿下沉的扭矩来自手入水后，手臂向下划水产生的向上的力。当运动员划频很高时，手臂通常会向下压，不像前交叉配合技术中手会向前伸。如果使用前交叉配合方式，运动员更倾向于伸臂后向后划水，而不是向下划水，因此不太容易导致下肢下沉。况且，此时另一侧手臂止在空中移臂，向前移臂的动作产生了一个较强的力矩来对抗下肢下沉的力矩。

综上所述，前交叉配合技术可以从两方面降低阻力：①前交叉配合使身体重心向前移动到更接近浮心的位置，从而减小了导致腿下沉的力矩；②前交叉配合使得身体转动的幅度和时机更适宜，尽可能地降低了划水的特定阶段特别是出水和移臂阶段的阻力。前交叉、中交叉与后交叉技术区别如图 5.14 所示。

10. 身体的转动与阻力

游泳时，我们只要细心观察就会发现，那些高水平的运动员在游进中会适度地转动自己的身体，能够使身体更多时候处于侧卧位。一些低水平的运动员，通常身体转动的幅度不足，而左右摆动的幅度却很大。我们提倡在游进过程中适度转动身体，能够使身体更多时候处于侧卧位，使身体的对水面积小于俯卧时的对水面积，从而减小波浪阻力和形状阻力。转体不足的运动员通常会出现身体左右摆动的现象，而摆动会导致身体流线型被破坏，使身体周边的水流被重度扰乱，加大前进阻力。

游进过程中，当运动员一侧手臂前伸，身体围绕纵轴转动60°时，身体可以形成很好的流线型，此时水流可以平稳地流过水下的肩部。此外，身体转动可以使手臂与头部形成完美的直线，而且身体转动可以帮助移臂侧手臂的肩部尽早离开水面，减少宽阔的肩部对水流的影响，从而降低阻力。

前交叉配合技术通常使划频降低，这对适度的身体转动是有利的，同时有助于保持身体流线型。如果采用高划频方式划水，当一手移臂时，身体就已经在转动了，那么就很难做到上述的减阻姿势。而且划频较高时，因为时间不足，身体很难达到较大的转动幅度，即使勉强做到，在短时间内身体大幅度转动也不利于水流平稳经过，因为快速

图 5.14　前交叉、中交叉与后交叉技术区别

变换姿势通常导致湍流产生、阻力增大。由此可见，前交叉配合技术是一种高效节能的技术，其挑战在于既要获得节能效应，又要避免划频过低导致比赛速度损失。

二、游泳技术训练

（一）腿部技术分解练习

1. 垂直腿练习

深水垂直腿如图 5.15 所示。

图 5.15　深水垂直腿

起始姿势：身体在水中保持流线型姿势，踩水，将头露出水面。

动作步骤：①听到"开始"口令后，深吸一口气，快速做自由泳腿动作；②通过高频率的打腿使头部始终保持在水面之上，直至"结束"口令出现。

练习要领：①身体垂直于池底，呈流线型姿势；②核心收紧，体会髋部发力的打水技术，做高频率小幅度的自由泳打腿；③慢呼快吸，呼气时保留一部分气体在体内。

2. 侧踢腿练习

扶持壁、持板、徒手侧踢腿如图 5.16 所示。

起始姿势：在水中俯卧，一侧手臂前伸，另一侧手臂自然放在体侧。

动作步骤：①进行俯卧打腿，待身体浮起来后慢慢开始向侧方转体直

(a)

(b)

(c)

图 5.16 扶持壁、持板、徒手侧踢腿

(a) 扶持壁；(b) 持板；(c) 徒手

到身体呈侧卧状，使一侧肩与髋露出水面；②略微侧转头，将头枕在水面，使口鼻刚好露出水面；③保持该动作直至达到预定打腿距离或时间，然后交换方向。

练习要领：①保持头部贴近于水面侧转，不要抬头；②保持身体呈一条直线；③呼吸均匀；④身体躯干为同一整体进行同步转动；⑤屈膝幅度要小，两脚交错不能过大。

3. 滚动腿练习

滚动腿练习如图 5.17 所示。

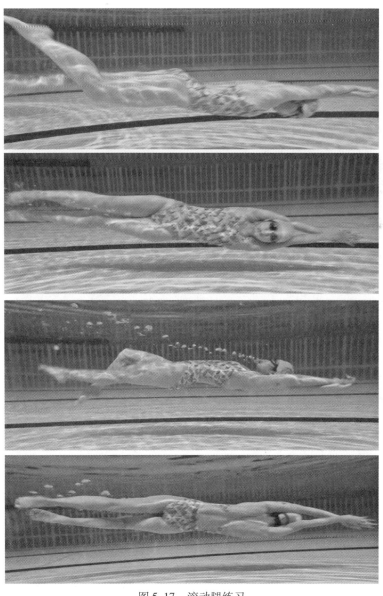

图 5.17　滚动腿练习

起始姿势：俯卧，双臂于后脑勺处夹紧，身体呈流线型姿势，进行自由泳打腿。

动作步骤：①进行4~8次自由泳打腿；②向顺时针（或逆时针）方向转动90°呈侧卧姿势，并进行4~8次打腿；③再次转动90°呈仰卧姿势，进行4~8次打腿，同时进行一次呼吸；④再次转动90°呈侧卧状，保持4~8次打腿；⑤回到起始姿势，进入下一个周期动作。

练习要领：①体会身体整体转动的感觉；②转动过程中，保持流线型姿势。

（二）臂部技术分解练习

1. 提臂练习

提臂练习如图5.18所示。

图5.18 提臂练习

起始姿势：一手扶打水板尾部，另一臂放在体侧。

动作步骤：①放在体侧的手臂肘部微屈，进行4~8次俯卧打腿；②体侧的手臂做高肘提臂动作，同时进行呼吸，当肘部提至最高点（通常是小臂与水面垂直时）保持适当停留；③手掌沿身体外侧向后伸臂直至完全伸直，头部转回至水中。

练习要领：①提臂时，身体要同步向提臂手的方向旋转；②注意保持高肘低手的移臂技术；③保持手臂放松。

2. 伸臂练习

伸臂练习如图5.19所示。

图5.19　伸臂练习

起始姿势：单手扶板保持前伸，另一侧手臂保持入水前的姿势。

动作步骤：①打腿4~8次，手臂在肩前入水向前伸展；②抬头吸气，回到起始姿势。

练习要领：①伸臂的位置应在肩的延长线上；②手臂向前要完全伸展，想象你在够一个无法够到的东西；③伸臂后不要向下压水。

3. 单臂划水练习

单臂划水练习如图5.20所示。

图 5.20　单臂划水练习

起始姿势：单手扶打水板尾部，另一手放在打水板下。

动作步骤：①保持扶板手臂在前方伸直，俯卧打腿4~8次，另一侧手臂做一次完整的划水和移臂；②手臂自肩前入水前伸后保持住，4~8次打腿后再开始下一个周期动作。

练习要领：①注意躯干的转动和稳定的头部位置；②向划水手臂的同侧吸气，主动转肩，移臂时将肩膀保持在水平面上。

三、公开水域训练技巧

铁人三项中的游泳比赛多数都安排在公开水域进行。因此，所有教练员都应重视运动员在公开水域游泳时的表现，而不能仅凭泳池中的成绩来评估运动员在公开水域中的实战能力。在技术动作方面，要强调公开水域游泳技术与泳池游泳技术的区别。许多刚接触公开水域游泳的运动员对其与泳池游泳之间的区别不甚了解，如水温较低、视线模糊、难以定位和集团式游进等。

以下部分介绍了铁人三项运动员在公开水域游泳时需具备的一系列技能,以便教练员掌握提高这些技能的方法。这里我们要强调的是,以下所讨论的技术训练在泳池和公开水域中均可进行练习,即使在受气候因素影响的环境条件下,也可以确保全年的公开水域训练。

注意:无论在哪一个季节进行公开水域训练,我们都要确保训练是在安全的水域环境中,以保护教练员和运动员。只有具有专业教学资质的二级教练员才允许在无人监督的情况下指导公开水域游泳训练,因此,公开水域场地安全部分仅适用于二级及以上水平的教练员,不适用于业余选手与初级教练员。

(一) 防寒泳衣的应用

对于铁人三项运动员而言,防寒泳衣(图 5.21)主要有两个优点:①增加浮力,可以为游泳水平较低的运动员提供有效帮助;②有助于维持体温。世界铁联依据不同比赛中游泳赛段的距离与水温,从保障选手安全的角度考虑,出台了"何时必须穿"与"何时不允许穿"防寒泳衣这两项规则,运动员与教练员在考虑是否穿防寒泳衣竞赛时需要先依照规则要求再结合自身实际情况进行综合判断。规则要求:当水温低于 15.9℃时,必须穿防寒泳衣;而穿着防寒泳衣的上限标准则为 22~24.6℃,这中间的差异主要是基于游泳的距离而产生的,距离越长,温度越高。作为一名专业的铁人三项运动员或教练员,应该意识到:随着比赛的全球化发展,运动员需要做好在各种不同环境中,"穿"或"不穿"防寒泳衣参赛的两手准备。

图 5.21 防寒泳衣

目前，体育器材销售市场上有各种各样的防寒泳衣，琳琅满目，令人眼花缭乱，价格也相差甚远。我们在挑选时最重要的是要选择适合自己的款式。首先是泳衣的厚度，它决定了保温程度；其次是泳衣的款式，如背心式样，抑或是长袖式样；最后是经销商所提供的相应服务，如是否采用量身定制、是否提供试穿等。这里，我们总结了一些正确穿着防寒泳衣的方法、技巧，供大家参考。

（1）为防止在穿防寒泳衣时出现擦伤，运动员可以在脖子上涂防寒泳衣专用的安全润滑剂。如果运动员穿的是无袖款式，安全润滑剂同样适用于手臂。

（2）防寒泳衣应与手臂和腿部贴合，尤其在腋窝和腹股沟处，不能完全贴合的泳衣保温性能将受到影响且会因为水的注入而增加额外的阻力。

（3）防寒泳衣需舒适、合身，过于紧身的泳衣会影响肢体的灵活性，尤其是对于动作幅度较大的上肢，将产生一定的束缚。

（二）适应水温

公开水域的水温通常都低于室内泳池，有时会让人感觉非常寒冷。如果运动员没有考虑到这一点并做好相应的准备，贸然参赛，可能会对整个身体系统造成一些负面影响。不同参赛选手对不同水温会有不同反应，建议运动员要了解自己的身体，知晓自身对不同水温的反应，并做好有效的应对措施。有一些简单的方法或许可以帮助大家快速适应低温水域。

（1）入水前，将水泼在脸上和脖子后面，使身体开始适应水温。

（2）在比赛开始前，至少试水 5～10 min 才能使身体真正适应水温（图 5.22），切勿等到最后 1 min 才下水。

图 5.22　提前试水

(3) 赛前热身时，尝试着以比赛的速度进行短距离游泳。

(4) 日常训练时，需要增加踩水或蛙泳练习，比赛时如果出现失温的症状，及时用蛙泳或踩水进行呼救，这将比自由泳更简单易行。

(5) 入水前，涂抹一些能够使身体发热的液体，如红花油等，帮助抵御寒冷。

（三）出发

公开水域比赛的出发方式大致有三种：浮台跳发、水中出发、从岸上跑步入水。

浮台跳发（图 5.23），要求运动员具备与静水跳台出发相似的技术，因此常用于优秀组和高水平青少年组的比赛。比赛时，运动员在浮台上依次列队，在出发信号发出后，跳入水中。采用浮台跳发的比赛，运动员选择的出发位置十分重要，理想的站位能够帮助运动员节省少许游泳时间，也能够帮助运动员避免多人拥挤入水时可能出现的碰撞。通常的比赛（一圈以上的比赛），运动员每完成一圈游泳后需要起水、跑步至浮台，然后重新跳入水中。

图 5.23　浮台跳发

水中出发（图 5.24），出发前在水中做踩水的动作，在鸣枪倒数时，可以逐渐放平身体向俯卧位转换（此时身体不能有向前的移动，否则可能会被判犯规），这样能在发令后迅速游动，减少转换之间的时间与能量损耗。

图 5.24　水中出发

从岸上跑步入水的比赛多数都是在沙滩上出发（图 5.25）。沙滩路面不平整，常伴随许多的坑坑洼洼，并且有一定的倾斜度。在跑动的时候我们应用前脚掌着地、小步快频，避免陷入沙中。进入浅滩后，当水面高度不超过膝盖时，可以采取侧抬腿跑，折叠小腿后从两侧摆动腿至前方，让脚面刚好保持在水面之上。当水面接近腰部或有浪潮迎面涌来时，可采用"海豚跳"技术，用双脚主动蹬地让身体腾空出水，双臂由身体两侧向头

图 5.25　跑步入水

前伸展并引领躯干钻入水中，身体保持适度紧绷，在水中滑行一段距离，好似海豚在水中跳跃穿梭。

近几年，由于参赛人数显著增多，许多比赛采取滚动式出发。运动员根据自己预估的游泳成绩进行排队，每间隔 10 秒安排 10～20 名运动员通过起点开始比赛。如此可以避免运动员之间不必要的身体接触，提高了安全性。

（四）跟随游

跟随游，即跟随在其他运动员后面游进，通过减少迎面的波浪阻力来节省体能，就如骑行时采用"尾随"战术的原理一般，试图通过减少风阻来降低能量消耗。在游泳赛段采用跟随游的方法除了能够减少波浪阻力外，还可以减少抬头（观察行进方向）的频次。众所周知，在公开水域游泳需要通过频繁地抬头来观察行进路线，而抬头动作会导致自由泳划臂不连贯、身体位置受到破坏。从提升技术效率的角度而言，我们不建议运动员频繁地抬头，这势必会对比赛速度造成负面影响，但是从公开水域的竞赛条件特点而言，"抬头观察"确实是一个必不可少的动作。如若采用跟随游战术，那么跟随的选手只需紧跟领先选手，能够适当减少"抬头"的频次。从这个角度来看，跟随者确实比那些"单打独斗"的选手更容易获利。

跟随游的具体方法通常有以下两种：脚部跟随游、臀部跟随游。

1. 脚部跟随游

最简单的跟随游方法是运动员呈一列纵队游进，我们将其称为"脚部跟随游"。具体操作方法是让后一名运动员直接跟在前一名运动员的后面游进（能够清楚地感受到前一名运动员打腿产生的气泡），在前一名运动员身后大约 30～50 cm 处入水划手。大多数铁人三项运动员都采用此方法比赛或训练。实际上，在泳池训练中，由于练习空间的限制，大部分的选手都是采用跟随游的方式完成一项又一项的练习任务。训练要求：

（1）根据领游运动员的脚或打腿产生的气泡来进行跟随。

（2）与领游运动员的距离保持在 30～50 cm 之间，避免被领游者的尾流所影响，同时也需避免身体触碰。

（3）不要盲目跟随，前面的运动员可能会偏离方向，跟随的过程中依旧需要观察定位，但频次可适当降低。

教练员要鼓励运动员在训练课上进行跟随游练习，因为这确实是一项实用性非常强的技术。在指导铁人三项运动员进行跟随游基本技术训练时，可先安排运动员处于跟随位置，然后要求跟随的运动员调整到领游选手的侧方，进而超越领游选手。如此，可锻炼运动员在实战中的变速能力与超越技巧。

2. 臀部跟随游

除了直接跟随在领游运动员脚后之外，也可以在其臀部位置进行跟随游，某些教程将这种跟随方式称为箭头跟随或梯队跟随。这种跟随方式非常适合团队作战时使用，团队中的每一位选手都可以充当领游的角色，轮流进行领游。在领游一段距离后从"箭头"的顶端位置撤退下来，由原本处于第二位置的选手顶替他/她。如此，可保障团队整体利益最大化。这一点，与自行车比赛时的轮流领骑战术是一致的。训练要求：

（1）尽量朝领游运动员的那一侧换气，以便及时掌握领游运动员的游进情况。

（2）跟随的位置要选择恰当，距离领游运动员过远将不能获得较好的减阻作用，距离过近会与领游运动员发生身体触碰，影响双方的表现。"安全"位置是保持头部与领游运动员的膝关节齐平，水平距离为 30～50 cm，避免在划频不同的情况下出现手臂碰撞。

（3）不要盲目跟随，领游的运动员可能会偏离方向，跟随的过程中依旧需要观察定位，但频次可适当降低。

在训练过程中，教练员应该鼓励运动员尝试不同位置的跟随游。例如，将头部分别位于领游运动员的胸部、臀部或膝关节水平位置进行跟随游，让运动员自行评估身处哪个位置时减阻功能最为明显。

（五）集团式游泳

有些运动员，尤其是那些参赛经验不足的新手，在公开水域比赛时，常常不喜欢和其他运动员一起游。在比赛伊始阶段，他们会"躲"在大部队的后面，试图避开拥挤的赛道，独自游进。虽然这种方法没有任何问题，甚至对于速度较慢的新手而言，这可能是一种明智的选择，但这通常意味着他们会以更慢的速度到达终点。所以，当参赛的目的是获取较好的排名时，应当鼓励运动员加入成群游的队伍。

教练员可以通过多种方式帮助运动员建立在集团中自如地游泳的自信。首先，在日常的泳池训练时，可将多名运动员安排在一条泳道练习，营造出公开水域中拥挤的感觉。当运动员之间的距离非常接近时，跟随游技术便能得到很好的锻炼。久而久之，运动员就能熟悉这种拥挤的环境，并能够体会到跟随游的好处。当然，对于那些游泳实力非常强的运动员而言,他们在比赛时采取的战术恰恰与大多数没有绝对实力的选手相反。他们不希望被其他选手跟随,不愿意让其他选手获利,所以他们会使用"摆脱"技术。针对这部分选手,教练员同样需要在日常训练中为他们创造"拥挤"的环境条件,让他们在集团游中尝试着脱颖而出,以奠定自己的优势位置。

下面这些练习,可以帮助运动员模拟比赛的真实环境,助其快速掌握实战技巧。需要注意的是,虽然我们鼓励运动员多以集团游的形式进行游泳训练并刻意安排了一些有身体接触的练习,但是教练员不应鼓励运动员在比赛中与其选手发生不必要的身体接触。我们所教授的集团游练习方法只是为了帮助运动员在一个安全的环境中建立信心,从而更好地适应比赛。练习方法如下。

(1)多名运动员在规定空间内同时完成 25～50 m 短距离冲刺练习。

(2)模拟比赛场景。运动员 A 在正常游进状态下,运动员 B 尝试将运动员 A 的右手向下推入水中;运动员 A 在正常游进状态下,运动员 B 尝试向下推运动员 A 的右肩;互换角色。

(3)安排每一名当前位于队伍最外侧的运动员加速游,并切换游进路线,向队伍内侧游进;反之亦然。

(4)采用"臀部跟随游"方法,要求每一位运动员轮流领游 50 m,锻炼整个团队的配合能力,增强队员之间的默契,提升集体作战水平。

(六)定位能力与"鳄鱼眼"技术

由于公开水域没有泳道和水线,所以在公开水域进行比赛时,运动员所面临的最大问题之一就是很难保持直线游进。这就造成了部分善于在泳池内游泳的选手,来到公开水域后因为无法保持正确的行进方向而在游泳这个赛程中大失水准。

我们在发展运动员的游泳能力时,务必要注意对于公开水域实战技能的培养,如定位能力、跟随游能力、抗寒能力等。这些能力对于比赛成绩的影响丝毫不逊色于游泳的速度,并且竞赛等级越高的比赛,对于实战技能的要求也越高。

我们在开发铁人三项运动员的游泳定位能力时,首先要做的是了解他们在正常游泳时的直线游进水平,可以在游泳池或公开水域进行这个简单测试:闭眼完成 30～40 次划水动作。在进行这项测试时,需要确保运动员周围空旷,不会出现任何碰撞。大部分运动员在初次接受测试时都会出现不同程度的方向偏移,造成游偏的因素有很多,可能是身体左右两侧的动作轨迹与肌肉用力程度不一致，可能是感知觉能力较差，也可能是风浪所致等。教练员需要区别对待、深入挖掘每一位运动员的根本原因，再针对性地进行改进。总之，运动员在测试中游偏的情况越多，他们在公开水域中抬头观察定位的次数就越多，游速下降也就越明显。

如上所述，保持直线游进能力是铁人三项运动员在游泳这个子项中所需要具备的核心竞技能力之一。训练中，一方面需要解决技术动作上的不足，另一方面需要培养运动员的方向感，也就是定位能力，可以通过定时观察来判断游进方向是否正确。但是，"观察"这个动作本身也会造成游速下降。试想一下，当你游自由泳时，突然做抬头向前看这个动作，势必会破坏两臂划动的连续性，同时头部上抬也会造成腿部下沉，进而影响游进速度，或是需要你花费更多的体能来保持游速。所以，最佳的观察动作应该是一种能够避免头部过多地抬起，并且不会影响划臂的流畅性的技术，我们把它叫作"鳄鱼眼"技术（图5.26），具体操作如下。

图 5.26　"鳄鱼眼"技术

（1）转体侧向吸气，同时保持前侧手臂的伸展。

（2）伴随另一侧手空中移臂动作的开始，视线跟随手臂动作移动，逐渐转向前方，头部略微抬起，同时手臂前伸入水。

（3）视线扫过前方之后，迅速低头，回归正常游进。

这个动作的好处是可以让头随着移臂的动量而向前移动，在抬头观察时，头部不会抬离水面过多，不会导致髋部下沉。

提升观察能力的训练方法：

（1）找一些标志性的建筑物，在脑海中刻画一幅静态的景象，在游进时不断回忆所看到的画面,并凭记忆判断游进方向。

(2)进行专门的观察力训练。教练员准备若干块带有指示标识的浮板,在运动员游进时,教练员通过举起浮板来指挥运动员进行相应的操作,如"F"表示"加速"、"S"表示"换道"、"T"表示翻滚等。这样就可以清楚地知道哪一位运动员看到了指令,哪一位运动员没有真正看到指令。以此来锻炼运动员的信息捕捉能力。

(3)训练运动员以固定的节奏进行观察,如每划8~10次进行一次"鳄鱼眼"动作,连续游进1 500 m。当观察成为一种动作规律之后,它将不再因为是一个刻意而为的动作而破坏整体动作的连贯性。

(七) 转弯技术

公开水域游泳与泳池游泳最大的区别是不能借助固定池壁进行蹬壁转身,所以公开水域游泳成绩往往比泳池要慢一些。通常,游泳赛段的行进路线是一个750 m的梯形或倒三角形,用2~3个浮漂作为转折标志。进行标铁比赛的运动员需要完成一圈后起水跑至出发平台,由出发平台处再次跳入水中进行第二圈比赛。因此,标铁运动员在游泳赛段需要进行4~6个90°左右的转弯。技术高超的选手可以利用转弯进行超越或摆脱后方跟随的选手,为自己争取时间优势。

与自行车比赛一样,优秀的游泳转弯技术首先需保障运动员能够安全、顺利地通过弯道,其次需要达到快速的效果。但是,与自行车比赛所不同的是,游泳时因视线受限,运动员在转弯时较难选择最佳的行进路线,且由于水中容易发生身体碰撞,所以在转弯时大多数选手会被迫降低游速,以保障自身安全,甚至有一些专业选手在转弯时也会采用蛙泳或踩水来应对弯道的拥挤,这样无疑在比赛速度上受到很大的影响。建议在转弯前后提升呼吸频率,通过使用"鳄鱼眼"呼吸来观察转折浮漂所在的具体位置,以确定精准的行进路线。此时需适当提高打腿的频率,一来快频率的打腿能够维持一定的游速,便于转弯过后迅速前进;二来积极、有效的打腿能够降低被后方选手影响的概率,如被后方选手压住了下肢等。通常而言,转弯时更靠近浮漂的选手游进的路线将短于离浮漂较远的选手,但是离浮漂越近,个人空间越是狭窄,对于选手在拥挤环境中的游进能力要求越高,如图5.27所示。

下面,我们介绍一种先进的转弯技术——螺旋式转弯。运动员通过俯卧—仰卧—再次俯卧的姿势变化可有效解决转弯时由于前进方向的改变而造成的动作节奏下降,能够帮助运动员提升过弯速度。注意,学习此项技

图 5.27　绕浮漂转弯

术需具备熟练的仰泳与自由泳游进能力，否则，我们还是建议你使用传统的转弯技术。具体方法如下。

（1）以右转弯为例，当右臂与浮漂的中心点保持水平时，左臂带动躯干向上旋转，呈仰卧姿势。

（2）左臂进行 1 次仰泳划水（如果浮漂体积较大，可进行多次仰泳划水动作），右臂带动躯干向下旋转，使身体转回至俯卧姿势。

（3）采用正常的自由泳动作继续游进。

注意，上述动作的幅度越大，转弯过程就越紧凑。

（八）配速

铁人三项比赛的第一个竞赛项目游泳与其后两个竞赛项目骑行和跑步最大的区别在于在这个赛段很难通过时间和/或距离来评价运动员的表现，但若在泳池游泳或是在骑行和跑步赛段，进行精准的评价是可以实现的。对于优秀的铁人三项运动员而言，在公开水域游泳赛段，他们更关注的是确保自己处于第一集团的前部，而非究竟用了多少时间游完整个游泳赛段。所以，进行合理的体能分配是十分重要。有实力的运动员既要确保自己能够处于有利的排位，又不至于过度疲劳。他们都通过合理的战术实施与技术调整来保存体能。由于以上原因，铁人三项运动员和静水长距离游泳运动员在比赛战术与技术上存在一定的差异。

教练员在训练中应鼓励运动员关注他们的配速，基于他们的用力感觉（自我用力感知）去训练。许多教练员喜欢使用节奏训练器或防水耳麦来帮助运动员掌握公开水域的游速，这未尝不是一个好方法，但是运动员不能过度依赖这些辅助设备，因为比赛时无法使用，提升运动员的自我用力感知觉能力是最稳妥的方式。

相较于静水 1 500 m 自由泳比赛，公开水域的途中游技战术显得更为复杂多变。总体而言，在途中游阶段（出发入水后至起水上岸前），运动员的划频起伏较大，最高划频出现在比赛开始的前 200～300 m 赛程中，最后冲刺赛段的划频变化不明显，选择加速冲刺策略的选手不多。相反，个别选手选择在最后的游泳赛段降低游速。总体上，铁人三项比赛的游泳赛段还是呈现出"加速游－匀速游"的配速策略，除出发至第一个转折点这部分赛段外，其他各分段速度都较为平均。

运动员所采用的臂腿配合方式多数为 2 次划臂（左、右手各划 1 次）配合 2 次打腿或 4 次打腿。2 次打腿技术基本动作是：在一侧手臂入水时，对侧的脚向下踢打。4 次打腿基本技术是：在左侧手臂入水时右侧腿向下打第 1 次，然后在右侧手臂入水前的这段时间内，加速打两次腿，最后在右侧手臂入水时，左侧的脚向下打第 4 次腿。因此，4 次打腿是非对称打腿技术，在一侧划手时打 3 次，另一侧划手时打 1 次。

（九）公开水域训练课拓展

建议教练员在所有的游泳训练课中都加入一些公开水域（图 5.28）技术练习，这样运动员就不会忘记这些基本技术，如观察和转弯等。不必担心泳池的环境与设施达不到公开水域的条件要求，只要动一动脑筋，我们就可以人为地创造一些公开水域竞赛的场景来使运动员获得实战演练的机会。具体操作如下。

（1）拆掉水线，增加泳池训练的空间范围，在岸上摆放标志物，鼓励运动员朝向标志物游进，游进过程中避免与其他运动员相撞。注意，将泳池的水线拆除后，水里的波浪也会更大，犹如在公开水域一般。

（2）将泳池边作为出发平台，按比赛时的出发位置排列运动员，进行多次出发练习。要求运动员入水后进行 100 m 左右的全速冲刺，以模拟比赛时的拥挤场景以及运动员争抢有利位置的状态。

（3）在泳池中设置简易的公开水域浮标，可以是一个足球、结实的手提袋、自行车内胎等，安排运动员绕浮漂游进。

通过以上这些模拟训练可以帮助运动员体会并找到适合自己的有效方法。不要着急去进行特殊的训练，而是需要通过大量的练习来发展一些实战技能，让运动员去评价其对自身游泳能力提升的促进程度。

图 5.28 公开水域

四、参赛战术与日常训练

和铁人三项中的各单项一样,运动员参加比赛的主要目标是取得个人最佳成绩,尽可能快速地完成比赛。本节其他部分介绍了游泳技术和在公开水域游泳所需要的能力,但是,想要提高游泳赛段的竞技表现,仅靠以上两方面能力是远远不够的,运动员的体能、心理素质、运动智能与战术素养亦是影响竞技表现的关键因素。

下面,我们将重点讨论在铁人三项的游泳项目中取得好成绩的几个关键因素以及如何帮助运动员在训练中改进和提升自己的运动表现。

(一) 参赛战术与竞技表现

决定比赛战术的首要考虑项是这场比赛是否采用跟随战术,这一点同样适用于自行车赛段,而是否采用跟随战术取决于竞赛规则。大部分比赛都允许运动员在游泳赛段进行跟随,因此,除了个别具有超高游泳实力的选手或许会选择"单兵作战"外,大部分选手都倾向于跟随游。下面,我们分别对两种参赛战术的制订目标与实施方法进行总结。

1. 不允许跟随的比赛

在不允许跟随的比赛中,个人游泳战术的制定应该重点关注如何在最短的时间内完成比赛,同时尽可能减少能量消耗,避免对之后的比赛产生不良的生理影响。

运动员的通常表现为：①因为不能跟随在一些游得较快的选手身后，不能借助其他选手来促进自身的竞技表现，所以他们可能被那些游得快的选手"拉"得更远；但是，倘若你恰好是"游得快"的选手，那么在不允许跟随的比赛中你将获得更大的优势。②在此类比赛中，运动员都应采用以最大平均速度完成全程的策略来安排比赛，因为这是一场"单枪匹马"的战斗，制胜的关键是尽可能地提升个人的平均速度。游泳作为第一个参赛项目，需要为后两个参赛项储存体能，此时，所有的变速或加速动作都存在耗能的可能。

2. 允许跟随的比赛

与不能跟随的比赛相比，允许跟随的比赛显然会出现一个更为复杂的竞赛局面。战术制定也需根据运动员在游泳项目上的相对优势而变化。游泳的重要性在于之后自行车赛段的安排。此时，"跟随技术"被视为影响比赛成绩的最重要因素之一。

为了阐明游泳与骑行赛段的排名对比赛结果（总排名）的贡献程度，我们采用了线性回归分析方法，对2000—2016年5届奥运会男、女比赛的数据进行分析，发现以下规律：①运动员在进入跑步赛段前已明显划分成为不同的竞赛梯队（图5.29），几乎没有运动员独自骑行。这充分说明了在允许跟随的比赛中，运动员几乎无一例外地选择集团作战的方式从中获得最大利益。②处于同一梯队的运动员之间的成绩差异主要来自跑步赛段的竞技表现，而不同梯队的选手之间的成绩差异则主要产生于游泳和骑行赛段的综合表现。在进入跑步前处于劣势梯队的选手较难通过跑步完成逆袭，获取最终胜利。③高水平运动员在游泳赛段产生的乳酸能够通过自行车赛段的合理调整而得以恢复，但在自行车赛段所积累的乳酸则无法在跑步赛段获得消除。因此，降低自行车赛段的乳酸堆积将成为影响跑步表现的关键因素。而运动员在自行车赛段的负荷程度一方面取决于自身的骑行能力，另一方面则受到游泳排位的影响。如②所述，游、骑赛段结束时处于劣势集团的运动员较难完成逆袭，因此游泳排位不理想的运动员势必需要在骑行赛段迎头赶上，否则比赛结果也将不甚理想。

因此，铁人三项的三个子项在竞赛过程中的相互关系是递进式的影响，它们的作用表现为：游泳是基础，骑行为核心，跑步最关键。在专业组的高水平竞赛中，应将游、骑两个赛段统合考虑，以"为跑步创造制胜条件"为游、骑赛段的竞技目标，一方面通过进入领先梯队来获取排名优

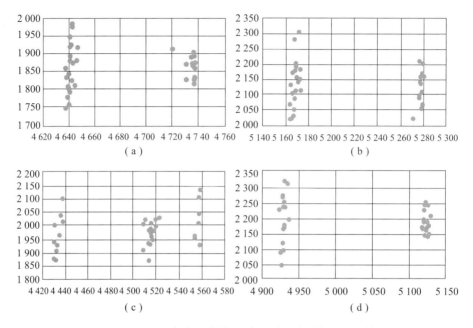

图 5.29　2012—2016 年奥运会前 35 名运动员游骑与跑的成绩关系图
（a）2012 年奥运会男子游骑 - 跑步时间关系；（b）2012 年奥运会女子游骑 - 跑步时间关系；
（c）2016 年奥运会男子游骑 - 跑步时间关系；（d）2016 年奥运会女子游骑 - 跑步时间关系
注：横坐标为游泳 + 自行车完成时间（单位：秒），纵坐标为跑步完成时间（单位：秒）

势，另一方面通过适宜的技战术运用来降低能量消耗，保障跑步赛段的体能储备。

（二）水域环境与参赛技术

我们在实践训练时会发现一个有趣的现象，一些在泳池训练表现并不是特别好的运动员在公开水域却能取得不错的成绩，而另一些在泳池训练很出色的选手却相反。这是什么原因呢？如果你仔细观察，你定会发现那些在公开水域中表现优异的选手往往采用相对高频的划水技术，他们的手臂犹如螺旋桨一般持续地、有节奏地转动，而那些泳池表现优异、公开水域表现一般的运动员往往采用低划频、长划幅技术。当然，泳池的滚翻动作也是另一个造成表现差异的因素。但是总体而言，那些力量强、划频快的运动员更能适应公开水域的风浪以及躲避集团中其他选手的干扰。

对于教练员而言，需要分析运动员游泳的技术特点并考虑改正技术是否值得。对于年纪较大的运动员来说，做出重大的改变或许对他们是一个很大的挑战，但这可能对取得预期结果至关重要。

以下，我们简单总结了各种会影响运动员游泳表现的环境因素，期望教练员在日常训练中能够对以下因素引起重视，正确评价运动员的游泳能力。

（1）大海、河流、湖泊、潮汐和洋流。这些因素对于那些已经适应或习惯这类水域环境的运动员十分有利，优秀的公开水域游泳运动员往往从小就在湖泊和海洋游泳。

（2）季节、水温、风向（方向和速度）、海浪。这些因素将对每位选手的比赛表现产生影响。作为一名铁人三项运动员，适应能力往往比竞技实力更重要，我们经常看到一些高水平运动员只要在低温水域比赛表现就很差。

（3）是否穿防寒泳衣。防寒泳衣除了保暖功能外，还能产生浮力，帮助运动员提升身体的水平位置。但是并非每一位运动员都能从这一点中获得相同的利益。比如，防寒泳衣的浮力作用对于业余运动员的影响较大，而对于专业选手而言，其本身就具备很好的浮力，游进过程中始终保持着较高的身体位置，那么防寒泳衣的所提供的浮力对其便无太多正面的影响。相反，他们会由于穿着防寒泳衣，肩部伸展受到一定程度的限制，影响正常划臂，所以在很多高水平比赛中，即使比赛的环境已达到可以穿防寒泳衣的要求，但是运动员为了追求卓越的表现，依旧会选择克服寒冷、不穿防寒泳衣。最典型的例子是2020年东京奥运会，水温低于20℃，但是全场无一人穿着防寒泳衣。

经过上述介绍，我们应该明白游泳训练的关键是要明确不同水域情况间存在的差异，然后针对性地制订训练计划，帮助运动员更好地适应和发展。

（三）静水游泳能力对公开水域竞赛的影响

1. 公开水域游泳表现

表5.1为2017年世界铁人三项系列赛游泳赛段成绩，数据显示多场比赛中游泳赛段最快选手（每场比赛游泳第一名）的平均成绩，以及最快选手的中位数成绩，该时间排除了环境因素导致的非常慢或非常快的情况。无论是哪种情况，要想在世界铁人三项世界杯比赛中脱颖而出，运动员就需要接近以下这个时间成绩。

表5.1 2017年世界铁人三项系列赛游泳赛段成绩

成绩	女子	男子
最快选手的平均成绩	18′44″	17′46″
最快选手的中位数成绩	19′05″	18′06″

2. 参赛结果

我们通过统计 2017 年世界铁人三项系列赛中获得前三名、前五名、前十名运动员的游泳成绩，并将这些成绩与每一场比赛游泳第一名的成绩进行差值计算，进一步确定了运动员在游泳赛段的优势将影响整场比赛的排名（表 5.2）。例如，某名女选手在某场比赛中的游泳成绩落后该场比赛游泳第一名选手 31 s 以上，她将无缘领奖台；某名男选手落后第一名 43 s 以上，他将没有机会进入前十名。

表 5.2　不同名次运动员的游泳成绩与游泳第一名的平均差值

比赛名次	女子	男子
前三名	00′31″	00′29″
前五名	00′57″	00′41″
前十名	01′09″	00′43″

3. 静水游泳能力

在前面的部分中，我们主要介绍了游泳技术和一系列公开水域游泳技巧，这些都可以帮助运动员更好地在公开水域游泳，但比赛获胜的关键在于培养运动员在任何水域环境中都能游得快的能力。大多数的游泳训练都在泳池进行，由于多种因素的影响，我们无法将泳池游泳成绩与公开水域游泳成绩进行直接比较。

根据以往的经验，我们总结了运动员的泳池表现和公开水域表现之间的成绩规律。在表 5.3 中，前两列显示了运动员在泳池中的 1 500 m 个人最好成绩范围，第三列显示了这一成绩在世界铁人三项系列赛中进入第一集团的概率。

表 5.3　不同（静水）游泳成绩进入铁人三项世界杯系列赛第一集团概率

男子	女子	世界铁人三项系列赛进入第一集团的概率
＜16′30″	＜18′30″	总是
16′30″~17′00″	18′30″~19′00″	大多数时间
17′00″~17′30″	19′00″~19′30″	经常
17′30″~18′00″	19′30″~20′00″	有点困难
18′00″~18′30″	20′00″~20′30″	困难
＞18′30″	＞20′30″	非常困难

表 5.3 显示只有成为一名实力强劲的游泳运动员，才有机会在高水平比赛中获得成功。事实上，情况也并非完全如此，如果能掌握更适合公开水域的游泳技术（如快速转弯），以及好的公开水域游泳技巧（如定位观察、跟随游等），即使在静水游泳水平较低的运动员也有机会进入第一集团。

根据上述分析，在比较两名运动员的游泳能力时，在静水游得快的运动员并不一定能在公开水域比赛中战胜静水游得慢的运动员。对于教练员而言，抓住训练的关键内容十分重要。例如，在公开水域游得慢但在静水游得快的运动员，应该加强公开水域游泳练习，并且要有针对性地提高划频；而对于那些在公开水域的游泳表现比预期要好的运动员，则可以通过泳池训练来提高游速或是进行游泳专项身体素质训练，这样也能进一步提高公开水域游泳水平。

4. 进入第一集团的基本条件

在高水平的比赛中，如世界铁人三项系列赛，运动员想要在游泳赛段获得领先不仅要游得快，还要注意以下几个方面。

（1）快速出发。第一个 100 m，男子运动员游进 1′00″，女子运动员游进 1′05″。

（2）优秀的速度耐力。前 200～300 m 通常是游泳赛程中速度最快的分段，这个距离考验的是运动员的速度耐力水平，因此训练中不要忽视中短距离的快速练习。

（3）迅速抢位。整个游泳过程中，让自己保持在领先的集团，避免与其他运动员发生身体接触，通常排在前五名是最安全的。而"抢占位置"的任务需要在到达第一个转折点前完成。

（4）学会跟随游。跟随的位置要得当，选择的跟随对象要正确，那些游速快但容易游偏的选手不是合适的跟随对象。

保持在第一集团的决定因素：

（1）在转折处保持动作连贯，避免过多的身体接触，调匀呼吸，争取时间。

（2）能够在第 2～3 分段快速游进，如每 100 m 用时 64 s，持续 2～3 min。

（3）知道如何应对海浪和潮汐（例如，与其他运动员并排游时，让他们在上游抵抗浪花）。

（4）即使与其他运动员发生身体接触，也能保持一定的游进速度。

（5）游泳阶段即将结束时，对腿部进行激活或放松。游程中始终采用

2次打腿的运动员需要在游泳结束前100 m转换成6次打腿,将血液转移到腿上,便于在换项时做到快速奔跑;而在游程中始终采用6次打腿的运动员则相反,需要提前放松一下腿部肌肉。

(6)根据战术需要,在后100 m冲刺游,以争取较好的排位(如果原本就处于领先位置则不需加速,保持正常游速即可)。

(四)换项的重要性

虽然,从竞赛分段成绩来看,游泳赛段在运动员起水的那一刻就结束了,但是,从游泳赛段的任务来看,应该把换项过程和自行车伊始阶段也包括在内,并且需要在运动员的自行车骑速达到比赛速度并形成集团后,游泳比赛才算真正结束。

比赛中,常常看到一些选手确实率先起水,但是经过换项却丢失了领先的位置,也有一些选手恰恰相反,抓住换项的机会迎头赶上,让自己进入目标(骑行)集团中。因此,提高运动员在比赛中的换项能力也是至关重要的,有必要对其进行专门性训练。

游泳至骑行的换项应包括游泳结束前的最后100 m和骑行开始时的前2 km,有时甚至更长一些。换项过程除了要完成既定动作(包括运动方式和运动器材的转变),也要进行身体内部的协调,使机体快速适应下一项运动。

(五)熟悉场地与赛前热身

1. 熟悉场地

提前到赛场勘察场地并进行适应性训练是非常有必要的。了解游泳赛道的最直接、有效的方式是请教现场的救生员。他们会很快告诉你哪些区域有潜在的危险、下水处的深度、附近的暗流等信息。如果比赛场地是在海边,你可以从救生员口中得知潮汐的变化情形,以及是否有鱼群或水母在附近出没。

这里需要提醒各位,就算已经到现场勘查,对赛道有了初步的了解,比赛当天可能还是会有很大的变化,千万不能掉以轻心,因为开放式水域的情况随时都在改变。例如勘察时,水流原本是由北向南且很平缓,但到了比赛当天,水流的方向与强度都可能会改变。赛道中的桥墩和岩石都会影响水流的方向。若你没有真正下水,就不会发现岸边的水深可能会因为潮汐而有1 m以上的变化,原本要游的距离可能在比赛时需要用跑步来代替。

当然，一般来说，我们可以在比赛的官网上获得相关资讯，可以在勘察场地前把它打印出来，到游泳赛场时对比这些资讯就能知道哪边是游泳的起点、哪边是终点、哪边是折返点。到赛场时花一点时间在起/终点处多练习几次，尤其需要注意水底是否有水深骤降处，是否有泥浆，这都会对运动员下水和起水产生影响，需要预先准备。

当运动员掌握起/终点的水域情况后，可以试着往比赛当天可能的折返点游，练习"定位"。可以观察远方是否有固定的高塔或建筑物，这些建筑物是否跟折返点的浮漂刚好在一条直线上，如果是的话，定位起来会更方便。即使比赛当天的情况可能有变化，我们还是会从这样的试游过程中获得许多有用的经验。

下水试游时，千万不要用全力游完赛道来测试自己的速度，放轻松慢慢游才能用心体验赛道。试游过程中应该考虑是否要穿防寒泳衣，以及体会不同赛段的水流与风向。如果已经确认终点的位置，快到终点时可以找一个高耸的固定物当作定位目标，这样将对比赛当天有很大的帮助。

如果条件允许，试游的时间尽量选择跟比赛时刻一致，如此才能更准确地体验开赛时的晨雾、气温、水温以及最重要的太阳角度。倘若在中午试游，很容易看清楚折返点或终点的浮漂，但如果是一大早试游的话，同样的目标会被炫目的晨曦遮住。能在开赛的时间试游对运动员的帮助是很大的，运动员能够知道在刚下水时的混乱场面中，到底该朝哪边游。到比赛现场试游可以提高自信与减轻焦虑，不管参赛的目标是赢得冠军，还是顺利完赛，都应该尽量做好充分的准备，这绝对有助于更好的表现。

2. 赛前热身

不管提前做了多少功课，到了比赛当天，一定会有意料之外的事情发生。比如，勘察时原本空荡荡的沙滩，比赛时可能会人来人往、热闹非凡。工作人员已设置了运动员跑向转换区的专用通道，终点处也架好了协助选手起水的斜坡。开赛前有很多事要一一确认，一定要留出时间来重新检查游泳赛道，我们可以把它作为赛前热身，就像勘查场地时一样，分别检查下水和起水处，熟悉一下起水处到转换区的路线，注意水中是否有暗流，确认定位时是否可以看到浮漂。只要有下水热身，就能拟定出策略。比如，运动员若注意到岸边下水处有强烈的横向水流，比赛时就可以从外侧方下水，如此可以避开下水时拥挤的人群，水流也可以把运动员带回到赛道上的第一个折返浮漂处；如果运动员面对的是波涛汹涌的海浪，在水尚未超过膝盖的浅滩区需要跑步前行，当水深高于大腿时就可以海豚跳的方式前进，不然身体会被海浪打回岸边或者被浪花呛到，这些策略都可以帮助运动员在一开赛就占据领先位置。

五、游泳训练器材

作为一名铁人三项教练员,需要了解不同游泳器材对于提高运动员游泳水平的专门促进作用,应该在训练中通过合理地运用这些装备来帮助运动员提升训练效率。但需注意,无论这些器材的功能如何全面、有效,我们都不能过于依赖它们,避免造成运动员脱离某一种器材便无法发挥正常水平的现象。事实上,这样的例子不胜枚举。比如,有的选手习惯了戴划手掌练习,一旦徒手游就会出现使不上劲、手掌划空的表现;有的运动员习惯了夹浮板练习,一旦脱离浮板两腿便会下沉等。一名合格的教练员应该了解并熟悉这些常见的训练辅助器材的用途以及过度使用的不良后果(表5.4)。

表5.4 游泳辅助器材用途及图片

名称	用途	图片
脚蹼	在很多分解练习中,脚蹼都是必不可少的训练器材,可以帮助运动员集中注意力在上肢技术上;同时,还能够发展脚踝柔韧性。运动员可以利用脚蹼提高动作节奏和速度,同时通过增加阻力增强腿部力量和身体平衡能力	
浮板	浮板可用来提高腿部位置,也可以让运动员停止打腿,更加专注于手臂的划水动作	
弹力带	可将弹力带置于脚踝位置,以阻止腿部打水,也可将其绑在腿部增加阻力。部分运动员在使用弹力带时需要同时使用浮板,否则无法使下肢保持较好的水平位置	

续表

名称	用途	图片
呼吸管	在配合或分解练习中佩戴呼吸管可使运动员在不受换气影响的情况下,将注意力集中在其他技术环节上。但若过度使用,会产生依赖性,让一些原本存在换气问题的运动员始终不能纠正换气过程中的技术错误	
节拍器	这是一个非常好的训练器材,可以帮助运动员在训练中控制每组练习的配速,也可以用来辅助划频训练	
打水板	用于打腿练习环节,可使头部保持在水面上方,专注打腿动作。缺点是它会影响运动员的身体位置,导致颈部、背部活动受限	
标准划手掌	适用于任何水平的运动员,标准划水掌有助于学习正确的划水技术和增强划水力量	
灵活性划手掌	灵活性划水掌有助于运动员形成早抓水技术,进而使前臂在入水后快速做出垂直的动作	
自由泳划手掌	自由泳划手掌并不是为了增加运动员在划水时的阻力或增强力量而设计的。它的流体力学形状设计可帮助运动员减小水中的阻力,从而提高流线型的手臂入水动作	

续表

名称	用途	图片
手指划手掌	主要作用是强调手部动作，避免过分增加肩部的紧张感	
拉力器	进行陆地抗阻训练时可使用，该练习的优点在于可以模仿水中的划臂技术进行与游泳近似的手臂动作，并且可以随意调整练习阻力	
水中牵引绳	进行水中抗阻训练时可使用，该练习的优点在于佩戴上牵引绳后可以使用任一泳姿正常游进，不会因器材的限制而改变技术动作，既有助于纠正错误技术又可利用其阻力进行力量与耐力的提升	

第二节 骑行技战术训练理论与实践

在铁人三项的三个竞技子项中，自行车运动是速度最快的项目，也是竞赛距离与竞赛时间最长的项目。由于它处于游泳与跑步两个项目之间，这个特殊的时空位置使得它具备了承上启下的"纽带"功能。同时，又因为它在比赛中所占据的竞赛时长几乎为整场比赛用时的一半（这里指标铁比赛），所以自行车运动在铁人三项比赛中的"核心"作用是显而易见的。然而，大部分的选手或业余爱好者对于这项运动的关注点都集中在"骑行装备"与"骑行功率"这两个方面，较少有人关注骑行技术与参赛战术，而这恰恰是骑行能力的核心要素，应在训练初期就加以培养，并且应将其贯穿于整个训练生涯之中。

本节将以骑行基本技术为切入点，主要讲授骑行姿势（培养）、骑行训练（设计）、骑行技巧（应用）、骑行装备（选择与调试）与参赛战术

（制定）这五个方面。虽然我们的针对人群是青少年运动员与初入"铁三"的"菜鸟"选手，但是本节内容同样适用于具备一定训练基础、期望通过技术提升来进一步获得竞技能力提高的资深"铁人"们。

一、骑行姿势

骑行是三个项目中唯一需要借助器械进行的运动。在运动过程中，选手不但要处理好人与环境的协调，也要做好人与车的协调。因此，当我们讨论骑行姿势时，实则是在探讨"如何使人与车一同有效率地前进"。为此，我们不仅要考虑动力学上的效率，还必须从解剖学与空气阻力上取得平衡。在骑行技术的研究中，除了观察外显的人车结构特征外，也需了解一些内隐特征，如对于选手踏蹬感知觉的开发，这是一个容易被忽视的领域，但却是一个对竞技表现有重大影响的方面。

如果你曾有过试图通过检索文献来研究骑行技术的经历，那么你一定会发现大部分的文字资料都是围绕踏蹬过程中的力学原理来进行分析的，鲜有研究从选手与车的互动关系来说明怎样踏蹬能够提升选手的整体骑行表现。我们研究骑行的踏蹬技术，应该将人与车视为一个整体，再以其与外界环境之间的关系为切入点来展开研究。我们应该重点关注重力、平衡以及如何有效运用体重这三个方面，这才是发展踏蹬技术的关键点。

（一）重力、平衡、体重与速度的关系

我们通常认为，骑行速度与踏蹬力量和踏蹬频率（转数）直接相关，使用大传动比（大牙盘配小飞轮）并保持相对高的踏频一定能获取较快的速度。但是，我们是否思考过，在骑行中，踏蹬力量受踏蹬动作制约，而身体处理重力与平衡的方式将对踏蹬动作产生影响；同时，体重的大小以及选手对于体重的利用程度也能对踏蹬力量产生影响。

我们这样看，因为存在重力这个向下的牵引力而使我们有了体重。这股地心引力使物体留在原地，除非有某些动作使体重被重新分配。换言之，除非失去平衡，不然所有的物体在支撑点稳固的情况下都会留在原地。

想象一下这个特别的姿势（图5.30），将穿上锁鞋的双脚分别放置在3点钟与9点钟位置，站在自行车踏板上保持平衡、身体不动。这个姿势在自行车界叫作"定杆"（track stand）。如果你的平衡能力不够好，可能

很快就会摔倒。确实，定杆这个动作大多数人都做得不太好。如果你不想摔倒，而是想跟车子一起前进，那么你会怎么做？大部分选手都做出如下回答：把3点钟方向的踏板用力往下踩踏，踏板被用力往下压之后，将引起牙盘与链条转动，进而带动后方的飞轮使后轮旋转，最终使整辆车和车上的人一起前进。

图5.30 "定杆"姿势

补充：当我们换一条腿支撑体重时，后腿将自动出现失重现象。
我们无须刻意上拉后腿，只需把体重转移至另一侧即可。
我们只是在两只踏板上不断转换体重的支撑点，仅此而已。

但问题是，你无法单纯依靠下踩的动作来驱动3点钟方向的踏板。这是什么原因？别忘记，此时"定杆"的你正保持着最佳的身体平衡，这种平衡是通过将体重平均分摊在两只踏板上获得的。所以此时不论你有多大的肌力，只要处于稳定且平衡的状态，踏板都无法往下踩。为了前进，你必须创造失衡，把9点钟方向踏板上的体重尽量转移到3点钟方向（图5.31）。要做到这一点，必须使后方的踏板产生失重，才能有更多的体重转移到前方的踏板上，这才是链条转动与车子前进的原因。

阅读至此，我们应该清楚前进不是因为主动下踩踏板，而是转移了体重的支撑点。因此，我们在骑行技术的学习中不仅要学会控制运动方向、

图 5.31　转移重心

提高车辆操控水平，还要从根本上改变我们对于骑行的认知，弄清前进的动力究竟源自何处。先前，我们对于骑行原理的认知可能是用力地下踩与上拉，试图通过腿部用力来驱动踏板、链条等传动系统，以此让车子向前。现在我们可以用"人车一同在时空中穿梭"的观点来解读骑行这项运动——骑行是身体在支撑点（左右两只踏板）上快速取得平衡与创造失衡的重复动作。

从生物力学角度来分析，我们之前的训练观念是把力量平均分摊在360°旋转的踏板与曲柄上。在此观点下，腿部负责所有的工作，通过下踩与上拉来驱动车子前进。现在我们提供了一个新的力学观点：腿部只是转移体重的中间传导站，我们通过双腿把体重转移到踏板上，车子因此而前进。而体重来自重力，所以重力是我们获取前进的真正动力源。就像人类所有的移动方式一样，全都可以被简化成一个非常简单的公式：身体从支撑点上的平衡姿势（静止状态）到失去平衡，进而移动，接着身体转移到新的支撑点形成另一次的平衡与失衡。跑步时，支撑点显然是在脚掌着地时形成的；骑行时，支撑点则是在体重转移到踏板上时形成的。所以，铁人三项的三个竞技子项（实际上所有的运动项目均是如此）都需要运动员准确处理平衡与失衡的关系。

发展骑行技术应当优先培养运动员和教练员对于骑行的正确认知,关键是要以"人车一体"的视角来看待骑车这项运动。与跑步不同,它是通过快速、反复地把体重从一只踏板转移到另一只踏板上,借此不断地在车上取得平衡与失衡的运动。

在此,我们先把两个影响骑行效率的重要因素放在一边,第一个因素是自行车的设计与结构,第二个因素是身体在自行车上的位置是否最具空气动力效应。除了这两个因素之外,骑行的效率就只与选手的踏蹬技术有关,就是双脚在那一圈又一圈的360°的旋转之中的艺术了。

(二) 功率的概念

踏蹬技术中最重要的就是精准的功率输出。无论是通过艰苦的爬坡训练、力量训练抑或是以不合法的方式服用禁药,选手们对于提高功率一直都是非常执着的。为了充分发挥功率的作用,我们首先要了解何为功率。

功率是一个物理上的术语,它所代表的意义是在单位时间内所做的功。它的公式很简单:

$$P = W/T = FV$$

式中,P 为功率;W 为功;T 为时间;F 为力;V 为速度。

在旋转系统中,以自行车的踏板来说,功率是由"力矩"和"角速度"的乘积所决定:

$$P = Fd \cdot \omega$$

式中,F 为力;d 为力臂;ω 为角速度。

上述公式中,角速度的定义是单位时间里踏板旋转经过的角度(即"转速",注意,与"转数"不同),而力矩则是"力"(F)与力臂(d)的乘积:

$$M(F) = Fd$$

"转数"在自行车训练中常用 rpm 表示。rpm 是 revolutions per minute 的缩写,表示"转/每分钟",即单位时间内踏蹬的圈数:

$$T = n/t$$

式中,T 为转速;n 为转动的圈数(即"转数");t 为时间。

除去外界环境的因素(如风阻、车辆尺寸、道路条件等),当力矩增大或转速增快时,输出功率也得到增大。因此,提升踏蹬技术与更高的功率输出、更大的力矩、更快的转速有关。

最佳的骑行姿势必须同时满足以下两点:一是有助于发挥踏蹬效率;二是降低骑行风阻,这两点必须联合思考。换句话说,最佳的骑行姿势除了风阻较低之外，也要能使你有效地运用重力把体重成功转移到踏板上，因为体重就是力的根源。那么我们又该如何定义最佳的骑行姿势呢？下面两部分，我们将分别从力矩和转速这两个概念来讨论，接着再看这两个概念如何联合在一起，我们会一步一步地引导大家了解最佳的骑行姿势是怎么产生的。

（三）踏蹬力矩

开始分析之前，我们先来纠正一条自行车领域流传多年的"制胜秘籍"：在360°的踏蹬过程中，除了用力向下踩踏之外，还需用力向上提拉。当脚通过6点钟位置时必须模仿"刮掉鞋底的泥巴"这个动作快速地由"蹬踏动作"过渡至"提拉动作"，让我们的脚掌能够始终以画圆的方式进行踏蹬。相信有一定训练经历的选手都曾听到或看到过类似的建议。实际上，笔者在20年前的训练中也曾被告诫需要按上述方式进行踏蹬，并且以单腿踏蹬的练习方法来强化腿部上拉用力（在调查中，我们发现这种方法现今依旧被采用）。为什么这种错误的观念与方法能够流传至今呢？

这是因为我们在分析骑行功率时通常都是将两腿合并分析，较少有人将两腿分开评定，也较少有仪器能够自动将两腿功率分别评定（除非人为设置），所以我们所看到的功率实则是两腿交替下踏产生的功率，并没有上拉的功劳。倘若我们只监测单腿踏蹬的功率，那么会发现，无论我们如何努力地将力量均匀分配在整个踏蹬过程中，功率的输出都是不均等的，上拉过程不会产生任何功率。举个例子，我们就能明白这个道理。游自由泳时，是否会要求运动员在用力划水后再用力移臂呢？答案显然是否定的。既然我们知道自由泳的移臂需要放松，以此避免不必要的能量消耗，那么又为何要求骑行过程中的提拉动作要用力呢？难道提拉的力量（速度）能够超过对侧腿的下踩力量（速度）吗？既然不能，那么用力提拉就是一种无效的劳动。

1. 最大力矩

我们都知道在踏蹬一圈的过程中，最大力矩出现在30°~60°区间（图5.32），即1~4点钟位置。这是通过观察就能判断的，这也能帮助我们了解为什么上拉不能产生功率。在360°的行程中，只有在这90°的区域里，我们才能用最有效的方式输出功率，也才可以通过踏板蹬出奖牌。

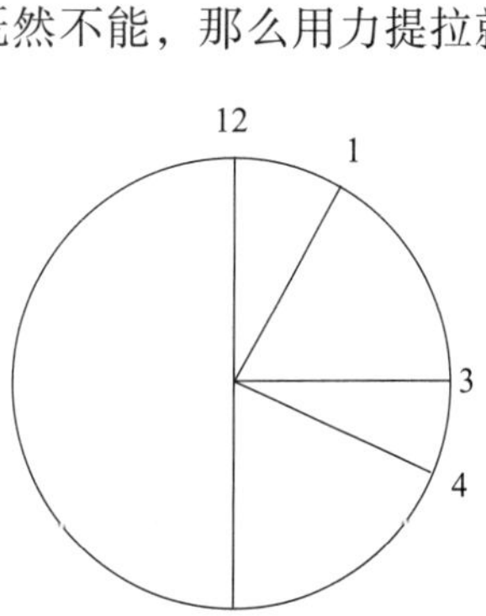

图5.32 有效踏蹬区间

我们再用物理知识来解释上述结论。当踏板位于 90°（3 点钟）位置时，踏蹬的杠杆拥有最长的有效力臂，在相同的力量下，力臂越长代表功率越大。因此，3 点钟位置是整个踏蹬过程中力矩最大的位置，可以用下面的公式来解释：

$$M(F) = Fd$$

F 是体重（mg），而体重由重力（g）而来，d 是力臂。力必须与力臂垂直才能形成力矩，所以相同的体重（F）压在 12 点钟位置的踏板上时，有效力臂（d）为零，力矩（M）也会等于零。所以，1~4 点钟区域是最佳的用力区间，其中 3 点钟位置是关键用力点，因为在这个位置能创造最大的力矩。

2. 车座与车把对于骑行姿势的影响

那么，我们如何利用上述知识找到最佳的骑行姿势呢？首先，我们要找到一个方法能够将力量全部转换成力矩。这个能转换成力矩的有效方法就是抓准时机在正确的位置（1~4 点钟区域）用力。然而，实际训练时，我们会由于疲劳、忙于思考战术或应对复杂地形等原因，导致我们的踏蹬时机与踏蹬动作并不如心中所愿。把车座前移一点，不失为一个好办法，它能够帮助我们在踏板上抓准用力的时机。因为向前坐一点有助于我们将体重落在踏板的正上方。这一点在环法七连冠选手阿姆斯特朗身上就能充分验证，他的车座位置比常规车座位置更靠前一些。《高科技骑行》（High-Tech Cycling）这本书中也曾提道：阿姆斯特朗的车座位置比选手们普遍采用的位置更靠前。

通过实验发现，将位置略微向前挪动形成的坐姿可以有效降低踏蹬时臀部与胸腹之间的负面交互作用。请大家留意观察一下铁人三项比赛或者自行车公路赛选手，他们在加速或准备爬坡时都会下意识地把身体向前移动，这样做的目的是把更多的体重转移到踏板上。所以，将车座调整到便于双腿在踏板到达 3 点钟位置时能够发挥最大做功的位置，这将有助于运动员保持高效的骑行姿势。

需要注意，车座的高度应该让腿部在 3 点钟位置时有一个比较好的施力角度。膝部太弯或太直都会使双腿无法有效地将体重转移到 3 点钟方向的踏板上，这会削弱腿部在关键点上传送力量的能力。此外，如果腿部在 3 点钟方向上太直，脚就必须刻意"伸"到 6 点钟位置，那会使转速明显下降。

了解了车座的适宜高度和前后位置后，我们再来了解一下车把的高度和长度。请记住，将车辆调整到适宜的位置，才有可能获得最佳的骑行姿势，进而创造最大的骑行功率。

我们调整车把的目的是使手臂和肩膀在没有太多压力的情况下,将骑行时的风阻降到最低,同时让身体在车座和踏板上保持良好的平衡。那种一味压低上肢躯干的姿势虽然能够降低风阻,但由于动作不舒服、不利于肌肉发力,且不易于气体交换(影响氧气补充),所以不是最佳骑行姿势。

我们再强调一次,在思考如何降低风阻之前,首先要考虑的仍然是在踏板上运用体重的效率。我们调整车把的高度以及它与车座之间的距离是为了避免我们将体重压在车把上[车把与车座之间距离太近所致,图 5.33(b)]或完全放置在车座上[车把与车座之间距离太远所致,图 5.33(a)],同时也要考虑风阻和舒适性。这个姿势是否会造成上半身、背部、肩膀与手臂的肌肉太过于紧张?会的话就要调整车把的位置,不能使你的手臂和上半身过度向前或有过于紧张的感觉。

(a)   (b)

图 5.33 错误的骑行姿势
(a)车把与车座之间距离太远;(b)车把与车座之间距离太近

阅读至此,你可能会觉得运用体重和向前延伸之间似乎有所冲突,没错,这个"最佳位置"确实较难把握。一般来说,如果你用低风阻的休息把(aerobar),车座高度和车把位置的合理组合应该能够使你的手臂和肩膀放松,并且保持手肘的弯曲角度大约为 90°(或略大于 90°)。这样的角度(姿势)能够使上半身和肩膀保持稳定,同时又不会对手臂与肩膀附近的肌肉形成多余的压力,也不会过度延展背部肌肉。在长时间的骑行过程中,如果出现肩颈与背部不适,甚至抽筋,那么有必要调整你的车辆。

3. 体重与支撑的概念

当我们将车把与车座调整到非常舒适的角度后，我们又回到一开始讨论的问题：到底该怎么驱动踏板？或者换个方式问：我们在踏板上所用的力量到底来自何处？如果从侧面观察选手们的骑行动作，我们看到的是先弯曲腿，再蹬伸，运用腿部肌肉的力量把踏板往地面的方向踩踏，这很容易形成"只有用力踩踏才能前行"的结论。但我们看到的表象未必是正确的运行机制，驱动车子前行的力量有没有可能并非来自向下蹬踩踏板的动作呢？

下面，我们用两条物理定律来进一步解析。

1）亚里士多德的物体移动定律

亚里士多德曾提出一项基本的物体移动原则：当身体的某部分正在移动，另一部分则必定处于静止状态；而那个移动的部分必定先"支撑"它本身之后才能开始移动。我们把这项原则运用在踏蹬技术上。我们必须先了解我们的身体，要找到"支撑点"，才能把力量传递至踏板上。因为在自行车上我们只能通过踏板施力，从上述的逻辑推演下来，驱动踏板的是我们的体重。当踏板来到1~4点钟位置时，能够把更多比例的体重转移到踏板的正上方，那么驱动踏板的动力就更大。换句话说，驱动自行车前进所需要的力量主要来自我们的体重。

2）牛顿第三定律

好了，现在你已经有了基本的概念，我们再运用牛顿的第三定律——"当两个物体相互作用时，彼此施加于对方的力，其大小相等、方向相反"进行分析。根据此项定律，当我们向下踩踏板时，踏板同时也会对你的脚掌施于相同大小的力（图5.34）。那么，该如何打破这种"僵持"状态呢？答案是"体重"。当踏板上的阻力小于骑行的人主动转移到踏板上的体重时，踏板将向下移动，同时驱动后轮推动车子前进。

为了让大家更清楚地理解体重与支撑的概念，下面提供一个真实案例供大家思考。想象一下在骑行过程中，你将变速器切换到大牙盘后突然遇到陡坡，此时踏板上的阻力大于你分配到踏板上的体重，会发生什么事呢？没错，大牙盘和陡坡共同形成的阻力使你很难再往下踩踏，所以你会离开车座站起来骑。乍看之下，站起来骑似乎是你自行决定要用更多的力量踩踏板。其实不是，事实上是阻力太大，使你不得不离开车座，只有借助站立这个姿势才能把更多的体重转移到踏板上。如此，尽管配速大幅下降，但你仍然可以继续骑上陡坡。接下来你会立刻变速，降低数个挡位后让自己重新回到坐姿。

图 5.34 踏蹬过程中 "力" 的表现

请记住，在骑行这项运动上，腿部的最大功能是把体重转移到踏板上。腿首先是体重的传输器，然后才是创造力量的推进器。当你突然转弯碰到陡坡时，之所以无法踩下踏板（在降低传动比的情况下），并非你的双腿缺乏力量，而是因为此时你和车子无法满足物理定律，你采取坐姿时所分配到踏板上的体重已经无法克服来自踏板的阻力了。为了满足物理定律继续前进，你有两个选择，要不把更多的体重分配到踏板上，如站立骑行；要不就是降低踏板上的阻力，如换成小牙盘。

4. 转移体重

想要成为一位高效率（骑行）的铁人三项选手，你必须学会抓准体重在两侧转移的时机。我们大部分的骑行时间都采用坐姿，所以最佳踩踏效率必须是在车座上以几乎觉察不到的动作快速地转移两侧的体重（图 5.35）。

只有在某些特殊情况下，体重在车座两侧转移的动作会变得非常明显，如站起来冲刺（图 5.36）或加速爬上坡的时候。在这两种情况下，自行车会左右摇摆，如此才能有效率地把更多比例的体重转移到踏板上。

图 5.35　体重交替转移的过程

图 5.36　站立情况下转移体重的姿势

站起来、左右摇摆车身是为了在踏板上输出更大的功率。同时，站立式骑行动作也可以让我们清楚地观察到选手必须在踏板通过4点钟时快速地转移体重，如果没有及时转移体重，脚掌将继续朝地面加速，使动作失去协调性与效率。

现在，我们应该能够区分"（施加在踏板上的）力量大小"和"（腿部肌肉）费力程度"之间的差别了。施加在踏板上的力量（F）是由于重力加速度（a）作用在身体（m）而产生的，两者加乘所产生的体重把踏板往下压，所以这股下压踏板的力量可以简化成一个简单的公式：$F = ma$。而"费力程度"是车手把体重导向踏板时肌肉的用力程度。换句话说，施加在踏板上的力量是最终的结果，而你所花费的力气可能产生了效率，也可能没有效率。

在踏板上，我们所能运用的最大力量会受到体重的限制。当你体会过不管用多大的力气踩踏都无法再加速或者输出更大的功率时，就会知道为什么精准地掌握用力的时机是如此重要。当你在平地持续踏蹬时，效率的关键是在轻微地转移体重时依然能保持上半身的稳定。站立式冲刺或爬坡时并非胡乱地摇摆车子，而是在车子上用非常有效率与受到控制的动作，精准地把大部分的体重转移到适宜的位置（图5.37）。倘若你已具备高效的踏蹬技术，同时也具有较好的心肺耐力，但是骑行速度依旧不尽如人意

图5.37　站立式骑行中的正确摇车姿势

时，问题通常都出在上身的流线型姿势上。那些优秀的骑行技术一定是看起来如行云流水般的自然流畅，那些沉重、笨拙、在踏蹬过程中出现明显停顿的动作，一定不是那么的有效率。

我们在本节的后面部分将会更加深入地剖析骑行效率，讨论更多关于转速和用力时机的问题。现在我们快速复习一下前面所谈过的重点，这些都值得我们反复思索。

（1）体重是腿部支撑与转动踏板的主要力量来源。

（2）施加在踏板上的最大力量取决于车手的体重。

（3）最大的转动力矩发生在踏板通过3点钟方向时（90°），因为此时体重的方向刚好完全垂直曲柄。

（4）腿部的主要功能是把体重传输到踏板上。

（5）踩踏的最大力量发生在体重完全转移至另一个踏板上时。

（6）力量大小与费力程度两者之间是不同的，力量大小取决于你转移多少比例的体重到踏板上，而费力程度是指肌肉的紧绷感。

（7）肌肉的费力程度要能够直接等同于分配到踏板上的体重，超过的话代表浪费力气。

（8）"正确的骑行姿势"应该是：能输出最大踩踏力矩并能保持低风阻的动作。

（四）踏蹬频率

骑行过程中的踏频以每分钟车轮转多少圈来计算，即 rpm。

理论上，最有效率的踏蹬技巧能用相同的力量输出最大的功率，结果就是骑得更快或更远。所以，如果选手能用更重的齿轮踩出更快的踏频，自然就能骑出更快的时间。高水平的公路自行车选手可以在长距离的比赛中保持 120~130 rpm；场地赛车手的踏频甚至可高达 200 rpm；铁人三项的教练员通常建议运动员在平路赛段将 rpm 维持在 90~110。

无论是运动科学界抑或是体育教学领域，对于踏蹬的最佳频率并未达成统一的定论。实际上，很多人争论的"最佳踏频"并不存在。"最佳踏频"并不是一个适合所有人的、稳定不变的标准，它必须依据选手的体能与当时的骑行状况（包括路况、天气、骑行团队等）来决定当下最适合的频率。尽管，目前有许多运动学专家都认为低转速的骑行较具有经济性，但事实上，世界一流的自行车选手和"铁三"选手仍然偏好"不经济"的高转速骑行。

要找到效率最高的踏频是一件棘手的事。这看似是一个简单的数字，但外在的影响因素实在太多了，如风势、坡度和所属集团等，都会对它造成影响。有些研究者直接给定一个明确的转速，他们认为以低转速大传动比踏蹬（用力踩踏）的效率最高，实则这是没有综合考虑骑行运动的特点，至少没有关注运动员在比赛（或训练）过程中的生理变化与战术需求而下的定论。

高石（Takaishi）等日本研究者曾指出，在相同的功率输出下，如 200 W，以 50 rpm 的低转速踏蹬时选手大腿的血流和耗氧速率都会变慢。而这种情况在踏蹬过程中肌肉最费力的阶段（12 点钟～3 点钟之间）表现得最为明显，选手在此踏蹬区间时腿部血流会严重受阻，直到 6 点钟位置后，肌肉开始放松，血流才会恢复正常。我们仅从功率上来看，似乎低转速大传动比踏蹬胜过高转速小传动比踏蹬，但身体对于这种踏蹬方式的回应却完全不同。从血液流动的效率来看，转速在 110 rpm 时效率反而比较高，不像在大传动比踏蹬时血流会一直受阻。由于高转速踏蹬时肌肉收缩速度较快，腿部的肌肉能够帮助心脏输送氧气。而氧气的及时补充能够帮助运动员增补运动过程中所消耗的能量底物，同时也能够帮助清除肌肉与血液中所堆积的乳酸。我们可以留心观察一下高水平的比赛，采用高转速的选手往往比采用低转速的选手呼吸更为顺畅、动作更为轻松，同时拥有更强的变速能力，因为小传动比轻踩的方式在调整车速时更为灵活，这一点对于地形复杂的公路骑行是尤为重要的。

有研究证明，职业车手不管在何种地形上竞赛，他们的踏频大多都超过 90 rpm，即使切换到 53∶13 的大传动比，踏频依然很快。尽管这引起了专家、学者们从生理角度对于骑行经济性的持续争论，但职业车手的参赛行为也从另一个方面证实了快速踏蹬能使肌肉不容易紧绷、能够减少肌肉酸痛以及降低肌肉与结缔组织受伤的风险。

举个例子，便于大家进一步了解踏蹬的经济性。想象一下，当你骑车爬上超过 10°的陡坡时，膝盖上所承受的力道。如果你把传动比调整到 53∶13 并且试图用力往下蹬伸时，不仅踏蹬频率会非常缓慢，而且膝盖上的压力也会非常明显。然而，当你把传动比切换到 39∶21 时，不只踏频立即变快（踏频变快意味着你将体重施加于踏板上的机会增多），腿部的紧绷感与潜在的受伤风险也会即刻下降。既然这样，是否让踏板转快一点会比较好呢？继续想象自己爬到坡顶后开始下坡。当你和车子一起被重力拉下斜坡时，你会有踩空的感觉，因为踏板上没有体重可用。此时只有通过增加踏板上的"阻力"才能使你在踏板上有效施力，因此，必须要增大传动比。注意，踩空时的高踏频并非腿部用力过大，而是你的脚在"追"踏板，这是另一种浪费能量的表现。因为此时的肌肉也是处于较为紧绷的状态，但却完全没有把体重转移到踏板上，换言之，没有产生踏蹬功率。造成肌肉紧绷的原因有两个：一是运动负荷过重；二是动作频率过快。因此，运用过大传动比的踩踏和（踏空时）过高转速的踩踏都不是理想的骑行方式。

在大部分的骑行中，特别是在平路赛段，"运用体重"和"耗费力气"之间的关系常被忽视。当你在自行车上想要加速或达到某个特定的踏频时很难区分"在两个踏板间转移体重"与"肌肉用力"两者之间的差别，因为大部分选手在加速时都会想要踩得更用力一点。而踩得更用力一点的意思是靠脚用力往下踩，增加肌肉的紧张感。可是，如果只是肌肉变得更紧张却没能把更多的体重转移到踏板上，那么你多花的力气是无效的。它无法增加力矩，所以功率也不会增加。也就是说，更用力只是浪费能量，并没有让你骑得更快。

那么，我们该如何在加快踏频时把更多的体重转移到踏板上呢？毕竟比赛的关键不是谁用的力量大，而是谁的速度快。法利亚（Faria）曾做过一个研究，他观察到经验丰富的自行车选手的力量比入门者更多地集中在踏板通过3点钟位置时。法利亚指出，高转速显然更具有力学上的优势，使他们在消耗相同力量的条件下能够输出更高的转速与功率。

在"骑行技巧"部分我们将再次探讨功率输出与踏频、传动比以及腿部肌力之间的关系，在深入探讨之前，我们先复习一下踏频和转移体重之间的关系。

（1）学会持续、交替转移足够的体重以驱动踏板。

（2）肌肉不宜过度紧张，肌肉的用力程度只需满足支撑在踏板上的体重即可。

（3）腿部需具备高度开发的神经肌肉协调性才能完成快速转移体重的任务。

（五）正确利用感知觉

"踏蹬"看似是腿部的单独动作，但是优秀的踏蹬技术离不开上肢与大脑以及神经的共同配合。上肢能够为腿部提供良好的施力平台，而大脑则是一切行动的发号施令者，它通过神经来控制四肢并协调肌肉用力。因此，大脑在骑行过程中扮演着核心的角色，它需要在正确的时间对身体下达指令，让身体将"力"精准地传输到踏板上。只有专注力强且自我控制良好的大脑才能指挥身体用最少的力量输出最大的功率。

骑行时，心理的运作机制是由我们的感觉、知觉与身体情感所构成的，经过一连串内在的分析、诠释和反应之后，不断地向外下达指令。正如我们在"踏蹬力矩"部分所介绍的，踏蹬的力学结构从本质上来说是外力被运用在踏板上的机制。下踩是被动的动作，不用想腿部要怎么向下用力，它们会自动履行重力所交付的任务。从该机制运行最基础的层级来说，我们传达给身体的指令在于调节与指引外力的运用，比如从这里失重、开始把体重转移过去、放松、支撑体重、接着再从这里开始失重，如此循环往复。在骑行过程中，这些指令发出得很快，每踩一圈，大脑就必须下达四五个指令。假设我们的踏频是 100 rpm，那么我们每分钟针对踩踏这个动作就要执行 500 道指令，同时我们还要控制车子、刹车、跟随骑行、避让危险等。所以，在骑行中，我们的大脑处于超负荷状态。我们应该保持全神贯注、心无杂念，否则我们的骑行效率将会受到影响，甚至生命安全也会受到影响。

为了训练大脑能够在踏蹬时发出正确的指令，我们必须了解踏蹬时身体需要做什么动作以及按怎样的步骤来完成这些动作。

当踏板来到 1 点钟方向时，需要把体重转移过去。唯有当你有意识地失重（体重从另一边踏板移开），这件事才会发生。虽然我们通过肉眼观察，看到的是踏板被人为地往下踩，但这只是表象，实际上踏板下降的主要原因是体重从另一侧（非做功侧）的踏板上移开，转移至做功侧。为什么要这样做呢？试想一下，如果踏板上没有体重势必踩空。也就是说，如果踏板上没有体重，你不能够用力推蹬。为了产生重力，我们必须让踏板承受（部分）体重，因为踏蹬过程中我们所运用的力是由重力产生的，腿部无法创造力量，它们只是在传输力量。所以，在大脑传达给身体的一连串指令中，第一道指令就是"失重"——把体重从踏板上移开。当失重一发生，我们的大脑和身体会立刻寻找下一个支撑点，这是一个被动的自然反应。因此，我们转移体重的速度越快，我们对另一个踏板的施压动作自然也会变快，体重就越快转移到另一个踏板上，车速也随之变快。

在持续反复转移体重的一连串过程中，大脑扮演着关键角色，因为是由它决定何时失重和转移体重。可能有许多人认为踏板上的体重需要一直维持到下死点（6 点钟位置）才能进行转移，但高效的踏蹬动作并非如此。把踏板直接往地面"捣"的方式会出现反作用力。如果你的体重一直到 6 点钟时还留在踏板上，那么反作用力会使你在车座上弹起，就像踏空时一般，上下颠簸。

体重滞留在踏板上太久可能出现的第二个问题是，由于体重来不及转移，另一边的踏板无法及时向下施力，浪费了许多有效踏蹬的时间。为了加深理解，我们可以把车座的中心想象成跷跷板的支点。当我们的右脚向下移动时，大部分的体重在支点的右边，由右踏板支撑着，为了施压于左侧，体重必须向左转移，即使只把51%的体重移向左侧，平衡也会被破坏，形成失衡的现象。当我们的体重通过中心线的瞬间，支撑点就不是两个踏板，而是车座。很明显，以车座为主要支撑点的时间越短越好，我们必须尽快转移体重，避免时间浪费，而快速转移的指令正是由大脑发出。

有了这样的认识后，我们会比较容易理解，要从哪里开始卸除踏板上的负重。我们现在知道踏蹬的力量主要来自踏板通过1~4点钟位置时，过了4点钟之后，重量还会持续把脚和踏板往下带到6点钟位置。所以根据此力学逻辑，当踏板一通过4点钟就该立即启动"失重"指令，进行转移体重的动作。通过4点钟后，力矩会立刻变弱，所以我们没有必要再把体重支撑到踏板上。想要提高效率，大脑就必须在3~4点钟之间开始发出转移体重的指令，使两个踏板之间能够流畅且快速地进行卸重、转移体重与重新负重的程序。

我们发现训练中很多练习者一想到把体重支撑在踏板上和从踏板上卸除体重这个连续的过程就很容易把它跟提拉踏板搞混。这里我们再强调一次，不需要刻意地把踏板用力往上拉，只要把两个踏板当成杠杆的一部分，当体重转移过来后，踏板就会自然下降，另一边也会自然上升，这是必然的结果。如果试图刻意用腿后肌群来拉动踏板，纯粹是浪费能量和增加肌肉的紧绷感。正确的做法是，踏板上移时，大腿肌肉尽量放松，不主动用力。

此外，因为不需要主动用力提拉，我们就可以把更多注意力放在转移体重这个动作上，这才是驱动自行车的首要动力。在这整个过程中，大脑跟身体的配合必须非常密切。我们必须通过感觉与知觉的监控，随时掌握体重与支撑点的位置以及肌肉的费力程度。因此，感觉与知觉在踩踏过程中拥有着至关重要的作用，特别是肌肉的紧绷感、踏板与脚底板之间的压力、下踩的费力程度这几种感觉。

当体重成功转移至踏板之上时，腿部肌肉会出现一定程度的紧绷，这是为了"转移"而必须出现的肌肉紧张状态，此时肌肉紧绷的力道会等于分配到踏板上的体重，也就是说，我们的肌肉不会过于紧绷。但如果选手没有及时转移体重，肌肉紧绷的时间就会延长，而且这种增加的紧绷感并无助于踏板转动，只是让选手感觉更用力地往下踩而已，实际推动踏板转动的力量并没有增加。

骑行过程中会伴随多种感觉与知觉，如车辆行驶的速度感、人对车辆的操控感、跟随骑行时的距离感、方向感等，其中一个重要的感觉是不容被忽视的，那就是脚掌压在踏板上的感受，我们可将它称为"脚感"。这是一股压力感，应该出现在1~4点钟区间。当踏板处于1点钟位置时，这股感觉出现并随着体重的转移不断明显；当身体在车座与踏板上取得平衡，两个踏板分别在3点钟与9点钟位置时，这股感觉逐渐减弱。

根据前文所述，我们可以将踏板位于3点钟与9点钟位置时的平衡姿势当作骑行技术中的"关键姿势"。这个关键姿势的重点在于此时脚掌上感受到的压力大小要等于分配到踏板上的体重比例。如果此时压力大于分配到踏板上的体重，就会浪费多余的力气。除此之外，这也代表用力过久、阻力过高（传动比过大），却没有为踏板带来较多的转动力矩。因此，完美的骑行技术包含了敏锐的身体感知觉能力、大脑迅速下达正确指令能力以及采取一连串有效行动的能力。我们可以用下列几点来描述踏蹬时需要具备的知识。

（1）踏蹬时的心理活动可对踏蹬动作形成有效管控，它是一种外力的结构，建构在感觉、知觉与传达指令的基础上。

（2）踏蹬时，主要的注意力需聚焦于如何将体重来回、交替转移在两个踏板之间，让体重始终落在1~4点钟位置。当踏板来到3~4点钟之间时，则要下令把脚掌上的体重移开。

（3）脚掌支撑在踏板上的压力感应出现在1~4点钟之间。

（4）踏蹬的转速取决于选手的体重在踏板转移的频率。

二、骑行训练

（一）踏蹬技术训练

在"骑行姿势"部分，我们了解了正确的骑行姿势以及影响骑行功率的主要原因。在这一部分中，我们设计了一系列技术训练动作来帮助大家强化踩踏的意识，使我们的腿在每一圈的踏蹬过程中都能够准确抓住用力与放松的时机，避免不必要的能量消耗。因此，以下的练习都将围绕如何开发我们的本体感知觉能力，培养肌肉、肌腱、关节在踏蹬过程中的知觉敏锐度而展开。

为了安全起见，前几组训练建议在固定的骑行台上进行，当你得心应手之后，大部分的练习都可以直接在道路上操作。在练习的初始阶段，建议每周训练 2~3 次，找到感觉后可以减少到每周 1 次，此时只要能维持正确的踏蹬感觉就可以了。但是，我们建议，除了专门的技术练习课之外，最好能在每次外出骑车前先练这些动作 15~20 min 当作热身。如此，你就可以把技术的本体感觉转移到实际的公路骑行中了。注意，练习这些动作的主要目标是学习如何把体重运用在踏板上，而且与此同样重要的是如何以及何时把体重从踏板上转移。当踏板通过 1~3 点钟后，就是转移体重的关键时机。

1. 练习前须知

踏蹬技术训练的设计是从最基本的动作开始，逐步发展到较为复杂的动作。同样，我们所习惯的转速也会逐渐增加。训练方式也是先从固定式骑行台开始，最后再到实际的道路上进行训练。不要认为骑行台上的技术训练耽误时间，俗话说"磨刀不误砍柴工"。事实上，只要我们能专注控制力气并学会在两个踏板间转移体重的技巧，练习几次后我们就能找到正确的踏蹬感觉，也能够发现我们的踏蹬频率明显提升了。

练习这些踏蹬技术动作时，先从较低的阻力（小传动比）开始，随着骑行技术的提升与稳定，可以逐渐增加阻力。但需注意，进行技术训练时，不管阻力增加多少都要能维持相同的踏频和心率。通常认为，在阻力增加的情况下维持踏频和心率这两个变量不变，需要经过艰苦的体能训练，但是当我们经过以下这些技术动作训练后会明白"更好"与"更有效率"的踏蹬动作可以使踏频与心率不变。这些技术训练能帮助我们精准地转移体重至踏板上，创造更大的转动力矩，当我们能够适应更高的踏频和更重的传动比后，自然会为我们带来更高的输出功率。因此，在练这些动作时，目标是提高你在踏板上运用体重的意识，进而逐步加大传动比与提高踏频。请记住，练习时，只要肌肉出现紧绷感，上身就必须放松，如果无法放松，那么停止练习，待休整过后再重新开始。因为只要肌肉是紧绷的，就无法流畅地在两个踏板之间转移体重，那体重势必会留在上、下两个死点上（6 点钟与 12 点钟位置）。如果练习过程中你的心率过快，也要先休息，待恢复之后再开始练习。

2. 骑行台上的技术练习

以下介绍的技术训练建议在固定式骑行台上进行。对于技术不是非常娴熟的初级选手，建议不要过早使用滚筒式骑行台进行技术改进，因为滚筒式骑行台需要运动员分散一部分注意力去关注身体的平衡，不利于运动员全神贯注地去体会踏蹬过程中的身体感觉。

为了开发练习者精确运用体重的能力，我们需要从较为轻松的传动比开始练习。因为传动比较小时，转动踏板所需的体重也比较少，如此我们才能将注意力集中在动作的知觉上。练习过程中，我们必须明确掌握脚掌在空间中所处的位置，尤其是踏板在3点钟方向的位置，要觉得舒服才行。

阅读至此，你可能会问："我把锁鞋卡在踏板上了，为何还要开发脚掌的知觉呢？"虽然锁鞋上卡后脚掌的位置不会发生改变，但踏蹬过程中用力的位置与用力的时机则由我们自己掌控，而位置与时机才是踩踏效率的关键。踏板旋转一圈中，最大力距出现在3点钟位置，踩踏功率也多产生于这个点位。当我们的知觉随着练习动作难度逐渐增加而获得进步时，我们能驱动更重的齿盘，同时也能锻炼到用于踏蹬的肌力。

为了方便大家记住这些技术训练动作，我们把训练项目按照身体位置区别分成四种类别（以下用"1、2、3、4"表示，见表5.5），在这四种体位下又可分别进行四种知觉动作（以下用"a、b、c、d"表示，见表5.6）训练。除了这4个技术动作之外，还有单脚练习，练习时休息脚放在固定式训练台上。单脚训练只在1号体位和2号体位下做b组与d组技术动作，所以总共只有四种练习内容。请记住，我们进行踏蹬技术训练的目的是使我们的动作越来越自然、越来越高效。

表 5.5 骑行技术训练的四种体位

类别	体位姿势
1	双臂支撑于车把上，臀部位于车座上
2	双手离开车把，臀部位于车座上
3	双臂支撑于车把上，臀部离开车座
4	双手离开车把，臀部离开车座，保持平衡，全部体重分摊在两只脚踏上
所有的技术动作都需在这四种体位下进行，两只脚的起始位置始终如一，在踏板的3点钟与9点钟方向，以下简称为"3/9位置"，但是手臂与臀部的位置各有不同

表 5.6 四种知觉动作

动作代号	具体操作
a	双脚放置于踏板3/9位置上，保持静态平衡
b	从3/9位置开始，将前踏板移至1点钟位置，随后转移回3点钟，停留一下（目的是使脚掌记住3点钟位置），接着再回到1点钟位置，重复进行。 在此训练中，脚只能在1/6圈（60°）内进行移动

续表

动作代号	具体操作
c	从 3/9 位置开始，前踏板向下转移到 9 点钟的位置、后踏板向前转移到 3 点钟的位置时停留一下（目的是使前脚掌记住 3 点钟位置），随后两脚同时转回到原本的位置上，重复进行。 在此训练中，脚只能在 1/2 圈（180°）内进行移动
d	从 3/9 位置开始，前踏板转动一圈回到 3 点钟位置后停留一下（目的是使前脚掌记住 3 点钟位置），重复进行。 在此训练中，脚完成完整的一圈（360°）移动

1）第一组动作的练习

第一组动作是骑行的基本功训练，旨在提升练习者的平衡能力，通过不同体位的训练开发练习者在踏板上的平衡感以及使之掌握几种日常骑行中常用的躯干动作。

1a 动作练习如图 5.38 所示。

图 5.38　1a 动作练习

起始姿势：双脚在踏板 3/9 位置，双手握把、臀部坐在车座上。我们将这个动作称为"关键骑行姿势"，因为它是骑行过程中出现频率最高的动作。

练习步骤：这是最基本的平衡训练，先维持关键骑姿，接着略微抬起臀部，使臀轻触车座，维持 10 s 后坐下休息，重复 5~10 次。

训练目的：发展保持平衡的动觉意识，让其取代用力下踩的意识。因为踏蹬的效率大部分来自踏板间的体重转移，我们转移到踏板上的体重越大，骑行的速度自然就越快。

1b 动作练习如图 5.39 所示。

图 5.39　1b 动作练习

起始姿势：双脚在踏板 3/9 位置，臀部完全离开车座，双手轻触车把，但不要把体重压在上面，保持身体平衡。

练习步骤：这是最基本的平衡训练，所有的体重都放在两个踏板上后，让身体前后移动，但要保持平衡。注意，前倾时不要将体重完全压在车把上，后仰时也不要让自己失去平衡、坐在车座上。不断重复练习直到找到通过控制重心移动而掌握平衡的感觉为止。

训练目的：这项训练可以使你更有意识地体会到体重在踏板上是什么感觉。在踏板上保持平衡时，应尽量放松身体、减少肌肉的紧绷感，不必要的紧绷感会降低踏蹬的流畅度。

1c 动作练习如图 5.40 所示。

起始姿势：双脚在踏板 3/9 位置，臀部离开车座，双手离开车把，将体重平均分摊在两个踏板上。

图 5.40　1c 动作练习

练习步骤：这是最基本的平衡训练，是接着 1b 动作之后的练习。试着只靠双脚在踏板上保持平衡，不要向两侧或前后倾斜，持续 30～60 s 后放松一下（臀部可坐回车座或手握车把），重复多组。

训练目的：与 1b 动作一样，但由于双手完全离开车把，因此对身体的控制能力要求更高。

经过这三项练习，我们应该能清楚地体会到体重在踏板上是什么感觉了。这与我们日常坐着骑行时将大部分的体重放置在车座和车把上的感觉完全不同。

2）第二组动作的练习

第二组动作的训练目的是发展不同体位下的身体平衡能力、提升运用体重的技巧、培养踏蹬知觉。在本组动作的练习中，我们将腿部动作的范围控制在 1～3 点钟的区域内，借由缩小踏蹬的范围来开发运用体重的技能、提升知觉敏锐程度。在练习过程中，体重要一直以前足跖球部来支撑。

2a 动作练习如图 5.41 所示。

起始姿势：双脚在踏板 3/9 位置，双手握车把、臀部坐在车座上。注意，不要将体重压在车把上。

图 5.41　2a 动作练习

练习步骤：把前踏板从 3 点钟移动到 1 点钟的位置之后，立即再转移回 3 点钟的位置，此时停一下（目的是使脚掌记住 3 点钟的位置），然后再回到 1 点钟位置。刚开始练习时动作可以慢一点，待熟练后加快速度，前脚重复上述动作 20~30 次之后，再把后脚移到前方，重复上述练习。如果觉得这项练习已有进步，可以加大传动比。这项练习的关键是当前踏板抵达 1 点钟时，就立刻"失重"后方踏板，而且当踏板向下转动时，腿部不要主动用力下踩。

训练目的：许多选手有下意识向下用力踩踏的习惯，那么每当脚掌通过 3 点钟位置时，他们就会在踏板上跳动，臀部会离开车座。练习中如果出现这类"跳动"，那么我们就能判断自己的发力错误。此外，通过这项练习，我们可以体会在没有足背屈的情况下，用整个腿部一起转移体重的动作感觉。这项练习之后要立即进行转换训练，换成较小的传动比以低风阻的骑行姿势（例如手握下把）骑行，尽可能加快踏频，但不要有很费力的感觉。记住，踏频提升并不会使腿部有紧绷的感觉。即使踏频增加，我们在踏板上的腿应该仍然感觉很轻松。

2b 动作练习如图 5.42 所示。

起始姿势：双脚在踏板 3/9 位置，双手离开车把，臀部坐在车座上。

图 5.42　2b 动作练习

动作步骤：除了双手离开车把之外，动作跟 2a 完全相同。前脚在 1～3 点钟之间反复来回移动，重复 20～30 次之后再换脚。

训练目的：这项练习可以提高踏蹬时的肢体感觉，使体重运用得更加精准。

2c 动作练习如图 5.43 所示。

图 5.43　2c 动作练习

起始姿势：双脚在踏板 3/9 位置，双手握车把、臀部坐在车座上。注意，不要将体重压在车把上，双手握把只是为了保持平衡而已。

动作步骤：与 2a 动作完全相同，前脚在 1～3 点钟之间反复来回移动，重复 20～30 次之后再换脚。

训练目的：开发更加精准的动作意识，使肌肉在不紧绷的情况下进行更加流畅与高效率的踏蹬动作。这项练习之后要立即进行转换训练，与之前一样降低挡位（减小传动比），改成低风阻骑行姿势。练习中，在控制用力程度与减少肌肉紧绷感的同时还要记住当下踏蹬的流畅感。

2d 动作练习如图 5.44 所示。

图 5.44　2d 动作练习

起始姿势：双脚在踏板 3/9 位置，双手离开车把、臀部离开车座。

动作要领：显然，与之前的练习相比，这项练习的难度提升了不少。建议先将臀部抬离，然后再让双手脱离车把。

训练目的：同样地，这项练习是在发展平衡能力与体重转移的技巧。当腿部来到最有效率的踏蹬区间时，必须集中注意力，把体重转移到踏板的正上方。这项练习之后要立即进行转换训练，改成低风阻的骑行姿势与较低的挡位轻快地踏蹬。现在我们应该能体会到显著提升的踏蹬速度与流畅感了。

3）第三组动作的练习

第一、二组动作的练习帮助我们重点开发平衡能力，在第三组动作的练习中，我们将开展"失重"训练，纠正部分读者已形成的上拉用力的错误习惯。在这一组训练中，我们脚掌移动的范围将增加至 180°，学习的目标是开发后腿失重的知觉。我们都知道，骑行时两个踏板始终处于180°相对位置，所以向下踩的同时向上拉是很不合理的用力方式。只要前腿下踩，后腿无须用力，踏板同样能够完成上拉。因此，正确的做法是专心把体重转移到前踏板上，后方踏板只要"失重"即可。倘若既要把体重转移到前踏板，又要用力向上拉动后踏板，那么就会抵消我们的力量。因此，我们只专注在两个踏板间来回转移体重，这是骑行踏蹬的关键所在。

3a动作练习如图5.45所示。

图5.45 3a动作练习

起始姿势：双脚在踏板3/9位置，双手握车把、臀部坐在车座上。注意，双手不要用力支撑在车把上，握把只是为了保持平衡而已。

动作步骤：两个踏板转动180°之后停一下，随后再次进行。刚开始以较轻的挡位练习，熟练后再增加挡位。记住，只用体重来转动踏板，不要主动踩踏。

训练目的：培养精准地运用体重的能力。

3b动作练习如图5.46所示。

起始姿势：与3a动作一样，但是双手松开车把。

动作步骤：同样地，将踏板转动180°之后停一下，随后再次进行。注意，每次转动都要让踏板精准地停在3点钟的位置。

第五章　青少年铁人三项运动员技战术训练理论与实践　　157

图 5.46　3b 动作练习

训练目的：纠正错误的发力方式。进行这项练习应该不会出现肌肉紧绷的感觉，也不会出现双脚"支撑"在踏板上的感觉。练习的目标是双脚能够快速准确地停在 3 点钟位置，这需要集中注意力才做得到。

3c 动作练习如图 5.47 所示。

图 5.47　3c 动作练习

起始姿势：与 3a 动作一样，但是臀部需离开车座。
动作步骤：与 3a 动作一样，将踏板转动 180°之后停一下，随后再次进行。注意,每次转动都要让踏板精准地停在 3 点钟的位置。

训练目的:纠正错误的发力方式。现在,我们应该能够利用体重来转动踏板了(踏板转动过程中感觉不到肌肉用力了),并且能使踏板精准地停在 3 点钟位置。

3d 动作练习如图 5.48 所示。

图 5.48　3d 动作练习

起始姿势:双脚在踏板 3/9 位置,臀部离开车座、双手离开车把。

动作步骤:与 3a 动作一样,将踏板转动 180°之后停一下,随后再次进行。注意,每次转动都要让踏板精准地停在 3 点钟的位置。

训练目的:进一步提升转移体重的技巧与控制平衡的能力,在双手脱离车把、臀部离开车座的情况下,只有及时地转移体重才能保持两侧踏板平衡。同时,这也是一项培养踏蹬感觉的练习。

4)第四组动作的练习

第四组动作帮助大家继续学习利用"失重"来转动踏板的技巧。在这一组练习中,我们将进行 360°的完整踏蹬动作训练。通过训练,进一步开发踏蹬感觉,使大家能够流畅地在双脚间转移体重。

4a 动作练习如图 5.49 所示。

起始姿势:双脚在踏板 3/9 位置,臀部离开车座,双手轻触车把,不要把体重压在车把上。

第五章　青少年铁人三项运动员技战术训练理论与实践　　159

图 5.49　4a 动作练习

动作步骤：将注意力集中在后方踏板的"失重"动作上，利用"失重"来启动两个踏板，转动 360°，最后使踏板精准地停在起始位置，重复 20～30 次之后换脚进行相同练习。

训练目的：这项练习将继续加深我们在踏板上转移体重的感觉，使我们能够持续纠正自己的踏蹬动作。

4b 动作练习如图 5.50 所示。

图 5.50　4b 动作练习

起始姿势：与4a动作一样，但是双手需离开车把。

动作步骤：与4a动作一样，但将每一侧腿的练习次数减少至10~20次。

技术要领：掌握要领后，将会感觉到静止不动的上半身与快速转动踏板的双脚形成强烈的对比。在练习过程中，身体不该有上、下方向的垂直振动，踏板应像是自行转动一般流畅。这项练习之后，要立即采用低风阻骑姿，以高频踏蹬1 h，之后再进行下一阶段的技术训练。

4c动作练习如图5.51所示。

图5.51　4c动作练习

起始姿势：双脚在踏板3/9位置，臀部离开车座，双手轻触车把，但不要把体重压在车把上，只要保持平衡即可。

动作步骤：同样的动作，但是需要持续转动踏板20~30圈，其间不能中断。请时刻提醒自己，需由后踏板"失重"来启动转动。

训练目的：经过上述练习，我们的踏蹬动作应该变得既轻快又流畅，使我们有种顿悟的感觉。这项练习之后，要立即采用低风阻骑姿，以高频踏蹬1 h，之后再进行下一阶段的技术训练。

4d动作练习如图5.52所示。

图 5.52 4d 动作练习

起始姿势：双脚在踏板 3/9 位置，臀部离开车座，双手离开车把。

动作步骤：由后踏板"失重"来启动，持续转动踏板 20～30 圈，其间不能中断。

训练目的：检查自己是否因为连续踏蹬而失去体重转移的知觉与平衡。该项训练之后改成低风阻骑姿，以高频踏蹬 1 h 之后再开始下一组训练。经过上述练习，我们的踏蹬应该有了明显提升。

5) 第五组动作的练习

第五组动作是进阶练习，通过单腿练习的方式开发单脚运用体重技巧，强化正确的踏蹬感觉。在这项训练中，我们将清楚地体会到前足跖球部支撑在踏板上的感觉。

5a 动作练习如图 5.53 所示。

起始姿势：后脚脱离车卡后放在骑行台架子上，臀部坐在车座上，双手放在车把上，前脚在 3 点钟位置上。

动作步骤：前脚在 3 点钟—1 点钟—3 点钟的位置上（以下简称"3－1－3"）反复来回，需保持平衡，重复 20～30 次之后换脚。

训练目的：只练习单腿能避免后腿自重的干扰，使我们能更专注地把体重精准地运用在 1～3 点钟这个窄小的区间之中。

图 5.53　5a 动作练习

5b 动作练习如图 5.54 所示。

图 5.54　5b 动作练习

起始姿势：与5a动作一样，但双手需离开车把。

动作步骤：前脚在3-1-3位置上反复来回，需保持平衡，重复20~30次之后换脚。

训练目的：在失去车把这个支撑点之后，我们需要学习完全利用身体来控制平衡，而且能够在身体静止不动的情况下做到流畅地把体重转移到前踏板上去。如同前面的训练，第五组训练结束后应立即采取低风阻骑姿，用高频踏蹬1 h。此时，我们需要有意识地关注踏频与踏蹬效率的进步程度，并将其记录下来。

6）第六组动作的练习

第六组动作也是进阶训练。在这组动作的练习中，我们将用单腿进行360°踏蹬，开发完整一圈踏蹬的技术知觉。换句话说，这是同步练习前脚支撑体重与后脚失重这两项技术。当练习腿由下往上转时，要专心把体重转移到脱离脚卡的那一条腿上。

6a动作练习如图5.55所示。

图5.55　6a动作练习

起始姿势：后脚脱离车卡后放在骑行台架子上，臀部坐在车座上，双手放在车把上，前脚在3点钟位置上。

动作步骤：单脚转动踏板360°之后完全停止，要精确地停在3点钟位置上，重复10~20次之后换脚，要尽可能地只运用体重来转动踏板。

训练目的：进一步强化体重支撑在踏板上与体重离开踏板的感觉。

6b动作练习如图5.56所示。

图5.56　6b动作练习

起始姿势：与6a动作一样，只是练习脚的起始点改为1点钟位置。

动作步骤：单脚转动踏板360°之后完全停止，要精确地停在3点钟位置上，重复10~20次之后换脚，要尽可能地只运用体重来转动踏板。

技术要领：1点钟位置是体重转移到踏板上的起点，3点钟位置是开始进行失重的起点。如果失重动作做得不好，就会失去平衡，突然向前倾倒。

6c动作练习如图5.57所示。

起始姿势：主要练习脚放置在3点钟位置，后脚放在骑行台架子上，臀部坐在车座上，双手离开车把。

动作步骤：单脚转动踏板360°之后完全停止，要精确地停在3点钟位置上，重复10~20次之后换脚，要尽可能地只运用体重来转动踏板。

训练目的：开发平衡感，开发运用体重来转动踏板的知觉。

6d动作练习如图5.58所示。

图 5.57　6c 动作练习

图 5.58　6d 动作练习

起始姿势：与 6c 动作一样，只是练习脚的起始点改为 1 点钟位置。

动作步骤：单脚转动踏板 360°之后完全停止，要精确地停在 1 点钟位置上，重复 10~20 次之后换脚，要尽可能地只运用体重来转动踏板。

训练目的：开发平衡感，开发运用体重来转动踏板的知觉。同样，这组训练结束后，要立即采取低风阻骑姿，用最不费力的方式，以高频率踏蹬 1 h，在持续保持腿部肌肉放松的情况下，用心体会维持这种高踏频是多么轻快的感觉。

7）第七组动作的练习

第七组动作是处于不同骑行姿势下的踏蹬训练。这一组动作的练习目的是整合上述所有技术知觉的训练，使我们在不同情景下都能随时把自己的踏蹬知觉调整到最佳状态。

起始姿势：双脚在踏板 3/9 位置，臀部坐在车座上，双手轻触车把。接下来的每一项练习都要保持 110~120 rpm，在不断地改变骑行姿势的情况下，转速不能受到影响。

动作步骤：首先双手离开车把，保持 10 s 后再放回原位；然后臀部离开车座，保持 10 s 后再回到原位，重复循环。练习过程中必须保持身体平衡且维持相同的转速。

训练目的：在实际骑行与比赛时，选手势必会针对不同的路况不断地改变骑行姿势，因此必须学会在改变骑行姿势时依旧能够准确地将体重在正确的时机转移到踏板上，同时保持适宜的踏频。如此，不论在比赛时遇到什么情况都能保证踏蹬效率不下降。

上述的七组技术动作练习都驾轻就熟之后，我们就可以开始用较高的挡位（较大的传动比）来训练。将这些动作练到极致，在不失去动作控制的情况下尽量加快速度，是我们进行技术训练的最终目标。请记住，技术进步的空间是很大的，不要着急，要一步一步进行，一定要有耐心。

在此，我们郑重地提出一项建议：对于儿童、青少年运动员和初次接触骑行训练的选手，开始练习踏蹬技术时，建议穿一般的跑鞋来替代骑行鞋（锁鞋），但是在跑鞋的选择上需注意，尽量选用鞋底厚度不超过 1 cm 的跑鞋。因为太厚的鞋底容易让脚掌处在一个不正确的（踏板）位置上，同时厚鞋垫的缓冲功能会削弱踏蹬时脚底的感觉，不利于培养正确的踏蹬知觉。使用轻薄的竞赛鞋来练习，有助于大家抛开旧有的踏蹬习惯。比如，前踏板向下转动时，用锁鞋把后踏板往上拉，也就是俗称的"画圆踏蹬"，这个习惯可以通过穿跑鞋练习（图 5.59）得以纠正。当提拉踏板等坏习惯消除后，再使用锁鞋进一步提高踏蹬技术的精确度与稳定性。如此练习，将获得事半功倍之效。

图 5.59　穿跑鞋练习

稍后介绍的道路骑行技术动作要等到在固定式骑行台上的动作都熟练之后再进行，这样比较安全。尽管我们也教了户外的技术训练方法，但仍建议初学者与青少年选手在固定式骑行台上开展上述大部分技术训练。

3. 道路骑行技术练习

当我们从安全的室内训练转移到开放式的道路训练时，首先要了解四周环境，确保人身安全。在此，我们建议大家最好在固定式骑行台上将全部技术动作都熟练掌握之后再开展道路骑行。

进行道路骑行训练时依旧需要将练习的重点放在平衡控制与动作精确度这两个方面。最好能在每次练习开始前加入 10~20 min 的骑行台技术训练，把它当作热身的一部分，这将有助于我们强化在踏板上转移体重与精准运用体重的知觉。如果我们能有意识地在每次骑行训练前都唤醒这种感受，那么它将逐渐转变成我们的潜意识，使我们能够在专心面对路况、思考战术与体力分配时还能保持最佳的踏蹬技术。

道路骑行技术训练（表5.7）与骑行台技术训练的练习动作基本一致，但是出于安全角度考虑，这里只推荐9项安全性较高的练习。

表 5.7　道路骑行技术训练

组别	练习目的	练习内容与练习步骤
第一组	平衡能力训练	1a. 双脚位于 3/9 位置，双手握车把，坐于车座上，1~3 点钟区间重复踏蹬 20~30 次后两腿交换前后位置，重复练习 1b. 同 1a 动作，但是臀部需离开车座
第二组	（单腿）平衡能力进阶训练	2a. 一脚脱离脚卡放置于后轮快拆上，双手握车把，坐于车座上，1~3 点钟区间踏蹬 20~30 次后两腿交换，重复练习
第三组	失重训练	3a. 双脚位于 3/9 位置，双手握车把，坐于车座上，3~9 点钟区间踏蹬，每次完成后将脚返回至原始位置再重新开始，重复 10~20 次后两腿交换，要求每一次踏蹬都精准地停在 3/9 位置上 3b. 同 3a 动作，但是臀部需离开车座
第四组	（单腿）体重转移技巧训练	4a. 一脚脱离脚卡放置于后轮快拆上，双手握车把，坐于车座上，前脚从 3 点钟位置开始进行 360°踏蹬，重复 10~20 次后两腿交换，要求每一次踏蹬都精准地停在 3 点钟位置 4b. 同 4a 动作，但是练习脚由 1 点钟位置开始踏蹬
第五组	（双腿）体重转移技巧训练	5a. 双脚位于 3/9 位置，双手握车把，臀部离开车座，利用后脚失重来启动动作，踏蹬一圈后要精准地停留在 3/9 位置，复 10~20 次后两腿交换前后位置
第六组	完整踏蹬技术训练	6a. 双脚位于 3/9 位置，双手握车把，臀部离开车座，前后都使用最大的齿盘（大牙盘+大飞轮），利用后方踏板的失重动作来启动踏板旋转。首先以 80 rpm 持续 10 s 踏蹬，随后每隔 10 s 就下降一次后变速器（飞轮调小一挡）。注意，必须维持相同转速，直到使用最重的挡位。练习中如果无法维持相同转速，就将传动比调回到上一个挡位，然后再练习一次。如果能在相同的转速下完整地完成一次挡位调整（至最大传动比）且心率没有增加太多，那么就改用 90 rpm 进行同样的练习。练习目标是以 110~120 rpm 进行相同的踏蹬训练

进行道路骑行时，可以有针对性地融入上述几种技术练习。如慢速骑行时可以练1~3点钟的动作控制技术。又如站立式骑行时，可以练180°（3~9点钟）的体重转移与支撑技术。练此技术时，双手只需轻握车把保持平衡即可。在练单腿的动作时，另一只脚可以放在后轮的快拆上休息，但如果你觉得脚放在后轮快拆上不舒服，也可以放置在踏板上，但不要主动发力。

（二）公路骑行与场地骑行

1. 公路骑行

在开放的道路上进行训练一直是一个有争议的话题，最安全的骑行训练环境依然是封闭的道路区域，如田径场内、公园里的环形道路上（距离为1 km左右）等。因为"封闭"可提供相对的安全，并且教练员可以给运动员更多的反馈与指导。而在开放的道路上训练，教练员很难在这样的环境下做出有效的指导，并且安全保障的难度也会明显提升。

作为一名非职业选手，没有专门的保障团队"护航"，在公路骑行时应做到以下几点。

（1）遵守交通规则，骑车的过程中，不要东张西望，保持注意力高度集中。

（2）尽量不在晚上或光线不佳时骑车，若必须在晚上骑车，要预先给车子安装好车灯、尾灯、反光片等，穿好带反光条的骑行服，并约几名同伴一同练习。

（3）戴好手套、头盔和相应装备，最好穿骑行服。如果穿普通的长裤骑车，要用裤管束扎好裤腿（或将裤腿塞进袜子里），避免裤腿卷入牙盘。

（4）备好水壶，在骑行过程中及时补水。在没有熟练掌握单手握把骑行这项技术时，建议停车喝水，找一个安全的位置停靠，远离过往车辆。

（5）不能戴耳机骑行，通过视觉与听觉来判断周遭环境是保障安全的首要条件。

（6）尽量在平坦宽阔的路面或专用自行车道上骑行，过马路时需提前减速。

尽管公路骑行具有一定的危险性，但做好上述注意事项后，我们还是能够从公路骑行训练中获得不少的收获，如不断连续变化的骑行节奏可以发展运动员的有氧系统和无氧系统；复杂多变的道路能够快速提升运动员的控车能力；团队骑行能够培养运动员的尾随技术与集体配合能力，使运动员们的日常训练更接近比赛要求。

2. 场地骑行

介绍场地骑行之前,我们先来了解一下"场地自行车"运动,它是一项在专用场地内进行的自行车运动,赛车场的跑道为椭圆形、盆状的设计结构,比赛采用单速齿轮、无闸的"特殊"自行车。奥运会比赛项目有追逐赛、计时赛、计分赛、争先赛,比赛距离从 500 m 到 20 km,共计 18 个项目。

铁人三项运动员进行场地骑行训练可以提高踏频与速度感知能力,它是一项非常有效的培养踏蹬节奏的训练手段,有助于练习者在相对较短的时间内达到和保持高速。但是,场地自行车对于练习者的车辆操控水平要求较高,且需要专门的车子与骑行鞋(不能穿跑鞋骑行),所以采用该训练方法的大多为专业选手。对于业余选手而言,可以模仿场地自行车"环形"的场地条件,寻找近似的训练场所(如 400 m 跑道上)进行平均速度与团队配合能力的训练,既规避了场地自行车"无闸"与"盆状"结构带来的危险,又能利用这个固定距离的封闭式训练场地来发展运动员的匀速骑行能力,以及给予运动员及时的指导。

场地骑行优缺点:

(1) 便于教练员随时了解车速,能够观察到运动员训练的实时表现并给予指导。

(2) 能够较好地控制训练负荷,评估训练强度。

(3) 与实战环境有差距,不利于训练战术与实战技术。

三、骑行技巧

(一) 挡位与踏频

1. 挡位、踏频与骑行经济性的关系

骑行时,我们使用的齿轮传动比间接地决定了我们的踏频和速度,而决定齿轮传动比的则是牙盘与飞轮的尺寸。牙盘越大,飞轮越小,传动比越大,我们把这样的齿轮组合叫作高挡位。采用高挡位骑行,踏频相应较低。相反,牙盘越小,飞轮越大,传动比越小,我们把这样的齿轮组合叫作低挡位。采用低挡位骑行,踏频相应较高。最高的踏频或最重的挡位并不一定能产生最快的速度,但若在一个给定的踏频下,挡位越重则速度越快。如此说来,我们只要使用更高的踏频去蹬更重的挡位,那么一定能获

取胜利？理论上看确实如此，但实践中的结果却大相径庭。

骑行中，影响速度的因素有很多，如风阻、湿度、路况、运动员的竞技状态与技术特点、战术策略等。在这诸多因素中，踏频与挡位只是其中的一部分，并且，由于骑行过后运动员需要马上进行 10 km 越野跑，那么在自行车阶段，多数选手都不会为追求阶段性（这里指自行车赛段）的领先而消耗全部的体能。毕竟，大家的最终目的都是争取第一个通过跑道的终点。

现在，你应该明白，铁人三项比赛中运动员在自行车项目上的表现可不仅仅是以踏频、挡位与速度来评定的，而是由骑行的经济性来决定，这里包含着骑行的战术策略问题。那么，怎样的踏蹬策略是合理的？换句话说，选择什么样的牙盘与飞轮组合能获取较高的骑行经济性呢？

我们研究了许多优秀运动员的参赛表现，发现在踏频上我国优秀选手（全国锦标赛前 8 名）低于世界优秀选手（奥运会与世界锦标赛前 16 名）8%~13%，尤其在爬坡阶段，我国优秀选手的踏频下降幅度显著高于世界优秀选手。而将世界优秀男子铁人三项运动员与环法运动员相比，前者的踏频亦是显著低于后者。那么，这是否间接证明了高踏频与优异的骑行表现具有一定的内在联系？答案显然是肯定的。

我们必须将踏频保持在 110~120 rpm 区间吗？并非如此。因为每个人的生理极限不同，所以选用的挡位与踏频也需因人而异，而且每个人在特定路段都有适合自己的挡位与转速比。一位心肺功能较好但肌肉力量略差的运动员，在骑出最大功率时大多是选用较低的挡位与较高的踏频；而一位爆发力很强但心肺功能尚未完全开发的选手，则喜欢用"重踩"的方式，以高挡位与低踏频组合来获取较好的成绩。

这种现象与我们先前提到训练与比赛时所选择的骑行策略很像，人们都喜欢运用自己的强项。心肺功能强的运动员喜欢在爬坡时用高踏频如跳舞般轻快地摇车上坡，爆发力强的运动员则喜欢用较低的踏频来提高每一次蹬踏的功率。当然，这两类选手都应该遵循"取长补短"与"扬长避短"的原则，挑弱项练、用强项比赛。高踏频的运动员需要专注在力量训练上，而爆发力强的运动员则需要专门练习转速与踩踏技巧。如果这两类选手都能遵循这项策略来开展训练，竞争力自然会变强，但原本爆发力强的选手会更具优势。因为心血管系统的发展空间远比力量素质的发展空间来得大，爆发力是天生的，与运动员的遗传基因和生理结构相关，心血管系统与肌肉耐力则可以通过后天训练来增强。

现在我们来看一下提高踏频的好处有哪些：第一，如同之前强调的，踏蹬技巧与转速的进步空间比单纯的肌肉力量的进步空间大；第二，以高转速驱动较低的挡位可以减少肌肉的紧绷感，因此可以延长骑行的距离；第三，无论是铁人三项的自行车赛段抑或是纯粹的公路自行车赛，采用高踏频的骑行方式能够比较从容地应对随时发生的赛场变化。

高挡位"重踩"这个骑行方式在铁人三项界非常普遍，也正是这项"流行"的技术影响了众多有天分的精英选手。虽然"铁人"们都认为在骑行赛段能产生最大的稳定输出，但选手对于特殊赛况（如爬坡、变速、道路障碍等）的反应与加速能力也极为重要。每一个弯道、每一回爬坡、每一次风向变化都会被过重的挡位拖累而损失较多的时间。在"转移体重"与"骑行技术"部分，我们介绍了骑行中的任何时刻肌肉的紧绷程度都不能超过两脚在3/9位置上静止站立、保持平衡时的肌肉紧绷感，否则就会损失宝贵的踏蹬时间，因挡位过高而踏频无法加快的结果就如同主动刹车。这将引出另一个问题，我们必须通过短时间的冲刺来追回损失的时间，因此肌肉紧绷感会增加、体力损耗加速，赛况将变得愈加糟糕。

举个例子，我们就能明白其中的道理。图5.60为2020年东京奥运会铁人三项比赛的路线图，从该路线图上可以看到在自行车赛段运动员需要完成8圈骑行（每圈5 km），每一圈都将经历32次转弯，其中接近90°的弯道14处、原地掉头2处（弯道内角越小、技术难度越大，过弯时的车速相应较慢），除此之外运动员还需在每一圈骑行中攀登5个上坡，其中最陡峭的上坡接近10°（坡度）。

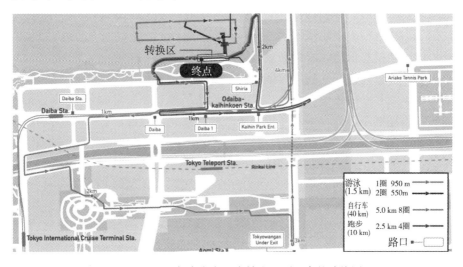

图5.60　2020年东京奥运会铁人三项比赛的路线图

我们根据以上数据进行计算，运动员在自行车赛段需经历 256 次转弯与 40 次爬坡，那就意味着有 296 次变速的机会。如果选手使用了太重的挡位，每一次转弯后都会落在集团尾部或脱离集团，这将迫使选手必须通过加速冲刺才能追回到原来的位置。如此重复循环，势必会快速消耗选手的体能，使选手最终因为体力不支而完全掉出主集团。

讽刺的是，大部分运动员都不重视踏频训练，而是"执着"于通过肌力提升来踏蹬更重的挡位。这样的想法让他们忽略了骑行中加速的技巧，尤其是那些参加不允许尾随的比赛的"铁人"们，独自骑行将更难意识到"重踩"损失的时间，陷入了"想要骑得更快就要变得更强壮有力"的错误结论中。

2. 平稳换挡

如何平稳地换挡是骑行训练课中需要学习的关键技巧之一，下面提供一份简单的练习指南来帮助大家选择正确的挡位。

（1）在停车前换到一个低挡位，这样可以使再次起步更加容易。

（2）避免踏蹬过慢（踏频低于 60 rpm）或长时间在最高挡位用力，这会导致膝关节出现问题。

（3）上坡时选择低挡位，需在开始爬坡前完成换挡。

（4）在到达坡顶时，调节至稍高挡位，可以保持动力并加速。

（5）如身体在车座上弹跳，那是挡位太低造成的，需换成更大的传动比。

（6）在平坦的路面上骑行时，使用一个能让腿部快速、轻松旋转的挡位，对于铁人三项选手而言踏频至少为 80～95 rpm。

（7）换挡时务必轻踩踏板。

（8）换挡时稍微减少一些蹬踏的力度，可以避免链条和齿轮遭到损坏，并有助于更平稳地换挡，尤其是将大牙盘换成小牙盘时，用力踏蹬容易导致链条脱落。

（9）避免在站立式骑行时进行换挡，这会导致传动系统压力过大，如果齿轮打滑，可能会导致严重的事故。

（10）避免出现交叉链，即链条从牙盘到飞轮刚好处于对角位置。骑行中，有两个关键的齿轮组合要慎重使用（最好避免使用）：小牙盘＋小飞轮组合；大牙盘＋大飞轮组合。避免使用这两种交叉链条组合的原因是它们会造成自行车的链条和传动系部件运行困难，增大摩擦力、增加链条磨损，使骑行更加费力。如果出现交叉链的情况，骑行时会听到链条与前变速器摩擦的声音。

（二）上、下坡技巧

1. 上坡

通常骑一些坡度较低的上坡时，采用坐姿骑行的方式即可，而骑一些较陡峭的上坡时则需采用站立式骑行，对于运动员而言，熟练掌握这两种骑行方式是非常有必要的。下面介绍上坡骑行的四个要领。

1）调整骑行姿势

当坡度变陡时，我们可以弯曲手臂并且将臀部移至车座前端，这个姿势能让踩踏最易于出力，同时也能帮助维持平衡。爬坡时的最佳姿势应该是上半身（尤其是手臂）不使劲，甚至可以只用指尖去操纵方向，避免在发力的过程中拉动车把。请记住，上坡时切勿让身体过于直立或靠后，这会让重心后移、增加爬坡的难度，甚至可能会让前轮翘起。

2）合理变换挡位

提前预判坡度，将挡位调整至适宜的传动比。可以在爬坡伊始就使用站立式骑行技术，也可以先坐着骑行，当感受到踏频下降、腿部的压力增大时再采用站立式技术，但是无论采用哪一种爬坡战术，必须保证车身是直立的，没有前倾与后仰。

3）保持低重心

重心越接近车轮，车轮的抓地力就会越小。因此在爬陡坡时胸部要贴近车把，而在下陡坡时则是腹部要靠近车座。但是要注意，前倾过多会失去抓地力，让后轮在原地空转；而重心太偏后，前轮又会举起。或许，降低重心会让我们感受到呼吸不畅，但是与低重心带来的低风阻以及良好的体重转移效率相比，呼吸上的一些不适应已不是那么重要了。

4）使用前刹与保持节奏

爬陡坡时应优先使用前刹来制动，后刹容易使车往后翻。遇到十分陡峭的坡时，不要试图用爆发力冲上坡顶，否则可能会冲刺到一半就没有体能，那么后程将会更加困难。试着匀速且规律地踩上坡，尽量保持适宜的踏频、有节奏地骑完整段上坡。请记住，在负荷强度增大时，"节奏"是维持速度的关键因素，如图 5.61 所示。

2. 下坡

与爬坡一样，下坡时也会遇到许多坡度不同的山坡，较缓的坡可以通过踏蹬来加快速度，而较陡的坡则可以通过自由滑行来为下坡提供足够的速度。

在长下坡路段，要学会放松，因为紧绷的身体会让人肌肉酸痛，也不

图 5.61　站立式匀速骑行

利于操控车辆。让臀部离开车座并往后移、弯曲手臂、让大腿内侧轻微触碰车座、将重心放置在踏板上，这是一个比较好的下坡骑行姿势。

如果坡度平缓，身体不用离车座太远，2~3 cm 就足够了。保持警觉，全神贯注，做好准备应对意外事件。如果地段崎岖，那么重心就要进一步向后移，上肢躯干也需要降低水平位置，视线距离需等于或大于刹车急停所需的距离，持续注意路况变化。

下坡时，身体应保持平衡，避免身体位置过于靠后，否则会导致手肘完全伸直，如此便不利于操控车辆。应该紧握车把，但手臂依旧保持放松。如果在长下坡时感觉到前臂与肩膀像火烧一般难受，这表示你的身体位置不够低，并且没有将重心保持在踏板上。

最重要的一点，眼睛需注视正确的前进方向，不要东张西望，否则车辆将不能够"直线"前行，更不能只盯着前轮，这会带来极大的风险。

（三）过弯技巧

过弯技术水平将关乎选手的人身安全与竞赛表现，在自行车赛段发生碰撞最常见的原因正是过弯技术不佳。若比赛路线中有大量的弯道，改善过弯技巧将有助于维持选手在主集团的位置。过弯技术有很多种，大致可分为以下三种（图 5.62）：同倾、外倾、内倾。

图 5.62　三种过弯技术

1. 同倾过弯

若不考虑弯道的状况，同倾过弯通常是新手最常用的过弯技巧。这种过弯法最适合弯道与弧度较大、路面干燥清洁时运用。我们骑行时通常是靠右行进，当要左转时，同倾过弯是最有效率的过弯方法，倘若弯道够宽、弧度够大，过弯时可保持蹬踏。

2. 外倾过弯

新手很少运用外倾过弯技术，因为它对于选手操控车辆的水平有一定的要求，需要选手具备较好的协调、控制能力。

当弯道较窄时，如靠右行进向右转或靠左行进向左转，这种过弯方法十分好用。与同倾过弯相比，外倾过弯更适合用于曲度较大的弯道，这跟骑摩托车的逆操舵（counter steering）法是相同的技巧。当运用这种技巧转进弯道时，一定要停止蹬踏，因为采用外倾过弯时，车身歪斜程度比同倾过弯更大，过弯时需将内侧踏板移至上方，避免踏板剐蹭路面，身体重心则放在外侧踏板上。接下来的动作，可能会让人觉得有点违反常理：弯道内侧的手臂伸直，弯道外侧的手肘则呈弯曲状。事实上，这个动作是让自行车侧倾，然后打破车轮转动时的陀螺效应（注：陀螺效应指的是车轮与陀螺相同，当其快速转动时能协助骑车的人保持平衡，转速越快，作用会越显著，同时车轮转速越快，转动车把的阻力也就越大，过弯也就越不容易)，让选手在保持身体直立的情况下将自行车迅速地歪斜着转入弯道，如此便能顺利通过曲度很大的弯道了。运用外倾过弯时，尽量将车速保持在每小时 24 km 以上，如此才可发挥这种技术的优势。

3. 内倾过弯

路面湿滑或有细沙、小石子时，可以使用内倾过弯技术。无论是右转还是左转，都有必要将车速减慢。假如弯道半径很窄，有必要暂停蹬踏，这么做的目的是防止摔车。正确的内倾姿势是过弯时只将上半身向弯道倾斜，自行车则保持直立并保持膝盖向车架上管方向靠近。

除了上述三种技术要领外，过弯时我们也应注意以下要点。

（1）最佳的行进路线是进入转弯处→切过拐角的顶点→驶出弯道，如此可将拐角的曲度拉大，降低过弯难度。

（2）判断路况，提前（在过弯前）刹车、调整车速。

（3）避免踏蹬过慢（踏频低于60 rpm）或长时间在最高挡位用力，在转弯之前调整好挡位，以便过弯后能立即使用合适的挡位加速。

（4）内侧腿向上，膝关节指向转弯处。

（5）保持恒定的速度，在转弯处不能急刹车，但是在整个过弯的过程中都要做好随时刹车的准备。

（四）刹车技巧

通过学习正确的刹车方法，可以减少体能消耗、提高骑行效率，减少碰撞和事故发生的概率。我们从实践中总结了以下6条刹车要点。

（1）正确使用刹车的关键是尽早预测地形、环境条件和其他危险，做好预先准备。

（2）前刹车的制动力强，建议使用前刹车的时候将重心往后移且不要过度用力捏前刹车，以免出现后轮离地、车子向前翻的情况。

（3）在弯道或下坡时，两个刹车前后紧跟，后刹车要施加更多的压力，正确的做法是在转弯之前刹车以降低车速，尽量避免在转弯处紧急刹车，并且在过弯时减低前刹的力量。

（4）提前检查地面，干燥结实的地面将有利于刹车性能的发挥，而松散的地面（碎石路面）或带有碎屑的地面会降低刹车的效果并导致车轮打滑。

（5）在复杂路段骑行时，建议将手放在下把上，如此可以更好地拉动刹车杆、更好地保持身体位置（较低的身体重心），可以更有效地刹车。

（6）在路面干燥的情况下，建议对前刹车和后刹车均匀地施加压力；在路面潮湿的情况下，建议略微加大后刹车的压力。

四、骑行装备

在铁人三项运动中，自行车赛段与游泳、越野跑赛段显著的区别在于运动员是借助器械来完成比赛的。自行车项目是三个竞技子项中使用装备最多的一项，同时也非常依赖于运动员的身体状况，以确保他们能在安全性、舒适性和效率之间达到最佳平衡。因此，本书将骑行装备作为开展自行车训练必不可少的一个关键环节来进行介绍，同时将其归纳至"骑行技战术训练理论与实践"一节中，是期望广大读者能认识到"器械与装备的规范性是实施优秀技战术的前提条件"，并能领会作者的良苦用心。

（一）头盔

（1）选择有专业认证的头盔，如CE（欧盟认证）、EN1078（欧盟头盔标准）或者CPSC（欧盟环保测试）认证。

（2）选择适合自己头型的头盔。

（3）头盔前沿在眉心上方呈一道水平线，两侧紧贴太阳穴，头盔位置不偏不倚位于头部正中。

（4）头盔佩戴角度要保持水平，不能过于后倾，否则会降低安全性能；但若太过于前倾也会遮挡视线，导致头盔固定部分无法很好地进行固定，在颠簸中容易产生头盔移动或佩戴不适的现象。

（5）使用后脑勺的松紧式调节器，让头箍给予一定压力、束紧头部，力度以双手摇动头盔没有松动为最佳。

（6）下巴扣带的松紧度以容下一只手指为标准，太松将无法固定头盔位置。

（二）骑行鞋

大多数铁人三项运动员在自行车赛段都选择穿锁鞋骑行，少数运动员会选择穿跑鞋骑行，这部分运动员中以儿童、青少年和初入"铁三"的业余选手人数居多。与跑鞋相比，锁鞋借助锁扣固定在踏板上的特性能够防止脚底打滑（鞋与踏板分离），保障在骑行全程中脚（鞋）与踏板作为一个整体同步运动，而跑鞋则不然。从这个层面分析，锁鞋将有助于传导腿部力量与体重，有利于施展技术，但是它也有"短处"。首先，对于业余选手而言，"上锁"与"解锁"的技巧有一定的难度，需要专门培训后才能熟练使用（不建议选手在赛前将跑鞋更换成锁鞋，这会带来一定的安全隐患）。其次，业余选手在道路训练时，可能会频繁地停车，那么穿锁鞋就不如跑鞋方便了。除此之外，锁鞋的价格也是比较昂贵的，在比赛时选择穿锁鞋骑行的选手，除了锁鞋之外还需准备一双跑鞋在跑步赛段使用，骑跑换项过程中需完成"换鞋"这道程序。如直接穿跑鞋骑行，则不需经历这道程序，这对于换项技术尚不熟练的"菜鸟"选手而言，确实提供了不少便利。

选择锁鞋需注意以下几点。

（1）选择合适的尺码，这可能与平时穿的跑鞋尺码略有差异，因为比赛时整个骑行赛段是光脚穿鞋的。

（2）选择鞋头较宽的、鞋口采用单开口魔术贴的款式，方便穿脱，可节约换项时间。

（3）魔术贴带长度适宜，打开后远离链条，避免被链条夹住的风险。

（三）骑行眼镜

骑行眼镜除了具备一般运动眼镜共有的功能外，其阻挡紫外线照射的功能值得专门关注。铁人三项运动员大多数的骑行训练都是在公路上进行的，而公路对阳光的反射效果比泥地或草地要强烈得多。由于骑行姿势的限定，运动员在骑行的大多数时间都需直视路面，由此需接受较多的紫外线反射，并且由于车速较快，常有风沙扬起，眼睛不能很好地观察地面，骑行眼镜可以帮助解决上述困难，可以较好地保护眼睛不受紫外线照射和沙尘的伤害。

（四）休息把

当运动员的骑行技术较为规范且车辆操控较为熟练后，我们建议安装休息把，一来可以获得很好的空气动力性能（风阻小），二来可以兼顾舒适性和骑行效率。休息把使运动员可以把身体压得更低，并且手臂向内支撑的姿势也比双手握把的姿势更加放松、舒适。如果从正面观察，可以发现，相对于弯把，休息把使运动员获得了更小的迎风面积。更重要的是，肘部支撑休息把的骑行姿态使运动员可以用骨骼来承担上身的体重，而手掌支撑的骑行姿态则需要运动员用肌肉来承担体重。

（五）自行车的赛前检查与保养

自行车的赛前检查主要包括以下几个部件。

1. 外胎

首先检查外胎的橡胶老化程度与是否有裂纹，老化的外胎会增加骑行中爆胎及扎胎的风险；其次查看车胎纹路深浅，尤其是与地面接触的顶面是否被磨平，被磨平的外胎会减少抓地力；最后是检查伤痕，是否有明显的扎胎痕迹、切割伤口、线头露出等，如有则需更换外胎。尽管赛前检查胎况很好，但比赛时依旧可能遇到特殊状况（扎胎、爆胎等），所以运动员需要掌握快速换胎的技巧。

2. 刹车

观察来令片（刹车片）表面的凹凸形状是否被磨平，骑上车试着操作几次，感受刹车线是否稳定有效，注意听刹车时是否发出异样的声音。

3. 链条

长期使用的链条会被拉长而失去张力，增加断链及掉链的风险。赛前最好使用链条尺进行检查，如果能插进去，说明链条松弛，需要调校或更换。

4. 变速器

做好车辆保养后，需要进行一轮完整的换挡，检查变速器是否运作正常。如变速时换挡平稳则表示正常；如出现跳挡（一次换多个挡位）、掉链子、换挡卡顿、器械声音异常等情况则需要再次检查变速装置。

■ 五、参赛战术

战术是运动员根据自身竞技实力、竞争态势和预期目标而在参赛过程中贯彻执行的战略谋划与决策方略。运动员参赛战术行为受到赛事组织形式、竞赛规则以及比赛竞争态势的制约与影响，因此运动员临场战术的运用往往是随机应变、动态灵活的。

自行车赛段是铁人三项的三个竞技子项中竞赛时间最长、战术实施最为丰富的赛段。正如我们在本节开头时讨论的，由于自行车项目介于游泳与越野跑的中间，这一特殊的时空位置赋予了它"承上启下"的独特功能，既能够弥补游泳赛段的不足（或继续保持/扩大游泳赛段的优势），又能够提前为跑步赛段建立竞技优势。所以自行车赛段在铁人三项比赛中的核心作用是显而易见的。那么，如何通过合理的战术使该赛段的功能得以充分发挥呢？接下来，我们将从竞赛规则与该项目的专项特征来剖析自行车赛段的战术。

（一）竞赛规则影响下的骑行战术

作为竞技场上的"法"，规则规定和保障竞技运动竞赛有条不紊的发展。读懂规则、理解规则、研究规则、运用规则是铁人三项这个竞技内容多、竞技形式复杂的开放型同道竞赛项目获取优异成绩的基础，同时它也成为运动员对自身技战术做出调整以创造争先条件的指南。

铁人三项比赛依据竞赛规格、竞赛距离与参赛选手的年龄在自行车赛段分别执行"允许尾随"与"不允许尾随"两种规则。在允许尾随的比赛中，运动员可以集团骑行的方式进行配合骑行；在不允许尾随的比赛中，则要求运动员独立骑行，不允许与其他运动员长时间处于同一竞赛空间（如需超越他人，则要在规定的时间与空间内完成超越，否则将被判罚）。

集团骑行是运动员在允许尾随的比赛中乐于实施的战术手段，通过合理的队伍排列来减少骑行风阻，同时通过交替领骑的方式来降低所有成员的体能消耗，这是一种试图通过集体的力量来获取共同利益的战术。因此，"多人配合骑行"技术是铁人三项运动员训练的一个关键部分，无论从竞速的角度还是从安全的角度来看，它都能对运动员的竞技表现产生较好的促进作用。

比赛时，尽量选择骑行速度较快的集团配合，借助他人的力量来创造优异的成绩。游泳比较好的选手，在选择骑行集团时将具有较大的优势，选择的机会相应较多，而游泳慢的选手多数比较被动。因此，选手在游泳赛段的排位是非常重要的。

运动员在开始骑行的初期应通过观察其他选手的骑行水平，迅速找到合适的"伙伴"组成集团，并在多人配合骑行的过程中以"轮流领骑"的方式来保持高速并节省体能。我们需清楚，即便身处同一集团，运动员的骑行能力也是有差距的，能力强者可延长领骑的时间，而能力弱者可减少领骑时间，甚至不领骑，只在集团末尾跟随。但是需要注意，长期处于队伍末尾将比较被动，当遇到转弯或爬坡时，集团末的选手往往因为启动加速过晚而掉队、离开主集团。避免此情况发生的方法是，在转弯或爬坡等容易出现"变速"的路段之前，将自己在集团中的所处位置提前，尽量通过换位来到集团首部。那么，一方面能够获得变速的主动权（处于领先位置的选手能够控制集团的骑行速度）；另一方面，即使由于体力不支而逐渐被其他选手赶超，也可使自己获取较多的跟随机会（相较于排在集团末尾而言）。

在紧跟大集团骑行的时候，要注意给自己留出适当的距离，保障个人安全。同时，也要观察前方选手的骑行情况，在集团骑行中是非常容易出现集体摔车事故的。这里，总结了几条集团骑行的要点。

（1）不要随意乱晃或突然改变自己的骑行路线，尤其是处于集团首部的选手，任意一个小动作都可能给后面的选手造成大灾难。尽量把目光看远一些，所有的动作都要慢、轻微、细致，发现障碍物要给予后方选手语言或手势提醒。

（2）转弯时明确地把转弯的动作展现出来，让后面选手知道何时过弯。

(3) 注意力高度集中，领骑者要集中精神保持一条稳定的骑行路线，跟随的选手不可以只看前车的轮子，同样要注意前方两侧的路况，并且避免和前车的后轮交错。

(4) 向左（或右）退至集团后方时要稍微观察一下左（或右）后方的情况，快速地用眼角扫视一下，避免与比较靠近路边的车辆发生碰撞。向左（或右）后退的时候距离队伍不要太远，保持在 1~1.5 m 为最佳，仍然保持一条稳定的路线滑进队伍尾端。

(5) 集团骑行的优势是利用队伍排列来减少风阻，快要撞上前面选手的后轮时不要急着按刹车，将车稍微往侧面骑一些，把身体挺直以增加风阻，那么速度便会下降，就会拉开你与前面选手的距离，待回到适宜间距后再将车移回原位。

(6) 不要踩踩停停，保持稳定的踏频，一方面可以保持骑行效率，另一方面可以让跟随在身后的选手安心。

（二）专项特征影响下的战术安排

对于不允许尾随的比赛，保持个人能力范围内的最大平均速度是获取优异成绩的关键。因此，运动员需熟悉个人特点、合理安排体能、不受他人干扰，尽最大可能保持匀速骑行。换言之，在不允许尾随的比赛中，运动员需要挑战自我，通过合理的体能分配发挥个人最佳水平。

在允许尾随的比赛中，运动员所要考虑的内容将远远大于不允许尾随的比赛。虽然，保持个人最大平均速度依旧是获取最佳成绩的不二法门，但是，有时候通过加速或降速来达到特定的战术目的以获取最终的竞技优势，也是运动员惯于使用的"伎俩"。下面，我们将比赛中使用频率较高的战术进行梳理、罗列，希望大家能够从中吸取经验。

1. 先发制人

配合骑行虽然能提供最大的系统合力（我们把一个集团视为一个稳定的"系统"组合，集团内的每一位运动员都是组成系统的一个元素），但是对于个别运动员而言，最大的系统合力并不一定能产生最佳的个人利益。那么，他们便会在奠定一定的基础排位后，通过加速的方式使自己或集团内部的个别成员脱颖而出、离开主集团，通过在自行车赛段保持领先来为后续的跑步争取先机。这种先发制人的方式需要预先判断"突围"成功的概率，在确定自己具备较大的成功率后果断地实施。倘若"突围"失败，对于运动员而言将是一次无谓的能量消耗。当然，该战术适合骑行能力非常强的运动员。

2. 后发制胜

与"先发制人"相反,有的运动员喜欢采用"后发制胜"战术。他们在自行车赛段始终与集团内的其他选手保持稳定的配合或者采用跟随的方式位于主集团的尾部,以求用最少的体能完成整个自行车赛段;当进入跑步赛段后,便一马当先、勇往直前。这种战术通常适用于骑行能力一般但跑步能力突出者,他们通过集团骑行来保存体能,为后续的跑步储备能量。

3. 有节奏地变速

上述两种战术分别适用于骑行能力非常好但跑步能力不突出者与骑行能力一般但跑步能力较好者。除以上两种情况外,有的运动员在骑行与跑步这两个项目上都没有绝对的优势,但是他们的速度、爆发力水平较高,那么可以采用频繁地、有节奏地变速来扰动整个集团的比赛节奏,使一些原本具有较好耐力水平的运动员在频繁地变速中被"拖垮",最终达到提升个人排位的目的。

如上所述,铁人三项选手们在竞赛过程中形成了"以竞争促进有限合作、以变速形成有效扰动、以占位限制突破空间"的相互制衡关系。每一位选手都需依据自身能力水平和预期目标,以不同的战术策略和灵活的实施方式去实现最优化的竞技效益。这种实现方式不同但追求目标相同的竞技过程,不仅是体能、技能的比拼,亦是战术谋划和运动决策的心智较量。因此,优秀的运动员需具备最大限度地利用时空条件对参赛过程做出调节,使自身利益最大化的战术制定能力,如图5.63所示。

图 5.63 集团式骑行

第三节　跑步技战术训练理论与实践

跑步是铁人三项比赛中的最后一个项目，但是在比赛的其他环节也会出现跑步，比如从游泳到自行车的转换过程以及运动员结束骑行进入第二换项区时都需要以奔跑的形式进行移动。

在铁人三项的跑步赛段，运动员所要接受的最大的挑战是在超长距离的游泳与骑行后，在机体十分疲劳的状态下完成 10 km 奔跑。对于铁人三项初学者来说，在疲劳状态下跑步可能是一项极其艰巨的任务。结束骑行后疲软无力的双腿会使他们在跑步的初期感受到脚踩棉花般的感觉，这种感觉可能会迫使他们将跑步变成步行，甚至可能随时停止行进。应对的方法是在前两个赛段保存体能，积极寻找恢复的机会，为跑步储备能量，使比赛能够顺利完成。而对于经验丰富、成绩优异的精英运动员来说，使用的策略可能恰恰相反。在游、骑赛段以较高的配速来获取竞技优势，拉开与对手之间的距离，为跑步奠定获胜基础，这也不失为一项好的战术。

无论采用哪一种战术来完成比赛，运动员都需要掌握比赛的节奏和技术、技巧，如在集团中跑步的技巧或加速通过弯道的技巧等，这都能为运动员高效地奔跑提供帮助。作为一名教练员，我们同样需要了解跑步的技术、节奏、技巧与战术，以及如何帮助我们的运动员建立起稳定的心理来应对最后一个比赛项目中可能会经历的艰苦挑战。

一、跑步技术分析

跑步作为比赛的最后一项内容，虽然运动员在这个阶段最为疲劳，但这个阶段也是运动员竞技能力得以真正展现的时刻，无论是初入门的菜鸟级选手还是久经赛场的精英选手，在这个赛段都不会有所保留，因此跑步赛段的角逐最为激烈，也最为精彩。

人们总认为跑步能力是人类与生俱来的本领，无须进行专门学习，后天训练仅仅是体能的提升而已。实际上，与人们普遍认为的观点相反，跑步是一项技术性很强的运动，良好的跑步姿态和符合生物力学的跑步技术并不像许多人想象的那么简单。

跑步不仅仅是腿部运动，如果动作正确的话，它应是一项全身运动。

为了便于读者们理解，我们将跑步动作分成上肢技术与下肢技术两个部分来分别进行分析。但是，需要注意的是，上、下肢应该作为一个协调的整体来运行，就像我们在游泳章节所建议的那般。

（一）上肢技术

跑步时，上肢运动的要素可以分为以下三个主要部分。

（1）头——向前看，与地平线平齐。

（2）上肢躯干——保持挺拔、略微前倾，放松肩部和颈部肌肉。

（3）手臂动作——手臂放松弯曲，保持前后移动，这将有助于胸部旋转。

以下将详细介绍这三个主要部分的具体动作要求。

1. 头部位置

理想的头部位置如图 5.64 所示。

图 5.64　理想的头部位置

理想的头部位置具有以下特征。

（1）头部向前，眼睛注视行进路线并扫视前方几米处的路面（注意，用眼睛看，而不是用整个头部，尽量减少头部的侧向移动）。

（2）随着手臂有节奏地摆动，肩膀和躯干会轻微旋转，保持颈部放松，使头部不受肩膀与躯干的影响始终保持向前。

（3）保持上肢放松、自然舒展，尤其是颈部与肩部的放松。由于受游泳和自行车赛段长时间剧烈运动的影响，许多运动员在跑步时上肢（尤其是肩部）僵硬，出现头部过度前伸、端肩或驼背的姿势。

（4）保持面部肌肉放松，尤其是下巴肌肉，可以减少压力。微笑是一个很好的方法，可以帮助运动员产生积极的心理暗示。

2. 呼吸

虽然呼吸是由个人掌握的，但是有一些一般性的建议可以帮助铁人三项运动员在跑步时进行正确的呼吸。人体呼吸系统如图5.65所示。

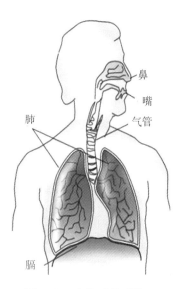

图5.65 人体呼吸系统

1）有节奏的呼吸

无论是职业运动员还是业余跑者都应该学会在不同的强度下采用不同的呼吸节奏。慢跑时可以使用3∶2的呼吸模式，即三步吸气两步呼气。这种呼吸节奏非常适用于长跑训练，它将使跑者保持在一个较为舒适的有氧区。但是在长跑比赛中，大多数优秀的运动员都会以2∶2的节奏进行呼吸，即两步吸气两步呼气。这种呼吸模式通常最适合达到或接近无氧阈的高强度有氧跑，所以对于许多参加半程或标准距离比赛的铁人三项运动员来说，他们可能会考虑采用这种模式进行比赛。倘若比赛距离更短或跑速更快，如在比赛的最后冲刺阶段，一些运动员喜欢采用2∶1或1∶2的呼吸节奏，即两步吸气一步呼气或一步吸气两步呼气。

训练中，一些跑者发现自己很难把注意力集中在呼吸上，以至于一直未找到适合自己的呼吸模式。该类情况通常需要教练员观察跑者在不同运动强度下的呼吸方式是否正确，如吸气的部位，相信仔细观察，一定会有所发现。

2）呼吸过程

虽然我们经常被要求使用"腹式呼吸"方法，但是在赛场上依旧能够发现很多选手用胸部呼吸。似乎许多选手并不能准确地判断自己究竟使用了哪一种呼吸方式，因此无法进行自我指导与改进。如采用腹式呼吸法，腹部将会在每次呼与吸的时候出现"收进"与"弹出"的动作。虽然这个腹部动作非常细微，但是仔细体会，依旧能够觉察。如采用胸部呼吸，肩膀会变得紧张，甚至可能出现上下移动的趋势。

腹式呼吸能更深地排出体内的气体，提高进气量。正确进行腹式呼吸的前提是上肢姿态要协调，否则就会压迫呼吸道，阻碍胸腔隆起，从而影响呼吸肌正常运转。正确的呼吸机制是膈向下拉→打开胸腔→促进肺部扩张。这里的关键是膈的向下运动不受由腹直肌产生的腹部张力的阻碍。骨盆与横斜肌的稳定释放了腹部的压力，使膈可以自由地向下移动，最终将空气吸入肺部。这就是许多跑步教学资料中不鼓励运动员"收腹跑步"的关键原因之一。

3. 手臂

不同的跑步距离对于摆臂技术的要求也是不一样的，短跑时运动员往往摆臂幅度较大、频率较快。而在长跑时，手臂的主要功能是用于维持平衡，而不是产生推进力。但是，正确的摆臂（图 5.66）有利于发挥全身的动量，使跑姿更具经济性。

图 5.66　正确的摆臂

正确的摆臂动作应做到以下几点。

1）肩部动作

肩、颈部肌肉保持放松，自然下垂，保持水平状态，跑动中以肩带动手臂前后运动（也可以说是由外后方向内前方的摆动）。

肩不能向前缩也不能后仰。如果肩部前缩，就会出现含胸驼背的姿势;如果后仰,就会使背部肌肉过分紧张,并且形成胸部过分前突,不仅重心过度前移,而且会阻碍呼吸。尽量减少肩部的内、外旋,因为这样会减少向前运动的矢量。

2)肘部动作

肘关节弯曲贴在身体两侧,隐隐下垂,就好像受到地面牵引一样。随着跑速的加快,双臂的摆动频率也需增加。肘关节弯曲的角度通常在90°~110°之间。

3)手掌动作

手部和小臂保持在同一水平线上,即手腕应稍固定。十指放松,自然弯曲,大拇指可以轻轻按住食指或中指,两掌心相对。摆动过程中,手指不超过身体中线。

在实际运动过程中,我们常常会看见一些人的手紧紧攥拳或是十指张开。攥拳会使前臂和肱二头肌僵硬,过度将力量集中于上肢。十指大张可能会使身体四肢过度舒展,这样会使胯部和骨盆负重过大,双膝、脚踝也超负荷运转,给身体带来一定的损伤。

4)完整的摆臂

现在我们已经知道了正确的手臂姿态,那么只需要让它运动起来就行了。我们可以将摆动的过程想象成一个以肩为轴的钟摆。把肩部的重心看作钟摆的固定点,想象从这个点上吊一根绳子(就是我们的手臂),绳子的另一头系上一个小铅球(肘部),如图5.67所示。

一些研究表明,与不摆臂的跑姿相比,适当的手臂摆动能够节省能量。这很可能是因为摆臂动作使

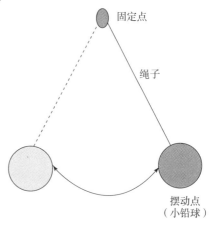

图5.67 钟摆式摆动

腿获得了适当的平衡,从而节省身体用于维持平衡而消耗的能量。

4. 臂腿协调

协调是指身体多个运动部位在同一时间的平稳结合。协调包括神经系统、感觉系统和肌肉系统之间的相互作用。跑步时,手臂、上半身、躯干、骨盆以及腿和脚之间应该有自然的协调。

简单地说,手臂在一个自然的反射动作中起到平衡腿部的作用。一个有效的技术动作是当右腿向前运动时,左臂也向前移动来保持平衡。由于

手臂与双腿保持平衡，过度的手臂运动（向前或向后或横向穿过身体）通常表明核心部位不稳定、髋关节不正常、躯干缺乏旋转或技术上存在缺点，如大跨步跑动等。

5. 躯干、核心与髋部

身体核心区域是人体非常重要的一部分，大多数动作都是从核心开始，我们的运动姿势也是由我们的核心所决定的。然而，在分析跑步的运动表现时，许多教练员忽略了核心的关键作用，他们更关注那些显而易见的上肢或下肢动作。我们鼓励教练员在分析运动员的跑步技术时将身体核心区域的动作纳入评定范围。以下几点可以作为参考标准。

（1）肩部放松，没有过度的扭转动作。

（2）打开胸腔并让背部自然挺直。提示运动员将身体重心提高一点就能达到此效果。重心上移有助于促进脊椎骨舒展，从而使上肢动作更为舒展且轻松。此外，重心略微上移能适当减小下肢的压力，起到少许克服重力的作用。

（3）髋部不应弯曲。即使略为前倾也会使下背部和髋部屈肌被迫收紧，进而导致股后肌群收紧、小腿紧绷和骨盆姿势不佳。

（4）用髋部"引导"身体向前。在推进阶段，身体略微前倾（约4°）脚踝、膝关节、髋部与肩部对齐。跑者想要形成最大的向前矢量（并由此产生最大的跑步速度）时，身体应该适当倾斜。倾斜角度过小时，身体因施加于地面的力而保持直立，会导致运动矢量过于竖直向上；倾斜角度过大时，会对跑者的步幅产生较大的负面影响，而且身体过度前倾将难以把腿和脚伸到身体的前方，可能会向前摔倒。

（5）在鼓励运动员收缩"核心肌群"时要注意，这通常会导致腹部"收紧"，会造成髋部屈肌周围的紧张并限制呼吸，这时应该提醒运动员提高身体重心，而不是要求运动员收紧"核心肌群"。

（二）下肢技术

跑步实际上是一系列连续的弹动和步伐的组合，需要能量才能将身体的力量施加到地面上来实现向前推进。我们可以很容易地想到这种能量是通过肌肉主动收缩而产生的力量。然而，我们常常忽略，脚着地时肌肉、肌腱和韧带被动储存的能量，就如将弹簧压至最底部时储存的能量一般。除了由肌肉收缩产生的能量之外，这种被动储存的能量也能联合起来产生推动身体向前的合力。

与其他两项运动一样，跑步也是周期性运动，在一个动作周期中需经历两次单脚支撑状态和两次腾空状态。我们就一条腿的动作进行分析，在一个动作周期中经历了支撑和摆动两个时期，这两个时期又可以分为着地、后蹬、折叠前摆、下压四个阶段。当两腿同时处于摆动时期，人体处于腾空状态。下面，我们将详细讨论这四个阶段的技术要领。

1. 着地阶段

着地阶段的主要任务是缓冲，减少水平速度的损失，为尽快转入后蹬动作创造有利条件。衡量运动员着地缓冲技术好坏的主要标准就是看这个阶段水平速度的损失情况，水平速度损失小的运动员缓冲技术好。

在着地时，通常由脚的外侧边缘先接触地面，然后迅速过渡至脚掌中部。需要提醒的是，现代流行的训练鞋很难使脚跟得到更多的缓冲，因此对于曾经被广泛推广的通过脚后跟着地（实际上是以较厚的鞋跟着地）以获得较好缓冲的理论，不确定是否依旧有价值。但是，有一点可以确认，过分强调脚接触地面的位置或方式将不利于运动员开展训练，运动员往往会过度矫正。

此外，我们感兴趣的不仅仅是脚着地的部位，还有脚承重的位置。一旦脚着地，它就需要承受身体的负荷，膝关节和脚踝会在此时弯曲，让脚（略微）内旋来承受身体的重量，同时储存"弹性能量"。一个更有用的提示是，脚的着地点应靠近身体重心的投影线，以减小向后的水平分力。着地腿膝关节稍弯曲，与足跟几乎在一条垂直线上，这样能够有效减小胫骨和膝盖受到的压力，对完成缓冲动作也有积极作用。当脚承受负荷时，我们要使小腿保持垂直。脚尖与膝盖都应该正对跑进方向，避免出现脚尖朝内、膝盖内扣的内八字式和脚尖朝外、膝盖外翻的外八字式。

脚着地后，小腿后侧肌群和大腿前侧肌群应积极而协调地退让，以减缓着地的制动力。这样可以使伸肌得到预先的拉长，为后蹬创造条件。铁人三项运动员需要尽量缩短脚与地面接触的时间，但前提是脚已将力传递到地面，能够承受身体载荷并已为下一阶段产生弹性能量做好准备。

适宜的着地方式能够更好地利用地面产生的作用力把动力传输到全身。跑步过程中双脚与地面产生的水平力要比纵向力量更为重要，因为归根结底，跑步是一项水平横向移动的运动，所以优秀运动员大都能灵活地运用水平力。不同的着地方式对于跑动有巨大的影响，目前优秀的铁人三项运动员使用最多的是中足着地方式，但是不能肯定这是唯一的正确方式，应视跑者的运动经历（习惯）、身体条件和训练（或参赛）目的等因素，因人而异地选择最合适的落地方式。下面我们介绍四种常见的脚部着地动作。

1）中足部着地

首先要阐明的是，中脚掌着地应该是一个跑步过程中不费吹灰之力就能达到的自然状态。但若上肢姿势不正确，费再大的力气强迫自己用中脚掌着力也是无济于事的，还会导致小腿肌肉痉挛。如果姿势掌握得准确无误，就能带来意想不到的惊喜，运动成绩显著提升；如果不幸误学，就只能与失望和伤病为伴了。

支撑地面的过程大致可以分为三步。首先，脚掌中部轻轻触地；紧接着，脚趾接触地面；最后，脚后跟轻轻触地。有些运动员省略了最后一步，脚后跟始终处于悬空状态，这种方式并无错，但前提是能控制全身重量，否则就会造成不必要的伤病，而且还会大大降低跑步效率，所以建议脚后跟还是要触地的，如图 5.68 所示。

图 5.68　中足部着地技术

2）脚后跟着地

许多人在跑步时都会采取脚后跟着地，然后过渡到前脚掌，尤其是步幅较大的跑者（图 5.69）。

脚后跟着地会带来以下负担。

（1）产生巨大阻力。单脚触地时，脚跟触地、脚尖略为翘起的姿势会产生强大的抑制力阻碍前进，这样不仅不能利用跑步产生的天然弹力，还要额外费力来确保前进。

（2）使身体向前的动量被向下分解，不能完成接下来的脚掌扒地动作，对随后的伸髋动作也会带来一定的影响。

图 5.69　脚后跟着地技术

（3）影响身体的缓冲系统（如双脚、脚踝和膝盖）正常工作。地面产生的驱动力都直接传输到小腿上，这让膝盖和胫骨所受的压力大大增加。

（4）过度刺激前脚掌和小腿肌肉。因为这两部分的肌肉需要拼尽全力确保脚趾抬起，这样会导致小腿前侧（骨膜炎）和脚部（脚趾伸肌腱炎）的多种伤病。

3）全脚掌落地

（1）不利于脚部缓冲系统正常运转，而且着力时产生的驱动力过小，远远不够实现向前位移。

（2）导致脚掌着地时间过长，而且很容易导致脚步下陷。

（3）跑步时噪声过大，此外全脚掌着地还会大大提高脚部所受的由地面带来的冲击力。

（4）重心下沉，步幅受到限制。脚后跟落地使身体向前的动量被向下分解，不能完成接下来的脚掌扒地动作，对随后的伸髋动作也会带来一定的影响，如图 5.70 所示。

4）脚尖着地

（1）会增加脚掌与地面的摩擦力。

（2）容易使身体重心过分靠前。

（3）会对伸髋动作造成影响。

（4）过度刺激脚底屈肌（比目鱼肌、脚趾屈肌）和跟腱，所以受伤的风险会大大提高，中长跑运动员更是首当其冲。

图 5.70　全脚掌着地技术

（5）产生巨大驱动力（力量之大远高于其他几种受力方式）。因此，对于短跑选手来说这种着地方式还是值得推荐，甚至对 1 500 m 以下的中距离跑步都适用，如图 5.71 所示。

图 5.71　脚尖着地技术

2. 后蹬阶段

脚掌落地后为减小与地面接触的时间，脚掌应积极主动地向后下方扒地以快速过渡到后蹬阶段，当身体重心移到支撑点正上方时，立即开始向后蹬伸腿。后蹬腿时髋、膝、踝 3 个关节需要充分地伸展，用力顺序依次为伸髋—伸膝—伸踝。应主动提高蹬地的角度（图 5.72），后蹬结束时，后蹬腿的膝关节不应完全伸直，一般为 160°~170°。

图 5.72 后蹬技术

后蹬过程是一个产生推进力的阶段，在脚着地并承受身体的负荷后，向前推进阶段负责利用被动（储存的弹性能量）和主动（肌肉收缩）产生驱动身体向前所需的力。虽然这是一个持续的运动，但这一阶段有三个不同的要素（图 5.73）。

（1）[图 5.73（a）] 着地后，脚已经承担了身体的全部负荷，弹性能量被储存了起来，脚踝、膝关节和髋部弯曲。

（2）[图 5.73（b）] 由于储存的被动能量的释放以及肌肉的收缩，运动员的体重会从脚掌过渡到大脚趾。除了小腿和跟腱，运动的一个关键区域是髋关节的伸展。在图 5.73 中，我们可以看到髋关节已经从 156°伸展至 197°。为了获得良好的髋关节伸展，腹部不能被限制，这也是我们强调"不能收紧核心"的另一个原因，因为它会限制髋部屈肌的伸展能力。

（3）[图 5.73（c）] 脚离开地面，此时跑者的行进方向应该是一个向上和向前的轨迹的结合。

注意：关于后蹬结束身体应该腾空多高这个问题，目前依旧存在一些争论。一个理想的方法是结合弹道运行的轨迹进行想象，如果身体腾空太少会快速落地，而太高又会在上升后直线下落。跑步时，我们的目标是向

(a) (b) (c)

图 5.73 着地至后蹬阶段三要素

(a) 储存弹性能量；(b) 转移体重；(c) 释放弹性能量

前移动，因此，最佳的高度应该介于这两者之间并能产生最大的移动距离，不会影响到下一步的动作，也不会有受伤的风险。此外，身体的运动轨迹也受个人跑步风格的影响，一般来说，长距离运动员不像短距离运动员那般倾向于离开地面过高。

3. 折叠前摆阶段

蹬地后小腿要积极回收，使脚后跟快速靠向臀部，大、小腿的折叠角度在长距离匀速跑中以 45° 左右为最佳，短距离冲刺时以 30° 左右为最佳。大小腿折叠的同时，膝盖要积极地向前上方推进（图 5.74）。

脚蹬离地面后便进入一个动作周期中的恢复阶段。此时蹬地腿的膝关节弯曲、脚后跟向背部移动，使小腿与大腿折叠。膝关节的弯曲程度取决于跑步速度和推进阶段施加的力，也受到运动员灵活性的限制。在良好的跑动生物力学条件下，这个阶段应该是被动发生的，换句话说，是对推进阶段的一种反应。此外，它也取决于比赛距离和运动员的个人技术风格。因此，运动员不应该把注意力集中在抬高脚后跟上。只要臀部在推进阶段能够完全伸展，它就得到了有效的伸展。这个动作的反射作用是髋部屈肌会缩短，大腿股骨会向前拉动。同时，小腿在膝关节和脚踝处弯曲。这是脚准备向臀大肌靠拢的过程，是对髋关节伸展和屈曲的反应。

图 5.74 蹬地后（小腿）折叠

4. 下压（准备着地）阶段

在着地前，脚趾应指向胫骨前方，摆动腿积极下压，小腿顺势前摆并做"扒地"动作（图 5.75）。

图 5.75 下压（准备着地）技术

这一阶段的目标是为足部触地做积极的准备。腿摆动至身体前方，但摆动的幅度没有短跑那么明显。一旦腿在髋部弯曲的情况下移动到身体前面，腿就会自然下落，膝关节就会伸展，小腿就会垂直于地面。从某种程度上来讲，小腿像钟摆一样绕着膝关节摆动，所以脚和小腿的重量会使小腿在身体下方摆动。当脚向下移动时，运动员需要控制脚在地面上的位置，脚面朝前，准备在靠近重心和膝关节以下的地方落地。

图 5.76 为运动员右腿向前摆动的过程，运动员的大腿是在钟摆的作用下向前移动。

图 5.76　运动员右腿向前摆动的过程

二、跑步技术训练

跑步技术动作练习在跑步训练中被广泛应用，旨在改善跑步动作。跑步技术动作练习的一个主要优点是，其能通过热身，激活某些肌肉，扩大关节活动范围，从而帮助运动员做好跑步准备。

跑步技术动作练习只是一种特定的练习，用来强调和改进技术的一个组成部分。通常只通过分割和集中于跑步动作的一个方面来进行练习。跑步技术动作练习内容丰富，只要愿意花时间与其他教练员或运动员一起交流、沟通，你将能开发出更多可以应用到实际训练中的技术动作练习。

当然，在设计技术训练和选择跑步技术动作练习时，教练员首先要弄清：

（1）使用这些跑步技术动作练习的目标是什么，它们与训练相关吗？

（2）你明白跑步技术动作练习的正确做法是怎样的吗？

（3）运动员是否有足够的体能（如平衡或活动范围）来进行跑步技术动作练习，如果没有，你有其他的选择吗？

（4）运动员是否能较好地进行跑步技术动作练习？

（5）运动员能够从跑步技术动作练习中学习知识并运用到他们正常的跑步中吗？

跑步技术动作练习通常在短距离（25～50 m）或一段时间（10～15 s）内进行，并在返回途中用步行以促进恢复，教练员和运动员之间可以进行交流反馈，重复的次数要根据团队的能力和发展阶段来设定。经常遇见的问题是，教练员发现运动员表现不佳，但没有办法进行纠正。

在跑步技术动作练习结束后介绍主要训练内容时，应该提醒运动员进行这些练习的目的，并要求他们在主要训练部分中注意跑步技术动作练习的关键要点。

当运用跑步技术动作练习来提高技术时，我们应该考虑运动员的疲劳程度，通常的建议是在跑步技术动作练习的前期阶段，完全热身之后进行主要部分的训练，其主要目的是提高技术。

疲劳状态下保持良好的跑步动作是很重要的，对于更有经验的跑者来说，在疲劳时进行短时间的跑步技术动作练习是非常有益的。但需要注意的是，教练员不能把错误的运动模式灌输在疲劳的运动员身上，导致运动员没有在原来的基础上获得任何进步。

有些跑步技术动作练习非常具有活力，可以作为为主要训练做准备的方式，尤其是在体能训练中。因此，将跑步技术动作练习作为众多热身练习中的一部分通常是恰当和有效的，教练员可以在这些热身练习中观察运动员的运动技术、平衡、稳定性、姿势和关节活动范围。

在训练的恢复部分进行跑步技术动作练习也是非常有益的，这是因为它们倾向于通过更大范围的运动来活动四肢，从而通过保持运动范围和动态灵活性来帮助肌肉缓解疲劳。

（一）跑步技术的基础练习方法

大多数的跑步技术动作练习有助于纠正跑步姿势和技术方面的问题，也有助于提高训练的积极性，帮助运动员迅速进入准备状态。这在很大程度上取决于教练员如何进行跑步技术动作练习，以及他们如何吸引运动员的注意力，以下是如何使用跑步技术动作练习的简要指南。

（1）促进身体活动性、灵活性和关节活动范围的跑步技术动作练习。

①小步跑。

②腘绳肌行走。

③弓步走。

④弓步走并旋转身体。

（2）注重形态、平衡和姿势的跑步技术动作练习。

①功能平衡。

②行进间高抬腿。

③行进间高抬腿进阶练习。

④A式跳跃。

（3）为主要部分训练准备的动态跑步技术动作练习。

①低跳跃。

②交叉步跑。

③纵跳与弹跳。

请注意，跑步技术动作练习部分的内容有很大程度上的交叉。

1. 小步跑

该练习的目的在于促进脚踝的活动能力、脚和小腿的力量与功能。

指导要点：

（1）练习开始时双膝是弯曲的。

（2）将脚跟放下，使其与支撑腿在一条直线上。对于初学者或想要缩短步幅的人，会出现落地脚的脚跟与支撑脚的脚背在一条直线的表现。

（3）通过脚的长度来转移体重。

（4）脚趾是与地面接触的最后一个点。

（5）当换下一只脚触地时，脚踝应该呈90°。

（6）脚的运动时机：当一只脚触地时，另一只脚顺势被带向前方。

常见问题：

（1）臀部下沉或上下移动。

（2）头部朝下，眼睛向下看。

（3）忘记摆臂。

（4）小腿向上抬得过高（应向前滚动并压向地面）。

2. 腘绳肌行走

这项跑步技术动作练习有时被认为是一种伸展练习，因此也被称为腘绳肌伸展。它有利于激活后部肌肉群，如腘绳肌、臀大肌和小腿肌肉等。

指导要点：

（1）向前迈步，前脚脚跟接触地面。

（2）伸直腿。

（3）髋部屈曲。

(4)将手臂从腰后抬起,手掌向前扫过腿部(提示:想象铺地毯的动作)。

(5)走两步,换另一条腿重复进行。

3. 弓步

弓步既可以作为静态练习,也可以发展成为动态练习——弓步走。弓步有利于发展股四头肌、臀大肌和腘绳肌的力量,并有利于发展身体的控制能力,尤其是髋部周围肌群的控制能力。弓步练习还可以帮助一些运动员拓展髋关节的活动范围,这可能有助于增加步幅长度。

指导要点:

弓步静态练习:

(1)保持骨盆水平。

(2)保持上身直立和良好的身体姿态。

(3)膝关节呈90°。

(4)从前面看,膝关节和踝关节对齐。

弓步走:

(1)保持骨盆的前部指向前方。

(2)从支撑腿直立开始,无支撑腿与地面平行。

(3)保持上身直立和良好的身体姿态。

(4)膝关节弯曲至较为舒适的深度。

(5)从前面看,膝关节和踝关节对齐。

(6)练习弓步走目的是增加步幅。

(7)不要忘记摆臂动作,即相反的手臂和腿的动作是协调的。

常见问题:

(1)上半身向前倾斜。

(2)弓步走时脚后跟与地面接触不足。

(3)失去平衡和控制。

4. 功能平衡

这项练习的目的是通过帮助跑者使用正确的肌肉来控制骨盆,以建立基本的平衡能力。

指导要点:

(1)一条腿抬高,膝关节保持在与臀部相同的高度。

(2)把头从一边转到另一边,确保不要用腹部来辅助支撑。

(3)不要扭动脚趾来保持平衡。

(4)脚踝保持背屈,并与支撑腿保持一致。

常见问题：

（1）左右两侧的平衡能力存在差异。

（2）骨盆在非支撑侧下沉，左右两侧可能有不平衡的表现。

（3）脚趾下垂，所以脚不再背屈，而背屈是脚准备在膝关节下方落地的提示。

请注意，许多年长的跑者在髋关节弯曲至90°时会将骨盆向前倾斜，请先确定这些跑者是否存在关节活动范围较小的问题，倘若确实存在此问题，让他们把膝关节保持在较低的位置。

5. 原地快速跑

这项练习是通过训练跑者的腿部肌肉（主要是腘绳肌）来提高步频，让跑者可以更快地转体。同时，这项练习也鼓励用脚的中部着地，它是功能平衡和行进间高抬腿的有效进阶训练。

指导要点：

（1）脚向上抬起时应位于中间位置。

（2）保持尽可能短的触地时间（即脚快速离地）。

（3）支撑脚保持平衡。

（4）踝关节保持前倾，小心不要"崴脚"和弯腰。

（5）向地面施加更大的力，使动作变得更快。

6. 行进间高抬腿

想要从功能平衡练习中获得进步，就必须要使用功能性行进练习。这项练习通过激活大范围的肌肉和韧带来提高身体的稳定性。

指导要点：

（1）膝关节在髋部的高度或高于髋部的高度，如果一些活动范围有限的运动员想要尝试达到更高的位置，可能会影响他们的骨盆位置。

（2）踝关节弯曲呈90°。

（3）膝关节和髋关节同时弯曲。

（4）支撑腿直立，臀部用力。

（5）行进时，脚在膝关节和骨盆的下方触地。

（6）保持完美的身体姿势并放松手臂。

常见问题：

（1）身体左右两侧的动作存在差异。

（2）骨盆在无支撑的一侧向下沉，导致身体两侧动作出现差异。

（3）脚接触地面时躯干出现下沉。

（4）手臂和腿不协调。

7. 行进间高抬腿进阶练习

运动员只有在能够很好地完成行进间高抬腿练习之后才能进行该项进阶练习，需确保运动员在进阶训练之前掌握每一个跑步技术动作练习内容。

1）小腿抬高的行进间高抬腿

这项练习使行进间高抬腿练习更接近真正的跑步形式，小腿抬高更接近蹬地后腿部折叠的动作。这项练习还能促进小腿的激活和肌肉力量的提升。

指导要点：

（1）与行进间高抬腿相同，向前行进时，抬起支撑脚的脚趾。

（2）当运动员能以良好的平衡和姿势完成标准跑步技术动作练习时，才能进行这项训练。

2）直腿行进间高抬腿

进一步挑战身体的控制能力，并加强了对臀大肌和腘绳肌的刺激，能够更大限度地促进腘绳肌伸展。

指导要点：

（1）与行进间高抬腿的基本跑步技术动作练习相同。

（2）从"行进间高抬腿"开始，当膝关节向前达到臀部的高度时，开始伸直无支撑的腿。此时膝关节将不得不下落以适应腿部的伸直。

（3）膝关节下落的程度将取决于腘绳肌的柔韧性。只需将膝关节保持在腿部可以伸直的高度，并且不会对良好的整体姿势产生不利影响即可。

（4）按行进间高抬腿的练习方式保持前进。

8. A 式跳跃

这项练习是在行进间高抬腿的动作基础上强调前腿主动向前迈步，并用力下踏。练习的关注点应是髋关节的伸展、大腿的摆动速度和动作节奏，不需要关注前进的距离。该练习有利于激活腘绳肌和帮助运动员形成正确的运动模式。

指导要点：

（1）强调摆动腿的膝关节向上，支撑腿要保证摆动腿完成前摆动作。

（2）当摆动腿到达最高点时，做一个向前的小跳，这是对向前推进的反应。

（3）练习中，始终保持良好的身体姿势。

（4）脚在空中时，脚踝需保持背屈，呈 90°。

（5）强有力地踏落，需要产生声音。

(6) 用中足部位触地。

(7) 手臂保持放松并有节奏地摆动。

9. 低跳跃

这项练习是一种基本的跳跃，可能经常被用来训练学龄儿童，但是它强调推进阶段和髋关节伸展的基本力学，对刚刚学习跑步的跑者有较好的促进作用，而且受伤的风险很低。

指导要点：

(1) 不强调跃起的距离。

(2) 注重节奏和脚快速触地进入推进阶段。

(3) 注意髋关节的伸展。

(4) 脚在空中时，脚踝需保持背屈，呈90°。

(5) 用中足部触地。

这项练习可以作为热身初始阶段的一个练习内容，也可以简单做一些变化。例如，向前、向后跳跃时手臂摆动，以及"双手抱紧"横向跳跃。

10. 交叉步跑

这项练习主要涉及平衡、协调与胸椎、腰椎的旋转，就动作本身而言，与良好的跑步姿势没有真正的联系。但是良好的髋部旋转能力是维持正确跑姿的必要因素，为了促进和激活髋关节和脊柱的活动性并且保持手臂和肩部与行进方向一致，就需要旋转胸椎和腰椎，以此来保障上述动作顺利完成。所以，这项练习也是十分必要的。

指导要点（假设向左侧移动）：

(1) 右腿在左腿前面，向左腿侧迈一步。

(2) 左腿在右腿后面，向左腿侧迈一步。

(3) 右腿落在左腿后面，向左腿侧迈一步。

(4) 左腿在右腿前面，向左腿侧迈一步。

(5) 重复以上步骤。

注意，手臂应该伸展到肩部的高度，并与行进方向保持一致，强调脊柱的旋转。

常见问题：

(1) 脊柱缺乏活动性，要求运动员同步旋转手臂与臀部，而不是分开进行。

(2) 失去了协调的步伐，起步缓慢，需加快速度保持节奏。

11. 大步跑（加速）

从技术上看，这不是严格意义上的跑步技术动作练习，但通常用于短距跑（不超过 100 m）。其目的是使距离足够短，以便可以保持良好的跑步力学，并将注意力集中在跑步动作的其中一个要素上，如姿势、头部位置、脚的接触等。在每一次练习后都应该有足够的休息时间，让运动员能够重新集中注意力。

大步跑通常是在大多数跑步技术动作练习的基础上进行的，或贯穿其中，因此这样的跑步姿势就可以从"抽象的"训练转变为"真实的"跑步。一般来说，大步跑应该以比"正常"比赛速度更快的速度来完成，所以对许多铁人三项运动员而言，这更像是 800 m 或 1 km 计时赛的速度。这样做的目的是在短距离中可以在更快的跑步速度中获得更好的状态，因为运动员需要进行更强有力的肌肉收缩来获得更大的推进力。

通过路面坡度的变化可以增强此项练习的全面性，使用具有轻微的倾斜度的路面作为训练跑道，上坡跑时要求运动员专注于脚的位置，下坡跑时专注于提高腿部速度，这是一个值得推荐的方法。

12. 计算步频

从技术上看，这并不属于跑步技术动作练习，而是一种让运动员回顾对他们现有跑步节奏的反馈的方式。正如跑步技术中所讨论的那样，这可以使运动员意识到自身潜在的问题。简单地说，这是计算 1 min 内的步数，目标在（单腿）90~95 步之间。要求运动员使用比赛时速进行一定距离的跑动，如 3 km 或 5 km，如此，数据才具有参考价值。

（二）跑步技术的高级练习方法

单脚跳、纵跳和弹跳被认为是更高级的技术动作练习。我们所说的高级并不是说它们更难理解或难以掌握，而是它们有一定程度的风险。一般来说，它们需要运动员进行更全面的动作训练，往往更适合年龄较大的青少年运动员和优秀运动员，或者那些有长期跑步训练经历、受伤率较低的跑者。应该注意的是，在有些情况下，这些练习可能会对一些年龄较大或有受伤史的运动员造成二次损伤（如跟腱断裂），尤其踝关节、跟腱、小腿和膝关节损伤。出于以上原因，这些跑者最好不要进行这部分练习。因为没有经验丰富的教练员和合适的运动员一起训练，风险和回报不成比例。即便在俱乐部的基本培训课程中，也很难正确监控这些训练，除非是具有体育教练背景或具有适当力量和条件资质的教练员才可以考虑使用以下这些练习。

1. 单脚跳

单脚跳主要发展身体的平衡能力与协调性，也可以培养正确（脚）落地动作。

注意，单脚跳和弹跳技术练习会产生很大的冲击力，可能会造成膝、踝损伤。执教时，需从小幅度的跳跃开始，逐渐增加训练次数与跳跃幅度。

指导要点：
（1）使用手臂辅助完成跳跃。
（2）控制脚背屈并且在膝关节下方落地，同时控制好重心。
（3）在下次离地前保持平衡。
（4）从小幅度单脚跳开始，跳跃时脚放平、脚踝和膝关节放松，弯曲。
（5）一只脚跳若干次后换腿练习，尽量保证两腿练习负荷均等。

2. 纵跳/弹跳

纵跳和弹跳（也被称为波比跳）是非常相似的练习，弹跳只是需要更多的力在起跳后的推进阶段进一步腾空。因为这些练习能够提升腿部力量，所以有助于运动员在不降低步频的情况下增加步幅长度。

这两项练习均依靠强有力的前脚掌驱动，手臂辅助推进。它们在推进阶段（脚趾离开地面阶段）与向前摆动阶段（膝关节在身体前方抬起阶段）都有较好的动作效率；同时，可以作为行进间高抬腿和小腿抬高的行进间高抬腿的另一种进阶训练方式。

指导要点：
（1）前脚掌用力。
（2）通过踝关节和髋关节的伸展创造额外的动力。
（3）以获得尽可能多的高度为目标。
（4）控制落地。
（5）使用对侧的手臂来帮助向上和向前驱动。
（6）需重点关注那些容易受伤的运动员，严格控制训练负荷。

指导启示：

与所有的体育教学一样，铁人三项教练员也应该考虑运动员之间个体的差异，尤其是进行跑步训练时，这一点更为重要，因为跑步是三个项目中运动损伤发生率最高的一项。执教时，需注意以下几点。

（1）对初学者和青少年来说跑步必须适度，避免使用高级跑步技术动作练习。
（2）训练需循序渐进，不可操之过急，否则将得不偿失。
（3）训练需有耐心，跑步姿势的改变是缓慢的，突然的变化可能会带

(4) 帮助运动员学会选择适宜的跑鞋。
(5) 跑步训练也需要热身和放松。
(6) 练习时，应重点关注配速、跑姿和身体放松程度。
(7) 对于青少年运动员而言，跑步的技术胜于距离或速度。

三、跑步常见基础错误与纠正方法

当大多数跑者被问及是否会正确地跑步时，他们都回答"会"，其中个别人会补充"但不是很快"。而现实往往是许多跑者的跑步姿势存在一些基本问题，其中有一些还是跑步速度相当快的选手。下面的部分我们将介绍这些常见的技术动作错误与纠正方法。

（一）常见错误及纠正

1. 不良的姿势

如果运动员的姿势不佳，将会限制他们在正确的时间以正确的方式施展力量的能力，也可能会影响他们运动时的整体平衡与协调。常见问题有：

（1）过度前倾。跑步时需要保持一定程度的前倾，这种前倾应该从脚踝开始，使脚踝、髋部、肩部、头部保持在一条直线上。优秀运动员和普通跑者之间的一个关键区别是，优秀运动员倾向于保持大约 4° 的前倾角，而普通跑者在增加跑步速度时倾向于增大前倾的角度。

（2）从髋部开始倾斜。一些跑者会将前倾理解为从髋部开始向前弯曲，于是便出现了弯腰驼背的跑姿。这或许与部分教材中强调跑步时需要"收紧核心肌群"的概念有关，这个概念会促使跑者收缩腹部肌肉，从而使身体弯曲，好比仰卧起坐时的肌肉发力动作。

（3）向后倾斜。少数跑者可能会出现轻微向后倾斜的姿态。这可能与过度跨步、脚跟落地和较低的步频有关。

针对上述错误技术，可使用小腿抬高的行进间高抬腿练习来提高正确跑姿的动作意识，然后在运动员跑步时使用相关的提示来帮助其巩固正确技术。教练员可以注重以下方面的训练内容。

（1）行进间高抬腿。
（2）行进间高抬腿进阶练习。

（3）加强腿部后侧肌肉群力量。

2. 稳定性与身体控制能力差

当脚接触地面时，身体的重量和由此产生的地面反作用力需要被腿部吸收，并可以用于产生弹性（力量缩短周期）能量。这里可能出现的一个问题是当脚接触地面时，因为无法抵抗作用在地面上的力，身体会发生变形。

根据身体各部位薄弱程度的差异，这可能会对身体的许多更为薄弱的关节造成负面影响，如踝关节、膝关节或骨盆的控制薄弱。如果发生这种情况，运动员会因为身体以不恰当的方式吸收力量而经历一些不适、疼痛甚至受伤。

我们可利用以下练习及其相关的指导要点和提示来提高稳定性和姿势控制。

（1）功能平衡。
（2）原地快速跑。
（3）A式跳跃。

3. 低步频

步频在某种程度上可能是由个人因素所决定的，然而大多数优秀的铁人三项运动员的步频大约是每分钟（单腿）90~95步。一些跑者的常见问题是跑步节奏过慢，有时步频低于每分钟80步。这通常与步幅过大、过度强调脚后跟落地有关，而脚后跟落地的动作通常会限制髋关节伸展。

纠正训练时，建议以短距离的重复练习为主，鼓励跑者提高步频，通过节拍器来增加他们的高频意识。只要训练得当，步频将在相对较短的时间内发生变化。需要注意的是，步频的增加会自然地促使运动员将脚在骨盆下方落地，通过缩短过长的步幅来达到提升步频的目的。此外，爬坡练习也是一个立竿见影的纠正方法，倾斜的山坡（5%~8%的倾斜度最为理想）通常会迫使运动员缩短步幅，让腿部摆动更快。

4. 摆臂幅度不当

我们本能地认为跑步是一项以腿为主导的运动。实际上，虽然大部分前进动力来自腿部，但是跑步时依旧需要整个身体协同工作。奔跑时，上半身的姿态错误也是极为常见的。

（1）左右侧不平衡。左右臂摆动幅度不一致，这在受伤或事故后很常见，尤其是由于自行车碰撞导致的锁骨受伤。

（2）固定臂摆动或低臂摆动。手臂几乎没有移动，或者"抬"得很低，摆动半径非常小，这意味着摆臂动作几乎没有产生任何效率。

（3）手臂与腿部协调较差。这个问题不常见，偶尔出现在运动水平较低的选手中。在实际的跑步中是很少看到这种情况，但有可能在训练过程中看到手臂和腿部协调性差的选手在训练中挣扎的状态。

在所有的跑步技术动作练习中，都要提倡手臂进行正确的摆动，并且给予适当的提示，教练员可以注重以下方面的训练内容。

（1）行进间高抬腿。

（2）弓步走。

（3）使用一个弹性绷带，将其缠绕在肘部后面并用拇指进行固定，如果跑步时手臂伸直，绷带将脱落。

5. 落地错误

对于正确的落地方法的争论主要分为两个流派，一派坚持以中足部位着地，另一派则坚持以脚后跟着地随后快速过渡至前脚掌。我们认为不必过于纠结究竟脚的哪个部位落地才是最精确的，一来脚的动作是动态变化的，可能运动员或教练员并不能在短暂的时间内精准地判定落地的部位；二来落地的部位与跑步的距离以及个人习惯有关，只要落地技术没有带来明显的制动以及不会对运动员造成潜在的伤害就可以使用。比如，脚尖勾起、脚后跟着地的落地技术将出现制动效果，而前脚掌杵地的落地技术会给脚背带来很大的冲击，并且容易让前脚掌磨出水泡，所以落地的关键并不是用哪个部位着地，而是落地这个动作是如何进行的。再举个例子，我们所看到的游泳指导教材多数都提倡屈肘移臂技术，但是无论在静水游泳比赛中还是在铁人三项的游泳比赛中我们都不难发现一些采用直臂移臂技术的运动员也获得了优异的成绩，因此移臂的关键也不在于臂部"屈"与"直"，而是移臂是否放松、动作是否舒展，以及入水后能否快速抓水。我们可以采用一个最简单的标准来解释正确的落地动作，那就是脚在膝关节和髋部以下承担身体的重量，同时面向前方。常见的落地错误有三种。

（1）过度跨步。脚落在身体重心的前面（应该位于骨盆下方），脚后跟接触地面时间过长。观察运动员跑步时，需要考虑脚是否能承担身体的重量与运动所产生的重力，落地过于靠前或靠后都不能最大限度地承担身体的负荷。

（2）脚外翻。脚落地时脚趾朝外（或偶尔朝内）。这可能是因为肌肉紧张，通常是骨盆区的梨状肌紧张所引起，但也可能是因为不良的生活习惯所造成的，如平常走路时"外八字"或"内八字"，这种情况需要理疗师介入，配合诊断治疗。

（3）脚底弯曲。脚接触地面时，脚底呈不稳定的弯曲姿势，使得脚后跟不得不长时间接触地面以提供支撑，这种问题通常与小腿和跟腱损伤有关。

纠正错误的练习方法：

（1）小腿抬高的行进间高抬腿。

（2）A式跳跃。

6. 髋关节伸展不充分

这是一个较为常见的错误技术，髋关节没有得到充分的伸展，所以小腿上就不能获得地面的反作用力，而这种反作用力能够促使小腿在身体下方折叠并被快速地向前送出，那么便会出现两个问题。第一，推进力较小，因此步幅显著缩小；第二，沉髋跑步的运动员倾向于主动还原腿部动作，而不是依靠基本的物理作用来推动腿部向前，使得运动员过度依赖髋关节屈肌，而这些屈肌是骑行运动时的主要肌群，通常已在骑行赛段积累了较深的疲劳，因此，跑步赛段无法产生足够的动量。

除此之外，由于髋关节不能完全地伸展，在脚触地时骨盆会下沉，长期如此便形成了错误的运动模式——沉髋跑（坐着跑）。当这个姿势成为固定的运动模式时，跑者可能无法获得更多的髋关节伸展，而这是更有效的推进阶段所必需的姿势。

纠正错误的练习方法：

（1）弓步走。

（2）基本的跳跃练习以促进推进阶段的启动。

（3）跨栏练习。

（4）髋关节活动训练。

7. 躯干灵活性

如本节开头所介绍的，跑步是一项全身性运动，需要适当的柔韧性、旋转能力和脊柱方向上的张力。当这三个因素受到影响时，便会出现躯干随着骨盆旋转，摆臂时手臂越过身体中心线（因为手臂和躯干之间的运动没有灵活性和差异性）这些问题。在铁人三项运动员中，另一个常见的问题是脖子和肩膀僵硬，有时肩膀会抬得很高（端着肩）。这通常是因为运动员在骑行时上肢处于长时间固定的位置，这个动作模式被迁移至跑步中，也可能因为游泳后肌肉紧张而造成跑步时肩、颈不放松。

纠正错误的练习方法：

（1）交叉步练习以促进躯干转动。

（2）向前腿旋转的弓步走。

（3）坐在地板上扭转胸部练习。

（二）个性化训练

在指教过程中，教练员需要将运动员个人的需求和能力考虑在内。由于跑步运动的力学因素，其对身体的影响比其他两项运动更深，所以在跑步中受伤的概率也更高。因此，在分析和提供有关跑步姿势的建议时，需要更加谨慎。

跑步运动比人们通常所认为的更为复杂，但是，一旦对正确的跑步模式的基本知识有了了解，就较容易提出正确的建议。例如"摆臂要有节奏"或"身体略向前倾"等。虽然这一建议可能与良好的跑步模式相一致，但了解个人的跑步经历依旧是很重要的，因此在指导运动员之前先了解以下的情况，将有助于提升训练效率。

（1）跑步经历、跑了多长时间、通常的跑量是多少以及运动成绩信息。成绩信息指运动成绩，对于铁人三项运动而言，通常是运动员跑 5 km 或 10 km 的时间。

（2）受伤史。受伤的最大预测因素之一是之前是否受过这类运动损伤。跑者往往会有重复出现的问题，通常是因为一些生物力学问题没有得到解决。例如，一个连续 10 年无伤跑步，平均每周跑 40~50 km，并且有自己特定跑步风格的人，与那些持续跑了 6 个月，从每周 10 km 增加到每周 40 km 的人相比，更不容易受伤。

对于绝大多数运动员而言，进行一些细微的技术改变是可以实现的，但是对于一些早已形成的错误运动模式进行改变就会变得困难得多，强行改变可能会导致受伤。此时，练习一些对跑步姿势有益的基础训练，是比较稳妥的做法。例如，在改进过度跨步的落地错误时，安排运动员进行脚触地后马上提拉的动作练习并持续强调"将脚放在膝关节以下"，可能会使过度跨步的错误技术得以改善。但是，如果要求运动员用前脚掌着地跑来改善过度跨步问题的话，通常运动员会在动作改进的初期感觉很好，也会提高跑速，但几周后，当身体努力适应新的生物力学要求时，非常容易以受伤而告终。因此，最好避免进行针对脚步动作的专门性技术改变。

一个人的跑步姿势需要经历很长时间的练习才能获得改变和提高，对于那些已经功成名就的优秀运动员而言，这个过程可能更长。教练员不应该在短期内对运动员的跑姿进行集中纠正。正确的执教方法是时刻关注运动员的点滴变化，在正确的时间提供尽可能少但有效的纠正提示，尽量帮助运动员减轻学习新技术时的心理负担、避免运动损伤。

四、参赛战术与日常训练

（一）简介

与铁人三项中所有的单项训练一样，参赛者的最终目标都是达到个人最好的运动表现，尽可能快地完成比赛。

当提到跑步时，人们会自然地想到它出现在比赛的最后部分，因此，它通常被认为是对竞赛的最终表现产生最大影响的一个项目。但是，游泳和自行车也同样重要，它们与跑步是递进的关系。三个单项在铁人三项这个运动整体中的功能作用为"游泳是基础，骑行是核心，跑步是关键"。运动员在疲劳累积下的跑步能力将会帮助其获得更好的运动成绩。本节前面部分已经介绍了跑步技术的重要性，我们现在将讨论跑步的体能训练。

需要强调的是，所有的配速/强度都是运动员竞技能力发展的一部分，它们相互支持、相互补充。在制订训练计划时，应将它们视为重要组成部分。所有元素都很重要，任一细微的变化都将影响比赛结果。

1. 首要注意事项

在进行训练之前，提醒教练员注意一些基本事项是十分有必要的。以下部分最好针对那些有丰富的训练经历，具有较好的关节活动范围并且能够在各种运动平面上形成良好的运动模式的青少年运动员或职业运动员。

以下训练适合那些青少年组比赛中的优秀选手，尤其是U23组的高水平选手，以及精英组选手。对于年龄较大的分龄组运动员和年龄较小的儿童运动员，建议先评估他们的基础运动模式，他们可能由于多种原因，如受伤、久坐等不良生活习惯，抑或是身体发育不成熟等生理原因，使得基本运动模式出现问题，不宜盲目开展体能练习。

因此，在进行任何形式的体能训练之前，最好先进行一段时间的发展动作模式的专门性训练。许多运动员对动作模式训练会产生敌对情绪，认为这是在浪费时间。尤其是当他们看到同龄的运动员在艰难地进行着体能训练，并想到即将到来的比赛时，他们也会迫切地期望开展高强度的练习。此时，教练员的任务是要强调基本动作训练的必要性，并且适当安排一些体能练习，使运动员能够获得一些平衡。通常情况下，运动员只有在受伤几次之后才会明白基本动作训练的重要性，教练员可以安排有一定威望的优秀运动员或年长运动员给其他队员讲述自身的经历与心得体会。

2. 获胜的运动成绩

与全部参赛运动员相比，跑得最快的运动员将获得非常明显的竞争优势。但是，运动员离开第二换项区时的排位也将对比赛的最终成绩产生极大的影响。我们在游泳章节已经做了细致的分析，在高水平的竞赛，冠军大概率产生于自行车第一集团的选手中，即使最优秀的跑步运动员也很难弥补 1 min 以上的时间差距。因此，运动员想要在比赛中获得胜利，非常关键的一点是要在第一集团之内或者至少接近第一集团的位置到达第二换项区。这一点虽然在青少年比赛中表现得不如精英组那么明显，但是竞技能力的发展趋势亦是如此，精英组选手的竞技态势可以给青少组选手提供极有价值的参考。

表 5.8 为 2014—2018 年期间 WTS（世界铁人赛）总决赛和奥运会比赛的跑步赛段信息，其中列出了每场比赛的冠军选手以及跑步赛段用时最短的选手的跑步成绩。在这 12 场比赛中，有 8 名跑步最快的选手获得了比赛的冠军，有 4 名选手（标注"＊"）虽是跑步赛段成绩最佳者，但并未获得本场比赛的冠军。

表 5.8　2014—2018 年期间 WTS 总决赛和奥运会比赛的跑步赛段信息

年份	比赛	女子运动员	女子跑步成绩	男子运动员	男子跑步成绩
2018	Gold Coast WTS GF	Ashleigh Gent le	33∶44	Vincent Luis	29∶44
2017	Rotterdam WTS GF	Flora Duffy	33∶36	Vincent Luis	29∶59
2016	Cozumel WTS GF	Flora Duffy (Ai Ueda)＊	35∶44 (34∶50)＊	Henri Schoeman (Richard Murray)＊	32∶06 (31∶17)＊
2016	Rio Olympics	Gwen Jorgensen	32∶43	Alistair Brown lee (Richard Murray)＊	31∶09 (30∶34)＊
2015	Chicago WTS GF	Gwen Jorgensen	33∶24	Mario Mola	28∶59
2014	Edmonton WTS GF	Gwen Jorgensen	34∶09	Alistair Brown lee (Mario Mola)＊	30∶57 (29∶49)＊

表5.8证实了我们的论点，跑步最佳的选手具有较大的竞争优势，但是比赛获胜的前提是进入第二换项区时处于第一集团中或尽量靠近第一集团，跑步的卓越实力并不一定能成为保证比赛绝对获胜的砝码。

表5.9为标准距离最高水平运动员的平均获胜时间，可作为教练员们开展训练的参考标准。

表5.9 标准距离最高水平运动员的平均获胜时间

竞技水平	女子	男子
2013—2017年WTS总决赛跑步第一名运动员的平均成绩	33∶32	30∶08
里约奥运会前十名运动员的跑步平均成绩	33∶35	31∶33

3. 青少年运动员发展

培养运动员快速跑完10 km的能力，要想在完成1.5 km游泳与40 km骑行后快速跑完10 km，需要多年的系统训练。表5.10展示了两届奥运会冠军阿利斯泰尔·布朗利（Alistair Brownlee）的一些比赛数据。这些数据展示了他12年期间10 km比赛成绩的变化，从34 min 12 s提升至28 min 32 s，同时还展示了他在奥运会比赛上的运动成绩。

表5.10 布朗利于2004—2016年期间10千米跑步成绩汇总

时间	年龄/岁	10 km跑步成绩	铁人三项成绩
2004年	16	34∶22	—
2005年	17	33∶27	—
2006年	18	33∶04	—
2008年北京奥运会（第12名）	20	—	32∶07
2009年	21	29∶35	—
2011年	23	29∶15	—
2012年伦敦奥运会（第1名）	24		29∶07
2013年	25	28∶32	—
2016年里约奥运会（第1名）	28		31∶09

在年龄组训练中，一个对于铁人三项速度与耐力训练的认知错误普遍存在。教练员与运动员常认为精英组比赛比拼的是10 km的成绩，因此在

运动员年少时就需要关注 10 km 跑的能力，需要大力发展耐力素质与心肺功能。如此培养，运动员成年后可能会具备一定的耐力水平，但是速度水平却往往不尽如人意。这是因为依据人体生长发育的规律，速度素质的敏感期早于耐力素质，且速度受遗传影响较大，后期可塑性较小，如错过"窗口期"将很难得到开发。对于年龄尚小的运动员来说，最好先专注于短距离比赛，优先开发速度素质，比如从超短距离比赛开始。只有当他们进入青少年阶段，再开始着重培养 5 km 或 10 km 的竞技表现。这一原则同样适用于游泳与骑行训练（关于青少年运动员竞技能力培养模型请参考第三章）。

4. 与跑步运动员比较

为了了解顶级铁人三项运动员的跑步水平，我们将顶尖铁人三项运动员的 10 km 跑步成绩与同样属于国际顶尖长跑选手的成绩进行对比，期望能够为未来的培养明确方向。

当前，国际田联 1 万 m 世界纪录如下。

（1）男子：Kenisa Bekele（埃塞俄比亚）26∶17

（2）女子：Almaz Ayana（埃塞俄比亚）29∶17

在表 5.10 中，我们看到了像阿利斯泰尔·布朗利这样的顶尖铁人三项男子运动员单独跑步的时长低于 29 min，与顶尖长跑选手的差距在 10% 左右，女子运动员情况亦是如此。

随着训练理念的进步与技术水平的提升，相信铁人三项运动员在三个子项上的速度会越来越接近单项选手。这一点在跑步项目上，应该是表现最为明显的。我们能够预测跑步是三个子项中铁人三项运动员与"纯粹"的单项选手竞技能力差距最小的一个项目。在 2018 年 WTS 的 U23 总决赛中，以 30 min 01 s 的成绩获得第 10 名的亚历克斯·耶伊（Alex Yee，GBR）以 27 min 51 s 的成绩在英国 1 万 m 的田径比赛中获得第一名。他参加了国际田联钻石联赛和欧洲田径锦标赛。很显然，在跑步方面，优秀铁人三项运动员的跑步能力即使没有达到国际标准，也能达到国家标准。

我们判断，造成铁人三项选手与长跑选手之间 10% 左右的差距的主要原因包括身体成分与髋关节灵活性。其中，身体成分可能是一个关键的因素，因为长跑运动员可以依靠非常有限的上肢肌肉组织来维持跑步所需的技术动作，而铁人三项运动员则需要一个发达的上肢来进行游泳。此外，常年自行车训练形成的髋关节灵活性可能会对运动员跑步产生不利影响。

5. 获胜要素

结合上述内容，我们从跑步的角度来看，要想赢得比赛并尽可能获得最好的运动成绩,需做好以下几个关键的方面。

(1) 出色的生物力学技术和无运动损伤(在跑步常见技术错误与纠正方法部分进行了讨论)。

(2) 出色的耐力。

(3) 较高的最大摄氧量水平。

(4) 高利用率——乳酸阈值占最大摄氧量的高百分比。

(5) 能够在乳酸阈值以上运动并在跑步中恢复。

(6) 较好的冲刺能力。

以下我们将讨论如何测试、训练和开发这些要素。

(二) 测试

比赛是检验训练成果的好方法,在没有比赛的训练季,测试可以代替比赛,实现检验训练成效的功能。但是,教练员需要考虑的一个关键因素是,多久进行一次测试。如果两次测试之间没有足够的时间间隔,那么生理上的改善就不太可能被看到。同样,测试反馈给教练员和运动员的信息也将很少。相反,如果测试间隔时间过长,可能意味着训练不够集中,通过测试来发现问题、改进训练方法的目的也无法达成。普遍的经验是,训练6~8周安排一次测试,或在每一个阶段性训练结束后安排一次测试,这样做较为合理。测试前,教练员可能还需要考虑以下因素。

(1) 确保运动员没有伤病,并且在测试前得到了充分的休息。

(2) 确保运动员在测试前进行了充分的热身。

(3) 比较前后测试的结果时,应考虑疲劳程度。

(4) 对于铁人三项运动员而言,应保证测试的全面性,尽可能将三个项目均衡安排,以便掌握运动员的综合水平发展情况。

(5) 配合心理测试,了解运动员对待测试的态度(积极/消极),结合心理测试结果综合评价测试成绩。例如,心理紧张将导致成绩下降,一些不良情绪也将影响运动员发挥真实的体技能水平。

1. 计时测试

最简单的测试方法是计时测试,计算铁人三项运动员完成一段特定距离的全部时间。

理论上讲,进行与比赛距离相同的测试能够最好地反映出运动员在比赛时将会达到的竞技水平,对于测试人员来讲,也很容易计算出运动员1.5 km游泳、40 km自行车或10 km跑步的测试成绩。然而,测试距离越长、与比赛形式越接近,给予运动员的心理压力就越大。这样的测试不宜作为检验阶段训练成效的方法被频繁地使用。选择较短的距离或将三个项目进行分段测试来衡量运动员是否进步则是一种不错的方法。当然，我们也可以鼓励铁人三项运动员定期参加适当距离的跑步比赛，以衡量运动员的成绩是否提高。鉴于测试的根本目的，安排铁人三项运动员参加超过 10 km 的跑步比赛作为测试是没有什么价值的，反而会带来一些潜在的风险。受伤和过度疲劳可能会影响运动员的系统训练，如果一定要安排超长距离的测试，那么务必安排好测试后的恢复。

指导启示：

（1）计时测试通常是在规定距离内全力跑（游/骑）完全程，但铁人三项运动员很少在比赛时（跑步赛段）全力跑完全程。在参考运动员的测试成绩时，需将这一点纳入考虑范畴。但是，在高水平运动员群体中也存在一种相反的情况，由于一些运动员已经进行了各种类型的训练，他们在亚全力（如阈值）下的表现要比在全力下的表现更好。

（2）尽管铁人三项运动员的有氧能力处于较高的水平，但只要测试时间超过 3～4 min，几乎所有运动员都将动用有氧系统进行供能。因此，虽然 3 km 跑的成绩并不能准确地反映他们的比赛距离表现，但它确实有很大的相关性，同样具有借鉴价值。

（3）计时测试的组织和管理非常简单，我们可以将它作为主要训练的一部分来完成。例如，在一堂跑步训练课中，主要的训练内容是 3 km 的计时测试，测试前安排充分的热身，测试后进行简单的恢复训练，最后可以再安排一些其他的非主要训练。

2. 其他测试

1）基于时间的测试

在某些情况下，教练员可能想要进行特定时间段的计时测试，而不是在特定的距离内进行。体能训练领域流行着几个测试，它们同样适用于"铁三"选手。比如库珀测试，它采用记录运动员在 12 min 内的跑步距离这一种方法，来提供运动员的最大摄氧量数据。然而，这类方法对大多数运动员和教练员来说并不是最有效的。和所有测试一样，测试方法仅仅是一种评定工具，最重要的是记录和比较前后测试的变化，如规定时间内的距离变化，或既定距离内的时间长短等，只有系统地进行（测试与训练），并充分利用所得数据来分析训练成效、指导训练实践，测试才变得有意义。

2）最大亚级测试

任何要求运动员全力以赴的计时测试都可能面临两个问题：第一，运动员会感到疲劳，这可能对随后几天的训练产生负面影响；第二，较短时间的全力测试的有效性对于那些低强度的长距离比赛来说意义不大。

为解决上述问题，部分体育科研人员提出在低于最高强度的情况下进行测试，即最大亚级测试。开展这项测试，需要一个相对固定的变量，以便进行负荷强度比较。心率，无疑是一个简便、可靠的指标（变量）。测试人员根据运动员以往的竞技表现与生理机能情况来设定一个心率区间，如极限心率的70%~75%，要求运动员在此区间内进行计时跑（游/骑），然后记录下完成既定距离的用时。

如果运动员的有氧训练或技术训练成效显著，那么他们能够在下一次最大亚级测试中以不变的心率跑出更快的速度。这项测试对那些长距离的跑步项目非常有用，但是它容易受到心率变异性、天气条件以及运动员状态的影响。

3. 应用测试结果

如果在一个训练大周期中总是使用同一个时间测试方法（例如，只采用5 km全速跑测试）那么由于内容过于单一，将很难评定运动员的训练成效，也很难发现该名运动员的短板与优势。因此，我们需要从全面考察运动员竞技能力的角度来设计测试内容，通过不同的测试项目反映运动员各项竞技子能力，以确定运动员今后的训练重点与发展方向。

针对跑步能力进行的测试，可以为运动员建立一张不同距离的跑步速度图表。比如，为已参加标铁比赛的运动员收集400 m、3 km、5 km和10 km的全速跑成绩，通过整理与分析可以发现运动员的短板，如速度强而耐力略微逊色等。也可以将同一组运动员的图表建立成一个档案，通过组内对比，确定某些运动员在同龄选手中的位置，以及优、劣势项目。对于那些400 m排名靠前，但3 km、5 km、10 km的排名大幅度下降的运动员来说，需要更加专注耐力训练。相反，对于那些3 km、5 km、10 km的配速几乎没有下降的运动员而言，他们可能需要努力提高速度水平。当然，造成短距离速度不佳的另一个原因是可能技术动作没有产生最佳的生物力学效应，训练中多多关注运动员的基本动作模式和跑步技术或许能得到意外的收获。

由于铁人三项是一项竞速运动，运动员的最终目标是有一个相对较高的平均速度，且有一定的"冲刺"能力。适宜的阈值训练能够提供帮助。对于许多青少年运动员而言，在早期的技术训练中增加有氧运动量能够产生较好的练习效果。

（三）各种训练安排

全面的训练方案能够给予运动员，尤其是青少年运动员系统、有效的指导。铁人三项因项目自身的专项特征（如下），更需要教练员采用具有针对性的运动处方来进行专门指导。

（1）铁人三项的三个竞技子项均属于耐力性项目，耐力是限制运动员竞技能力发展的关键因素。在常年的耐力训练中，运动员常处于疲劳状态，因此如何把握耐力训练与恢复休息之间的度，是教练员执教水平的体现。

（2）铁人三项是一个异项组合类运动，有三个处于不同运动空间的体育项目需要练习。因此，训练的效率极为关键，应该将练习的焦点集中在那些具有"练一促三"的作用的关键内容上。

因此，训练应针对以下三个关键领域。

（1）有氧耐力训练。

（2）阈值训练。

（3）快速间歇训练（注意"快"是一个相对术语，这里指的是超过阈值跑步速度的跑步）。

不管比赛距离如何，铁人三项运动员的训练都应该以达到"技术平衡和体能平衡"为目标。一个常见的问题是，训练中可能只关注一种类型的能力，如有氧耐力，而忽略了其他能力的发展。我们经常可以看到运动员花大部分时间进行长距离的跑步和骑行，这确实有助于建立一个较好的有氧基础，但是忽略了速度发展，并且可能会对跑步姿势产生不利影响。

我们在前面部分讨论了如何确定不同运动员的训练重点，在接下来的部分中，我们将概述每种类型训练的基本原则。

1. 耐力

耐力训练是指长时间以较慢的速度进行练习。最基础的水平是可以稳定、连续地运动 30~90 min。新手运动员应该从一个不会造成疼痛/受伤的练习距离开始，然后随着时间增加再逐步提升运动量。

青少年运动员的耐力训练最好安排能力近似的选手一同进行（图 5.77），一来可以促进选手之间的竞争，二来可以使训练具有社交功能。（社交功能）这一点对于运动员是否能长期坚持枯燥的耐力训练是十分关键的。

在田径场内进行耐力训练也是一项不错的选择，场地的设置能够让教练员更清晰地观察运动员的跑姿，也便于教练员及时地进行指导。

一个经典的训练方案：

（1）4~8 组 ×1 km，组间休息 30 s，主观疲劳程度在 6/10。

（2）4 组 ×1 600 m，组间休息 40 s，主观疲劳程度在 6/10。

在这类练习中，休息部分并不是很关键，可以视情况将练习调整为持

图 5.77　结伴进行耐力训练

续训练，休息的主要功能是让运动员及时喝水并接受教练员的反馈，或者重新集中注意力开始下一次训练。

2. 阈值

长跑运动员和铁人三项运动员的关键要素都是能够长时间保持最大速度。实现这一目标的最佳方法是进行阈值训练。

一个经典的阈值训练方法是：

5~8 组 ×1 km，组间休息 30~60 s，主观疲劳程度为 7~8/10。

重复次数与距离这两个变量是可以改变的，但理想情况下，总距离应该保持在 4~8 km 之间，并保持跑步时间与恢复时间的比例，大约 5 组跑步后需进行 1 min 休息。

理论上，如果运动员的积极性较高，他们应该能够在没有休息的情况下跑完全程，但是利用短暂的休息时间有利于保持注意力的集中，运动员也可以从教练员处得到关于跑步姿势、节奏等方面的训练问题的反馈，并从中受益。

对于教练员而言，在重复训练之间监控运动员的呼吸是很有必要的。运动员在完成一组重复训练后，他们的呼吸应该是深的、有规律的，而不是气喘吁吁的。有些运动员在早期的重复训练中，可能会跑得比他们所能承受的速度还要快，这是训练经验不足所致，教练员应该给予提醒，并非所有的训练都是越快越好。

3. 间歇训练

间歇训练是训练有氧能量系统的极限水平（最大摄氧量）的最好方

法,并且可以在一定程度上帮助无氧能量系统的发展。另外,间歇训练可以改善跑步姿势,并且可以在较短的时间内使运动员专注于跑步姿势。提示:运动员需要知道良好的跑步姿势是什么样的,如果目标是改善跑步姿势,那么当跑步姿势出现问题时,应该知道什么时候停止。

要注意的是,这类训练对体能的要求更高,运动员在这种训练中受伤的可能性更大。出于这个原因,不提倡初学者使用这种类型的训练,较为合适的做法是待运动员在较低强度下夯实跑步基础后再接触间歇训练。

因此,间歇训练意味着更短、更大的强度和更长的恢复时间。这种类型的训练也能帮助铁人三项运动员纠正跑步姿势,如在蹬地时产生更大的力量。

铁人三项是一项耐力运动,因此,训练的整体平衡应集中在稳定的运动量上。此外,还需要一些更高强度的适应性训练。第一步应该是阈值训练。对需要间歇训练的高水平运动员来说,间歇训练是额外的,不能代替阈值训练。

一个经典的间歇训练方法是:

4~6组×800 m,主观疲劳程度在8~9/10,3 min休息恢复。

指导要点:

（1）每次重复的最佳时间应该在3~5 min之间。

（2）恢复时间应该等于或略少于每次的重复练习时间。

（3）练习的总时间应控制在20~25 min。

4. 力量和功率

常常有教练员和运动员抱怨,针对骑行的功率练习与力量练习的方法有很多,但是在跑步运动上却鲜有所闻。在自行车上,我们可以通过多种方式任意调控阻力,但是,在跑步时该如何通过增加额外的阻力来提升肌肉力量,并且能够让练习者迅速地利用这份力量来提高跑步功率呢？这里,提供几个常用的方法如下。

（1）重复爬坡。

（2）跑步机跑步,在跑步机上设置斜坡。

（3）在沙子或较软的地面上跑步。

（4）进行一般力量训练（健身房）。

（5）增加额外的阻力跑步,如使用牵引带或负重跑。

这些练习能够产生较好的练习效果,但是也存在较大的受伤风险,教练员应该在运动员的能力范围内开展训练,并且从较小的负荷开始,随着时间的推移逐步增加。选择训练方法时也要考虑到运动员的训练年龄、经

5. 发展速度

在速度方面，我们关注的是高步频能力和短距离快速冲刺的能力。30 min 内完成 10 km 相当于在 400 m 的跑道上以 72 s/圈的速度持续 25 圈。跑得越久，速度就下降得越多，这是一个必然的现象。因此，优秀的铁人三项运动员和长跑运动员必须要在短距离内拥有快速奔跑的能力。

若要达到 30 min 跑完 10 km 的跑步水平，运动员应具备以下能力。

(1) 3 min 52 s 完成 1 500 m（配速 62 s/400 m）。

(2) 8 min 16 s 完成 3 000 m（66 s/400 m）。

(3) 14 min 23 s 完成 5 000 m（69 s/400 m）。

这类训练的关键是通过短距离练习来提高绝对速度，以速度的提升来突破耐力训练瓶颈，最终获得进步。这里提供几个训练方法。

(1) 冲刺跑 100～200 m，重复若干组，每周练习 2～3 次。

(2) 下坡跑，重复若干组，利用下坡的失重条件来突破速度瓶颈。

(3) 定期进行短距离跑步比赛，尤其是在年龄较小时，速度素质更容易发展。

在速度训练中需要保持谨慎，尤其是那些没有跑步训练经历的较为年长的跑者，需要预先评估练习的风险，并少量安排训练。

（四）比赛战术

当铁人三项比赛进行到跑步阶段时，似乎没有什么战术可以被运用，因为跑步尾随的作用很小，而且在这一阶段运动员之间的差距显然已明显增加，实行尾随并不是一件容易的事。尽管如此，运动员还是可以采用一些关键的策略来促进跑步的表现。

(1) 先发制胜。从换项阶段开始加速，并保持领先。这取决于运动员是否能够以高于平均比赛时速的速度跑几分钟（通常为 1 km），然后再以比赛时速进行匀速跑步，同时让身体积极恢复。有实力的运动员倾向于采取这一策略。

(2) 途中加速。在跑步过程中的某一时刻出现加速。这与第一个策略出于同样的目的，只是执行策略的时间推迟了。这一策略适合自身实力不是非常突出但是比赛节奏较好，且变速能力较好的运动员采用。

(3) 后发制胜。速度非常好的运动员可以尝试先跟随领跑者，等待最后几百米进行全速冲刺的策略。这一策略适合爆发力好的运动员，但前提是他们需要有足够的耐力来进行跟随，使自己始终处于领先集团中。

(4)保存实力。在骑行赛段退至后一个集团,积极恢复体能,待跑步赛段再逐步追赶,直至获胜。这一策略适合游泳与骑行能力不是特别突出但跑步实力强劲者,在前两个赛段中保存体能,在最后赛段放手一搏。执行这项战术时,需要运动员具备超强的心理抗压能力与丰富的参赛经验,能够精准地判断比赛竞争态势以及调控自我参赛节奏。

1. 比赛示例

让我们以2018年女子WTS总决赛中选手们在跑步赛段的精彩表现(表5.11)来进一步讨论上述的4种常用策略吧。这里,请重点关注比赛中的一些关键时间节点运动员的表现对于竞赛态势的影响。

表5.11 2018年女子WTS总决赛前三名运动员跑步成绩

竞赛阶段	Ashleigh Gentle	Vicki Holland	Katie Zaferes
第1 km	3∶16	3∶21	3∶14
第2 km	3∶23	3∶23	3∶24
第3 km	3∶14	3∶16	3∶14
第4 km	3∶15	3∶17	3∶15
第5 km	3∶19	3∶20	3∶19
第6 km	3∶15	3∶12	3∶14
第7 km	3∶12	3∶10	3∶18
第8 km	3∶41	3∶41	3∶47
第9 km	3∶32	3∶32	3∶33
第10 km	3∶37	3∶39	3∶58
总时长	33∶44	33∶51	34∶16
平均配速	3∶22	3∶23	3∶26

(1)霍兰德(Holland)在第二换项时因为有更好的换项技术而获得了6 s的优势,这意味着她可以在前1 km保持接近平均速度的跑速进行比赛,而在这种情况下,扎费雷斯(Zaferes)则不得不跑得比平均速度更快。

(2)扎费雷斯在500 m内缩小了6 s的差距,金特尔(Gentle)则花了将近1 km才缩小这6 s的差距。

(3)在第2 km,3名运动员都将速度放慢至平均比赛速度。

(4)在第3~5 km时,扎费雷斯和金特尔略微加快了速度,霍兰德则没有那么快，被扎费雷斯和金特尔领先了 5 s。

（5）在第 6 km，霍兰德加快了速度，迎头赶上，迫使扎费雷斯和金特尔再次加快速度。

（6）在第 7 km 后，3 名运动员的速度都明显降低，但扎费雷斯的减速更为明显，从而与其他两名选手形成了一定的间隔距离。

（7）最后 1 km，冲刺能力更强的金特尔赢得了比赛。

2. 指导启示

从教练员的角度来看，这一场跑步的角逐出现了许多有趣的问题，这些问题可能会影响运动员比赛战术制定和日常训练安排。

（1）换项阶段 6 s 的领先优势是否很关键，是否迫使扎费雷斯一开始跑得太快，还是能够让霍兰德为后面的比赛节省能量？这对换项技术有明显的影响。

（2）霍兰德有意识地让金特尔和扎费雷斯在 3～5 km 之间拉开距离，在这个阶段，了解自己的极限对取得跑步赛段的最好成绩是否至关重要？

（3）争夺世界冠军的心理压力是否让霍兰德、扎费雷斯比金特尔消耗了更多的能量？

（4）这 3 名运动员都以低于平均速度的配速跑完了前 7 km，然后在最后 3 km 明显减速。从减少耗能的角度考虑，保持稳定的配速似乎是不二之选，但是在竞争至白热化程度的世界顶级比赛中，这还是一个最佳策略吗？很显然，匀速似乎意味着将远远落后。

当我们看到比赛中运动员使用的战术和比赛进行的节奏时，能够发现高水平的运动员很清楚彼此之间的优势和劣势。跑步赛段不仅仅只是为了跑出个人最佳成绩，还为了获得最佳的名次。因此，除体能之外，心理作用和战术作用也是至关重要的。

五、跑步安全与跑步装备

（一）出行安全

就装备和运动环境而言，跑步应是三个项目中最简单的，仅需要准备好合适的运动鞋就可以练习。

无论开展哪项运动，安全是所有技术指导中的重中之重，教练员必须确保练习的环境和使用的装备都符合安全标准。虽然我们可以在任何地方、任何时间和任何人一起跑步,但是,在跑步时依旧要遵守基本的安全事项。无论运动员是自行训练还是参加俱乐部等组织的集体练习,我们都鼓励运动员找寻志同道合者,结伴训练。特别是进行越野跑,或是去偏远的农村地区、路段复杂的城镇地区训练,结伴是非常有用的。团队训练或与人结伴训练不但能增加练习的安全性,也能促进社交,提升训练的动力。

跑步训练,尤其是铁人三项运动员酷爱进行的越野跑训练(图5.78),最重要的是必须选择安全的路线,并且保证自己在任何时候都能被其他公众看到。例如,能被骑自行车的人、走路的人和驾驶机动车的人观察到。同时,也强烈建议没有专门保障团队的运动员进行户外训练时随身携带手机,并根据距离长短携带一些营养品(运动饮料或零食)。运动员和教练员应该在训练前告诉他人"即将去哪里训练、大约什么时候回来"。如此,当遇到危险时,可让身边人及时发现并采取相关措施。倘若打算去不熟悉的地点进行训练,那么在出发前下载导航软件并随身带身份证,这也是一项必要的准备工作。

图 5.78　团队越野跑

(二) 预防损伤

在铁人三项运动中,大部分的运动损伤都是与跑步相关的。是否感到诧异?大多数人,甚至是业余运动员或教练员都可能会认为自行车项目是受伤概率最高的。实则不然。有过多年训练经验的选手一定能发现,只要掌握基本的骑行技术、遵守骑行规则与常规事项(如定期保养车辆、训练前后检查车辆等),骑行训练是非常安全的。反而是通常被认为运动形式最简单、安全性最高的跑步项目受伤概率却是三个项目中最高的。这是因为我们对跑步运动的浅显认知使得我们在跑步技术动作学习和科学安排运动负荷这两个关键训练部分都过于随意。我们总是以习惯的跑姿进行练习，不去检查它的合理性。我们也经常错误地认为跑量是提升运动水平的关键，并且对于跑步的场地与跑步装备也没有进行专门研究与精细区分，不能因地制宜、因人而异地开展训练。比如草地较为柔软，更较适合骨骼发育未完全成熟的儿童、青少年，或患有伤病的成年跑者。又如，鞋底较薄、底部较硬的跑鞋更利于发挥速度，但是缓冲作用较差，长期使用将会增加受伤风险，可若是在柔软的沙地、泥地训练时使用这种跑鞋，使运动员能够在不稳定的路面条件下获得较为坚固的支撑，又不失为一个正确的选择。

上述三个问题是造成跑步受伤频率较高的主要原因。本节前半部分已详细介绍了正确的跑姿，第六章和第七章分别介绍了体能训练的方法与运动训练的科学监控手段，能够帮助大家解决第二个问题，以下我们将针对第三个问题就如何选择练习环境与跑步装备进行介绍。

1. 路面条件

长期在混凝土等坚硬的路面上跑步会增加受伤的风险，鼓励运动员在各种不同的路面跑步，包括较软的路面，如草地、树皮覆盖的地面、沙地和小径路或橡胶跑道等，是降低受伤风险的好办法。

进行越野跑时，需注意不平坦的路面。许多运动员会一直选择在同一路面上跑同样的路线，这并不是一个好的方式。我们建议变换跑步的地形并且改变跑进的方向，多种地形、路线的练习更贴近于比赛要求，有利于培养运动员的参赛能力，同时也利于运动员身体的全面、均衡发展。例如，总是在有弧度的路面跑步可能会导致骨盆不平衡（如一条腿高于另一条腿）；总是进行右拐弯，那么身体左侧动作轨迹将大于右侧，左侧的肌肉得到的锻炼也将多于右侧，肌肉发展就会不均衡。因此，进行不同场地的变换训练是全面发展技术与身体能力的不二选择。但是需要注意，训练中的任何变化都应该从少量的练习（在新的场地上）开始，任何对于运动员习惯的改变都有可能导致受伤问题，因此循序渐进与科学监控是训练的基本原则。

2. 跑鞋

跑鞋的选择是非常个性化的，取决于身体成分、跑步动作的生物力学原理、跑步环境和个人喜好等多种因素。教练员应确保运动员了解跑鞋的一些基本特征并给出相应的建议。

1）鞋带

弹性锁扣鞋带是铁人三项运动装备发展的主要标志之一（图5.79），

与传统的鞋带相同,它具有调节松紧的功能,同时它允许运动员在穿脱鞋时不用解开鞋带,只需拉动锁扣即可代替"松解鞋带"与"系鞋带"动作,能够为铁人三项运动员节省宝贵的几秒甚至几十秒。虽然很多高水平运动员在使用传统鞋带

图 5.79　弹性锁扣鞋带

参加比赛时也不会在竞赛过程中系鞋带,而是提前将鞋带系好,比赛时直接将脚伸进跑鞋中,但是仔细观察便不难发现,运动员将跑鞋穿上脚的时间明显增加了(因为鞋带已被提前系上),并且提前调整好的(鞋带)松紧程度并不一定适合比赛当时的脚感,除此之外,在比赛中也会出现鞋带松动、散落的情况。如此看来,弹性锁扣鞋带这一项新发明确实为铁人三项运动员提供很大便利。

2)袜子

与系鞋带一样,穿上袜子再开始跑步会浪费铁人三项运动员的比赛时间。从职业运动员与高水平运动员的参赛动机考虑,穿袜子比赛不被认为是一种好的选择。然而,对于大多数初学者,甚至是有经验的运动员来说,穿着袜子跑步可以避免磨出水泡,能够让他们在奔跑的过程中脚感更舒服,或许可以提高他们完赛和参赛的概率,因为比赛中确实有一些选手因为水泡或脚被磨破而退出比赛(图 5.80)。如果运动员准备在比赛时不穿袜子,那么他们应该在训练时逐渐增加练习,才能适应光脚穿鞋运动,这不但适用于跑步项目,也适用于骑行以及换项过程。

图 5.80　脚被磨破

总结一下以上部分的要点:
(1)穿适合环境的鞋。
(2)确保合脚,不合脚的鞋子会导致水泡和可能出现的损伤。
(3)如果可以的话,不穿袜子练习。
(4)利用带锁扣的鞋带快速完成换项。

建议教练员引导运动员到一家有信誉的运动鞋店挑选跑鞋,以便在选

择和试穿跑鞋时能得到专业建议和帮助。对于在跑步中容易受伤的铁人三项运动员而言，在挑选理想的跑鞋时，向足科医生或理疗师寻求建议是一个不错的方法。

3）鞋的种类

从鞋类的角度来看，训练鞋的选择是很重要的，因为它必须满足训练目的。跑鞋有多种不同的款式，可以适应不同的环境与路面情况（表5.12）。

表 5.12　不同类型的跑鞋介绍

种类	特征	图片
比赛鞋	提供的支撑很少，非常轻，适合在稳定的路面上比赛	
训练鞋	普通的训练鞋，可以有多种选择和不同类型的支撑与缓冲功能。对于初学者来说，是一款应用比较全面的鞋，但此类鞋在松散和潮湿的路面会失去抓地力	
路跑鞋	与训练鞋功能相似，但是抓地力更强，更适合越野跑	
越野鞋	专为山地环境设计，具有所有鞋类中最好的抓地力	

续表

种类	特征	图片
钉鞋	鞋底有钉子，可以增加抓地力。田径比赛的钉鞋使用较短的钉子，用于在跑道上进行的比赛。而越野比赛的钉鞋使用较长的钉子，专为潮湿和泥泞的路段而设计。钉鞋在泥泞的路面有很好的抓地力，但不适合在硬路面（如公路）上使用，它不能够提供支撑和缓冲	
极简跑鞋	能够为脚部提供一定程度的保护，防止脚被路面或碎片割伤和擦伤，但此类鞋的设计目的是模拟光脚跑，选择此类鞋时应该像采用光脚跑步方法时一样，从损伤和安全的角度来考虑	

4）光脚跑

在跑步圈确实流传着一些令人信服的论据说明为什么光脚跑是一个好的训练方法。从理论层面解释：这是人体运动的一种方式，它可以更好地发展脚、踝关节和小腿的活动幅度和灵活性，并帮助脚正常活动。

然而，现代人普遍认为，大多数运动员一生中的大部分时间都穿着鞋子，人们的生活环境已不需要人们光脚进行大多数活动，人们的脚已不适合在混凝土路面上长距离奔跑，而且脚的生物力学性能比较差，不被保护的情况下较易受到伤害。因此，虽然在理论层面上光脚运动可以获得一定的好处，但是实际训练中运动员丢掉运动鞋开始光脚跑步会导致长期（关节和肌肉）和立即发生（水泡、割伤和肌腱损伤）的损伤。

那么是否有一个方法既能够获取光脚跑步的好处，又能使脚不受到伤害呢？

建议运动员在柔软的路面上光脚跑步，如沙滩、草地、塑胶场地等，以增强脚的肌肉和肌腱力量。训练前必须仔细检查使用练习场地的路面情况，玻璃、碎片、小石子等将会使运动员受伤。同时，训练量、负荷和强度的增加都应该是循序渐进的。任何想要进行光脚跑步的运动员都应该咨询专家的意见并慢慢适应。

5）服装

出于舒适和安全的角度考虑，铁人三项运动员的服装是非常重要的

（图5.81），这里提供一些简单的建议。

图5.81　适宜的服装

（1）舒适，不能太松或太紧。

（2）透气和可吸湿（允许水分通过衣物蒸发）。

（3）避免使用棉质织物，因为棉质材料会在下雨或出汗受潮时使衣物与皮肤摩擦进而产生水泡。

（4）夜间跑步时使用带有荧光/反光的衣物。

（5）在潮湿和寒冷的天气中，要使用轻便的防风或防水跑步夹克以及轻便的手套和帽子。

（6）在炎热/阳光充足的环境中，应该使用防晒霜、跑步帽和太阳镜，以防受到紫外线的伤害。

第六章

青少年铁人三项运动员体能训练理论与实践

第一节 铁人三项能量代谢特点

铁人三项是典型的异属多项组合类耐力性运动项目，要求运动员连续进行游泳、自行车和跑步三个项目的比赛。运动中，机体的供能方式以糖和脂肪的有氧氧化供能为主。但是由于运动持续时间过长，三个项目的运动环境、运动姿势和所动用的肌肉各不相同，且三个项目在运动过程中对于运动员的生理指标需要也不尽相同，所以铁人三项选手在运动中的生理需求与其他耐力型项目选手将有所区别。总体来说，该项目运动员要求具有优秀的有氧能力以及维持机体内环境稳定的能力，具体表现为在保持摄氧量水平和最快速度的前提下，使心血管系统和体温调节功能相对稳定。

铁人三项的第一个竞技子项游泳，在运动时常由于环境温度（水温）较低，且行进中所受到的阻力较大而导致人体能量消耗较多。这就要求运动员拥有较强的有氧供能能力。同时，相较于陆地呼吸而言，在水中吸气和呼气都比较困难。吸气时需克服水的压力，才能使胸腔扩大。呼气时由于水的密度大，呼气肌也必须用力，才能将口中余气呼入水中。因此，要求运动员具有较发达的呼吸肌和较大的肺活量。铁人三项的竞赛场地条件使得游泳时的水温通常远低于运动员的体温。经过研究发现，训练水平高的运动员入水后表现出体温先下降后升高的生理现象。这可以说明高水平运动员在冷刺激下体内产热过程加强，具备较好的适应低温的能力。总之，在游泳这个竞技子项上，需要运动员具有出色的心肺功能、较好的有氧供能能力，以及运动过程中维持体温的能力。

铁人三项的第二个竞技子项公路自行车，是三个竞技子项中竞赛距离最长、竞赛时间最久的项目，主要以有氧供能为主。在竞赛过程中，心血管系统和呼吸系统都处于较高水平的运作状态，运动员需具备非常优秀的心肺耐力。在骑行赛段，运动员并非始终以匀速完成比赛。相反，该赛段是三个竞技赛段中速度变化最为明显的赛段。造成运动员频繁变速的原因有以下两点：一是受赛道条件限制，上坡、下坡、弯道等路面客观条件都是影响匀速骑行的因素；二是满足战术需求，骑行赛段路程长，是最容易实施战术的赛程，高水平的运动员往往期望在此赛段通过持续的加速与频繁的变速来奠定制胜优势。因此，骑行赛段对运动员无氧供能能力也有较高要求。通过对国家青年队 12 名运动员（2018 年，威海）进行为期 3 个月的跟踪记录，发现骑行练习结束后运动员的血乳酸可达到 8~10 mmol/L，充分说明了糖酵解供能在运动过程中占有一定比例。所以，骑行运动不仅要求运动员具备较强的有氧能力，还需要具备一定水平的无氧能力。

铁人三项的第三个竞技子项越野跑，作为最后一个竞赛项目，对运动员的有氧供能能力提出较高要求。在整个跑步过程中，有氧供能的比例达到 80% 以上，这就要求运动员具有较高的最大摄氧量水平，以及非常强大的心肺功能；同时也要求运动员能够在赛程中通过使用正确的技战术来降低能量消耗，以维持较高的跑速，所以良好的技术和稳定的节奏可以保证相对经济的能量消耗。此外，由于在进入跑步赛段之前运动员已经进行了很长时间的游泳与骑行，造成了一定程度的脱水，跑步过程又是产热和脱水最严重的环节，倘若在高温高湿的环境下进行比赛，运动员身体的疲劳感与不适感将愈加明显，所以对运动员而言，维持内环境稳定的能力也同样重要。

第二节　体能的构成

一、体能的概念

体能（physical fitness），是人体各器官系统的机能在体育活动中表现出来的基本能力，主要包括力量、速度、灵敏、耐力和柔韧等基本身体素质，以及人体的基本活动能力，如走、跑、跳、投掷、攀登、爬越、悬垂和支撑等。

身体素质就其本质而言，是指人的体质的强弱和运动的机能能力。1984年中文版《体育词典》中指出："身体素质是指人体活动的一种能力。指人体在运动、劳动与生活中所表现出来的力量、速度、耐力、灵敏及柔韧等机能能力。"这条定义指出身体素质不仅仅是人体运动的机能能力，而且也是人体劳动和生活的机能能力。

美国健康、体育、娱乐舞蹈协会把身体素质概括为两个意思，即与健康相关的身体素质（亦称健康素质）和与完成运动动作相关的身体素质（亦称运动素质）。健康素质是指与提高健康水平和增强体质有关的因素，如心血管耐力、肌肉力量和耐力、爆发力、平衡性、柔韧性等，这是一般人都需要的，为衡量健康水平和体质好坏的标准之一。运动素质是指正确完成运动技术的能力，如速度、反应、爆发力、灵敏性、协调性、平衡能力等是衡量运动员训练水平和运动能力的标准之一。

尽管体育锻炼和运动训练一样，都要求发展练习者的身体能力，但其要求是不同的。运动训练常常要求"极限的运动负荷"，发展"极限的体能"，这是由竞技运动的固有特点所决定的。而体育锻炼则要求"适量的运动负荷"，发展"基本和良好的身体机能和运动能力"，这就决定了它们之间所运用的手段和方法存在共同点与不同点。许多运动训练的手段、方法也可作为人们日常锻炼之用，然而在量度和要求上，二者却有着本质的区别。

在当今的健身领域，"身体素质"一词已成为体育运动中的一个专门术语被广泛使用。身体素质在体育运动中，可以看成是人体表现出来的力量、速度、耐力、灵敏以及柔韧等机能能力。这些机能能力在人体运动时主要表现在肌肉收缩力量的大小、完成单个动作频率的高低、体位移动一定距离用时的多少、保持肌肉持续工作时间的长短、肌肉群之间活动的协调配合和各个关节活动范围的大小等方面。由于这些机能能力是在大脑皮质神经调节和有关组织器官的配合下以肌肉活动的形式反映出来的，所以身体素质又可看成是人体在大脑神经中枢调控下，通过肌肉的活动所反映出来的生理机能能力。

身体素质的水平，人与人之间存在很大的差别，即使同一个人在不同年龄段和不同条件下也会发生变化。变化的形式主要有自然增长、自然减退和训练增长。儿童、少年正处在生长发育的旺盛时期，随着自然发育，人体各个器官和系统的结构与机能日趋完善与成熟，各项身体素质也相应得到增长，这种随年龄而增长的现象称为身体素质的自然增长。相反，当人体生长发育完全成熟之后，随着年龄的增长，人体各个器官系统机能逐渐衰退，从而引起各项身体素质的减退。然而，通过对各种肌肉群进行不同形式的练习，能有效地提高身体素质或在一定程度上延缓身体素质自然减退的速度。例如，根据儿童、少年时期不同身体素质的增长规律及特点进行合理有效的身体训练，可使身体素质得到快速的发展；根据成年人的生理、心理特点及个体差异进行科学的身体训练，则能使良好的身体素质得到保持和延缓减退的速度。

二、体能与身体机能、健康生活、竞技运动的关系

（一）体能与身体机能的关系

体能与身体各器官系统的机能有着十分密切的关系。可以说，身体各器官系统的机能是体能的内在原因，而体能则是身体各器官系统功能的外在表现，它与机体的内部器官系统的变化是同步的、一致的。例如，要提高耐力素质，首先要提高心血管的耐力水平，而心血管耐力水平的高低，又是循环系统保证肌肉活动时营养及氧气供应能力和运走代谢产物的能力的基础。良好的有氧供能能力，保障人体工作时能够有充分的氧气和能量物质的供应，同时保证身体各器官系统工作的稳定性。因而，人体就有可能工作更长的时间，就有可能促进人体耐力的发展。反过来说，人们采取若干手段发展身体各种耐力，实际上也要求机体某些方面在较长时间内保持稳定的工作能力，而这必须在机体供氧充足的情况下才有可能实现，这就同时发展了人体的有氧工作能力。从某种意义上说，体育锻炼就是要通过发展相应的体能，进而促进身体各方面机能和器官的全面的、健康的发展。

（二）体能与健康生活的关系

体育锻炼的直接目标是增进健康、增强体质、延年益寿。健康的实质在于各器官系统功能正常，而体质的本质在于运动能力等的提高以及人的生命力旺盛。体能的提高，有助于人们健康幸福地生活，这是不容置疑的。只有体能良好、充满活力的人体，才是对社会和个人最有价值的个

体。在现代社会里，健康生活的方式各不相同。有的人一味追求生活舒适，有的则片面强调饮食营养，然而，从生命的价值和体质的本质来说，提高体能及在此基础上所获得的总体健康水平，对于获得幸福生活是最具积极意义的。这是因为，人们适应纷繁复杂的社会生活，从事卓有成效的生产劳动，实现积极的社会活动和人际交往，总之，人们适应全部物质生活、精神生活和社会生活，都要以良好的身体状况和相应的体能作为基础。通俗地说，只有健康的家庭才是幸福的家庭，只有身体健康与体质强壮的人生，才是真正幸福的人生。

（三）体能与竞技运动的关系

体能的提高有利于掌握复杂、先进的技术和提高运动成绩。现代竞技运动的一个重要特征是要求运动员掌握先进的技术，不断提高运动技术水平。因此，作为竞技运动能力主要因素的力量、速度、耐力、柔韧、灵敏等身体素质的发展水平，对先进技术的掌握和运动成绩的提高起着决定作用。有人曾就体能与运动技术、战术及成绩的关系，做过这样形象的比喻：运动成绩犹如高楼大厦，技术、战术则似构筑高楼大厦的钢筋水泥，而体能如同高楼的地基。盖楼房首先要打牢地基，若地基不牢，钢筋水泥竖不起来，高楼大厦也就成了空中楼阁。实践已经证明，不同运动项目对运动员的身体素质有不同的要求，只有体能提高了，技术水平才能够得以持续发展。

体能的提高有利于承受大负荷训练和高强度比赛。现代竞技运动技术水平不断提高，比赛次数也逐年增加。运动员若要不断地提高运动成绩，就必须通过大负荷的运动训练。然而，只有良好的体能水平才能保证机体适应大负荷训练的需要，否则，训练后疲劳不易恢复，以致机体健康受到影响，进而影响训练效果。目前，运动员的体能水平和大负荷训练与高强度比赛之间的关系已受到极大重视。我国足球队采用的体能测验，就充分说明了这一点。

体能的提高有利于运动员在训练与比赛中保持稳定、良好的心理状态。大量的事实已经表明，运动员在运动训练比赛中具有稳定、良好的心理素质是获得成功和制胜的重要因素。因为好的体能是形成稳定和良好心理状态的基础。例如，"自信"是运动员必备的一种心理素质，运动员在训练比赛中缺乏信心，就不可能获得成功、取得胜利。而"自信"和人的机能能力相互联系，只有具备良好的体能、健康的体魄，才能精力充沛，形成良好的自我感觉并具有成功的信心。

体能的提高有利于预防伤病、延长运动员的运动寿命。优异的运动成绩是建立在体能高度发展的基础上的，机体能力发展水平越高，其衰退速度就越慢，保持时间也就越长。这样，专项技术、战术发挥与保持的时间相应就会更长，运动水平衰退速度也就更慢，运动员就能更长久地保持高水平的竞技能力。如果运动员的体能水平与技术水平不能适应，运动寿命就会过早结束。同样，如果体能水平没有得到高度发展，那么机体能力保持的时间将会减少，衰退速度将会加快，也会直接影响运动水平的发展与保持。我国部分精英运动员过早地结束了运动生涯，其退役的原因很大程度上就在于此。

三、铁人三项运动员的体能构成要素

不同的体育运动对运动员的最佳身体状态有着不同的要求，这就使得运动员体能的不同组成部分在其竞技表现中的重要程度也有所不同。在实践训练中，我们经常用"身体素质"水平来评价运动员的体能水平。"身体素质"是一个体育运动领域的专业术语，经常用来指能够完成一个角色或任务的身体机能和技能的水平。从一个运动员的角度来看，那就是在健康的（没有受伤或疾病）身体状态下，发挥出预期的竞技水平，达到既定目标。而"健康"是有很多不同的组成部分的，如身体的内环境、肢体的功能、心理的状态等。不同运动项目在评定运动员"健康水平"的指标选择上也有所差异，如肩袖损伤对于一名专业游泳运动员而言，显然是"非健康"的体现，甚至是一项对运动员的竞技寿命产生直接影响的健康指标，但是其对于一名马拉松选手而言，可能就是一项被忽略的检查指标。同样，当我们的训练目标为铁人三项运动员时，情况也会发生变化。甚至当我们站在铁人三项的专业范围内考虑不同的竞赛距离与竞赛规则时，内容亦会有所不同。一个很好的例子，WT（World Triathlon）允许尾随的比赛与不允许尾随的比赛中自行车赛段的决胜因素差异为：在不允许尾随的比赛中，运动员在自行车赛段的竞技实力主要取决于其最大平均速度能力；而在允许尾随的比赛中，速度、爆发力与战术素养则成为决胜的关键因素。因此，作为一名教练员，执教的重点是准确评估所从事项目的专项特征与运动需求，并将其与运动员的身体素质进行比较。这能够给教练员提供训练思路，使所设计的训练方案能够满足运动员的比赛需求，最终帮助运动员达成参赛目标。下面，我们将介绍 7 项铁人三项运动员的基本素质能力以及 3 项与竞技表现密切相关的体能评测指标，期望以下信息能够帮助你梳理训练思路。

（一）耐力

1. 耐力素质的定义

耐力素质是指有机体坚持长时间运动的能力。许多项目的运动竞赛都要持续较长或很长的时间，运动员要在竞赛全过程中保持特定的运动强度或动作质量，就必须具备良好的耐力素质，使其能够在持续运动的过程中，保持与不断积累和加深的疲劳做斗争的能力。

疲劳是一种生理现象，是有机体自我保护的反映。训练会导致机体疲劳，疲劳的产生则限制着有机体继续承受训练负荷。对于体能主导类耐力性项目来说，耐力素质的发展水平对运动员的专项竞技水平起着主导作用；对于其他项目来说，良好的耐力素质则有助于运动员更好地克服疲劳，承受更大的训练负荷，提高训练效果，并在比赛中取得优异的成绩。

2. 耐力素质的分类

按人体的生理系统，耐力素质可分为肌肉耐力和心血管耐力，肌肉耐力也称为力量耐力，而心血管耐力又细分为有氧耐力和无氧耐力。有氧耐力是指有机体在氧气供应比较充足的情况下，能坚持长时间工作的能力。因此，进行有氧训练的目的在于提高运动员机体吸收、运输和利用氧气的能力，促进有机体的新陈代谢。无氧耐力也叫速度耐力，它是指机体以无氧代谢为主要供能形式，坚持较长时间工作的能力。无氧耐力又分为磷酸原供能无氧耐力和糖酵解供能无氧耐力（请参考本章第五节）。

按对专项的影响，耐力素质又可分为一般耐力和专项耐力。一般耐力是指对提高专项运动成绩起间接作用的基础性耐力；专项耐力是指与提高专项运动成绩有直接关系的耐力，具体地讲，是指持续完成专项动作或接近比赛动作的耐力。

3. 耐力素质的具体表现

耐力在运动中的体现为时间、距离或数量。例如，运动员跑步 1 500 m 约需 5 min，而跑 10 000 m 则需要花费 31 min 左右，那么跑 10 000 m 就需要更好的耐力水平。无论速度或强度如何，运动员都必须保持长时间的训练以提高耐力。

我们再换一种视角进行分析，假如一名运动员希望在标准距离铁人三项赛的自行车比赛中保持 300 W 的功率骑行 1 h，但是他目前只能保持

45 min。那么，我们可以认为，这名运动员需要提高耐力水平，以便能够在既定强度下持续更长时间的运动。

耐力被广泛用于描述铁人三项运动员的竞技实力，很大程度上取决于这是一项有氧供能的运动。从技术上讲，有氧运动应持续 2 min 以上，这是铁人三项被归于速度耐力型项目的原因之一。随着运动持续时间的延长，其他能量系统的贡献将逐渐减少，有氧供能比重将逐渐增加（本章第五节对此进行了详细介绍）。因此，很明显，当前所有（不同距离、不同形式）的铁人三项比赛都是耐力赛，并且运动员在很大程度上依赖耐力水平而获得成功。但是，上述对于耐力的表述容易造成认知偏差，诸如 400 m 跑步、100 m 游泳之类的短距离项目不需要耐力？答案显然是否定的。即使主要供能渠道是磷酸原系统（ATP - CP 系统）或糖酵解系统，在此类运动的最后阶段减速的运动员也可以被认为是缺乏必要的耐力。因此，耐力应视为一个相对的术语，其与运动员在比赛期间所需达到的运动强度有关。

（二）力量

力量被定义为肌肉或肌肉群在特定速度下产生的最大能力，竞速项目的运动表现一定与力量水平密切相关，它在铁人三项中的具体表现如下。

（1）游泳：在推进阶段通过检查前进速度、手臂划频和划幅之间的关系进行评估。

（2）骑行：施加在踏板上的力，以扭矩为单位。

（3）跑步：在前进动作的推进阶段，以地面反作用力测评。

合理发挥力量的能力，很少孤立地来自某一块肌肉或某一个肌肉群，而是依赖于整个身体的协调运动方式。虽然市面上的功率计并非都可以提供扭矩数据，但我们仍然可以对运动中的力量表现进行判断。如果两名运动员在自行车个人计时赛中保持 300 W 的功率骑行 1 h，但其中一名运动员的平均节奏为 70 rpm，而另一名运动员的平均节奏为 100 rpm，那么第一名运动员必须产生更大的平均扭矩（力）才能与第二名运动员保持同等速度。因此，他对力量的依靠比第二名运动员更多（对于踏蹬频率而言，却正好相反）。

当我们在力量房里训练时，可以使用诸如测力台之类的设备来测量力量。但是，需要注意，我们评价力量的方式非常简单，那就是运动员所举起（或蹬起、推动）的重量，而与举起的速度无关。例如，我们以两名铁人三项运动员的硬拉练习为例，第一名运动员体重 70 kg，第二名运动员体重 80 kg，他们都期望找到自己的 1 次硬拉的最大值。第一名运动员成功地进行了 70 kg 的硬拉，而第二名运动员则进行了 80 kg 的硬拉。可以说第二名运动员在硬拉上的绝对力量比第一名运动员强。但是由于两名运动员的体重与其举起的重量相同，因此，他们在硬拉中具有相同的相对力量。增强力量既有助于提高成绩，又可以减少受伤的风险。一些研究表明，具备高水平的有氧能力和低水平的力量素质的运动员在高强度负荷下骨折的风险大于其他运动员，在铁人三项这类的耐力运动中更是如此。

（三）速度

速度素质是指人体快速运动的能力，包括人体快速完成动作的能力和对外界信号刺激快速反应的能力，以及快速位移的能力。

在铁人三项运动中，它可以是跑步时的步频和脚与地面接触的时间，可以是骑行时的踏频和角速度，也可以是游泳时的划频和腿部打水周期。例如，我们可能会要求运动员在保持稳定、有效姿势的同时"加快"速度，以测试运动员在自行车上的最快速度。有的铁人三项运动员可能难以达到 150 rpm，但是有的运动员则可能达到远高于 200 rpm 的峰值。那么，这些可以达到 200 rpm 的运动员的腿部速度更快。

速度也经常用于描述某人在比赛或训练中从点 A 至点 B 的移动速度，如跑道上的"奔跑速度"。尽管在某些受控情况下，移动速度可以反映运动员的体能水平，但在分析速度时需要格外谨慎，需要综合考虑影响速度的多方面因素。例如，自行车下坡时的移动速度与重力有关，而与施加在踏板上的动力无关，此时体重大的运动员将更占优势。

（四）灵敏

灵敏素质是指运动者迅速改变体位、转换动作和随机应变的能力。衡量灵敏素质的标准是运动员在各种复杂变换的条件下是否能够迅速、准确、协调地做出应答动作。这就要求运动员必须具有良好的判断能力及反应速度，要求运动员随机完成的应答动作在空间、时间以及用力特征上相互吻合，组配协调。

灵敏素质可分为一般灵敏素质和专门灵敏素质两类。一般灵敏素质是指在完成各种复杂动作时所表现出来的适应变化着的外环境的能力；专门灵敏素质是指根据各专项所需要的，与专项技术有密切关系的，以及适应变化着的外环境的能力。在铁人三项运动中，它经常表现为运动员在不明显改变速度、平衡或控制能力的情况下迅速改变方向的能力。例如，比赛时，在前进方向遭遇阻挡，运动员通过调整动作、迅速改变行进方向，以此躲避阻挡。虽然对于铁人三项运动员而言，灵敏素质并不是竞技能力的核心要素，但是对于儿童、青少年的发展来说，灵敏确实是一项有用的运动能力。一些学者认为，良好的体育素养和灵敏性可以使身体更好地适应周遭不同的（环境）情况，并帮助避免伤害。发展灵敏素质，首先要提高大脑皮质神经过程的灵活性，它也是反应速度的一种表现。发展灵敏性的练习方法多式多样，进行体操等技巧性较强的项目或是球类、击剑、格斗等对抗性项目的锻炼效果最佳。

（五）柔韧

柔韧指某个关节或一系列关节的运动范围，抑或是髋关节肌肉的运动范围。较好的柔韧性是指肌肉和关节能通过理想范围的活动来实现有效的运动。柔韧素质因人而异，并且在发展过程中会因运动或缺乏运动而发生变化，因此，人们可以通过保持或改善柔韧的运动提高某些关节的柔韧性。

上肢柔韧不足会影响铁人三项运动员或爱好者较好地施展游泳技术，同样，下肢柔韧不足也会对跑步和骑车姿势产生负面影响。人们年龄的增长、某些肌肉群缺乏锻炼或某些动作类型使用频率过低等，都可能造成柔韧性下降。此时，我们需要通过各种活动，包括静态拉伸、动态拉伸、PNF（本体感受神经肌肉促进）、瑜伽和日常生活中的良好运动姿势来保持或提升柔韧水平。

在活动能力受限的铁人三项群体中，柔韧欠佳的问题经常表现在肩部和臀部的活动能力上，而肩与臀的活动限制通常由身体其他部位（如肋骨、胸椎和腰椎等）的活动限制所引起。相对于优秀运动员运动时的表现，这类人群在跑步或游泳这两个项目上活动能力受限的表现更加明显，而在自行车项目上受到的影响则要小得多，因为骑行受运动器械的影响，关节的活动范围远远小于游泳与跑步，因此在三个竞技子项中，骑行是对于运动员柔韧素质要求最低的一项运动。

（六）协调

协调指以良好的技术、节奏和准确性同时移动身体的两个或多个部分以执行运动或任务的能力。例如，手臂和腿部在跑步中的协调，需要右腿和左臂同时合理地向前运动（反之亦然）。与灵敏素质一样，协调能力也是微妙且不易观察的，例如，进行自行车的踏蹬动作时，通过协调合理的肌肉激活，能够在正确的时刻"关闭"股四头肌，以便进行更有效的踩踏，并阻止运动员在自行车坐垫上高频晃动。

影响协调能力的主要因素如下。

（1）交互抑制——当支配肌肉的运动神经元受到传入冲动而兴奋，同时支配其拮抗肌的神经元则受到这种冲动的抑制，这种生理活动现象称为交互抑制。

（2）力量——拮抗肌的收缩与放松能力。

（3）耐力——疲劳的出现将对技术难度大的动作产生影响。

（4）心智——心智练习可以提高精神集中能力从而改善身体控制能力。

（5）本体感受器——对方位、肌肉与关节张力的感受将影响动作表现。

（七）稳定和平衡

稳定性指平衡被破坏的难易程度，而平衡则是指在静止或运动状态下控制身体位置和运动的过程。

我们思考一下，运动时身体是如何在保持其位置或当前轨迹的情况下产生运动或直接作用力的呢？例如，一个稳定的篮球运动员在接到他人的传球时不会被球的力量击倒；橄榄球运动员在抢球时可以一边争抢一边保持前进，这些都是身体对力的反应。在铁人三项比赛中，我们既需要快速通过换项区，也需要对其他阻碍我们前进的竞争对手做出反应。良好的稳定性是支持所有其他运动的关键，而平衡能力是保持稳定的关键要素。

（八）功率

功率可定义为做功的速率，因此是力量和速度的乘积。它与"力量"不同，"功率"有速度的成分。我们通常将"最大肌肉力量"简称为功率，它是力量、爆发力和运动速度的产物。如果你还是不能准确理解，那么请参考下面这两个公式：

$$功率 = 做功 \div 时间$$
$$做功 = 力 \times 距离$$

举一个例子：两名运动员分别进行 100 kg 硬拉，并保证杠铃移动的距离完全相同（从杠铃接触地面到腿部和臀部完全伸展）。但是，第一名运动员只需 1 s 就完成了这项任务，而第二名运动员用了 2 s 才完成这项任务，此时我们可以认为第一名运动员的功率是第二名运动员的两倍。因此，强有力的运动员就是可以迅速产生最大力量的人。

功率训练通常指由 ATP – CP 能量系统支持的非常短的高强度间歇训练。在铁人三项运动中（尤其是自行车运动中），将功率作为评价强度的指标已得到普遍认可。对教练员而言，弄懂功率训练与提高最大功率之间的区别对制订训练计划以及评定负荷强度是非常重要的。

随着科技的发展，自行车运动员或爱好者们通常会在自行车上安装功率表，功率表可以实时反馈自行车在踏板或曲柄上产生的功率。功率数据在描述性能需求时比净速度（例如，她以 35 km/h 的速度行驶）精确得多，因为净速度受到许多因素的影响，而功率则不然。

许多铁人三项运动员可以保持 180 W 持续进行 2 h 的骑行。但我们要强调的是，这类既定强度下的持续训练是基于耐力的训练，而不是旨在获得最大功率的训练。"瓦特"（一种功率的度量）的使用，容易误导教练员将该类训练认为是功率提高练习，实则不然。真正的功率提高训练是那些要求运动员在 5~10 s 的短时间内进行的、以尽可能产生更大做功为目标的练习。学习至此，你应该对"功率"有了较为完整的认识，它是一项与最大肌肉力量密切相关的运动表现。

（九）身体姿势

这是一个运动训练学术语，是身体练习的三大要素之一。身体姿势指身体及身体各部位在练习的各个阶段所处的状态。一个完整练习的技术过程，包括开始姿势、练习过程中的姿势和结束姿势三部分。身体姿势与人在休息和运动时身体各部位的排列和功能有关，它对于理想运动表现的实现产生重要影响。例如，将骨骼肌伸展至适当的长度，使其保持一定的张力，可以帮助动力链实现"最适宜的力"的产生、传递以及吸收。

我们通常所说的"姿势控制"是指在耐力运动中保持良好的身体姿势。在铁人三项运动中，姿势控制能力通常与身体后链肌肉的良好动员、腘绳肌和臀肌的良好状况和动员情况有关，强有力的背部肌肉以及背部良好的柔韧性可以让身体姿势变得更好。

（十）身体成分

身体成分是指人体内各种成分的含量（如肌肉、骨骼、脂肪、水和矿物质等），常用体内各种物质的组成和比例表示，所以，它是反映人体内部结构比例特征的指标，也是体能训练中经常被忽视的评价指标。于铁人三项运动而言，身体成分对精英运动员的成功至关重要。同时，它也是提高新手运动员水平的关键驱动力。比如,"体脂"是人体组成中脂肪组织的总称,是人体内能量的主要储存组织;而"体脂率"指脂肪率,即身体脂肪的重量占体重的百分比,与BMI(身体质量指数)相比,体脂率可以更加准确地反映身体的肥胖水平;"瘦体重"是指所有不包含脂肪的身体组织(包括骨骼、肌肉、器官和结缔组织)的总重量。

除了身高、体重这些基本指标外,身体成分的评估能够为教练员和运动员提供更多的训练信息。实践中,了解一名运动员的身体成分往往比预测该名运动员的运动潜力更具有实用价值,我们可采用以下方式评定运动员的身体成分。

(1)密度法——水下皮脂测定法(也称为水下称量)。
(2)双能X线骨密度仪(dual energy X-ray absorptiometry)测试。
(3)空气体积描记法——Bod Pod。
(4)皮褶脂肪厚度测量。
(5)生物电阻抗法(bioelectrical impedance analysis)。

大多数精英运动员都具备铁人三项运动所需的适宜的身体成分(脂肪少、肌肉质量高)。这与先天遗传有关,也与合理的营养摄入以及科学的训练相关。在大多数耐力型运动中,体内脂肪百分比越高,运动性能就越差。但是,如果体脂过低,运动员(特别是青少年运动员或女性运动员)的健康和长期表现也将受到影响。

四、体能训练的技巧

合理的训练可以很好地影响身体素质的各个组成部分,训练期间的每项活动都应倾向于将重点放在一个组成部分上。教练员需要了解身体素质的组成部分和如何应用它们,以及在上课期间采用哪些组合方法或如何进行先后排序,让身体素质的组成部分给参加训练者带来更多好处。

铁人三项运动中的许多竞技能力因素之间(如灵敏和反应时间)似乎没有什么相关性,实际每一项能力在发展的过程中都与其他能力之间存在潜移默化的影响。因此,执教初级运动员的教练员应在娱乐性活动中去发展这些看似对竞赛没有太多贡献作用的能力素养,以及那些对于竞赛表现产生直接影响的能力素质。一个优秀的铁人三项运动员需要全面发展,不能有明显的能力短板,在此基础上再根据自身的特点,不断开发优势项,力求做到强弱兼顾。倘若过多地关注某一种能力,而忽略了其他能力的平衡发展，可能会给运动员带来麻烦。例如，过度重视耐力素质、忽略柔韧素质是许多铁人三项运动员的常见问题。短期看，忽略柔韧性培养可能对竞技表现没有显著的影响，但长期来看，这种训练方式会缩小关节运动范围与肌肉动作幅度，并对运动员造成损伤。请记住，正确的培养目标是：首先培养一位全面发展的人；其次才是培养一名全面发展的运动员。任何的训练都不能背离身体的健康生长。

第三节　青少年铁人三项运动员体能训练内容设计

一、青少年铁人三项运动员耐力训练内容与方法

（一）一般耐力训练常用的方法和手段

（1）各种形式的长时间游、骑、跑。
（2）长时间进行的其他周期性运动，如速度滑冰、划船、跳绳等。
（3）长时间、重复做某一项非周期性运动，如篮球运动中多次做带球往返跑练习等。
（4）反复做克服自身体重的练习，坚持较长时间的抗阻练习。
（5）循环练习。

（二）专项耐力训练常用的方法和手段

体能主导类竞速项目有耐力型和速度型两个项群，铁人三项运动属于前一类型。耐力型项目运动员专项耐力的要求是用尽可能高的平均速度通过全程。专项耐力的重要供能形式为糖酵解无氧代谢供能与有氧氧化供能，其主要训练方法为中低强度的持续训练法、中高强度的间歇训练法及高强度的比赛训练法，负荷的主要特征如下。

（1）采用超乳酸阈强度进行训练，在较短距离内以高于比赛的强度进行训练。
（2）一堂训练课的负荷总量超过比赛距离 1~3 倍。
（3）两次练习之间的间歇相对略长，采用中高强度间歇训练时，应待心率恢复至 20~24 次/10 s 时再次开始练习；进行重复训练时则要求恢复

到 20 次或 20 次以下/10 s 时再次开始练习。

(4) 一组练习采用的距离长度通常为：参加短距离项目（如半程比赛或接力比赛）的运动员为比赛距离的 1/4~3/4；长距离项目的运动员不超过比赛距离的 3/4，但常采用不超过 1/4 比赛距离的练习，如参加标铁的运动员常采用 3~4 组 300 m 游泳 + 8 km 骑行 + 2 km 跑步的方式进行重复训练。

(三) 耐力训练的基本要求

1. 重视运动员呼吸能力的培养

运动时，运用正确的呼吸方法对提高肺部换气功能、充分发挥人体机能、提高运动效果、促进健康具有十分重要的作用。一般采用跑三步或四步进行一次呼吸，吸气时以鼻为主、口为辅，呼气时则相反。

耐力训练中要尤其注意呼吸的能力，通常，我们采用提高呼吸频率和加深呼吸程度这两种方式来获取氧气。一般来讲，没有系统训练经历的人在长时间的运动过程中，主要通过加快呼吸频率的方式来满足机体摄氧的需求，而训练有素的运动员则主要以加深呼吸的程度来提高摄氧量。在运动中，当运动员进行中等负荷的耐力训练时，会出现机体耗氧量与氧的供给量之间的不平衡，这种不平衡的表现在大负荷训练时更为明显。可见，培养运动员呼吸能力是十分有必要的。

耐力训练时，应加强运动员用口鼻协同呼吸的技巧。从卫生角度看，鼻黏膜可以净化、湿润气体，提高气体温度，从而避免寒冷、干燥和带有细菌、尘土的空气吸入肺中，但是仅仅依靠鼻子吸气将不能满足大负荷时机体的摄氧需求，因此可以微微张口协助鼻呼吸（游泳运动由于环境的特殊性，只能使用鼻呼吸）。口鼻同时呼吸不但可以使气体更流畅、减轻呼吸肌的负担，而且口腔内血管通过与冷空气接触，有利于散发运动中不断上升的体温，除此之外，口鼻呼吸技术比鼻呼吸技术产生的肺通气量更高，能够更有效地保证运动的正常进行。需要注意的是，在天气寒冷的时候不要把口张得过大，以免受到冷空气刺激而引起咳嗽。一般情况下，口微张，上齿轻轻碰下唇，舌微抵住上颚，让空气从牙缝唇边吸入体内比较好。

另外，无论进行哪一项训练，运动员都应加强呼吸节奏与动作节奏协调一致的练习，呼吸节奏紊乱，就会使动作节奏遭到破坏，从而影响运动表现。

2. 加强意志品质的培养

意志品质对于耐力型项目运动员的竞技表现的促进作用是显而易见

的，无论是训练还是竞赛，意志坚强者往往比意志薄弱者的耐力表现好得多。铁人三项比赛需克服恶劣的天气、陌生的环境、不同难度的场地条件、长距离竞技的疲劳、强大的竞争对手以及比赛中随时可能出现的意外情况等诸多挑战。日常训练中必须要有意识地培养运动员的意志品质，一方面坚强的意志品质是激发运动潜能的催化剂；另一方面意志品质在一定程度上影响着运动员的训练态度，是运动员坚持训练、坚持竞技能力长期发展的内因与动力。

3. 儿童青少年耐力训练的注意事项

（1）掌握儿童青少年耐力自然发展的趋势，以便科学地安排耐力训练。少儿耐力素质是随着年龄的增长而逐渐提高的。例如，我们对同一测试群体进行跟踪监测，测试内容为 3 min 活动能力，结果为：9 岁年龄段儿童的耐力水平只能达到成人水平的 40%；12 岁年龄段儿童达到了成人水平的 65%；当少儿成长至 15 岁，该项测试的平均水平则达到了成人水平的 92%（以上监测的群体是无专业运动经历的普通少儿与普通成人）。

通常，女孩 9 岁耐力提高的速度较快；12 岁，耐力再次提高；当她们进入性成熟后的第二年（约 14 岁后）耐力水平将逐年下降；在 15~16 岁，耐力水平下降得最多。而男孩通常在 10 岁、13 岁和 16 岁，耐力素质有大幅度的提高，且耐力水平下降速率略低于女孩，这主要与不同性别人群的身体成分构成差异有关。

（2）儿童青少年的耐力训练必须以有氧能力练习为主。过早地进行无氧能力训练，会严重地影响到他们的循环系统未来的功能水平。此外，从生理角度分析，儿童青少年的血红蛋白、肌红蛋白含量较成年人少，无氧代谢能量贮备不足，酸中毒现象需要靠心血管系统补偿来消除，因此，无氧代谢能力的发展会受到一定的限制。

通常，少年运动员在青春发育期开始以后进行无氧耐力训练较为合适。我们对优秀铁人三项运动员的成长过程进行仔细分析，发现他们系统地进行专项耐力训练的时长约为 8~10 年甚至更长。再来看 2000—2016 年 5 届奥运会中优秀的铁人三项运动员的参赛年龄，男子一般为 25~32 岁，女子为 27~33 岁。以此推算，他们开始专项耐力的训练年龄男子为 15~22 岁，女子为 17~23 岁。

（3）儿童青少年进行耐力训练的内容手段应是多种多样的，不应只局限于长距离游、骑、跑练习，可选用活动性游戏、球类运动、滑雪、滑冰、登山和循环练习等。

（4）儿童青少年进行耐力训练的主要方法是持续训练法，此外，还可采用法特莱克式的变速跑（具体内容请参考本章第四节）。假如使用间歇训练法，应以小强度练习为主，将强度控制在 30%～60% 区间为宜，练习总时间为 20 min 左右，练习与休息的时间比例可按 1∶1 安排。随着运动员年龄的增长，到 15 岁以后可使用较高强度的间歇训练法，届时强度可设定为 50% 以上。

二、青少年铁人三项运动员核心力量和稳定性训练内容与方法

进行身体核心部位的力量训练，其主要目的是提高核心稳定能力。核心稳定通常是指控制腰、骨盆和髋关节为主的脊柱核心部位的姿势与动作，使其有利于力的产生、传递和控制，以提高四肢运动链的活动效率。我们可以从以下三个方面来认识它的作用：一是从人体解剖学观点看，许多与四肢活动有关的肌群大多发端于脊柱核心部位，核心部位有着承上启下的功能，上承头、胸部，下连臀、腿部，其不仅与头部在运动中稳定平台的搭建息息相关，还与上下肢的活动幅度、力度密切联系；此外，脊柱核心通过髋部连接下肢，为后蹬和摆腿提供牢固的用力固定点；核心稳定训练也常用于发展人体对位置和运动的感知。二是从运动学特征分析，四肢是重要的动力来源和速度传递的效应器，躯干是中枢，脊柱核心部位正处于人体的中枢部分，不仅是身体的重心所在，同时对动作的完成质量也产生至关重要的影响作用。脊柱核心部位肌肉力量与稳定能力的强弱直接与人体运动中的制动、控制和四肢协调与力量获取密切相关。三是从动力学角度分析，脊柱核心部位主要受传导力的作用，所以核心部位的缓冲和力量传递效果就显得非常关键。总而言之，核心稳定性对于人体运动能力的提升和高质量动作的完成都十分重要，如若核心稳定性强，则人体运动时四肢控制有序，能够自由发挥而不给脊柱带来额外负荷；如若核心稳定性弱，那么运动时所产生的力就会在脊柱等薄弱环节上泄漏、缓冲或转移，使力产生分解，从而导致动力链在传递过程中出现额外的力量消耗和能量损失，甚至带来运动损伤的风险。

（一）核心稳定性训练常用的方法手段

1. 核心肌群的分类

核心肌群通常是指位于腹部、前后环绕着身躯，负责保护脊椎稳定的

重要肌肉群,包括腹横肌、骨盆底肌群与下背肌这3个区域。核心肌群主要是由横膈肌、腹直肌、腹斜肌、下背肌、竖脊肌和骨盆底肌等组成的肌肉群。

竞技体育运动不可分割的最小单位是动作。人体运动是由神经控制支配肌肉牵拉骨骼围绕关节所做的整体协调运动,因而所有动作控制与执行的前提条件是身体核心(脊柱)静态或动态稳定。唯有身体核心稳定,才能为全身肌肉的有序发力和协调整合提供有利条件,反之亦然。由于核心肌群在所有运动项目的技术动作完成中发挥十分重要的作用,因而核心肌群训练是所有运动专项训练的重中之重。根据肌肉的起止点、性质和个体功能来划分,可以将核心肌群分成局部肌和整体肌,其中局部肌主要是Ⅰ型肌纤维,整体肌则以Ⅱ型肌纤维为主,通常我们称核心小肌群为核心稳定肌群,人体核心肌群分类详见表6.1。

表6.1 人体核心肌群分类

肌群特征	核心肌群	
	核心小肌群(局部肌)	核心大肌群(整体肌)
起止点	起止点都在核心	只有起点或止点在核心
肌群	腹横肌、多裂肌、腹内斜肌、腹外斜肌深层、腰方肌、膈肌、盆底肌、髂肋肌和最长肌(腰部)、背部回旋肌、棘间肌、横突间肌	腹直肌、梨状肌、缝匠肌、股二头肌长头、半膜肌、半腱肌、耻骨肌、长收肌、短收肌、股薄肌、腹外斜肌浅层、髂腰肌、竖脊肌、髂肋肌(胸部)、背阔肌、下后锯肌、臀大肌、臀中肌、臀小肌、闭孔内外肌
肌肉性质	深层、腱膜形、慢收缩纤维、耐力、较短、募集较差、低负荷下活跃(0~40%最大主动收缩)	浅层、纺锤形、快收缩纤维、爆发力、较长、优先募集、高负荷下活跃(40%以上最大主动收缩)
功能	椎骨间的稳定和腹压调节	大环节之间的运动与稳定、力的传递、腹压调节

资料来源:杨惠、陈洪鑫、李宗涛,2018年。

国外研究发现,在脊柱的整个运动中深层的多裂肌长度变化很小,并认为多裂肌主要负责稳定作用。胸腰筋膜不属于肌肉,但它是连接上肢(通过背阔肌)和下肢(通过臀大肌)的重要结构,将腹内斜肌和腹横肌联系在一起,所以在像投掷类项目的运动链中,胸腰筋膜能为腰椎的运动和核心稳定提供支持,成为维持腹部圈状保护和促进身体姿态稳定的人体组织。从运动环境分析,铁人三项的第一个竞技项目游泳,因"水"这个特殊的外在环境对运动员的身体姿态控制能力提出了一定的约定性,在肢体与水的相互作用过程中,运动者首先需要保持良好的流线型姿势以减少游进时的前进阻力;其次才是通过合理的技术动作获取最佳的推进力。从动作结构分析,游泳、骑行、跑步都是在保持躯干稳定的状态下,上下肢体协调、有序用力,拉(或推)动人体不断前进的运动。核心稳定不仅能保持动作效率、降低运动过程中的能量损耗,同时也能促进技术动作的发挥。例如,对于强调肩与髋部转动的自由泳,核心稳定能力对运动员的技术表现影响较大。因为核心部位是由斜行特性的后锯肌、腹内外斜肌等核心肌群和菱形肌构成的整体,体现了控制人体旋转动力链的"披肩"效应。脊柱核心力量不仅为水中运动提供稳定的支撑平台,而且还为自由泳、仰泳等追求身体旋转用力的泳式提供了足够的动力来源。因此,建议在青少年铁人三项运动员的基础体能训练阶段,将核心力量与稳定性训练安排相当的练习比重。

2. 核心肌群训练的常用方法

核心稳定与力量训练的重点是通过调节神经-肌肉控制系统,加强机体局部和整体稳定性与协调性,有利于力量负荷的转移和相关肌肉纤维的激活与动员,从而使肌肉的力量得以恢复、耐力得以保持,重新获得姿势平衡,最终达到动态核心稳定以及核心肌群的高效调节与控制。根据训练的目的,我们将此部分练习分为三个板块,每个板块训练侧重有所不同,建议教练员与运动员交叉进行。

板块一:静态核心力量训练

(1)跪式平板支撑——单臂举(图6.1)。

图6.1 跪式平板支撑——单臂举

动作要点：

①双手推起躯干呈双手双膝跪姿，右手掌触地支撑，向前抬起左臂直至与同侧耳朵齐平；

②腰腹部肌群收紧，控制骨盆，使左右两侧保持水平；

③维持动作至规定时间后，回到起始位置，双侧手臂交替做相同动作；

④练习时保持身体躯干稳定，控制身体重心，避免多余动作。

（2）跪式平板支撑——单臂单腿伸（图6.2）。

图6.2　跪式平板支撑——单臂单腿伸

动作要点：

①双手推起躯干呈双手双膝跪姿，双臂伸直，腹背肌群收紧，控制身体重心；

②上抬右臂与左腿，直至与地面平行；

③回到起始姿态，换对侧肢体重复相同动作；

④收紧腹肌，运动中躯干不要出现多余动作，在保持脊柱稳定、不晃动的前提下，尽可能抬高臂腿（至水平位）。

（3）跪式平板支撑——膝触地单腿伸（图6.3）。

图6.3　跪式平板支撑——膝触地单腿伸

动作要点：
①俯卧姿势，双膝触地，小腿折叠，双手支撑于肩部正下方；
②双手推起呈俯卧平板姿势，保持头部、背部、下肢呈一条直线；
③保持平板姿势，左腿直腿上抬，维持伸展姿势至规定时间；
④回到起始姿态，换对侧腿练习；
⑤在保持躯干稳定的前提下，尽可能推高躯干。

（4）跪式平板支撑——膝触地单臂前伸（图6.4）。

图6.4　跪式平板支撑——膝触地单臂前伸

动作要点：
①俯卧姿势，双膝触地，小腿折叠，双手支撑于肩部正下方；
②双手推起呈俯卧平板姿势，保持头部、背部、下肢呈一条直线；
③保持俯卧平板支撑姿势，抬起左臂向前伸出并保持至规定时间；
④回到起始姿态，换对侧手臂做相同动作；
⑤在保持躯干稳定的前提下，尽可能推高躯干，同时维持双侧肩膀在同一水平位置。

（5）手式平板支撑——双手俯卧撑（图6.5）。

图6.5　手式平板支撑——双手俯卧撑

动作要点：
①俯卧撑姿势；
②腹背部肌群收紧，双手推起，双手与躯干形成90°左右的夹角；
③身体重心稳定，不晃动，使躯干尽可能远离地面；
④注意保持头部、肩部、躯干、踝关节呈一条直线。

(6) 手式平板支撑——单臂伸（图6.6）。

图6.6　手式平板支撑——单臂伸

动作要点：
①俯卧撑姿势，双手、双脚与肩同宽，双臂支撑于肩部正下方；
②躯干保持不动，慢慢抬起左臂直至与同侧耳朵平齐，并与背部呈一条直线，维持该姿势至规定时间；
③回到起始姿态，换对侧手臂完成相同练习；
④注意抬起手臂时，重心保持在双脚之间，腹肌收紧，躯干保持稳定，不晃动。

(7) 手式平板支撑——单腿伸（图6.7）。

图6.7　手式平板支撑——单腿伸

动作要点：
①俯卧姿势，双手、双脚与肩同宽，双手支撑于肩部正下方；
②双手推起形成俯卧平板姿势，保持头部、臀部、下肢呈一条直线；

③保持平板支撑姿态，直膝上抬左腿，保持至规定时间；
④回到起始姿态，换对侧腿重复相同练习；
⑤在保持躯干稳定前提下，尽可能地推高躯干。
（8）手式平板支撑——对侧臂腿伸（图6.8）。

图6.8　手式平板支撑——对侧臂腿伸

动作要点：
①俯卧撑姿势，双手和双脚分开、与肩同宽，双手支撑于肩部正下方；
②躯干保持不动，同时抬起左臂与右腿，直至与背部呈一条直线，维持姿势至规定时间；
③回到起始姿态，换对侧臂与腿做相同动作；
④注意，抬起臂与腿时，重心需保持在双脚之间，腹肌收紧，维持躯干稳定、不晃动。
（9）肘式平板支撑（图6.9）。
动作要点：
①俯卧姿势，双臂屈肘90°，支撑于肩部正下方，手掌、小臂紧压地面；
②双肘、双脚稳定置于地面上作为支撑点，保持前臂与上臂呈90°夹角、上臂与躯干呈90°夹角的姿势至规定时间；

图 6.9　肘式平板支撑

③腹部收紧，肩、髋需保持在一条直线上。

（10）肘式平板支撑——单臂伸（图 6.10）。

图 6.10　肘式平板支撑——单臂伸

动作要点：

①俯卧，双臂屈肘 90°，支撑于肩部正下方，手掌、小臂紧压地面，双脚分开与肩同宽，呈双肘双脚支撑姿势，保持背部平直呈一条直线；

②保持身体稳定不动，慢慢抬起左臂保持至规定时间；

③回到起始姿态，换对侧手臂做相同动作；

④保持腹部收紧，躯干稳定，身体重心位于双脚之间。

（11）肘式平板支撑——单腿伸（图 6.11）。

图 6.11　肘式平板支撑——单腿伸

动作要点：

①俯卧，双臂屈肘 90°，支撑于肩部正下方，手掌、小臂紧压地面，

双脚分开与肩同宽，呈双肘双脚支撑姿势，保持背部平直呈一条直线；

②保持身体稳定、不晃动，慢慢抬起左腿，保持该姿势至规定时间，然后回到起始姿势，换对侧腿做相同动作；

③保持腹背部肌群收紧，躯干稳定不动，身体重心位于双脚之间。

（12）肘式平板支撑——单臂单腿伸（图6.12）。

图6.12　肘式平板支撑——单臂单腿伸

动作要点：

①俯卧，双臂屈肘90°，支撑于肩部正下方，手掌、小臂紧压地面，双脚分开与肩同宽，呈双肘双脚支撑姿势，保持背部平直呈一条直线；

②保持身体稳定不动，同时抬起右臂与左腿，持续至规定时间；

③回到起始姿势，对侧臂与腿重复相同动作；

④保持腹部收紧，躯干稳定，身体重心位于双脚之间。

（13）屈膝侧向撑（图6.13）。

图6.13　屈膝侧向撑

动作要点：
①右侧位卧于地面，双腿弯曲，右肘放于肩关节下方，手掌、小臂紧压地面；
②右肘发力推地，撑起髋部（离地），肘与膝支撑身体重量，使躯干保持平直姿势，左臂于肩部上方伸展；
③保持该动作至规定时间后回到起始姿势，旋转至对侧方向做相同动作；
④保持腹背部肌群收紧，将躯干维持在一条直线上。
（14）屈膝侧向撑——伸臂伸腿（图6.14）。

图6.14　屈臂侧向撑——伸臂伸腿

动作要点：
①右侧位卧于地面，双腿弯曲，右肘放于肩关节下方，手掌、小臂紧压地面；
②右肘推起髋部离开地面，支撑一侧的肘与膝撑起身体重量，使躯干保持平直，同时向上方伸展左臂并将左腿直腿上抬；
③保持该动作至规定时间后回到起始姿势，旋转至对侧方向做相同动作；
④保持腹背部肌群收紧，将躯干维持在一条直线上。
（15）分腿侧向撑——伸臂（图6.15）。
动作要点：

图 6.15 分腿侧向撑——伸臂

①右侧位卧,右臂伸直放于肩关节下方,手掌着地、支撑,右腿置于地面,双脚分开,左脚在前、右脚在后;
②向上顶髋,使右腿离开地面,将重心前移至右手掌后,上举左臂;
③保持该动作至规定时间后,回到起始姿势,旋转至对侧方向做相同动作;
④撑起躯干时,腹背部肌群收紧,同时收下颌、伸髋,保持躯干呈一条直线;
⑤在动作保持阶段,躯干、手臂及双腿始终保持伸直状态,不能弯曲。

(16) 侧向撑——伸臂 (图 6.16)。
动作要点:
①身体呈一条直线,向右侧卧,右手放于肩关节下方;
②右臂屈肘 90°,手掌与小臂紧压地面,向上推起躯干,双腿并拢伸直;
③保持躯干稳定后向上伸展左侧手臂;
④保持该动作至规定时间后,回到起始姿势,旋转至对侧方向做相同动作;
⑤推起躯干时,收紧腹肌,同时收下颌、伸髋;
⑥在动作保持阶段,躯干、伸展臂与双腿始终保持伸直状态,不能弯曲。

图 6.16　侧向撑——伸臂

(17) 侧向撑——伸臂伸腿（图 6.17）。

图 6.17　侧向撑——伸臂伸腿

动作要点：

①右侧卧位，右手放于肩关节下方，双脚伸直并拢；

②右手上推（伸直）、右髋上顶、推起躯干，双腿伸直，左臂与左腿同步向侧方抬起；

③保持该动作至规定时间后，回到起始姿势，旋转至对侧方向做相同动作；

④撑起躯干时，腹背部肌群收紧，同时收下颌、伸髋、保持躯干呈一条直线；

⑤在动作保持阶段，躯干、双臂与双腿始终保持伸直状态，不能弯曲。

（18）侧向撑——屈髋伸臂（图6.18）。

图6.18 侧向撑——屈髋伸臂

动作要点：

①右侧卧位，右手放于肩关节下方；

②右肘屈肘90°，向上推起躯干，双腿并拢伸直；

③保持躯干稳定后向上伸展左侧手臂，同时右腿屈髋屈膝向胸部靠拢；

④保持该动作至规定时间后，回到起始姿势，旋转至对侧方向做相同动作；

⑤撑起躯干时，收紧腹肌，收下颌、伸髋。

板块二：动态核心力量训练

（1）拉力带——站立平行旋转（图6.19）。

图6.19　拉力带——站立平行旋转

起始姿势：

将拉力带固定在与胸部保持水平的位置处，保持运动基本姿势，站立于拉力带侧后方（进行向左旋转练习时身体位于拉力带左后侧位置，向右旋转练习则反向站立），双臂于胸前伸直，双手合十握住拉力带。

动作步骤：

①右脚蹬地向左侧旋转，左脚脚跟微微向右转动以维持身体稳定。挺髋，躯干保持稳定的同时随下肢力量进行左侧转动，手臂保持稳定并随躯干的力量进行水平旋转；

②通过脚、膝、髋、躯干、手臂的力量层层递进传递，发力拉动拉力带；

③还原至起始姿势，重复多次练习；

④完成规定次数后，进行对侧方向练习。

（2）拉力带——站立斜上旋转（图6.20）。

起始姿势：

将拉力带固定在与髋部保持水平的位置处，保持运动基本姿势，站立于拉力带侧后方，双臂置于腹前伸直，握住弹力带。

图 6.20　拉力带——站立斜上旋转

动作步骤：

①右脚向左蹬地旋转，左脚脚跟微微向右转动以维持身体稳定。挺髋，躯干保持稳定的同时随下肢力量进行左侧转动，手臂保持稳定并随躯干的力量向左上方进行转动；

②通过脚、髋、躯干、手臂的力量传递拉动拉力带；

③手臂随躯干旋转至头部斜上方，与颈部呈 45°左右的夹角，结束旋转；

④还原至起始姿势，重复多次练习；

⑤完成规定次数后，进行对侧方向练习。

（3）拉力带——站立斜下旋转（图 6.21）。

起始姿势：

将拉力带固定在头顶斜上方、手臂上举至 45°处，保持运动基本姿势，身体位于拉力带侧后方，双臂伸直、置于头部斜上方，握住拉力带，抬头盯住手的位置。

动作步骤：

①右脚向左蹬地旋转，左脚脚跟微微向右转动以维持身体稳定。挺髋，躯干保持稳定的同时随下肢力量进行左侧转动，手臂保持稳定并随躯

图 6.21　拉力带——站立斜下旋转

干的力量向左下方进行转动；
②通过脚、髋、躯干和手臂的力量传递拉动拉力带；
③蹬转过程中，向左斜下方旋转，手拉动拉力带直至髋部；
④还原至起始姿势，重复多次练习；
⑤完成规定次数后，进行对侧方向练习。
（4）拉力带——仰卧直臂下拉（图 6.22）。

图 6.22　拉力带——仰卧直臂下拉

起始姿势：
仰卧姿势平躺于地面，将拉力带固定于头部前方，双手伸直，贴于耳侧，握拉力带，头部保持正常位置。
动作步骤：
①腹部发力，带动躯干、胸部、肩部和手臂肌群发力，并将动力逐级传递至手部；

②由头顶经胸前向髋部方向拉动拉力带，结束时使手臂尽可能紧贴于髋部；

③按原动作轨迹还原至起始姿势，重复多次练习。

（5）拉力带——仰卧单手直臂下拉（图6.23）。

图6.23　拉力带——仰卧单手直臂下拉

起始姿势：

仰卧姿势平躺于地面，将拉力带固定于头部前方，左手自然贴于体侧，右手伸直，贴于耳侧，握拉力带，头部保持正常位置。

动作步骤：

①腹部发力，带动躯干、胸部、肩部、手臂，将动力传递到手上；

②由前至后拉动拉力带，动作结束时运动臂尽可能紧贴于髋部；

③按原动作轨迹还原至起始姿势，重复多次练习后，换对侧手臂做相同动作。

（6）拉力带——仰卧伸臂（图6.24）。

图6.24　拉力带——仰卧伸臂

起始姿势：

仰卧姿势平躺于地面，将拉力带固定于脚后方，双手伸直，放于大腿上方，握拉力带，头部保持正常位置。

动作步骤：

①腹部发力，带动躯干、胸部、肩部和手臂，将力量逐级传递至手部；

②双臂于体侧外展，向头部方向伸展双臂，直至双臂于肩部前方完全伸展；

③按原动作轨迹还原至起始姿势，重复多次练习。

(7) 拉力带——仰卧交叉伸臂（图6.25）。

图6.25 拉力带——仰卧交叉伸臂

起始姿势：

仰卧姿势平躺于地面，将拉力带固定于脚后方，双手伸直，放于大腿上，交叉握拉力带，头部保持正常位置。

动作步骤：

①腹部发力，带动躯干、胸部、肩部、手臂，将力量逐级传递至手部；

②双臂于体侧外展，向头部方向伸展双臂，直至双臂于肩部前方完全伸展；

③按原动作轨迹还原至起始姿势，重复多次练习。

板块三：健腹轮与瑞士球训练

（1）健腹轮——跪撑前行（图6.26）。

图6.26 健腹轮——跪撑前行

动作步骤：

①跪姿，双手握住健腹轮两侧，抬起小腿，双腿折叠，以膝关节为支点；

②身体前倾，推动健腹轮向前直至最大限度；

③核心发力，将健腹轮收回至初始位置；

④重复规定次数与组数。
（2）健腹轮——脚支撑前行（图6.27）。

图6.27　健腹轮——脚支撑前行

动作步骤：
①俯卧姿势，双手握住健腹轮两侧，双脚贴紧地面，背部平直，以双脚为支撑点；
②身体前倾，推动健腹轮向前直至最大限度；
③核心发力，将健腹轮收回至初始位置；
④重复规定次数与组数。
（3）健腹轮——手支撑前行（图6.28）。

图6.28　健腹轮——手支撑前行

动作步骤：
①俯卧撑姿势，双脚放在健腹轮两侧，肩、躯干呈一条直线；
②屈髋肌群与核心部位发力拉动健腹轮向双手方向滚动；
③屈髋肌群与核心部位维持稳定并向后推动健腹轮至初始位置；
④重复规定次数与组数。
（4）瑞士球——平板屈膝（图6.29）。
动作步骤：
①小腿置于瑞士球上，双手撑地呈俯卧撑姿势；

图 6.29 瑞士球——平板屈膝

②屈膝、屈髋收腿,将大腿尽量向胸部贴近,直至脚尖触及瑞士球顶部;
③回到起始姿势,完成规定练习次数;
④注意运动过程中保持双肘伸直,背部平直,腹部收紧。
(5) 瑞士球——屈膝军步臀桥(图6.30)。

图 6.30 瑞士球——屈膝军步臀桥

动作步骤:
①仰卧姿势,双手置于身体两侧,屈膝勾脚,脚后跟放在瑞士球上;
②臀部收缩,抬起髋部直至肩、躯干、髋、膝在一条直线上;
③保持臀肌桥姿势,屈膝抬起左腿,膝关节尽量向胸部贴近;
④右腿伸直,使瑞士球向后方滚动,练习过程中需始终保持身体稳定;
⑤重复规定次数后,换对侧腿进行练习。
(6) 瑞士球——手支撑(图6.31)。
动作步骤:
①以俯卧撑姿势双手放于瑞士球上,双脚撑于地面;
②腹部收紧,使肩、躯干、髋、膝、踝在一条直线上;
③保持姿势至规定练习时间。
(7) 瑞士球——脚支撑直臂前行(图6.32)。
动作步骤:
①以俯卧姿势,双臂架于瑞士球上方,小腿支撑于地面;

图 6.31　瑞士球——手支撑

图 6.32　瑞士球——脚支撑直臂前行

②腹部收紧，使肩、躯干、髋、膝、踝在一条直线上；
③以脚尖为动力，推动瑞士球向前滚动；
④回到起始姿势后，进行下一次练习。

（二）核心稳定性训练的基本要求

1. 动力性练习与静力性练习相结合

核心大肌群和小肌群协调配合维持人体核心的动力性稳定和脊柱的三维运动。核心大肌群中Ⅱ型肌纤维较多，能使脊柱产生大范围运动，应该通过脊柱大范围的向心或离心的运动方式促使肌群收缩。快速运动和高负荷对抗能够大范围动员核心大肌群，核心大肌群在运动中一方面需要产生较大的力矩对抗外力；另外，不同肌群发挥主动肌、对抗肌和协同肌作用，协调有序用力、维持核心部位的整体稳定性。例如，游泳运动员加强竖脊肌的训练，能够保持身体在水中的整体流线型姿态，避免腿部下沉或身体过度摆动；冰雪运动项目运动员为提高核心肌群在运动中的稳定与转化作用，防止运动性损伤，也进行了大量的动力性和静力性相结合的核心力量与稳定训练。核心大肌群的动力性训练不仅能为核心小肌群适应各种不同的运动环境创造条件，而且还能进一步提高脊柱的稳定性。核心力量与稳定训练应该紧紧围绕整体肌进行动作设计，从而在训练过程中给予其更好的训练刺激，而非将训练重点放在局部肌的练习上。

2. 自重练习与负重练习相结合

核心小肌群以Ⅰ型肌纤维为主，低强度、慢速的训练可以延长这些肌群低强度等长收缩的时间。核心部位是人体肌肉力量的薄弱环节，参与工作的肌肉相当一部分是机体深层的核心小肌群，这些肌肉承受不了大的运动负荷。实验研究表明：人体活动中需要多裂肌和腹横肌收缩，从而维持脊柱的稳固。大负荷的训练容易使小肌群产生神经性不适应。核心力量训练的首要任务是为上、下肢的肌肉力量的传递和衔接创造条件和搭建平台。核心稳定不仅依靠肌肉和骨骼的支持，还依靠神经系统维持正常功能。肌肉的募集方式和延搁时间由中枢神经系统来控制，以保证合适的运动控制、肌肉的活动以及对四肢产生的反作用的控制。训练可使所有肌群的最大肌力由于神经的适应而增高，对于核心小肌群同样也会产生影响，破坏了以前的核心小肌群的平衡。核心稳定的训练目的是：在最大化刺激深层核心肌群的同时，不增加腰椎的压力负荷。为了达到这个目的，早期的锻炼应该使脊柱处于水平位置，用不超过10%～30%的最大协同收缩能力去背屈或背伸，后阶段可通过逐步提高运动负荷、改进动作等方式进行基础或专项核心力量练习。

3. 稳定支撑练习与非稳定支撑练习相结合

竞技体育动作多数为不稳定支撑的姿势，非稳定支撑训练符合运动技术动作的需要。目前应用较多的为平衡垫、悬吊绳索和瑞士球等非稳定支撑的训练方式。最佳的非稳定支撑练习动作设计应以身体在非稳平面完成支撑动作为前提，在此基础上通过上肢推拉或下肢屈伸等动作完成高质量动作输出，从而最大化模拟人体在运动情境下的动作控制与肌肉用力。此种发展核心稳定性同时训练上下肢力量的练习方式能够最大化地模拟专项运动环境，刺激目标肌群，提高核心稳定专项化训练水平。传统稳定支撑力量练习通常以稳定平面支撑训练发展运动员一般核心力量素质为主，抑或是以站立代替座位、单侧练习代替双侧、不负重代替器械，这种训练方式适合于核心稳定能力尚不强大的青少年运动员。期望通过难度较低的稳定支撑练习，帮助他们建立正确的肌肉用力感和平衡感，并对深层的核心肌群进行适宜的刺激。稳定支撑练习和非稳定支撑练习各有利弊，在游泳运动员的日常核心力量训练过程中，应根据运动员的能力水平、技术特点、训练目的来合理运用，从而达到最佳的训练效果。

三、青少年铁人三项运动员速度能力训练内容与方法

（一）速度素质的分类

速度素质包括反应速度、动作速度和移动速度。

（1）反应速度。反应速度是指人体对各种信号刺激（声、光、触等）快速应答的能力。

（2）动作速度。动作速度是指人体或人体某一部分快速完成某一个动作的能力。动作速度是技术动作不可缺少的要素，表现为人体完成某一技术动作时的挥摆速度、击打速度、蹬伸速度和踢踹速度等；此外，还包含连续完成单个动作时在单位时间里重复次数的多少（即动作频率）。

（3）移动速度。移动速度是指人体在特定方向上位移的速度，以单位时间内机体移动的距离作为评定指标。从运动学上讲，是距离（S）与通过该距离所用的时间（T）之比。在体育运动中，其常常是以人体通过既定距离所用的时间来表示，如男子 100 m 跑 10 s、100 m 自由泳游 50 s 等。一名具有良好移动速度能力的运动员，并不一定也具有良好的反应速度。如在 1980 年莫斯科奥运会上 100 m 赛跑决赛中，金牌获得者是英国运动员艾伦·威尔斯，成绩为 10.25 s，但他的起跑速度为 0.193 s，是参加决赛的 8 名选手中最慢的一名，而第 8 名运动员潘卓（法国），起跑速度快达 0.130 s，是 8 名运动员中最快的一名。

（二）各种速度素质的评定及训练

1. 反应速度的评定及训练

1）反应速度的评定

人们通常测定反应时，即运动员对信号刺激做出反应所需的时间来评定运动员反应速度的快慢。运动员对不同种类的信号的反应时间是不同的，因此，在实践训练中我们经常根据不同项目的不同特点来测评运动员对特定信号的反应速度。如短跑、游泳等竞速项目，运动员主要接受听觉信号后开始竞技，而乒乓球选手则主要接受视觉信号后做出技战术反应。

我们对反应时,可以通过实验室的精密仪器来进行测量,也可以用简易的方法进行测量。

2) 反应速度训练应注意的问题

(1) 反应速度由神经反射通路的传导速度所决定,基本属于纯生理过程,不受其他因素影响。而纯生理过程的提高是相当困难的,很大程度上取决于遗传因素,通过训练可使运动员潜在的反应速度能力得以完整地表现并稳定下来。

(2) 要求运动员注意力集中。在训练中运动员注意力集中与不集中结果大不一样。运动员注意力集中,可使神经系统处于适宜的兴奋状态,使肌肉处于紧张待发状态,此时,肌肉的反应速度比处于松弛状态时可提高60%左右。当然,这种紧张待发状态必须有时间的限制,一般情况下,适宜时间为1.5 s左右,最多不能超过8 s。把注意力集中在完成的动作上将获得较好的效果,可缩短潜伏时间(表6.2)。

表6.2 注意类型潜伏期

类型	注意分配	潜伏期/ms
感觉型	注意力集中在出发信号上	160~175
运动型	注意力集中在完成的动作上	100~125
中间型	注意力集中在信号和动作上	140~150

因此,短跑运动员在"预备"起跑时,要紧紧地压住起跑器,把思想集中于准备迅速迈出第一步这个动作上。

(3) 反应速度的提高在很大程度上取决于运动员对信号应答反应的动作熟练程度。倘若动作熟练,信号一出现,运动员就会立刻做出相应的反应动作。在进行反应速度的训练时,还要经常改变刺激因素的强度和信号发出的时间。

3) 反应速度训练常用的方法手段

(1) 信号刺激法。利用突然发出的信号提高运动员对简单信号做出反应的能力。

(2) 运动感觉法。运用此方法一般要经过三个阶段:第一阶段是让运动员以最快的速度对某一个信号做出应答反应,随后教练员把所花费的时间告诉运动员;第二阶段先让运动员自己估计做出应答反应花费了多少时间,随后教练员再将其与实际所用的时间进行比较,目的在于提高运动员对时间感觉的准确性;第三阶段是教练员要求运动员按事先所规定的时间去完成某一反应的练习,这种练习可以提高运动员对时间的判断能力,促进反应速度提高。

（3）移动目标的练习。运动员对移动目标能迅速地做出应答，一般要经过四个步骤：看或听到目标移动所发出的信号；判断目标移动的方位及速度；运动员选择自己的行动（应答）方案；实现行动方案。其中，判断目标移动的方位及速度的正确率会影响所选择行动方案的正误，因此，这是训练的重点。随着训练水平的提高，在目标移动的设计上可加大难度，如提高目标移动速度、缩短目标与运动员之间的距离等。

（4）选择性练习。其具体做法是随着各信号复杂程度的变化，让运动员做出相反的应答动作。如教练员喊蹲下同时做下蹲动作，运动员则站立不动；教练员喊向左转，运动员则需要向右转；或教练员喊 1、2、3、4 中的某一个数字时，运动员应及时做出相应（事先规定）的动作等。

2. 动作速度的评定及训练

1）动作速度的评定

因为动作速度寓于某一个技术动作之中，如抓举的动作速度、跳跃起跳的动作速度、游泳转身的动作速度等，所以动作速度的测量是与技术参数测定联系在一起的。例如，测出手速度、起跳速度、角速度、加速度等。此外，通过连续多次完成同一动作，亦可求出平均的动作速度。

2）动作速度训练应注意的问题

（1）提高动作速度应与掌握和保持正确的技术动作紧密地结合在一起。

（2）专门性的动作速度训练与专项比赛动作要求相一致，在短距离跑训练中所采用的专门性练习有小步跑、高抬腿跑等，在游泳训练中所采用的专门性练习有出发、转身练习等，在进行这些练习时都应对动作速度提出严格的要求。

（3）在使用反复进行某一个规定动作（如两腿快速交替练习）作为发展运动员动作速度的练习手段时，应合理地变换练习的速度，将最高速度与变换速度的练习结合起来，把相对固定的（有规格的）速度练习与变化的（无规格的）速度练习结合起来，并且要避免动作速度稳定在同一个水平上，力争让运动员超过平时的最高速度。

（4）动作速度训练中，练习的持续时间不宜过长。这是因为动作速度训练强度较大，要求运动员的兴奋性保持在较高的水平，一般而言不应超过 20 s。

（5）动作速度训练的间歇时间是由练习的强度所决定的，练习强度大，需要的间歇时间就长，反之则不然。但也不要忘记，间歇时间过长会使运动员神经兴奋性下降，不利于用"剩余兴奋"去指挥后边的练习，因此休息也不宜过长，如持续时间 5 s、强度达到 95% 以上的练习，间歇时间以 30~90 s 为宜。

3）提高动作速度常用的方法手段

（1）利用外界助力控制运动员的动作速度。如在体操训练中，教练员常常用助力提高运动员完成某一技术环节时的动作速度；在投掷训练中，教练员也常用助力帮助运动员向前送髋关节。在使用助力手段时，必须掌握好助力的时机及用力的大小，同时还应让运动员很好地感觉助力的时间及用力大小，以便使他们能及早地达到既定的动作速度要求。

（2）减小外界自然条件的阻力。如顺风跑、下坡跑、反向牵引游等。

（3）利用动作加速或利用器械重量变化而获得的后效作用来发展动作速度。如利用下坡跑至平地继续快跑，可获得加速后效作用；在推标准铅球之前可先用加重的铅球做练习以获得后效作用。

（4）借助信号刺激提高动作速度。如利用同步声音的伴奏使运动员伴随着声音信号的快节奏做出协调一致的快速动作等。

（5）缩小完成练习的空间和时间界限，如球类运动利用小场地进行练习。这是因为快速动作的完成与持续练习的时间长短有关，也与完成动作活动范围（空间）大小有关，通过小场地的练习，可以限制活动的时间及活动的范围，从而提高运动员完成动作的速度。

不同运动项目对动作速度的要求是不同的。体操等表现难美性项目的动作速度主要体现在快速完成动作的能力上，经常采用的练习有用最快的速度完成若干次俯卧撑、快速"两头起"、原地跳起快速转体等。球类项目快速完成动作的能力表现在快速的起动、短程的冲刺以及各种技术动作的快速完成，速度能力的提高对球类项目各种技术的运用和战术的实施起着极为重要的作用，在比赛中快速运动的能力也是运动员争取时间、赢得优势的重要条件，因此，球类运动员的训练应特别重视快速能力的培养。周期性运动的动作速度体现为运动员完成规定技术的动作频率，但是对于铁人三项这类组合型运动而言，动作速度也体现在两个项目进行转换时运动员快速位移的能力、遇到突发情况时的反应速度以及每一个固定技术动作的完成时间等。

3. 移动速度的评定及训练

1）移动速度的评定

测定移动速度最简便的手段是短距离跑，操作要求如下。

（1）距离不要过长，30~60 s 的距离较为合适。

（2）尽量不要从起跑开始计时，因为起跑阶段反应速度水平对成绩影响较大，尽量去测定运动员全速跑阶段的速度水平。

（3）测试需安排在运动员不疲劳、神经兴奋性高的状态下进行。

（4）可测定 2~3 次，取最佳成绩。

"最大步频"与"快速跑中的支撑时间"这两个指标对运动员快速移动能力有着重要影响。前者可使用当今较为流行的运动手表或手机运动软件来获得准确的数据，而后者则需要测定单脚撑地的时间，可采用触点跑道和波动描记器记录，优秀运动员单脚撑地多为 0.08~0.13 s，而普通人多为 0.14~0.15 s。

2）移动速度训练负荷量度的确定

提高移动速度有两个基本途径：一是力量训练，运动员通过力量增长进而获得速度提升；二是反复进行专项练习。无论通过哪个途径来提高移动速度，训练中都必须重视确定适宜的训练负荷。我们以铁人三项运动员为例，设计一组提高移动速度的练习方案。

（1）运动员进行快速力量训练时，不同练习内容对练习的组数及每组重复次数有不同的要求（表 6.3）。

表 6.3 铁人三项运动员快速力量训练

练习名称	重复次数	组数	锻炼部位
负重屈伸	8~12	2	腰肌、大腿后侧肌群
直腿抓举	6~18	3	臂、肩、背、腿
卧推	6~10	3	胸、上臂
站立哑铃上举	8~12	2	肩、上臂
下蹲	8~12	3	大腿、腰肌
俯卧挺身	8~12	2	腰肌、大腿后侧肌群
足弓提踵	12~8	2	小腿后侧肌群、跟腱

（2）若进行超等长力量练习，可用最大速度做垂直跳 30 s、单足跳 30~50 m、立定跳远、三级跳远、三级跳箱（用单足跳上、跳下）、单足跳下台阶、跳深练习等。

（3）在训练实践中，运动员的力量得到提高，并不意味着移动速度也同步获得了提高，可能会出现"延迟性转化"，当力量训练负荷减少以后移动速度才表现出明显进步。

3）提高移动速度的常用方法和手段

（1）若要发展最高移动速度能力，那么每次练习的持续时间不宜过长，每次练习需以磷酸原代谢为主要供能途径。一般来讲，多采用85%～95%的负荷强度进行20 s以内的练习，练习的重复次数也不宜过多，以免训练强度下降。在间歇时间的把控上，应保障运动员机体得到相对充分的恢复，以保证下一次练习的质量。休息时，可采用慢跑（游或骑）、做伸展练习等积极性恢复的手段。

（2）各种爆发力练习。

（3）高频率的专门性练习，如憋气游、小传动比高频率踏蹬、高抬腿跑、小步跑、后蹬跑、车轮跑等。

（4）利用特定的场地器材进行加速练习，如斜坡跑和骑行台练习等。

（三）速度训练的基本要求

（1）速度素质训练应结合运动员所从事的专项运动进行，如对短跑运动员的反应速度训练，应着重提高他们听觉的反应能力；对足球运动员则应侧重提高视觉反应能力；对体操运动员应着重提高皮肤感觉的反应能力。铁人三项运动员在游泳赛段以触觉反应和视觉反应为主（出发时需依靠听觉反应），在骑行与跑步赛段则以视觉反应为主（主要用于判断危险路况及参赛对手的战术变化）。在对不同信号的反应之中，触觉反应最快、听觉反应次之、视觉反应较慢，如18～25岁的男子对声的反应需要0.14～0.31 s，对光的反应需要0.20～0.35 s，可是触觉反应仅需0.09～0.18 s。

（2）速度素质训练应在运动员兴奋性高、情绪饱满、运动欲望强的情况下进行，一般应安排在训练课的前半部分。

（3）速度能力提高到一定程度时，经常会遇到发展停滞、无法提升的现象，我们将其称为"速度障碍"。产生速度障碍的客观原因是：①技能动力定型，运动员技术动作的时间、空间特征都趋于稳定，较难通过技术的改变来获取速度的提升；②随着运动水平的提高，运动员神经动员过程和肌肉供能方式的改进将遇到更大的困难，且运动员向前移动所需克服的阻力也更大。产生速度障碍的主观原因有：过早地片面发展绝对速度、基础训练不足、技术动作不合理、训练手段单调且片面、不能引起新异刺激、负荷过度、不能完全恢复等。出现速度障碍时，可采用牵引跑、变速跑、下坡跑、带领跑、顺风跑等手段予以克服。

（4）儿童、青少年速度训练的注意事项。

①掌握儿童、青少年速度发展的自然趋势，以便科学地安排速度

训练。

反应速度：6~12岁是发展反应速度的适宜年龄段，其中9~12岁是该项能力发展的"窗口期"；而12岁以后，由于进入发育阶段，青少年身高、体重迅速增长，反应速度的增长则会减慢；到16岁，发育逐渐成熟，内分泌系统等机能产生质的飞跃，此时反应速度的提高又将迎来高峰；直至20岁左右，该能力的发展将逐渐停止。儿童青少年的反应速度表现大致如下：2~3岁为0.50~0.90 s；5~7岁为0.30~0.40 s；12~14岁为0.15~0.20 s。

动作速度：从测试者肘关节的最高动作频率看，在4~17岁，最高动作频率由3.3次/10 s提高至3.7次/10 s；从测试者400 m全速跑的步频看，在7~17岁步频表现出自然增长的趋势。通过观察，我们发现4~5岁的孩子动作角速度可以达到26.1~37.1°/s，以后随着年龄的增长，动作角速度也将提高，至13~14岁，动作角速度可能达到42.0~86.1°/s，基本接近成年人的水平。

跑的速度（移动速度）：7~12岁男、女孩在跑的最高速度能力上差别不大，到13岁以后，男孩逐渐超过女孩，且男子在18岁以后跑的速度也有提高的趋势，而女子17岁后跑速自然提高减慢。另外，女孩在14~16岁由于青春期的关系，速度表现很不稳定，甚至可能出现低于14岁以前的速度水平。

②由于移动速度具有多素质综合利用的特点，它的发展与力量、耐力等其他身体素质的发展有着密切的关系，因此，对儿童青少年进行速度训练时要十分重视身体素质的全面发展。

四、青少年铁人三项运动员灵敏素质训练内容与方法

（一）灵敏素质的评定及训练负荷量度的确定

1. 灵敏素质的评定

评定灵敏素质的方法有很多，如立卧撑测试、象限跳测验、滑步倒跑测验、十字变向跑及综合性障碍等。

2. 训练负荷量度的确定

发展灵敏素质主要采用变换训练法，训练强度一般较大，速度较快。练习次数不宜过多，训练时间不宜过长，因为机体疲劳时力量就会下降、

速度将变慢、反应变得迟钝，不利于该项素质的发展。每次练习之间应有足够的休息，以保障氧气的补充和肌肉中高能物质的再合成，但如果休息时间过长，又会使神经系统的兴奋性下降，因此这是一个需要严格把控的关键环节，通常练习时间与休息时间为1∶3是比较合适的。

（二）灵敏训练的主要方法

（1）让运动员在跑、跳当中迅速、准确、协调地做出各种动作，如快速改变方向的各种跑、各种躲闪和突然起动的练习，各种快速急停和迅速转体的练习等。

（2）各种调整身体方位的练习，如利用体操器械做各种较复杂的动作等。

（3）专门设计的各种复杂多变的练习，如立卧撑、十字变向跑及综合变向跑等。

（4）各种改变方向的追逐性游戏和对各种信号做出复杂应答的游戏等。

（三）灵敏训练的基本要求

1. 灵敏素质要从儿童时期开始训练

灵敏素质的生理学基础是在中枢神经系统指挥下，将身体各种能力，包括力量、速度、协调、柔韧等综合地表现出来。神经系统是人体发育最早和最快的系统，儿童具有较优越的发展神经系统的条件，如6~12岁孩子节奏感较好；7~11岁孩子具有良好的空间定向能力；7~12岁孩子具有良好的反应能力等，这些都为发展灵敏素质提供了良好的条件。需要注意的是，女性进入青春期，由于体重增加，内分泌系统也发生了变化，这将影响灵敏素质水平。

2. 灵敏素质训练的安排

灵敏素质训练一般安排在训练课的前半部分，在运动员体力充沛、精神饱满时进行。在进行训练时，教练员应采用各种手段消除运动员的恐惧心理或紧张状态，以保证训练取得良好的效果。

五、青少年铁人三项运动员协调能力训练内容与方法

在各项体能练习中，协调能力的训练可以说是最困难的，因为影响协

调能力的因素除了遗传、运动员心理和个性外，尚有肌力与肌耐力、技术动作纯熟度、速度与速度耐力、平衡能力、动作韵律性、肌肉放松与收缩，甚至还有柔韧性等因素。我们可以通过以下九种练习方法来发展协调能力。

（1）各种不习惯动作的练习。
（2）反向完成动作。
（3）改变已习惯的动作速度与节奏。
（4）以游戏方式完成复杂的动作。
（5）创造性地改变动作完成的方式。
（6）采用不习惯的动作组合，提升已掌握动作的复杂程度。
（7）改变动作的空间范围。
（8）利用器械或自然环境做各种较复杂的练习。
（9）利用信号或外部环境作为提示，要求运动员依据提示不断改变身体动作。

关于协调能力训练的要求，我们需记住：①协调能力的培养需要在儿童、青少年时期开展，成年后提升空间较小；②协调能力练习尽量安排在运动员体能充沛、注意力较为集中时进行；③越是基础的练习动作，其练习频率越是要高，但练习的强度不宜过大；④协调能力训练的手段要尽可能多样化，儿童、青少年进行练习时需要先讲解动作要领（需根据练习者的智能水平安排适宜难度的练习），避免程序错误引起受伤。

由于协调能力是一项基本运动素质，建议贯穿于儿童、青少年的整个竞技能力培养过程中，可以在每个训练周期的准备阶段与恢复阶段增加训练密度，大力发展该项素质；在专项强度阶段可将其作为调整手段穿插于训练课中，一来保持该项能力，二来可起到调节作用（缓解专项训练疲劳）。下面，我们提供一组适合儿童、青少年发展协调能力的练习动作，教练员可以3次/周的频率进行练习。

（1）纵跳：双脚并拢、屈肘、摆臂向上跳。
（2）前后跳：方法要领同上，分别向前、后两个方向跳。
（3）侧跳：方法要领同上，分别向左、右两个方向跳。
（4）方形跳：方法要领同上，按正方形图形跳。
（5）转向跳：起跳方法要领同上，但跳起后需转向180°，着地时利用身体与双手来维持平衡，可分别向左、右两个方向旋转。
（6）单脚跳跃转向：以单脚完成练习（5）。
（7）侧向交叉步：分别向左、右两侧（横向）迈步行进。

（8）手脚反向动作：两臂伸直向胸前下压，同时提起单腿、绷直脚尖上踢，还原后换另一条腿。

（9）站蹲撑立：双脚并拢站立，两臂自然下垂，下蹲，双手撑地，完成立卧撑，随后收腿跃起，起身时双手主动向上伸展，保持连贯动作并重复进行多次练习。

上述练习为一组循环训练，教练员可依据运动员的竞技水平安排不同的重复组数，以及通过时间的控制（这里指变换动作的频率）来调整练习难度。除上述练习外，提升协调能力的方法还有：①陀螺翻滚；②左脚内屈用右手碰（反之亦然）；③（双臂）反向绕肩；④站立接抛球；⑤坐姿接抛球；⑥持球8字摆振；⑦（双人）蹲立互推；⑧（双人）站立跳起互推；⑨站蹲撑立接球；⑩坐蹲立接球；⑪翻滚接球等。

第四节　青少年铁人三项运动员体能训练方法分类

一、持续训练法

（一）持续训练法释义

持续训练法是指负荷强度较低、负荷时间较长、无间断地连续进行训练的练习方法。练习时，平均心率应在每分钟130~170次之间。持续训练法主要用于发展一般耐力素质，并有助于完善负荷强度不高但过程细腻的技术动作（如游泳划臂技术），可使机体运动机能在较长时间的负荷刺激下产生稳定的适应，内脏器官产生适应性的变化；可提高有氧代谢系统功能水平以及有氧供能状态下的运动强度；可为进一步提高无氧代谢能力及无氧工作强度奠定坚实的基础。

（二）持续训练法的类型

根据训练持续时间的长短，持续训练法可分三种基本类型，即短时间持续训练法、中等时间持续训练法和长时间持续训练法（表6.4）。

表6.4 持续训练法基本类型及其特点

基本类型	短时间持续训练法	中等时间持续训练法	长时间持续训练法
负荷时间	5~10 min	10~30 min	>30 min
心率强度	170次左右/min	160次左右/min	150次左右/min
间歇时间	无	无	无
动作结构	基本稳定	基本稳定	基本稳定
有氧强度	最大	最大	次大
供能形式	无氧、有氧代谢系统混合供能	有氧代谢供能为主	有氧代谢供能

(三) 持续训练法的应用

1. 短时间持续训练法的应用

短时间持续训练法广泛应用于体能主导类项目的运动素质训练之中，也适用于技能主导类运动项群中动作强度较高的素质、技术和战术的训练工作。例如，隔网性运动项群中传球、防守等组合技术的练习，同场性运动项群中接球、运球、传球、投篮（射门）等组合技术的攻防技术练习，某种"人盯人"的战术打法练习以及各种跑动、接球、投篮（射门）等组合技术的攻防战术练习等都可采用此方法训练。

短时间持续训练法的应用特点是：一次持续练习的负荷时间相对较短（为5~10 min）、负荷强度相对较高，平均心率控制在每分钟170次左右；练习动作可以单一也可以多元；练习动作的组合可以固定也可变异；练习过程不中断。该方法可有效地提高运动员的无氧、有氧代谢系统混合供能的能力和该供能状态下的运动强度，以及该供能状态下所表现出来的速度耐力和力量耐力，激烈对抗的持久性、攻防技术运用的转换性、负荷强度变换的节奏性、各种攻防技术运用的衔接性、某项技战术应用的熟练性和疲劳状态下技术效果的稳定性。

2. 中时间持续训练法的应用

中时间持续训练法普遍适用于技能主导类运动项群各个项目中多种技术的串联、攻防技术的局部对抗、整体配合战术或技术编排成套的技术或战术训练，以及体能主导类耐力性运动项群训练。在实践中，中时间持续训练法具有两种典型的练习形式，即匀速持续训练和变速持续训练。其中，匀速持续训练是一种典型的以发展有氧代谢系统供能能力为目的的训练方法。该方法的负荷强度与负荷时间因具体运动项目的比赛距离不同而有所差异。其特点是运动强度相对较低，负荷强度变化较小，运动速度相对均匀，运动过程不中断，练习动作相对稳定，负荷强度一般控制在心率160 次/min 左右，人体能量消耗较小。变速持续训练是一种强制性的以发展有氧与无氧代谢系统混合供能能力为目的的训练方法。该方法运动强度相对较高，负荷强度变化较大，运动速度变化较多，运动过程不中断，负荷强度一般控制在心率每分钟 150～170 次之间，人体能量消耗相对较大。

中时间持续训练法的应用特点是：技术动作可以单一也可以多元，平均强度不大，负荷时间相对更长，以有氧代谢系统供能为主。一组练习的持续负荷时间应为 10 min 以上。负荷强度心率指标平均为每分钟 160 次左右。体能主导类项群可用此方法发展耐力素质。技能主导类项群采用此方法时，应保证练习的基本技术相当娴熟，组合技、战术的训练有明确的战术意图，技术动作的负荷强度搭配合理，并确保训练过程不中断。此种方法可有效地提高运动员以有氧代谢系统供能为主的机体代谢能力和该供能状态下的运动强度，可有效地提高该供能状态下所表现出来的专项耐力以及技术应用的稳定性和抵御疲劳的耐久性。

3. 长时间持续训练法的应用

长时间持续训练法对于体能主导类耐力性运动项群具有直接的训练价值。在实践中，长时间持续训练法具有三种典型的变化形式，即匀速持续训练、变速持续训练和法特莱克（Fartlek）训练。其中，长时间持续训练方法中的匀速持续训练、变速持续训练形式与中时间持续训练方法的主要不同之处是：负荷强度相对更低，负荷时间相对更长，训练场所变更较多。而法特莱克训练（起源于 20 世纪 30 年代的北欧山林中）则是一种以发展有氧代谢系统为主、适当发展有氧与无氧代谢系统混合供能能力为己任的耐力训练方法。该方法的应用特点是：训练环境不稳定，运动路线不固定，负荷时间较长，运动速度的快、慢变化不具有明显的节奏性，但具有明显的随意性，运动过程始终不间断，练习过程的负荷强度呈现高、低交错，心率指标为每分钟 130～160 次之间，训练时运动员的心理感受相对轻松。

长时间持续训练法在技能主导类运动项群中的应用领域相对不广，这主要是因为长时间持续训练法的应用目的是发展一般耐力，过分地采用长时间持续训练法进行训练，不仅无助于技能类运动项群运动成绩的提高，甚至有可能引起机能的不良迁移或阻碍主要专项运动素质的发展。因此，其只作为技能主导类运动项群中一项辅助性的练习，但是该方法对于铁人三项运动员具有较好的促进作用。

二、法特莱克训练法

1937年，瑞典越野教练Gösta Holmér发明了此套训练方法。Holmér的越野跑团队曾经在20世纪20年代的重大比赛中惨遭失败，于是他将速度训练与耐力训练进行融合，采用短脉冲式的训练方式，使用比竞赛时更高的步频和更快的跑速进行练习，并鼓励运动员尝试维持更长的训练时间。

20世纪40年代，瑞典选手Gunder Hagg和Arne Anderson使用法特莱克训练计划并将其纳入常规的训练当中，最终两人轮流打破了世界纪录。Hagg于1945年跑出了4∶01.40的成绩，并将此世界纪录保持了9年。法特莱克训练法在20世纪40年代末到50年代初在美国盛行，瑞典人的成功永久地改变了长距离训练的规则。

（一）法特莱克训练法的工作原理

法特莱克训练法解决了影响跑速的4个主要因素：速度、力量、效率和耐力。法特莱特训练法不刻意关注训练时间和训练距离，而是强调训练速度。执教者宣称：将speedplay（速度游戏）作为追求目的，自然而然地就能将你的腿部力量加强，帮助你发现一种更快速、更经济的跑步方式。当然，法特莱克训练法也包含了积极的恢复（采用较慢的步频持续行进），这是长跑运动员获得优异运动表现的关键之一，这能改善他们的体力和耐力。法特莱克训练法可以帮助运动员调节自己的体能状态，使其能够在比赛当天从容迎接对手的挑战。

（二）法特莱克训练计划

在许多方面，法特莱克训练计划依赖于训练者的运动环境。例如，你可以决定跑4个电线杆或者在开放的马路上奔跑90 s。你可以（也应该）使用不同的距离、速度和恢复时间。

一个基础的法特莱克跑可以是这样：

15 min轻松跑或3 km热身。

10×1 min 5 km的速度，组间1~2 min休息，或持续5 km以上（快、慢交替）变速跑。

3 km放松跑。

一个高级的法特莱克跑可以是这样：

20 min 轻松跑

1 min 5 km 的速度，1~2 min 恢复。

2 min 5 km 的速度，1~2 min 恢复。

3 min 5 km 的速度，1~2 min 恢复。

4 min 5 km 的速度，1~2 min 恢复。

3 min 5 km 的速度，1~2 min 恢复。

2 min 5 km 的速度，1~2 min 恢复。

1 min 5 km 的速度，1~2 min 恢复。

20 min 放松跑。

你可以每周采用法特莱克训练法练习速度一两次。如果在赛季早期，可以考虑进行 2 次训练，将其作为一种调节方法来准备接下来更加结构化的训练。推荐用这种方法进行跑山，因为它能练习有关速度和力量的所有指标。

三、无氧阈训练法

无氧阈的概念：在运动过程中，人体在逐渐递增的运动负荷下能量供应的方式也会随之产生变化。人体由有氧代谢供能转变为由有氧代谢和无氧代谢共同供能的转折时刻即为无氧阈，我们可以通俗地将其理解为无氧代谢参与供能的临界点。

由于无氧阈值与耐力性运动的竞技表现具有显著相关性，所以无氧阈已成为指导耐力性项目训练的一个通用指标。了解每一位训练对象的无氧阈值对运动员选择适宜的训练强度、练习节奏和比赛技术是非常有帮助的。此外，将无氧阈指标合理地应用于选材、训练、参赛等活动中，也能够发挥科学监控的作用。因此，在训练中要定期进行无氧阈值评测，以确定每一位运动员的心率、乳酸与运动速度（包括游速、车速、跑速）的对应关系，做到科学监测（生理指标）、精准把控（训练强度）、区别对待（训练对象），尽可能使每一位运动员的训练效益达到最大化。需注意，无氧阈速度的提升幅度取决于运动员当下的身体状况和所执行的训练计划，不同运动员的无氧阈速度水平提升速率亦不相同。进行无氧阈水平测试前必须重视并考虑运动员在该训练周期所承受的运动负荷与强度，充分了解运动员当下的身体状况与训练表现。

一般而言，无氧阈水平在高强度、短周期练习后将有所下降，所以在此之后的训练需适当调整负荷强度。这里要强调的是，在大部分优秀的耐力性项目运动员的年度总训练量中，无氧阈水平和高于无氧阈水平的训练量基本与有氧训练量相一致，或略低于有氧训练量。我们建议，无氧训练与有氧训练的训练量都应平稳地增加，不可集中提高，否则容易造成运动性损伤与运动性疲劳。

四、间歇训练法

（一）间歇训练法释义

间歇训练法是指在进行多次重复练习时，对每一次或每一组练习之间的间歇时间做出严格规定，让机体始终处于不完全恢复的状态下反复地进行训练的练习方法。通过系统的间歇训练安排，可使运动员的心脏功能得到明显增强；通过调节运动负荷强度，可使人体各部分的机能产生与所从事的运动相匹配的适应性变化；通过不同类型的间歇训练，可使糖酵解代谢供能能力或磷酸原与糖酵解混合代谢的供能能力得以有效地发展和提高；通过严格控制间歇时间，可帮助运动员在激烈对抗和复杂困难的比赛环境中稳定、巩固技术动作；通过较高负荷心率的刺激，可使机体的乳酸耐受能力得到提升，以确保运动员在高强度的机体刺激下依旧具有持续运动的能力。

（二）间歇训练法的类型

间歇训练法的基本类型主要分为三种，即高强性间歇训练法、强化性间歇训练法和发展性间歇训练法（表6.5）。

表6.5　间歇训练法基本类型及其特点

类型 要素	高强性 间歇训练法	强化性间歇训练法		发展性 间歇训练法
		A 型	B 型	
负荷时间	<40 s	40~90 s	90~180 s	>5 min
负荷强度	大	大	较大	中
心率指标	190 次	180 次	170 次	160 次左右
间歇时间	很不充分	不充分		不充分

续表

类型 要素	高强性 间歇训练法	强化性间歇训练法		发展性 间歇训练法
		A 型	B 型	
间歇方式	慢速游、骑、跑	慢速游、骑、跑		慢速游、骑、跑
每次心率	120~140 次	120~140 次		120 次
供能形式	糖酵解供能为主的混合代谢供能	糖酵解供能为主的混合代谢供能		有氧代谢为主的混合代谢供能

（三）间歇训练法的应用

1. 高强性间歇训练法的应用

高强性间歇训练法是体能类速度性和耐力性运动项群开展间歇训练的主要练习方法之一，是一种发展糖酵解供能系统的供能能力、磷酸原与糖酵解供能混合代谢系统的供能能力的重要训练方法。该方法不仅适用于体能主导类速度性和耐力性运动项群的素质、技术的训练，同时也适用于技能主导类对抗性运动项群中的攻防技术或战术训练。如隔网性运动项群中网前连续进行的攻防技术练习，同场性运动项群中连续曲线跑动进行的攻防技术练习或连续跑动的"人盯人"防守技术练习，格斗性运动项群中各种直拳、勾拳的组合练习或抱摔练习以及表现性运动项群中的各种组合练习等，都可采用该方法进行训练。

高强性间歇训练法的应用特点是：一次练习的负荷时间较短（40 s 之内），负荷强度大，心率多在每分钟 190 次左右，间歇时间极不充分，以心率降至 120 次/min 视为开始下一次练习的确定依据，练习内容多为单个技术或组合技术，练习的动作结构基本稳定，能量代谢主要启用磷酸原系统以及糖酵解供能系统。其可有效地提高运动员在这两类系统供能条件下的速度耐力和力量耐力以及糖酵解供能状态下技、战术运动的规范性、稳定性和熟练性。

2. 强化性间歇训练法的应用

强化性间歇训练法对于体能主导类速度耐力性或力量耐力性运动项群的促进作用十分明显，它是发展糖酵解供能代谢系统与有氧代谢系统混合供能能力以及心脏功能的一种重要训练方法。该方法适用于所有耐力性项目以及部分同场对抗性项目的体能与技、战术训练。采用该方法进行的练习，其练习形式多为单一结构的动作练习、多种负荷强度下不同技术动作的组合练习、某种战术形式的组合练习、多种战术混合运用的配合练习。

如骑行台骑行（单一结构的动作练习）、连项训练（多种负荷强度下不同技术动作的组合练习）、团队配合骑行（某种战术形式的组合练习）等都可采用该方法进行。同样，表现性运动项群中的组合练习或成套技术动作的练习（如艺术体操）也可采用此方法。

强化性间歇训练法的应用特点是：对体能主导类运动项群来讲，一次练习的负荷时间应略长于专项比赛时间（在 100~300 s），负荷强度则比专项比赛强度低 5%~10%，心率控制在每分钟 170 次或 180 次左右即可，间歇时间以心率降至 120 次/min 为开始下一次练习的确定依据，动作结构需保持全程稳定。身体素质的训练亦是如此。对于技能类运动项群来讲，技术动作种类较多，动作练习多为组合技术，技术动作的负荷强度较高，负荷性质多为力量耐力性和速度耐力性。负荷时间较长，其中，A 型强化性间歇训练有利于提高负荷强度较高的运动技术、战术的熟练运用程度，有利于提高糖酵解供能为主的供能能力以及该供能状态下的力量耐力素质；B 型强化性间歇训练有利于提高负荷强度适中的运动技术、战术的熟练运用程度，有利于提高无氧与有氧混合代谢系统的供能能力以及此供能状态下的力量耐力素质。强化性间歇训练法十分注重对于间歇时间的严格把控，强调启用糖酵解供能系统或以其为主的混合代谢系统供能。每课练习的次数（组数）因人而异。可有效地提高该项群运动员的糖酵解供能系统、混合供能的能力及此种供能状态下运动员有关肌群的速度耐力和力量耐力以及技术运用的稳定性，使之与体能同步、协调、高度地发展，以便适应实际比赛的需要。

3. 发展性间歇训练法的应用

发展性间歇训练法是发展有氧代谢系统供能能力与心脏功能的一种重要训练方法。该方法适用于需要较高耐力素质的运动项群的日常训练，体能主导类耐力性项群使用此方法最为频繁，技能主导类项群中以发展有氧耐力为目的的身体素质的训练也常用此方法。同时，该方法也适用于技能主导类同场对抗性项目中那些比赛人数较少且比赛时间被分解成阶段性的连续攻防项目的训练。例如：篮球与足球的"三对三"攻防转换练习，格斗对抗性运动项群中的体能训练和"一对二"的轮番格斗训练等。此外，表现难美性运动项群中的各种低强度的技术动作组合练习和有氧健身训练等亦可采用该方法进行练习。

发展性间歇训练法的应用特点是：一次练习的负荷时间较长，负荷时间为 5 min 以上，负荷强度控制在平均心率为 160 次/min 左右，间歇时间以心率降至 120 次/min 为开始下一次练习的确定依据，一次持续练习的动作种类可以单一,亦可多元,供能以有氧代谢系统为主。在实际训练过程中,为了提高运动员的耐力水平,教练员通常将发展性间歇训练法、强化性间歇训练法同持续训练法结合应用,根据负荷强度的分级标准进行训练。

五、最大有氧速度训练

(一) MAS 概述

最大有氧速度,也叫 MAS,它指运动员在运动过程中达到最大摄氧量(VO_2max)强度时的最低运动速度,我们可将其理解为 vVO_2max。最大有氧速度与有氧表现(VO_2max)相关,是发展有氧能力(aerobic capacity)过程中一个非常重要、实用的指标。MAS 的目的是提升训练的专项性,以及让教练员更加精准地对训练负荷进行监控。因为运动训练学领域的专家经过长期的跟队观察发现,耐力性项目(也包括其他需要发展耐力素质的运动项目)在进行针对有氧能力提升的训练设计时,VO_2max 指标因其使用过程的烦琐、复杂以及不易把控,并不能成为教练员设置跑步(或游泳、骑行)速度和训练持续时间的有用指标,因此 MAS 的开发一方面是为了帮助教练员了解某一训练方案所对应的身体需求,另一方面也可以帮助教练员更加具体地设计训练方案以及更加精准地把控训练负荷的量度。因为在训练中教练员可以依据每一位运动员的 MAS 水平因人而异地设置具体的游泳、骑行、跑步速度。例如,运动员可以持续性地跑步,甚至当其运动强度已经达到 VO_2max 时,运动员依旧可以跑得更快,因此 MAS 测试的是运动员刚好达到 VO_2max 时的"最慢"速度。图 6.33 显示了在递增负荷 VO_2max 测试中达到 MAS 的运动员。结果表明,MAS 与 VO_2max 直接相关,但与运动经济性无关。

图 6.33 同样展示了所测试运动员的无氧速度储备水平。无氧速度储备以米/秒(m/s)为单位,它是最大有氧速度和最大冲刺速度之间的速度差。例如:

运动员 A:
最大有氧速度 = 5.0 m/s
最大冲刺速度 = 10.0 m/s
无氧速度储备 = 5.0 m/s

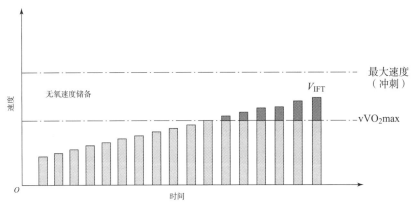

图 6.33 最大有氧速度释义图

运动员 B：
最大有氧速度 = 4.6 m/s
最大冲刺速度 = 9.8 m/s
无氧速度储备 = 5.2 m/s

上述实例可知，虽然运动员 A 的最大有氧速度与最大冲刺速度均高于运动员 B，但运动员 B 的无氧储备高于运动员 A，因此，在进行有氧能力提升的专门训练时，A 的运动速度要求应略低（慢）于 B。

（二）MAS 对运动训练的辅助作用

由于铁人三项运动是以有氧为主导，并且要求运动员在整个竞赛过程中以高强度进行比赛，因此，有氧功率是运动员竞技表现的重要方面。最新的研究表明，高水平的耐力运动员比低水平的耐力运动员能产生更大的有氧功率。但是，重要的是，我们要理解，更大的有氧功率并不代表运动员的运动表现一定会更好。因为铁人三项是一项复杂的运动，其竞赛过程长、竞技环境多变、运动模式多样，需要运动员竞技能力全面且各项能力的整合效率高。所以，教练员需正确认识 MAS 训练对运动员的促进作用。除此之外，我们通过研究也发现似乎对跑步要求越高的项目，运动员参加比赛（尤其是最高水平的比赛）所需的 MAS 越大。

（三）MAS 的测量与计算方法

很多测试都可以用来测量 MAS，但对于许多情况，必须使用校正公式来精准确定其 MAS。如果教练员想准确地测定 MAS 以及根据 MAS 来制订训练计划，那么教练员必须熟悉一些常用的测试方法之间的差异以及用来校正这些差异的方程式。

这里重点强调一下，并不是所有的 MAS 测试得出的结果都是一样，这意味着准确地进行 MAS 测试是有一定困难的。我们再次复习一下 MAS 的概念：达到 VO_2max 时的最低运动速度。有些运动员在达到这个速度之后还能继续加速，因此许多测试可能无法得出准确的 MAS 值。所以，以下我们将对一些常见的问题进行探讨，期望能在一定程度上澄清这个问题。

首先，基于铁人三项运动员，强烈建议采用静水游泳、骑行台骑行与场地跑的测试方法来测试 MAS。尽管这些年，通过理论研究与实践训练已经开发出很多 MAS 的测试方法，但是如果教练员对各个测试的优缺点不明确的话，就很难选择一个合适的测试方案。表 6.6 为 MAS 测试方法及其结构的细分。

表 6.6 MAS 测试方法及其结构的细分

测试名称	测试特征
实验室内跑步机测试	直线跑、加速跑、持续跑
田径场内计时测试	直线跑、加速跑、持续跑
多级体能测试（Beep 折返跑或 20 m 折返跑）	折返跑、加速跑、持续跑
Yo-Yo 间歇测试	折返跑、加速跑、间歇跑
Carminatti（卡米纳蒂）测试	折返跑、加速跑、间歇跑
1 200 m 折返跑	折返跑、加速跑、持续跑
计时测试	直线跑、持续跑
竞距测试	直线跑、持续跑

正如表 6.6 所示，训练实践中存在很多 MAS 的测试方法，这些方法在本质上是有一定差异的，例如，在这些测试中，有直线跑、折返跑、持续跑、加速跑等。我们以折返跑测试为例进行分析：折返跑包含连续的减速、变向和再加速等动作，这些高强度的动作会增加测试中的无氧代谢比重，这在直线跑、持续跑测试中是不存在的。这会导致测试者的有氧供能系统工作得更为强烈以补充在这些高强度动作中无氧代谢所消耗的底物。这充分说明了，教练员和科研人员必须要从本质上明确各种测试之间的差异性，这一点对 MAS 在训练中能否被比较精准地应用是至关重要的。

了解不同测试的差异性以及针对性后，我们需学习如何正确计算

MAS。我们为了解决类似上述折返跑等测试中所存在的个体差异问题,需要使用校正公式对其进行校正。如果没有特定校正公式的测试,也可以使用简单的一般公式。下面列出的几个公式可供大家参考。

(1) 多级体能测试校正公式。
$$MAS = 最后折返跑速度 \times 1.34 - 2.86 \text{ km/h}$$

(2) 1 200 m 折返跑校正公式。

大体重(大约 100 kg)受试者 MAS = 1 200/(时间 S - 29) m/s

轻体重(100 kg 以下)受试者 MAS = 1 200/(时间 S - 20.3) m/s

(3) 一般校正公式(对于其他测试可以使用该公式)。
$$MAS = 估计 VO_2 max/3.5 \text{ m/s}$$

(四) MAS 的应用

了解运动员的 MAS 值后,可以根据 MAS 值设计训练计划。例如,表 6.7 是一个 MAS 为 5.08 m/s 的运动员的相关数据。通过这一组数据,我们可以设计提高该名运动员最大摄氧量水平的间歇训练课(参考方案如下)。对于有氧间歇训练来说,运动与间歇的时间在 1∶1~1∶1.5 区间较为合理。

表 6.7　某队员(MAS = 5.08 m/s)训练强度参考表

时间/s	10	15	20	25	30
强度(MAS 百分比)/%	距离/m				
140	71	107	142	178	213
130	66	99	132	165	198
120	61	91	122	152	183
110	56	84	112	140	168
100	51	76	102	127	152
90	46	69	91	114	137

可以安排以下练习:

请注意,以下练习均为 15 s 间歇。

第 1 组:5 × 15 s,100% MAS(76 m)

第 2 组:5 × 15 s,110% MAS(84 m)

第 3 组:10 × 15 s,120% MAS(91 m)

第 4 组:5 × 15 s,110% MAS(84 m)

第 5 组:5 × 15 s,100% MAS(76 m)

本训练课程强度练习时间为 7 min 30 s，间歇时间为 7 min 30 s，共进行 2 510 m 的 100% MAS 以上强度的训练。

六、重复训练法

（一）重复训练法释义

重复训练法是指多次重复同一练习，两次（组）练习之间安排相对充分休息的练习方法。通过同一动作或同组动作的多次重复，经过不断强化运动条件反射的过程，有利于运动员掌握和巩固技术动作；通过相对稳定的负荷强度的多次刺激，可使机体尽快产生较完善的适应性机制，有利于运动员发展和提高身体素质。构成重复训练法的主要因素有单次（组）练习的负荷量、负荷强度以及每两次（组）练习之间的休息时间。休息通常采用静止、肌肉按摩或散步的方式。

（二）重复训练法的类型

依单次练习时间的长短，可将重复训练法分为短时间重复训练法、中时间重复训练法和长时间重复训练法三种类型（表 6.8）。

表 6.8 重复训练法基本类型及其特点

特点 类型	短时间重复训练法	中时间重复训练法	长时间重复训练法
负荷时间	<30 s	30 s ~ 2 min	2 ~ 5 min
负荷强度	最大	次大	较大
间歇时间	相对充分	相对充分	相对充分
间歇方式	走（或游、骑）、按摩	走（或游、骑）、坐、按摩	走（或游、骑）、坐、卧、按摩
供能形式	糖酵解为主供能，磷酸原代谢系统参与供能	糖酵解为主的混合代谢供能	无氧有氧比例均衡的混合代谢供能

（三）重复训练法的应用

1. 短时间重复训练法的应用

短时间重复训练法普遍适用于磷酸原系统供能条件下的爆发力强、速度快的运动技术和运动素质的训练。例如，铁人三项比赛中游泳赛段的出发抢位技术（包括起跳、水下潜泳与出水游进）以及自行车赛段的站立式启动与冲刺技术练习，田径运动跨栏技术的分段或全程练习，排球运动单个扣球技术动作的练习或传（挡、推、截）球与扣（抽）球技术的组合动作的练习，足球运动单个射门技术动作的练习或接与传技术、接与投技术、掷（踢）技术动作组合的练习，拳击运动中各种方式的直拳、勾拳的练习，表现性项群中各种基本技术或高难技术动作的组合练习等，都可采用该方法进行训练。所有体能主导类速度性、力量性运动项群的技术、素质训练，以及所有技能主导类对抗性和表现性运动项群的高、难、强技术的训练与有关的速度素质和力量素质的发展都可以此为主要训练方法。

短时间重复训练法的应用特点是：一次练习的负荷时间短（约在30 s），负荷强度大，动作速度快，间歇时间充分，单一动作或组合动作的各个环节前后稳定。间歇过程多采用肌肉牵拉、按摩放松方式，以便能尽快促使机体恢复。重复次数和组数相对较少，可有效地提高负荷强度很高的单个技术动作或组合技术动作运用的熟练性、规范性和技巧性，促进该类运动项目运动员的磷酸原系统的储能和供能能力，提升运动员主要运动肌群的收缩速度和爆发力。

2. 中时间重复训练法的应用

中时间重复训练法普遍适用于糖酵解供能条件下的运动技术、战术和素质的训练。如铁人三项运动的游骑换项或骑跑换项练习，隔网性运动项群中多种技、战术串联技术动作的重复练习或强度适中的单一技术动作的重复练习，同场性运动项群中爆发力较强、速度较快的单个技术动作的练习或以此类技术为主所构成的组合技术动作的重复练习，格斗性运动项群中任何一种连续进行的格斗练习或以该类技术动作为主所构成的组合技术动作的练习，难美性运动项群中成套运动训练等都可采用该方法进行训练。中时间重复训练法也可用于运动员学习、形成和巩固运动强度较低的运动技术，适用于运动员掌握局部配合的运动战术。同时，该方法同样可用于比赛时间为 30 s ~ 2 min 的体能主导类运动项群的技术和素质的训练。当然，对该类项群的训练还应辅以短、长时间的重复训练方法。

中时间重复训练法的应用特点是：一次练习的负荷时间相应较长，通常为 30 s ~ 2 min。练习时，负荷时间可略长于专项比赛时间或负荷距离可略长于专项比赛距离，负荷强度应较大（负荷心率应在 180 次/min 以上）并与负荷时间呈现负相关性。单一练习动作的各个环节或组合技术的基本结构应前后稳定。能量代谢主要由糖酵解供能系统完成。间歇时间应当充分。应采用慢跑深呼吸以及按摩放松方式进行，以便能尽快清除体内乳酸。其可有效地提高运动员糖酵解供能系统的储能和供能能力与糖酵解供能为主条件下的速度耐力和力量耐力，以及技能主导类运动项目中各种技术衔接与串联的熟练性、规范性、稳定性及机体的耐乳酸能力。

3. 长时间重复训练法的应用

长时间重复训练法主要适用于无氧、有氧混合供能系统条件下的运动技术、战术、身体素质的训练工作。如技能主导类运动项群多种技、战术的串联练习、连续攻防的对抗练习、组合技术的重复练习以及一次负荷持续时间为 2～5 min 的多种运动素质练习等，都可采用此方法训练。此方法同样适用于难度不大、负荷不高、技巧性强的单一技术动作的训练或由难度不大的组合技术动作的训练；还适用于体能主导类（2～5 min）耐力性运动项群的技术、素质的训练；亦可辅以中时间重复训练方法或持续训练法，如铁人三项运动的不同距离组合的游骑连项、骑跑连项或游骑跑连项训练。

长时间重复训练法的应用特点是：一次练习过程的负荷时间很长，通常在 2～5 min 之间或更长。技能主导类项群在使用此方法时选择的技术动作练习种类较多，同时参与技术、战术训练的人数较多，战术攻防过程转换次数较多，训练的实战环境气氛较浓，相对于短时间重复训练法与中时间重复训练法，它的训练组织难度更大。体能主导类项群使用此方法进行训练时，负荷时间略长于专项比赛时间或负荷距离略长于专项比赛的距离；负荷强度与负荷时间呈现负相关性，无氧和有氧混合供能特征明显。一次练习完毕后，间歇时间应当十分充分，如此可有效地提高该类运动员的无氧、有氧混合代谢的能力与无氧、有氧混合代谢供能状态下的速度和力量耐力，以及各种技术应用的熟练性和持久性。在实践中，将长时间重复训练法与间歇训练法、持续训练法和变换训练法合理结合，可以获得较好的训练效果。

七、比赛训练法

（一）比赛训练法释义

比赛训练法是指在近似、模拟或真实、严格的比赛条件下，按比赛的规则和方式进行训练的方法。比赛训练法是根据人类先天的竞争和表现意识、竞技能力形成过程的基本规律和适应原理、现代竞技运动的比赛规则等因素而提出的一种训练方法。运用比赛训练法有助于运动员全面并综合地提高专项比赛所需要的体、技、战、心、智等多种竞技能力。

（二）比赛训练法的类型

依比赛的性质可将比赛训练法分为四种类型：教学性比赛、检查性比赛、模拟性比赛和适应性比赛（表6.9）。

表6.9　比赛训练法基本类型及其特点

基本类型	教学性比赛	检查性比赛	模拟性比赛	适应性比赛
比赛规则	正式规则或自定规则	正式规则或自定规则	正式规则	正式规则
比赛环境	相对封闭	封闭或开放	封闭或开放	开放
比赛过程	可人为中断	不可中断	不可中断	不可中断
比赛对手	队友或对手	对手	队友或对手	对手
比赛裁判	临时指定	正式指定	临时指定或正式指定	正式指定

（三）比赛训练法的应用

1. 教学性比赛的应用

教学性比赛是指在训练条件下，根据教学的规律或原理、专项比赛的基本规则或部分规则，进行专项练习的训练方法。例如，运动队内部队员之间的对抗性教学比赛，不同运动队运动员之间的邀请性教学比赛，不同训练程度运动员之间的让先性比赛，部分基本技术、战术的对抗性教学比赛等，都可视为教学性比赛训练方法的应用。

教学性比赛的应用特点是：可采用部分比赛规则进行局部配合的训练；比赛环境相对封闭，便于集中精力训练；比赛过程可以人为中断以便指导训练；运动员的心理压力小，利于技术水平的正常发挥；可激发运动员的训练激情、提升运动负荷强度，系统提高运动技术衔接和串联的熟练程度；强化局部或整体配合的密切程度；协调发展不同训练水平的运动员的竞技能力；激励运动员产生强烈的竞争意识，从而更好地挖掘运动员的竞技潜力。

2. 检查性比赛的应用

检查性比赛是指在模拟或真实的比赛条件下，严格按照比赛规则，对赛前训练过程的训练质量进行检验的练习方法。检查性比赛适用的范围很广，包括专项运动成绩、主要影响因素、运动负荷能力、运动技术质量及训练水平检查等。由于检查性比赛是在比赛或类似比赛的条件下进行训练质量的检查，因此较易发现问题。所以，有经验的教练员经常运用此方法。

检查性比赛的应用特点是：可采用正式比赛规则的全部或部分进行比赛；比赛环境可以封闭或开放；运动员的心理压力较大；可以设置检查设备进行赛况监控。检查性比赛主要应用于检验运动训练的质量，寻找薄弱环节，分析失利因素、提出解决问题的方案，提供改进训练工作的反馈信息。

3. 模拟性比赛的应用

模拟性比赛是指在日常训练中，模拟真实比赛的环境和对手，并严格按照比赛规则进行竞赛的训练方法。模拟性比赛在技能主导类对抗性运动项群中经常被运动员和教练员采用，如技术动作的模拟、运动战术的模拟和比赛环境的模拟等，从实战出发、有针对性地培养运动员的实战能力是此方法的设计初衷。运用模拟性比赛法时，有意模拟比赛环境中的诸多不良因素对于提高运动员的竞技能力是极为重要的。因为比赛环境中的不良因素，诸如比赛噪声、观众起哄、裁判偏袒、对手干扰、组织紊乱、赛程变更、气候变化等，都可能明显地破坏运动员的比赛情绪，影响运动水平的正常发挥。因此，有意识地在训练过程中采用此法，可以有效地提高运动员避免不良因素干扰的能力，从而有利于运动员逐步形成心定、心静、心细的竞技心理，为重大比赛中运动技术的正常发挥奠定心理基础。另外，应当特别注意认真培养或挑选"模拟对手"，达到有针对性地提高运动员面对不同竞技对手的实战能力。当今，我国女子对抗性运动项群各个运动项目迅速发展的重要原因之一就是借助运动水平较高的男子选手来模拟已确定的竞技对手，帮助女子运动员提前适应比赛难度，提高训练强度，为正式比赛中与真正对手的决战做好预先准备。

模拟性比赛的应用特点是：模拟比赛的环境类似真实比赛环境，模拟比赛按照真实比赛的竞赛规则严格进行，模拟对手近似比赛对手。通过模拟性比赛可提高运动员日常训练的目的性；增强运动员承受竞赛中较高心理压力的能力；检验教练员训练指导思想的正确性；加强训练的实战性和针对性；提高对真实比赛状况的预见性。

4. 适应性比赛的应用

适应性比赛是指在真实比赛条件下，力求尽快适应竞赛环境的训练方法。适应性比赛与模拟性比赛的不同在于，前者在正式比赛的环境下进行，后者则在人为模拟的环境下进行。适应性比赛的应用形式较多，如重大比赛前的系列邀请赛、访问赛、对抗赛以及表演赛都是适应性比赛训练方法的运用形式。在适应性比赛前应有一套完整的赛前准备、赛中实施及赛间调整的方案。一般来说，赛前准备方案应当促使运动员产生并形成与重大比赛相适应的积极心态；赛中实施方案应当帮助运动员建立排除一切不利因素干扰的稳定心态；赛间调整方案应当辅助运动员调整可能产生的不良情绪或保持已有的良好心态，从而使运动员通过适应性比赛过程，培养出全面的、优异的比赛素质。

适应性比赛的应用特点是：于重大比赛之前、在真实的竞赛环境下，按照比赛的规则，与真实的对手进行角逐，以尽快促进各项竞技能力因素实现高质量匹配，促使运动员产生旺盛的竞争欲望为目标，同时通过比赛发现影响竞技表现的关键问题并形成与最终比赛相适应的最佳竞技状态。

第五节 发展人体三大供能系统的训练方法

一、人体三大供能系统简述

人体有三大供能系统，分别是：①磷酸原系统；②糖酵解系统；③有氧系统。这三条供能系统协同运作，为机体的日常活动及专门运动进行能量供给。

（一）磷酸原系统

磷酸原系统，通常是指三磷酸腺苷和磷酸肌酸组成的系统，由于二者的化学结构都属于高能磷酸化合物，故称为磷酸原系统。

ATP 是人体的直接能量来源，它在 ATP 酶的催化下，迅速水解为 ADP（二磷酸腺苷）和 Pi（无机磷酸），并释放出能量。人体细胞内只储存了少量 ATP，进行剧烈运动时，仅能维持 $1\sim3$ s，之后的能量供应需要依靠 ATP 的再生。CP 是人体细胞内的另一种高能磷酸分子，它可以通过分解提供能量和无机磷酸，使 ADP 重新合成 ATP，从而维持 ATP 的稳定。这个分解→合成的过程非常迅速，在无氧条件和有氧条件下均可进行。比如，类似短跑这样的短时间、高强度运动，在最初的几秒内，ATP 含量维持在一个相对稳定的水平，但磷酸肌酸含量却不断下降，因为它要持续补充运动所消耗的 ATP。当运动者力竭时，ATP 和 CP 含量均显著降低，以至于不能继续提供能量来维持肌肉的收缩和舒张。

ATP-CP 系统的供能特点是：①不需要氧（有氧条件下也可进行）；②输出功率大，但维持时间短（约 6~8 s），是短时间、极高强度运动（比如短跑、跳跃、举重）的主要供能系统。

（二）糖酵解系统

糖酵解系统，也称无氧乳酸系统。在无氧条件下，糖原或葡萄糖通过酵解途径生成乳酸和 ATP，为机体提供能源。

糖酵解系统的供能特点是：①不需要氧；②输出功率一般，可维持 2~3 min，是中等时间、高强度运动（如 200 m 游泳、800 m 跑）的主要供能系统；③产生乳酸，乳酸累积过多会导致疲劳。

（三）有氧系统

在有氧条件下，人体三大能源物质（糖、脂肪和蛋白质）通过氧化作用，生成 ATP 供能。

有氧系统的供能特点是：①需要氧；②输出功率小、可维持时间长，是持续的长时间中低强度耐力性运动（如慢跑）的主要供能系统。

（四）人体三大供能系统与运动的关系

1. 人体三大供能系统供能能力的比较

人体三大供能系统供能能力的比较见表 6.10。

表 6.10　人体三大供能系统供能能力的比较

供能系统	可维持时间		输出功率	生成 ATP 速率	生成 ATP 能力
ATP-CP 系统	6~8 s		大	快	小
糖酵解系统	2~3 min		中等	中等	中等
有氧系统	糖	1.5~2 h	小	慢	大
	脂肪	—			
	蛋白质	—			

2. 运动时间对主要供能系统的影响

运动时间对主要供能系统的影响见表 6.11。

表 6.11 运动时间对主要供能系统的影响

持续时间	运动强度	主要供能系统	举例
0~6 s	非常剧烈	ATP–CP 系统	100 m 跑
6~30 s	剧烈	ATP–CP 系统和糖酵解系统	
30 s~2 min	高	糖酵解系统	800 m 跑
2~3 min	中等	糖酵解系统和有氧系统	
>3 min	低	有氧系统	10 000 m 跑
—	安静状态	有氧系统（以脂肪氧化为主）	静坐

3. 人体三大供能系统的相互关系

（1）不存在由单一供能系统供能的运动。一切运动的能量供应，都由三个供能系统按不同比例提供，比例大小取决于运动的性质和特点。

（2）运动后 ATP、CP 的恢复及乳酸的清除，须依靠有氧系统才能完成。

（3）人体不同供能系统的供能能力决定了运动能力的强弱。

4. 无氧运动和有氧运动的区别

无氧运动和有氧运动的区别见表 6.12。

表 6.12 无氧运动和有氧运动的区别

运动类型	主要供能系统	强度	可维持的时间
无氧运动	无氧供能系统（ATP–CP 系统和糖酵解系统）	高	短
有氧运动	有氧系统	低	长

二、速度耐力型项目供能特点

铁人三项属于速度耐力型运动项目，是一项以糖酵解供能与有氧供能为主的运动项目。但是随着铁人三项运动的不断发展，竞赛项目的增添（尤其是为了丰富竞赛形式而增加了许多短距离比赛与接力比赛），使得这类比赛对于糖酵解系统的需求更高于有氧系统。这类较短距离的铁人三项比赛在运动时乳酸生成越多，则糖酵解供能能力越强，越利于保持速度耐力，提高运动成绩。

当运动员以 90%～95% 最大摄氧量以上强度进行运动时，糖供能占 95% 左右，糖是运动时唯一能无氧代谢合成 ATP 的细胞燃料。糖氧化具有耗氧量低、输出功率较脂肪氧化大等特点，是高强度运动的主要能源来源，在运动中占据重要地位。虽然糖的无氧供能在其对能量需求较高的速度耐力型运动中的作用是别的物质不可替代的，但是我们还应该注意，在这类项目中，实际上还包含了磷酸原系统供能和有氧氧化供能。前者是决定运动员的出发阶段和冲刺阶段能力的重要因素，后者是决定运动员在运动过程中能否保持全程高速运动的重要因素。因为有氧氧化能力越强，运动员在运动过程中所产生的乳酸就越容易被清除，体内的酸碱平衡就越容易保持恒定。因而，运动能力就可以维持在较高的水平上。所以，对速度耐力型运动员的训练应该包含三个方面的内容，即中枢神经对乳酸的耐受力训练、糖酵解系统的训练、有氧氧化系统训练。对于不同训练水平的运动员而言亦是如此，只不过是这 3 条供能系统训练的强度、运动量、比例等要求不同而已。

运动时，最大用力时间超过 10 s 后，ATP－CP 能量系统供能将减少，无氧糖酵解能量系统供能将增加，为了改善糖酵解能量系统的供能能力，必须对该系统进行超量负荷训练。实际训练中可采用以下两种训练方法。

（一）最大乳酸训练

最大乳酸训练的目的是使糖酵解能量系统供能达到最高水平，以提高运动员的速度耐力能力。如通常情况下，全力跑 1 min 左右，达到力竭状态时，血乳酸上限在 15 mmol/L 左右。但是训练有素的运动员能打破这个上限，将血乳酸上升至 20 mmol/L 左右，甚至更高。因此，如果能最大限度地提高乳酸耐受力，就说明糖酵解能量系统得到了提高，如此就可以对抗疲劳、打破个人极限、创造优异成绩。在训练时可采用 1～2 min 最高强度的间歇练习，每次练习间的间歇时间为 3～5 min，这样可使血乳酸值达到最高值，而且要大大地高于一次全力运动后的血乳酸值。L. Hermansen（1971）研究发现，运动员经过 5 次 1 min 全力跑，休息间歇 4 min，重复 5 次后，血乳酸可达 32 mmol/L，这样便能发挥糖酵解能量系统的最大能力。

（二）乳酸耐受能力训练

提高身体对乳酸的耐受能力对于速度耐力型运动员而言是尤其重要

的。耐乳酸的训练是运用超量负荷的方法，在第一次练习后使血乳酸达到较高水平（目前的研究认为以 12 mmol/L 较为适宜），然后保持在这一水平上，使机体在训练中忍受较长时间的刺激，从而获得适应，最终达到提高乳酸耐受能力的目的。在训练中可采用 1 min 左右的练习，强度需略低于最大乳酸训练时的负荷强度，休息 4~5 min（间歇时需保证血乳酸有一定程度的清除后再开始下一次练习），在下一次练习中再次让血乳酸上升至 12 mmol/L 左右，重复进行。此类练习的目的是使血乳酸保持在较高的水平上，通过多次练习使身体适应这种刺激，从而提高乳酸耐受能力。但是在实践训练中，我们也发现如果运动强度过大、休息时间过短，运动员在两次练习间没有获得适当恢复，那么在 2~3 次练习后便会由于能力下降导致血乳酸降低、运动速度下降，达不到乳酸耐受能力训练应获取的练习效应。因此，在耐乳酸训练中，一方面需要教练员严格把控间歇时间，让运动员有一定程度的恢复，以保证下一次练习能达到目标强度；另一方面需要运动员发扬顽强拼搏的精神，积极主动地配合教练员，竭尽所能地完成训练任务，保障训练质量。

三、ATP – CP 能量系统的特点及训练

ATP 和 CP 都是储存在细胞中的高能磷酸化合物。ATP – CP 供能系统是人体三大供能系统中输出功率最大的一条供能系统。肌肉运动时 ATP 分解供能 1~3 s，随后由 CP 供能，CP 在肌酸激酶（CK）的催化下，可使二磷酸腺苷再合成 ATP，维持供能时间约为 7.5 s。我们训练的目的是：一方面要使运动员肌肉内的 CP 浓度得到最大限度的提高，这样就可以使 CP 供能的时间得以延长；另一方面要使 CK 酶活性提高，这样就有利于爆发力的增强。虽然爆发力在速度耐力型项目中不是取胜的决定性因素，但谁也不能说它不是一个重要的因素，铁人三项竞赛初始阶段的出发抢位、途中阶段的变速以及结束阶段的冲刺都需要依赖爆发力，所以在平时的训练中这项能力的发展也是必不可少的。

在训练的过程中，我们必须采用超量负荷原则，因为在稳态的条件下代谢系统会自动保持平衡。为了使系统发生改变，稳态条件下的平衡必须被打破，使代谢系统能够接受更高程度的刺激。如在无氧代谢训练中，必须不断改变训练密度、时间、强度的组合方式，使代谢系统承受适宜负荷，由此促进机体不断产生新的代谢适应。此外，在训练中，我们也需要

使用专门性训练方法，通过针对性的练习使某一代谢系统能力得到优先发展，这是机体在训练刺激后产生的适应性表现，如力量训练会提高肌肉的功率输出，耐力训练则会改善有氧代谢系统和心血管功能。此外，运动训练还存在专项训练效益，如对铁人三项运动员进行游泳耐力训练 10 周后，其在游泳时有氧代谢能力提高了 11% 左右，乳酸阈强度下的持续运动时间提高约 34%，但是运动员跑步的有氧代谢能力只提高了 1.5%，乳酸阈强度下的持续运动时间几乎没有变化，这说明专项训练是具有特殊性的、是个性化的，针对某一项目设计的训练方案并不完全适合于其他运动项目。

请记住，由训练所获得的生物学适应需要不断加以巩固，否则已获得的训练效应会逐渐消退。D. M. William（1986）发现运动员在停训 35 天后，肌肉内 ATP、CP、糖原等下降，肘伸展力量下降 34.6%。可见遵循重复性训练原则、科学安排训练内容，这一点是很重要的。针对 ATP – CP 能量系统的训练可采用专项训练法或与专项运动的动作模式类似的其他练习，进行 5~10 s 最大速度（或最大力量）练习，随后休息，完全恢复后再进行一下组，如此重复多组。在这种练习中，几乎全部能量都由 ATP – CP 系统供应，只有在恢复期的间歇中会有少量的乳酸生成。因此需要把控好间歇的时间，至少休息 30~60 s 后才能进行下一次练习，否则训练效率将大打折扣。如快跑 10 s 间歇 30 s 的训练效果比快跑 10 s 间歇 10 s 或间歇 20 s 的训练效果要好。因为在快跑 10 s 时，肌肉中 ATP、CP 消耗达到最大，而休息 30 s 后，可得到基本恢复，故再跑时 ATP – CP 系统还可以继续供能，多次重复，就可以发展这一系统的供能能力；相反，若 ATP – CP 系统因恢复不足而不能继续供能，其他供能系统便会取而代之、发挥主导作用，如此，训练的方向便出现了偏差。至于重复练习的次数则需要根据训练对象的不同而有所差异。总之，发展 ATP – CP 能量系统的训练，要求强度达到最大、持续时间在 10 s 左右，间歇时间 30 s 及以上，若运动员出现多次未完成既定要求的情况，便停止训练。

四、有氧代谢能力训练

速度耐力型运动项目，虽然主要依赖于糖酵解能量系统供能，但这并不意味着有氧代谢能力不重要。在糖酵解供能过程中将不可避免地产生乳酸。而乳酸是酸性产物，在体内堆积过多后会使机体的酸碱平衡遭到破坏，从而影响机体代谢水平，练习者将难以保持较高的运动强度维持训练。为了避免这种现象出现，唯有通过发展有氧代谢能力来解决运动中乳酸堆积的问题。因为乳酸的主要清除方式是进入线粒体氧化成二氧化碳和水，而有氧代谢能力的训练恰好能使骨骼肌内线粒体数量和体积增大，氧化酶活性增加，有助于乳酸清除。同时，有氧代谢能力越强，运动员机体恢复的速度越快。这种恢复不仅仅体现在运动后，而且还体现在运动过程中。运动员在运动中只有及时地获取能量恢复，才能持续承受大负荷的刺激，保持新陈代谢平衡，从而取得优异表现。总之，一个执教速度耐力型项目的教练员的执教水平主要体现在其能否合理地安排无氧、有氧训练的节奏与比例，能否设计正确的专项动作练习，以及能否依据运动员的竞技状态精准地设计练习方案。如果对这些内容都把控得好，无疑能取得最佳训练效果。

我们在选择发展有氧代谢能力的训练方法时需要满足两个基本需求，其一是训练要对心血管有充分的良性的刺激，以提高心搏量和输出量；其二是训练能够发展专项所需要的肌肉耐力，训练时采用的练习手段需与专项竞赛形式接近，避免产生非专项所需的肌肥大。在发展有氧代谢能力的训练中，我们认为较好的方法是间歇训练法、无氧阈训练法和持续训练法，这三种训练方法的具体操作请查看本章第四节。

第六节　速度耐力型项目体能训练新方法

一、能量循环训练——Tabata Training

（一）Tabata 间歇训练简述

Tabata 间歇训练（Tabata Training）是 1996 年日本科学家田畑泉博士为了提升速度滑冰运动员的竞技实力而研发的训练方式，是由 Tabata Protocol 演变而来。他将运动选手分成 AB 两组，并试着比较 1 h 适当强度运动与 4 min 高强度运动的效果。A 组选手进行每周 5 天、每天保持适当强度运动 1 h、为期 6 周的训练方案；B 组选手则是进行每周 4 天、每天 4 min 高强度运动、时间同样为 6 周的训练方案。实验结果是：A 组选手的有氧系统（心肺功能）大幅提升，但是无氧系统（肌肉）则几乎没有任何改变。而 B 组选手的心肺功能提升幅度更胜于 A 组，同时肌肉质量也比实验前增加了 28%。换言之，高强度、短时间的运动不仅能燃烧体脂（有氧运动的效果），在锻炼体能（无氧运动的效果）方面也极其有效。

田畑泉博士表示，研发 Tabata Training 的初衷是让忙碌的人们能够在短时间内进行运动并获得相应的练习效果。练习者必须动员全身肌肉参与运动，因此运动效果是非常惊人的，而且由于这项练习将在短时间内达到最大摄氧量强度，因此可以有效减少练习者的体脂。这个练习于 2000 年初在欧美体能训练领域获得认可，近 5 年得以在全世界广泛应用。

（二）Tabata 间歇训练的优点

1. 训练时效高

1 天只需 4 min。Tabata 间歇训练能在几秒钟的时间内提升新陈代谢与心跳速率，相比跑步机跑步或是骑自行车 1 h 的功效而言，只要花上 4 min 就能看到明显效果，并且能快速减少体脂。

2. 同步锻炼肌力与耐力

通常的有氧运动与肌力运动所使用的器材和运动方法并不相同，以往的训练方法想要兼顾这两个训练目标难免会感到困难。由于 Tabata 间歇训练的特点是不需改变器材或运动方式，仅通过特定练习动作的设计与少量固定器材的使用，就能够达到同步锻炼有氧耐力及肌肉力量的效果，因此它的实用性非常强。

3. 能增强意志品质

Tabata 间歇训练是一项训练总时长为 4 min 的练习，在 4 min 内采取 20 s 快速运动 + 10 s 放松恢复的方式循环进行直至时间结束。这样的训练时间与运动方式让人非常容易接受，虽然当练习动作进行至第四组或第五组时，练习者开始上气不接下气以及动作速度也会有所减缓，但只要坚持 20 s，便又可稍作休息，因此大多数的练习者都不会半途而废，即使体力下降导致运动速度降低，也会因为已定下坚持 4 min 的目标而持续进行，决不放弃。

Tabata 间歇训练的最大特征是：它要求以个人最大摄氧量的 170% 的超高强度进行间歇训练（注：指在高强度的运动过程中穿插短暂的休息时间）。它之所以能通过短时间的练习产生较好的训练效应，其中一项因素是它能够在停止训练后依旧保持燃烧卡路里。这样的效果通常会维持 1 h，有时甚至可达 12 h。因此，为了善用这种效果，练习者必须在 4 min 内让自己达到运动极限。但是在进行 Tabata 间歇训练前，请先聘请专业教练员或是医师判断身体状况，再决定是否进行，因为这是一种高强度的训练，如果是没有运动习惯的人，不仅做起来吃力，而且不能承受如此高的运动负荷。

二、速度耐力型项目运动员的交叉训练——CrossFit

（一）耐力型项目运动员体能训练常见问题

铁人三项是典型的异属多项组合型的耐力性运动，同时，它的三个竞技子项也都属于耐力型项目，具有"动作结构单一""重复时间长"的技术特征。因此，在日常训练中，人们较多地将训练的重点集中在如何通过提高肌肉耐力来保持动作频率与输出效率，以及如何通过提高人体三大供能系统（尤其是糖酵解系统与有氧系统）的供能能力来促进耐力水平提升这两个方面。简言之，训练的重心在于"耐力"，而较少关注肌肉力量与耐力的平衡发展以及各项身体素质的全面发展，也较少关注运动员的训练积极性，不太注重练习手段的多样化与趣味性。久而久之，这造成了运动员肌肉发展不均衡、运动能力培养"极端化"（此处指各项能力素质发展不平衡，强弱悬殊明显）、对训练失去热情等耐力型项目的"通病"。

在大众健身领域，一直存在一个错误的认识：认为长距离比赛的运动员一定比对应的短距离选手更加强健。所以，铁人三项选手、环法车手和马拉松跑者通常被认为是世界上最强健的运动员。事实上，这是一个非常荒谬的结论！现实中，许多耐力型项目运动员接受的训练负荷远远超过了其心血管健康所需，同时，他们经常因为不科学的训练观念导致训练不全面，最终以失去力量、速度和即时功率为代价来换取所谓的一定程度的耐力提升。这部分运动员通常也会忽略身体协调性、灵活性、平衡性和准确性的发展，一般只具备平均水平的柔韧性。这和我们所追求的精英级别的运动表现是存在一定差距的。随着竞技训练水平的日趋提升，上述传统训练方式的局限性与片面性已显露无遗，运动训练专家们与执教者们也逐渐意识到过量的有氧训练是以牺牲速度、即时功率和力量为代价的，或许运动员在短期内竞技水平能够获得一定的提升，但长远来看，这却成为运动员攀登竞技巅峰的绊脚石。因此，请记住，科学的训练是将运动员培养成一位各项素质全面发展的强健型选手，而不是"偏科"型选手。唯有如此，运动员才能走得更远、攀得更高！

（二）CrossFit 简述

CrossFit 是一类将核心力量练习和适应性练习相结合的训练体系，整套训练计划的初衷是尽可能全面地激发机体的适应性反应。CrossFit 绝不是一项强调单一专项的训练（不针对某一项运动），它致力于优化那些能够帮助练习者达到"强健"的身体状态的体能素质。这些体能素质分别是心肺耐力、肌耐力、力量、柔韧性、爆发力、速度、协调性、灵活性、平衡性和准确性，如图 6.34 所示。

图 6.34　CrossFit 训练

CrossFit 的训练体系有助于提高每个练习者在体能方面的竞技表现。运动员经过训练，能够在多项目、多种类、随机性的体能挑战中有出色的表现，并展现出"身强体健"的精神状态。这种强健的状态不仅受用于各项竞技运动，同样也受用于军警以及一些需要全面的、杰出的体能才能胜任的工作。CrossFit 训练的有效性在这些领域已经得到了证明。

CrossFit 训练体系除了追求全面培养运动员，它的训练计划也是十分独特的，甚至可以说是独一无二的。原因在于它专注于最大化神经内分泌性反应训练，专注爆发力的发展，使用多种模式进行交叉训练、持续训练和功能性动作的训练，通过合理的饮食搭配帮助运动员获取更大的训练效益。

采用 CrossFit 训练体系进行训练的运动员需要接受自行车、跑步、游泳以及短、中、长距离的划船训练，以确保他们的体能可以适应人体的三大供能系统。它所提倡的多种运动方式（游、骑、跑、划等）正好与铁人三项运动的异属多项组合性质一致，完全符合铁人三项运动的发展需求。这也是我们将此训练方法推荐给你的主要原因。

此外，采用 CrossFit 训练体系的运动员还需要接受从基础到进阶的体操培训，发展肢体动态与静态条件下的控制能力，发展柔韧性与相对力量（即运动员单位体重所具有的最大力量，此能力对于需要克服自身体重行进的游泳与跑步都非常重要）。CrossFit 训练体系也非常注重奥林匹克举重训练，因为这项训练特别有利于发展运动员的爆发力、对外部物体的控制能力以及肌肉募集能力。在此基础上，其鼓励运动员去尝试各种各样的运动，并以这些运动的不同动作种类为载体去呈现和运用他们的体能。

（三）CrossFit 的优势

1. 训练效应高

在传统的健身房或健身俱乐部里，常规性的训练必定包含身体局部的孤立动作练习以及持续时间较长的有氧训练，如 20 min 的有氧跑加 6 组仰卧起坐练习。似乎大多数教练员和练习者都坚信哑铃侧平举、卷腹、坐姿腿屈伸、仰卧起坐这一类的动作结合 20~40 min 固定强度的动感单车或跑步机练习一定会产生较好的练习效应。然而，CrossFit 的训练方法则截然不同，这个训练体系只关注复合型动作以及短距离、高强度的心血管功能训练。例如，将以往的哑铃侧平举替换成借力推、用引体向上取代手臂弯举、用深蹲取代坐姿腿屈伸等，并且会将传统的长距离有氧训练拆分成若干个短距离来完成。因为对于"使身体更强健"这个练习目标而言，功能性动作结合高强度练习似乎比传统的有氧训练结合力量练习这一方式更为有效。以上结论不仅仅是一个观点，它已经经过确凿的科学论证。但我们并不感到惊讶，上文提到的传统的健身方法虽然非常低效但却仍然在普遍流行。CrossFit 的训练方法与高水平的精英运动员的训练计划是一致的，并且被广泛应用在美国、澳大利亚、加拿大等国的重点大学运动队和专业运动赛事中。它致力于把最优异的教学技术带给普通大众以及基层的青少年运动员。

2. 普适性强

阅读至此，你可能会产生一丝疑惑：适用于精英选手的 CrossFit 训练是否也同样适合大众健身群体或青少年选手？答案是肯定的！你作为普通人的需求与专业奥林匹克运动员相比，区别仅仅在于训练的强度而并非训练的种类。爆发力、速度、力量、心肺耐力、柔韧性、肌耐力、协调性、灵活性、平衡性和准确性的增强，无论对于世界顶尖动员还是对于业余青少年选手来说都是十分重要的。这个令人兴奋的事实告诉我们，对于奥运会选手或专业运动员适用的产生最佳运动表现的方法同样在青少年和老年人身上也能奏效。但是，显然，执教者们在运动强度上需要区别对待。

在美国，很多专业的精英运动员都是 CrossFit 训练体系的参与者。铁人三项运动员、职业拳击手、自行车手、冲浪运动员、滑雪运动员、网球运动员以及别的参与最高级别竞赛的人群都在使用 CrossFit 的训练模式，这使他们的核心力量和心肺耐力得到提升。但这些并不是 CrossFit 的全部功能。CrossFit 已经在长期久坐、超重、病态和年老的人群里做了试验，并且发现这一训练模式在这些特殊群体中同样能取得成功，这足以证明 CrossFit 强大的普适性功能。

3. 注重核心力量发展

CrossFit 作为一项先进的核心力量训练体系和体能训练体系，主要体现在两个方面。首先，CrossFit 所提倡的身体素质全面发展为所有竞技运动奠定了基础，它就像是大学课程中的"核心课程"，是每个专业的学生都必须学习的科目。其次，CrossFit 提倡的核心力量训练侧重于人体主要的功能轴，如髋部和躯干，致力于培养练习者们掌握由内而外、从核心到末端的发力方式。换言之，CrossFit 是让练习者们知道，好的功能性动作是如何从核心至四肢动员肌肉。

4. 提高神经内分泌适应性

神经内分泌适应性是一种对人具有神经性或荷尔蒙影响的身体变化，它对于运动训练而言，是一项非常重要的能力，其部分或全部来自荷尔蒙或神经性变化。宾夕法尼亚州立大学的 William Kraemer 博士所从事的研究表明，训练可以使神经内分泌性反应达到最大化。前文我们曾提及孤立的练习动作基本属于无效的练习。现在我们可以告诉你，它之所以被认定为无效练习，是因为它几乎不能激发任何神经内分泌性反应。

对于运动能力发展至关重要的荷尔蒙反应包括了睾丸素、类胰岛素生长因子和人类生长激素。规律的 CrossFit 练习可以提高这些激素水平，这一结果虽然与通过外源激素治疗（使用类固醇）所产生的激素水平改变相似，却不会产生后者会带来的有害影响。可以肯定，能够诱发高度神经内分泌性反应的训练方案能够造就高水平的精英运动员，而肌肉质量和骨密度的增加只是这些能够产生显著神经内分泌性反应的练习所带来的众多适应性反应中的两项变化而已。对于拥有远大训练目标的练习者而言，必须要认识到神经内分泌性反应对于竞技表现的重要影响。大负重的举重训练、短间歇组数、高心率、高强度训练和短暂的休息间隔，这些虽然不是完全独立的组成部分，但都与高度的神经内分泌性反应相关联。

（四）CrossFit 的主要练习方法

CrossFit 训练将自行车、跑步、游泳和划船运动无限组合在训练中，其中挺举、抓举、深蹲、硬拉、借力推、卧推、高翻、跳绳、药球抛掷和接取、引体向上、俯卧撑、手倒立、转体、摆体、侧手翻、吊环双力臂、仰卧起坐、单腿平衡与支撑、吊环、双杠、自由体操、单杠、跳箱等动作都是 CrossFit 练习的常规设计。目前，除了 CrossFit 之外，尚无一种体能训练会运用到如此多样性的训练工具、运动模式与练习种类。下面，我们针对 CrossFit 练习中的四个核心种类进行详细介绍。

1. 奥林匹克举重

奥林匹克举重，又称为举重，它分为挺举和抓举两种。熟练掌握这两种举重动作能提升深蹲、硬拉、高翻和箭步挺水平。它们对于所有竞速类运动具有当下所有力量训练和体能训练动作都无可比拟的练习价值。与其他任何训练模式相比，这些举重动作的训练使运动员们能够更有效地、更快速地激活更多的肌肉纤维。这种类型的训练所培养的爆发力对任何一项运动都是至关重要的。

奥林匹克举重的练习能够培养练习者们正确的肌肉发力顺序，是从身体的中心开始发力，最终将力量传导向四肢（从核心到末端）。这项关键技术课程的学习能使所有运动项目的运动员都从中获益，因为几乎所有的运动都需要运动员去施力于他人或物体。练习者除了学习如何运用爆发力，还要学习如何使挺举和抓举动作适应本人的身体条件，从而安全有效地去接收来自另一个移动物体的外力。

大量的研究已经表明，奥林匹克举重在培养力量、肌肉、即时功率、速度、协调性、垂直跳跃、肌肉耐力、骨骼力量和承受压力的身体能力等方面发挥了独特的作用。不得不提的是奥林匹克举重已经被证明是唯一可以提高最大摄氧量的举重类练习，而最大摄氧量是心血管强健最重要的标志。可惜的是，奥林匹克举重在一些健身训练中几乎无法看见，这是因为举重动作与生俱来的复杂性和技术难度。CrossFit 使举重动作的训练变成现实，只要你有耐心和毅力去学习。

2. 体操

体操是一项有着卓越练习价值的运动，它将身体的自重作为运动的阻力，强调力量与体重的比值。与别的力量训练模式不同，进行体操练习时只有相对力量提高才代表力量增长。

体操可以培养引体向上、深蹲、弓箭步、跳高、俯卧撑和慢起手倒立、单腿平衡与支撑等动作能力。这种模式的训练不仅对力量增长很有效，同时也是提升协调性、平衡性、灵活性、准确性和柔韧性的主要途径。从体操运动员身上，就足以证明这些技巧对于提升身体素质所具有的无与伦比的益处。同时，借助大量的推举、手倒立、单腿平衡和其他的垫上练习，能够强化练习者的动觉意识，使练习者的空间感、方位感、皮肤触觉与器械操控能力也一并得到提升。

体操训练中提供了多种类的动作模式，其数量甚至超过了已知的所有非体操运动的总和。

这种多样性让 CrossFit 训练能够持续激发运动员的自信心，持续提升运动员的能力造诣。在力量、柔韧性、协调性、平衡性、准确性、灵活性和动作全面性的综合实力上，体操运动员在全部运动项目中是无可匹敌的。但是，令人叹息的是，体操训练的价值至今尚未被所有运动认可。

3. 交叉训练

交叉训练通常被定义为参加多种形式的运动。在 CrossFit 中，我们以更广阔的视角来看待这个名词，我们认为交叉训练超越了你从事的运动或训练中常规所需的正常参数。CrossFit 推崇功能性、代谢性和类型多样的交叉训练。也就是说，它经常超出运动员的常规训练方案中所采用的常见动作、代谢途径和运动模式。CrossFit 的目标是提供运动能力的全面发展以及实现多种能力匹配的最大化，那么进行多种运动的交叉训练或在运动员的常规需求之外进行其他训练就是十分有必要的。比如，安排铁人三项运动员在休赛期进行速度滑冰、滑雪、划船训练，能够辅助运动员提升游泳、骑行与跑步的专项能力。

4. 功能性训练

如果你是一位有心的训练者，那么你一定会发现我们在日常训练中所进行的所有练习动作中，有一部分动作模拟了生活中常运用的动作模式，而另一部分动作则只能在健身房里看到。比如，深蹲可看作从坐姿位置起身，硬拉可看作从地上拿起任何一样物品，它们都是功能性动作；而腿部伸展和弯举在生活中是无法找到对应动作的，所以它们是非功能性动作。大量的孤立动作也都属于非功能性动作，相反，复合型或多关节动作一般都是具备功能性的。

运用功能性动作进行训练的重要性主要有两方面：首先所有的功能性动作在物理学上是科学合理的，因此这些动作是安全的；其次这些动作可产生高度的神经内分泌性反应。CrossFit 已经通过功能性动作训练使一大批精英运动员的表现得到了进一步的提升。功能性动作训练的优越性在任何运动员开始接受这一训练的几周之内就能够得以体现。

这里我们举个例子,助你了解功能性训练:引体向上与卧推均是锻炼上肢力量的练习,但是引体向上的动作模式与游泳时的水下划臂以及骑行时手臂的拉(车)把动作一致,因此对于铁人三项运动员而言它是一项功能性练习;而卧推强调的则是将杠铃推起时的力量,其与游泳、骑行、跑步的上肢动作发力模式不同(跑步时手臂后拉的力量应大于前摆),因此对于铁人三项运动员而言它是一项一般性的力量练习;可是,卧推对于拳击运动员而言绝对是一项功能性练习。读到此,你应该明白功能性练习并没有完全固定的练习手段,它是与练习专项密切相关的,对练习的环境(如稳定支撑或非稳支撑)、动作的模式(轨迹)、用力的方式等与专项技术相一致的练习,我们可以认定为"功能性动作",反之则不然。

第七章

铁人三项运动训练的科学化监控方法与实践

作为一名执教者,主要任务是解决"练什么"和"怎么练"这两个问题。我们在实践调研中,发现教练员们的一个"通病"——没有采用科学的方法来了解他们的执教对象已经进行了哪些训练,以及这些训练对运动员身体的适应性产生了怎样的影响。如此,便造成了大家在训练工作中经常对某些训练学特征以及成功训练的经验进行猜测,从而削弱了相同或其他运动员重复成功的能力。很多教练员与运动员(甚至是精英运动员)都不重视也不善于对训练活动进行系统总结与科学思考。一些运动员或许在自身的竞技领域是非常成功的,但通过向他们学习,期望在其他运动员身上复制这种成功的可能性却很低,以至于他们也不清楚自身是否已经发挥了全部的潜力。对于大多数运动员和教练员而言,除非采取科学的方法来衡量训练和训练的适应性,否则大家只能通过猜测并且靠运气来获得良好的结果。

在铁人三项赛中,我们最关心的是运动员能否在整个比赛中都尽可能快速地前进。因此,我们在讨论如何评测运动员的体能水平时,主要关注那些基于耐力的评测指标,这是我们在第六章内容中进行重点阐述的部分。然而,即便"耐力"是铁人三项运动员的核心竞技能力,我们也不应该忽略力量,特别是希望取得进一步竞技发展的运动员的力量水平。

在本章中,我们将讨论那些显示运动员个体可能具有的不同限制因素的指标。然后，我们将讨论相对于这些指标测量强度的不同方法以及一系列测试，这些测试可以将运动员的表现与他们在理想状态的表现做出对比。

取得成功的决定因素

体能不但对于铁人三项运动十分重要，对于其他运动以及日常生活中人们所追求的健康体适能也是至关重要的。如果你曾有过从运动生理学角度科学地分析、评估运动表现的经历，那么你一定会发现以下九项能力是影响运动员竞技表现的重要因素。

（1）最大摄氧量。

（2）能够长时间保持较高 VO_2max 百分比的能力（VO_2max 利用比率）。

（3）在比赛强度下以高氧化率代谢脂肪的能力。

（4）在疲劳状态下保持动作节奏、动作频率与动作效率的能力。

（5）足够的无氧训练能力，能够快速应对或启动"变速"（这里指在短时间内迅速提升移动速度）。

（6）集中精力参赛与克服机体不适的能力（心理能力）。

（7）进行合理的能量补充（补充碳水化合物与水）。

（8）环境适应能力（尤其是高温、低温、缺氧条件下）。

（9）抵抗（疾病）力与预防损伤的能力。

以上所有因素都能够对铁人三项运动员的竞技表现产生影响，任何运动员都无法保证上述所有因素全部达到最理想的水平。例如，2012年伦敦奥运会与2016年里约奥运会的双料冠军阿利斯泰尔·布朗利似乎具有超强的克服机体不适的能力，并且能够长时间保持较高 VO_2max，但与其他运动员相比，他很容易受伤。又如，我国著名女选手仲梦颖（东京奥运会参赛选手），在其数十年的训练生涯中虽然较少受到伤病的困扰，被队内公认为是一位非常"皮实"的运动员，但是她似乎对环境的适应能力不如其他选手，尤其在寒冷与高原环境中，参赛表现往往不尽如人意。所以，作为一名教练员，执教的关键是：能否区分运动员擅长的/不擅长的方面分别是什么，以及清楚地知道他们需要进行哪些训练。

我们将要讨论的下一个问题是如何发挥长处、弥补弱点。在以下各部分中，我们将更详细地介绍上面我们所提及的几个生理学指标的实践应用。

第一节 体能测评方法与实践

一、最大摄氧量

在日常训练或竞赛中，随着运动持续时间的增加，人体总能量需求中氧化代谢的比例也将有所增加。虽然铁人三项比赛设置了多个竞赛组别与不同的竞赛距离，但是无论在哪一个组别中，若想取得成功都离不开高度发达的心血管系统。它的作用是向肌肉提供氧气作为燃料，以满足肌肉持续运动的需求，而我们每一名运动员对氧气的最大使用程度都有特定的限制，我们将其称为最大摄氧量。

最大摄氧量是对运动员在运动过程中可以使用的最大氧气量的衡量，单位为每千克体重每分钟使用的氧气量（mL/kg/min）。对于最大摄氧量的测评通常建议在实验室内进行，通过对被试人员在运动过程中表现出的氧气吸入与呼出的情况进行分析来测量耗氧量，从而确定被试人员的VO_2max水平。VO_2max的测试方案有很多种，但这些方案均要求被试人员以规定的方式、稳定地增加运动强度（持续运动时间最长为15 min）。通常，氧气消耗量会随着强度的增加而逐渐上升，直至达到稳定的水平，这一水平就是被试人员的最大摄氧量水平。

影响最大摄氧量的主要因素是心脏将富含氧气的血液泵送到身体周围的能力。在某些情况下，肺部向血液输送足够氧气的能力可能是主要的限制因素，比如说海拔高度上升、空气中氧气含量降低，最大摄氧量水平将受到影响。通常情况下，肌肉利用氧气的能力高于循环系统的氧气供应能力。

人们普遍认为运动员的VO_2max水平可以代表他们在耐力运动中的最大潜力，然而，仅凭VO_2max指标并不能完全评估、预测运动员的竞技水平。例如，在给定的一组运动员中（由WTS精英运动员与年龄组运动员组成），WTS精英运动员可能拥有相近的VO_2max表现，但是他们之中拥有最高VO_2max水平的运动员不一定是比赛获胜的选手。作为一个整体来进行对比，WTS精英运动员的VO_2max水平普遍比年龄组运动员要好得多，并且远远优于普通人群。因此，好的VO_2max对比赛获胜非常重要，但它不是唯一的取胜因素，也不是一项绝对性因素。不同运动等级选手的最大摄氧量水平见表7.1。

表7.1　不同运动等级选手的最大摄氧量水平

单位：$mL·kg^{-1}·min^{-1}$

等级	男	女
世界顶尖	80~90	70~80
世界级	70~80	60~70
国家级	65~75	55~65
国家青年队	80~90	80~90

无论VO_2max水平是否对耐力性项目运动员的耐力表现有实质性的限制，或者该类运动员的耐力水平是否会受其他因素的影响，我们都可以确定它确实是一项评定运动员综合竞技能力的实用指标。遗憾的是，对于大多数人而言，VO_2max水平很大程度上取决于遗传因素，因此，我们在选材时考虑运动员父母的因素也是非常有必要的。

（一）训练VO_2max

VO_2max的可训练性有限。据统计，VO_2max（L/min）的绝对值（不考虑体重）的训练可塑性为15%~20%；在结合体重（mL/kg/min）的研究中发现，体重减轻可以引起更大的变化。

许多训练体系都会先确定运动员的最大摄氧量值，然后依据不同的练习目的，以最大摄氧量值的百分比来确定训练内容与强度。表7.2为铁人三项精英运动员的最大摄氧量的利用率，即在给定时间内运动员可以维持的%VO_2max。

表7.2　铁人三项精英运动员的最大摄氧量的利用率

时长/min	VO_2max/%
10	95~100
30	90~95
60	85~90
120	80~85

在大部分的铁人三项比赛中，几乎都是通过有氧代谢系统来进行供能。那么，VO_2max值较高的运动员就可以动用较小的最大摄氧量比例来

满足机体对于氧气的需求,而 VO_2max 值较低的运动员则相反,他们必须以相对较高的工作强度来完成相同速度的游泳、骑行或跑步。但是,在长距离或超长距离的铁人三项比赛中,VO_2max 值与运动表现之间不存在显著相关性,其原因可能是运动员在比赛期间可以维持的 VO_2max 百分比的差异。当我们对竞技水平差距明显的跑步者进行比较时,发现耐力水平和最大摄氧量之间存在相关性。然而,当比较同组(竞技水平近似)运动员时,该关系并不是那么紧密。这一结果表明 VO_2max 不是决定运动员竞技能力的唯一因素,我们在对运动员进行培养时还需要考虑其他因素。

请参考以下两名运动员的示例(图7.1),白色框表示他们的最大摄氧量水平,深色框表示他们持续运动 1 h 过程中,个人能够保持的最高 VO_2max 水平,我们可将其视为 $VO_2max\%$。在此示例中,尽管运动员 A 的极限 VO_2max 值更高,但他在速度表现上却不如运动员 B,而且运动员 B 的 $VO_2max\%$ 更高。但是,倘若对运动员 A 开展适宜的、针对性的训练,其 VO_2max 利用率可能会提高,那么该运动员将有可能战胜运动员 B。

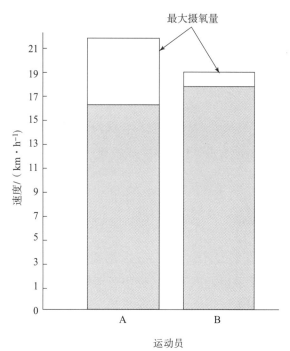

图7.1　VO_2max 与 $VO_2max\%$ 的案例分析

这种现象通常出现在分龄组的训练中,训练有素、经验丰富的运动员

(B)可以击败其他较年轻的、拥有良好运动背景（尤其是那些不需要耐力和有氧能力的运动项目）的运动员（A），但是，经过适当的训练后，运动员 A 很快就会展现出这种能力，并且超过运动员 B。

（二）测试 VO_2max

近些年，人们一直对运动员可以在其 VO_2max 上持续训练多长时间存在着争论。大多数研究人员和专家认为运动员可以在 7~11 min 内维持 VO_2max。此结果很大程度上取决于测试的类型和所测运动员的个人特点，当然，也取决于运动员是否具有完善的无氧运动能力和耐受并对抗身体不适感的能力。

随着科技的发展，我们已经开发了几种 VO_2max 间接测试方法，例如 Cooper 跑测试等。这些测试通常要求运动员以最大的可持续速度运动 10 min（或近似的时间），然后，教练员将这个速度作为 VO_2max 值。读到此，你可能会心生疑惑：我们不需要使用实验室的特定测试仪器就能测评 VO_2max 水平吗？由于我们测试 VO_2max 的初衷是想知道运动员在特定的运动强度下可以保持的速度，并将此作为安排训练负荷时的参考，同时通过阶段性测试来评价训练成效，所以，从实际运用的角度上思考，这或许是一个简便的办法。如果你无法使用实验室设备，这也未尝不是一种实用的测试方法。

在考虑最大摄氧量时，教练员的执教重点是特定运动员的有氧运动能力有上限。一旦确定了这个上限，它也划定了在短时间内可以达到的极限，因此，比赛时运动员只能保持在一定比例的最大摄氧量强度。

二、乳酸阈

下一个关键问题是怎样定义 VO_2max 的利用率，以及如何进行测量。如果我们可以依赖实验室开展运动过程中运动员生理变化的监测，那么下一个非常具有参考价值的指标是血乳酸水平，它是一个对耐力型项目运动员产生重要影响的因素。

首先来了解一下"什么是血乳酸"。血乳酸，即 blood lactic acid，是体内糖代谢的中间产物，主要由红细胞、横纹肌和脑组织产生，血乳酸浓度主要取决于肝脏及肾脏的合成速度和代谢率。

在某些病理情况下（如呼吸衰竭或循环衰竭时）可引起组织缺氧，而缺氧可引起体内乳酸浓度升高。另外，在体内葡萄糖代谢过程中，如糖酵解速度增加，或剧烈运动、脱水，也可引起体内乳酸浓度升高。倘若体内乳酸浓度持续升高将会引起乳酸中毒。我们在测量乳酸时，通常以 mmol/L 的形式对其进行表述。

在运动开始时，无论运动强度如何，肌肉内乳酸浓度将保持稳定的小幅上升，因为身体需要时间应对持续运动所增加的能量需求。然而，一旦解决了这个问题并建立起良好的能量供应渠道，那么此时低强度的稳态运动会由于充足的氧气供应而使肌肉中乳酸的产生速率下降。

随着运动强度发展到中等水平，乳酸的产生也将增多。乳酸不仅可以通过血液的流动从产生乳酸的肌肉中转移到其他肌细胞内，最终进入有氧代谢，还可以在局部肌肉中"循环利用"，成为能源"燃料"，促进运动表现。如果我们的身体能够通过锻炼与适应，使运动过程中乳酸的生成速度与清除速度保持一致，那么只要运动强度保持恒定，血乳酸浓度将先上升，然后保持恒定。在这种情况下，只要没有其他的引起疲劳的因素出现，人体就可以一直保持运动。

但是，在较高的运动强度下，即使运动强度保持恒定，也会出现乳酸清除速度赶不上产生速度的现象，并且肌肉/血液中乳酸浓度将持续升高。一旦这种情况发生，运动员将会在短时间内感到疲劳（除非降低运动强度），由此而产生的疼痛和肌肉功能丧失将迫使运动员减速。

过去曾认为血液中的乳酸堆积是造成疲劳的直接原因，但是现在许多科学家都认为疲劳是由其他因素造成的，乳酸的堆积（增长）只能代表运动强度的变化。这里将着重介绍关于运动负荷等级的一个概念——"乳酸阈"。人体在渐增负荷运动中，血乳酸浓度随运动负荷的渐增而增加，当运动强度达到某一负荷时，血乳酸浓度急剧上升，我们将它的起点称为乳酸阈。它是身体从有氧供能转变为无氧供能的拐点，它所对应的运动强度就是乳酸阈强度。在该强度以下，身体进行的是低强度有氧运动；而在该强度以上，则进行的是高强度的无氧运动。毋庸置疑，乳酸拐点与运动员的能力之间存在着一定的关联。

（一）LT–1

LT–1 即第一个乳酸拐点，如图 7.2 所示。在这个示例中，当运动员的跑速保持为 12～13 km/h 时，他的血乳酸是稳定的；当跑速超过 13 km/h 时，我们可以看到血乳酸浓度开始上升，标志着血乳酸浓度数值的曲线发生了首次变化，产生了第一个拐点。通常情况下，此变化比基线水平高 1 mmol/L。这是运动过程中出现的第一个阈值，我们也可将它称为有氧阈值或乳酸转折点 1。在这一阶段，运动员将感受到呼吸频率增快，但并没有产生明显不适感。

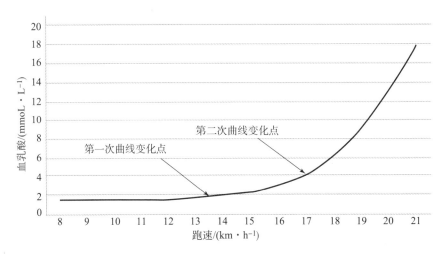

图 7.2　高水平铁人三项运动员在强度训练课上的血乳酸变化图

（二）LT-2

LT-2 即第二个乳酸拐点。如果运动员继续快速奔跑，身体会更努力地清除血液中的乳酸，但是由于运动强度提升，因此乳酸清除的速度赶不上生成的速度，所以，血液中的乳酸将达到曲线坡度的第二个变化点（转折点），我们也可将它称为无氧阈值或乳酸转折点 2。我们需要注意，"无氧阈值"标示着从此刻开始无氧系统主导供能，而不是完全负责供能。实际上，所有的能源系统都对能量产出做出了贡献，并且有氧系统在第二个阈值范围内仍然发挥了明显的作用。一般情况下，对于大多数训练有素的运动员，这一个拐点与他们可以维持 60 min 左右的训练（无论是游泳、骑行还是跑步）的强度密切相关。

（三）训练的影响

在铁人三项比赛中，这两个转折点对于确定比赛和训练速度是非常有用的。这是为什么呢？

由于 LT-2 通常被认定为运动员可以在约 60 min 内保持的运动强度，可以将它用于确定半程距离比赛的精英水平运动员的极限表现。而在更长距离的比赛中，所有运动员都必须以低于此阈值的强度进行。因此，对于大多数运动员来说，竞技能力的关键因素之一就是这个上限。假使运动员能够提高、保持这种训练的强度，那么，他们可以参加更高水平的比赛。

图7.3为我们前文所提到的运动员A（图7.1）的血乳酸测评示例，其原始乳酸曲线为上面的一条线，无氧阈值（LT-2）上限所对应的跑步速度为17 km/h；经过6周的适宜训练，他的体能状况有所改善，现在的乳酸曲线为下面的一条线，无氧阈值（LT-2）上限所对应的跑步速度为18 km/h。从这一项测试中，我们可以确定该运动员的耐力水平有所提高，该阶段的针对性训练是科学的、成功的。

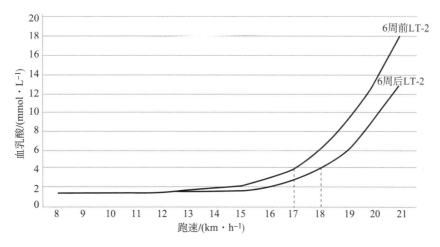

图7.3　高水平铁人三项运动员6周训练前、后血乳酸变化图

我们如果再将此与之前提到的 VO_2max 表现进行比较（图7.4），能够发现该运动员的 VO_2max 水平依旧保持不变，但是 VO_2max 的利用率提高了。也就是说，他的LT-2占其 VO_2max 的百分比更高，并且在一个小时或更长时间的比赛中，他当下的运动表现已经超过了运动员B。

（四）测试乳酸阈值

建议大家使用练习强度逐级递增的方案来测试运动员的乳酸阈值（LT-1和LT-2）。每次采血之间的间隔应为4~8 min，以便在采集血样之前让乳酸达到稳定状态。参考方案如下：安排运动员进行8组100 m自由泳练习（也可以是400 m跑步或1 km骑行），每一组完成后保持固定的休息时间（约20~30 s），练习强度逐渐递增，每完成2组（约4 min）进行一次采血，比较4次采血结果，找到LT-1和LT-2，并确定与之相对应的游速（车速/跑速）。

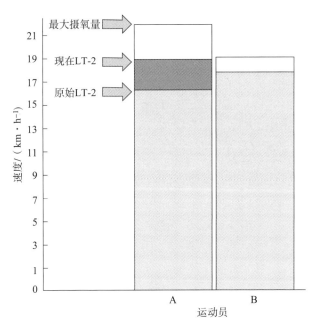

图7.4 6周训练后运动员A与运动员B的VO_2max和$VO_2max\%$水平差异

乳酸阈值测试与VO_2max测试不同，运动员无须将强度增加到最大，而只需将其保持在LT-2水平，通常为90%~95% Max HR强度之上即可。我们从测试中可以获得的最有价值的信息是运动员在LT-1和LT-2水平上发挥出的速度（游泳/跑步）或功率（骑行）。

三、整合信息

如果在整个测试过程中都监测心率，则可以记录LT-1和LT-2所对应的心率，以提高心率训练区的准确性。如果已经进行了VO_2max测试，那么在乳酸测试过程中监测O_2是非常有用的。在此过程中，血乳酸读数可以被映射为VO_2max值。如果已知最高VO_2max值，则可以通过在此测试期间监测O_2来确定LT-1和LT-2对应的VO_2max百分比。

四、目标适应

前面的部分描述了影响运动员耐力水平的三个关键因素：VO_2max水

平以及 LT-1 和 LT-2。希望教练员们可以了解这三个因素是如何影响运动员的竞技表现的并认识到这三个因素的重要性。

在我们使用的所有示例中，假设环境都为实验室环境，实验室测试将为教练员和运动员提供相关特定标记的非常精确的信息。请务必记住我们进行测试的目的。我们测试的目的是提供信息来帮助教练员们为运动员设计合适的训练方案，以帮助运动员适应训练并提高成绩。

在这一点上需要注意的是，即使训练未达到正确的水平，体能训练的特定组成部分仍然可以引起适应性变化。一旦超过特定阈值，积极的适应就不会停止。因此，我们在做训练设计时最好考虑在这一范围内发生的训练适应。训练的值越接近特定值，适应的效果就越显著，但是，即使训练值略微偏离特定值，也可以获得一些训练效应。

对于大多数教练员而言，进行实验室测试并不容易。其实只要理解并应用了关键概念，实验室测试也可以被其他手段替代。事实上，世界上有一部分精英运动员也没有接受过定期的实验室测试。

同样重要的是要认识到，上述这些要素并不是取得成功的唯一决定因素，而且获取成功的因素可能会受到其他物理因素的影响，如动力学、运动经济性等。运动员的竞技表现同样也会受到其他压力因素的影响，如运动环境和运动员的精神状态等。那么，资源有限的教练员能做什么？

五、测试指南

任何测试的关键均在于方案和结果记录。作为一名教练员，在测试之前你应考虑表 7.3 所示事项。

表 7.3　教练员应在测试之前考虑的事项

考虑	关键点
你为什么要测试	这与运动员有关吗？ 你的目标是什么？
你将测试什么	是否特定于这项运动？ 是否相关（例如，反应时间与铁人三项有关）？
你将如何测试	需要什么设备？ 对所有人开放吗？ 可以分组进行吗？ 它将在实验室进行还是在"现场"进行？

续表

考虑	关键点
准确性	你的距离/时间是否准确？ 你可以重复测试吗？
测试期间的观察	你将观察哪些技术？ 你将如何记录？
记录和反馈结果	谁/怎样记录什么结果？ 如何将结果反馈给运动员？ 现场测试可以质疑的因素之一是重复测试的准确性，但是你可以采取许多步骤来确保你的测试给出有效的结果
重复测试	在同一地点进行测试。 在一天中的同一时间和一周中的同一天完成测试。 记下天气状况。 让运动员记录自己的感觉/损伤/疲劳。 提前让运动员知道测试时间
比赛距离测试	可以将其与以前的比赛进行比较，以识别进步/退步；可以细分距离以获得目标时间。具体请参见下面的示例： 　　此信息可用于创建许多变量，包括通过增加/减少每 100 m 的时间来增加或减少步频。 　　还应该考虑从比赛中获得的反馈。你可能已经观察到技术在 1 000 m 左右时出现变化（效率降低），通过给予额外的休息/增加 1 000 m 的目标时间，进行调整，以保证高效
重复/定时测试	这与比赛距离测试的工作方式相同。但请记住，运动员的运动速度可以接近 100%，因此不要指望他们能够在不休息的情况下保持自己的速度。测试时间越短，运动员在整个测试中的努力程度越高。 　　你还可以在较短的时间间隔内对比赛节奏进行测试，例如以 5 km 全速跑的速度来跑 10 个 1 km 的测试。这可能是一个挑战，因为运动员可能希望尽可能提高自己的速度。因此，测试后的反馈与测试成绩一样重要

（一）场地测试

如果你想知道铁人三项运动员游泳、骑行、跑步三个子项的平均时速，最简单的方法是让他们分别完成三个项目的一小时计时赛。你可以通过此方法准确了解其 LT-2。在某种程度上，这种方法可能比实验室测试更具有实用性，因为相比实验室测试，场地测试必须处理天气、环境及其他干扰因素，因此能提供一些更接近比赛的数据。

但是，我们需要明白，在场地进行此类长时间测试的问题也是存在的，例如运动员容易过度疲劳、精神压力过大等。无论进行什么项目的训练，保持适宜的练习与休息，这一点是至关重要的。首先，我们必须确保运动员在训练前有充分的休息，然后再根据训练目标制定适宜的课间恢复时间。否则，可能会严重影响运动员的训练或测试表现。

测试对于所有级别的运动员而言都是有趣且具有挑战性的活动，并且可以通过使用一些简单的方案给出切实有效的结果。大多数场地测试都只是时间测试，此测试可能是比赛的组成部分（例如 1 500 m 游泳、40 km 骑行或 10 km 跑步）。我们可以在自己认为相关的任何领域内进行测试，例如 1 min 仰卧起坐测试，但是结合专项的测试或与专项接近的测试一定会比其他测试更有效，例如 3 km 的跑步测试成绩将比引体向上的测试成绩更有参考价值。

场地测试的另一个主要好处是，我们可以获得关于运动员完成（或未完成）测试的感觉反馈。感觉反馈可能为：他们提高自己的训练速度而且不想停下来休息。同时，随着测试的进行，教练员可以观察到技术上的各种问题。

表 7.4 提供了一些公认的测试方案，这些方案与我们已经讨论过的关键生理学指标相似。

表 7.4　铁人三项常用测试方案

指标	测试时间	游泳	骑行	跑步
无氧能力	1～2 min	100 m 或 200 m	1 min	400 m 或 800 m
最大摄氧量	8～12 min	400 m、750 m 或 800 m	5 min	3 km 或 Cooper 10 min 测试
LT-2	60 min	2～3 组 1 500 m，间歇时间以心率恢复至 22 次/10 s 为准	FTP 20 min 测试（+5%）	1 h 计时赛或完成 1 h 的比赛距离（如半程比赛）
LT-1		几乎在不考虑持续时间的情况下付出最大努力。对于每个项目，测量该强度的方法是限制运动员的负荷强度，例如设定心率区间，然后测试运动员规定心率区间内可以完成的游泳、骑行或跑步距离。注意，心率必须严格控制，理想情况下应等于运动员在实验室测试中 LT-1 处观察到的等效心率		

需要注意的一点是，通常是测试时间的长短决定了测试的生理指标是

哪一个。一个初学者游泳 400 m 可能需要 8~9 min，这意味着该项测试在 VO_2max 测试范围内；然而，对于一个顶级的精英运动员而言，他的完成时间将在 4 min 左右，因此他可能会超过 VO_2max 强度。

（二）指数训练

"指数训练"是常规训练课程之一，可用于表示运动员当前的体能状况和竞技表现水平。有的教练员使用指数训练课来补充甚至替换测试课。如果教练员认真地选择某些课程，就能准确预测运动员的某些竞技能力。例如，进行间歇训练时，如果以 90 s 的休息时间进行 4×2 km 的跑步，通常要求运动员将跑速控制在 LT-2 区间。因此，教练员可以记录本次训练和下一次训练的成绩，并确定运动员是否提高了 LT-2（比如，间歇时间缩短）。一些经验丰富的教练员甚至可以预测运动员在某些关键指数训练组中的运动表现。

（三）测试频率

我们应该多久进行一次测试？测试的根本目的是保障运动能力的协调发展。大部分的教练员或运动员只在一个训练大周期前进行一次测试，并使用测试结果设置训练目标以及制定训练标准，而不愿意再花时间与精力进行重新测试；但是也有部分教练员与运动员则是另一种极端操作，隔三岔五地不断进行测试。

为了实现协调发展，我们需要了解适应既定刺激所需的时间。在一般的测试指南中，每 6~8 周进行一次测试是一个不错的安排。但是教练员除了考虑测试时间外，也需要考虑近期进行的训练内容。如果运动员最近没有进行 VO_2max 强度训练，则该项能力可能不会有太大变化，甚至没有任何变化，因此，没有必要对该指标进行测试。但是，如果教练员是想了解运动员在 LT-2 及该阈值以下的强度训练对他本人 VO_2max 水平的影响，以此来确定运动员是否可以通过很少的特殊训练就能达到维持 VO_2max 水平的话，则该项测试是有必要开展的。所以，执教的重点是，我们应该弄清楚自己需要知道的内容，以及为得到所需答案而需要采取的测试手段。

六、整合负荷因素

在第六章中，我们讨论了任何训练对受训者个体承担的内部负荷影响的重要性。多数场地测试仅测量某种形式的外部训练负荷，通常是一段设定距离的完成速度或一个设定时间内的完成距离，而较少考虑其他因素产生的内部负荷。正如我们之前讨论的那样，训练中应尽可能全面地考虑所有能够给运动员造成压力的因素，这是十分有必要的。例如，我们已知一名运动员在 LT-2 区域的心率、功率输出和血乳酸值，但是如果我们改变一个或多个影响因素，上述这些信息将会随之改变。比如，我们改变训练环境，将练习场所安排在高海拔或高温度的地区，会发生什么变化？另有一些容易被忽略但同样对竞技表现产生影响作用的因素：疲劳、睡眠不足、营养不良或精神压力等。因此，思考内部训练负荷及其影响非常重要。一种简单但有效的方法是考虑运动员的自觉疲劳程度（rating of perceived exertion，RPE）。毕竟，在评估感觉时，运动员会有意识或无意识地考虑其他的能量消耗因素，如图 7.5 所示。如果运动员习惯使用这种方法并且训练有素，那么使用这种方法可能会更准确地判断运动员的整体负荷程度，因为它会影响所有其他方面，比单独使用外部评测来确定负荷程度更为精确。

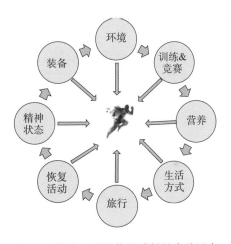

图 7.5　影响运动员能量消耗的多种因素

以下各节将讨论测量运动员负荷强度的多种方法，我们将首先对 RPE 进行介绍，因为我们认为它是最重要也最容易使用的评估方法。请注意，我们并不是只承认 RPE 这一种自我评测方法，相反，我们认为使用其他措施评测也是对训练进行科学管理的好方法。如果可能，建议将多种方法组合使用，使我们的评测更为全面、精准。

第二节　运动负荷的科学化监控

一、测定强度

运动强度是指身体练习对人体生理刺激的程度，它与运动量共同构成运动负荷。

测定运动强度是衡量运动员运动负荷的方法之一。在低强度的情况下，运动员不用非常努力地运动，并且可以长时间地持续运动，如步行就是强度非常低的运动。在高强度的情况下，运动员需要非常努力地运动，并且只能持续很短的时间，如 100 m 短跑冲刺。训练中，我们对强度的不同要求造成了运动量上的限制，相反，运动量的设定也影响了运动强度要求。竞速型运动项目由于都是在既定距离内进行速度比拼，所以我们可以将其理解为一项"运动量相同的强度比拼"运动。如果不考虑运动员能力大小的问题，那么竞速比赛就是在规定距离内达到最高强度者获胜。然而，运动员的竞技能力并不是完全同等的，获得冠军的选手也并不一定就是该场比赛中运动强度最高的人。否则，在铁人三项比赛中，第一个冲过终点的选手一定是晕倒的选手，因为他/她已到达了身体可以承受的最高强度。训练中，并不需要一味地追求高强度，因为人体所能承受的负荷是有限的，过度负荷将产生负面影响。我们需要依据训练目的，将低、中、高等强度进行合理的安排，将人体的各项能力调整至一个最为均衡的水平状态，使每一项训练都能够获得最大的效益。比如，在进行技术学习时就不适合采用高强度的练习手段，低、中等强度将有利于技术动作的掌握与巩固；但是，在以提升速度为目的的训练课中，无疑强度越高、刺激越深，效果则越好。因此，掌握运动强度的测定方法是进行科学训练的前提条件。

实践中，我们可以使用多种方法来测量强度，不同的方法有各自的优点和缺点。教练员们需要记住的是：①你可以使用多种方法；②要清楚自己想要的强度，并且可以用多种方式进行描述，这样便于参与者明白目标是什么、应该如何配合教练员达成目标强度；③确保描述的强度适合预期的结果或达成预期目标。以下我们将介绍一些测量强度的常用方法。

（一）RPE 量表

在介绍该方法之前，让我们先来了解几个专业术语。

（1）RPE——自觉疲劳程度。

（2）RPE 量表——运动自觉量表。

（3）运动自觉强度——指将费力程度数值化，并且将其作为运动强度指标。任何运动都可以使用运动自觉强度衡量运动强度是否适中，许多职业运动员更以运动自觉强度替代心率评估强度等级。

运动员的自觉疲劳程度反馈是我们在训练中可以直接用以衡量运动强度的指标,目前国际上通用的量表有两个版本(表7.5与表7.6),它们可以有效地以不同的比例来描述运动员训练时的主观用力程度。

表7.5 RPE 0~10 级量表

级别	感觉
0	放松
1	很轻松
2	轻松
3	适中
4	稍吃力
5	吃力
6	中等吃力
7	很吃力
8	非常吃力
9	超级吃力
10	精疲力竭

表7.6 RPE 6~20 级量表

级别	感觉	对应参考心率
6	安静、不费力	静息心率
7	极其轻松	70
8		
9	很轻松	90
10	轻松	
11		110
12	有点吃力	120
13		130
14		

续表

级别	感觉	对应参考心率
15	吃力	150
16		
17	非常吃力	170
18		
19	极其吃力	195
20	精疲力竭	最大心率

如表 7.5 和表 7.6 所示，两种 RPE 量表的区别在于维度的划分，第一种使用 0~10 级维度，而 Borg 设计的第二种量表（以下简称"Borg 量表"）使用 6~20 级维度。Borg 量表评定时需要心率的介入，但是由于阅读本书的大多数教练员都是从事青少年与业余爱好者培训，其培训者的基础心率存在一定的差异，因此最好避免使用这种与心率相关的评定。倘若我们训练的是水平相当的职业运动员，那么 Borg 量表无疑是一种较好的工具。

训练中，教练员可以通过练习者的呼吸频率或说话能力来粗略衡量运动强度。根据这些外部可观察的特征，教练员可以对运动员是否在预期强度下训练做出主观评价。RPE 的优点是它不需使用任何实验仪器和实验材料，并且它可因人而异、区别对待。在某种程度下，RPE 被认为是最准确的方法，因为它综合考虑了各种因素（包括运动员的训练环境和心理状态）以及对运动员内部训练负荷的影响。RPE 的缺点可能是不适合新手练习者，尤其是身体感知不强或年龄很小的练习者。他们很难将运动疲劳程度进行细分，容易让评估结果出现偏差。随着时间的推移与训练经验的增长，教练员可以教会练习者更多了解自身努力程度的方法。此时，使用一些更客观的反馈指标（如力量、速度或心率），结合 Borg 量表将更为有效。

以上两种量表的结合使用可以帮助运动员了解自己的努力水平。对于教练员而言，无论选择哪一种量表（或是两种皆使用）来评定运动员的疲劳程度，我们都要做好以下三点。

(1) 坚持使用同一类型的量表（固定一种或始终保持两种皆用）。

(2) 每次训练课的评价方法应相同。

(3) 通过一些外在表现或客观指标来协助判断（如面色、呼吸、说话、肌肉感受等）。

（二）距离和速度

距离和速度对于许多运动项目而言都是非常直接、有效的强度测评指标，因为它们都不是主观评价指标，而是运动员的客观表现，所以通常会被认为是最为精准的反馈。但是，我们需要知道，当训练中的其他变量影响运动员的运动表现时，"速度+距离"的评定方式可能就不是我们所认为的那般精准。比如，在自行车训练中，地形与风向将会很大程度地影响运动员的骑行速度；而公开水域的游泳速度同样也会受到水流、水温，甚至水质等外在因素的影响。

距离和速度可能是简便而有效的评定方法，但这是在其他因素影响较小的情况下，通常是当其他因素在很大程度上可以被控制时，它们才得以发挥它们的有效性能。比如，在游泳池内游泳、在骑行台与跑步机上骑、跑，它们几乎是有效的。倘若进行公路骑行，那么由于地形和空气动力学可能会产生巨大的影响，此时仅仅采用速度与距离进行运动强度评定可能就不是那么精准。

在过去的几年中，运动训练领域已经开发了很多新技术帮助运动员和教练员准确地测量各项运动的距离与速度。例如，全球定位系统（GPS）和加速度计，曾经是笨重且昂贵的技术设备，现在经过改进，已可以放置于许多便携式且价格适中的运动设备中。科技的进步让大多数设备体积变小，更便于运动者携带。对于铁人三项运动员而言，具备GPS的运动手表与运动手环、功率脚踏或骑行台都是不错的训练监控工具。

（三）功率

功率是指物体在单位时间内所做的功的多少，即表示做功快慢程度的物理量。功的数量一定，时间越短，功率值就越大。求功率的公式为功率=功/时间。

在铁人三项的三个竞技子项中，自行车项目是最早通过功率来监控运动强度、评定训练效果的，并且在这个项目上有关于"功率"的体育器械或电子产品也是层出不穷。但是早些年，由于功率计相对昂贵，所以只有少数的专业运动队才能够使用。近些年，随着科技的发展，仪器开发的成本降低，功率测量技术不但在自行车运动领域得以普遍推广，并且在游泳与跑步这两个运动领域也受到较好的认可。例如，游泳的等速等动拉力器、跑步机等都是以"功率"为核心而研发的训练辅助器材，运动员与教练员能够通过实时的反馈来了解运动员的竞技表现以及运动强度。

那么，功率为什么能成为最为精准的强度测量工具之一呢？我们以骑行为例来展开分析：通常我们进行功率训练（或测试）时，都会使用功率自行车或在骑行台上安装功率测试仪（如功率脚踏），然后将骑行的外部负荷设置为既定标准（即设定功率）后开始训练。这样的练习（或测试）方式能够排除其他影响运动强度变化的变量，如地形或天气因素，我们所得到的运动数据纯粹是运动员当下正在输出的功率。比如，我们对运动员施加 200 W 功率，那么该名运动员在练习过程中将始终承受 200 W 功率的负荷强度，不会因任何因素而发生变化。但是如果他们在平地上骑行，他们可能以 30 km/h 的速度行驶；而如果他们是在上坡路段骑行，他们可能仅以 10 km/h 的速度行驶。注意，运动员在这两种情况下的功率是相同的，只是由于骑行条件的不同，使他们的骑行速度发生了巨大变化。

此原理使功率成为最精确的训练测量工具，但是，它也存在缺点。与其他测量运动强度的工具相比，功率计并不便宜。同样，如果练习者完全依靠功率进行评估而不结合 RPE，那么当仪器设备出现故障时，练习者可能会比较被动。

（四）心率与靶心率

1. 概念区分

心率，指心脏跳动的频率，即心脏每分钟跳动的次数。身体健康的成年人的静息心率为 60~100 次/min，运动时心跳会加速。训练有素的运动员或保持锻炼的体育爱好者具有较强的心肺功能，其静息心率可能低于普通人群。

靶心率（常用 THR 表示），是一个运动心率区间值，通常为 60%~80% HRmax（最大心率）。我们通过有氧运动提高心血管循环系统的机能水平时，需要将心率保持在一个既定的区间范围内，这个范围既需保障训练的有效性又需保证训练的安全性，因此靶心率在实践训练中的指导作用远远大于心率。

如本章第一节所述，血乳酸是最为精准的用以确定有氧与无氧运动强度的生理指标，但是需要采用生化检测方法，操作过程较为烦琐。在实践中，教练员们更倾向于使用心率监测这一个简便易行的方法来进行强度评估。

2. 靶心率的计算方法

研究表明，以健身为目的的训练最好将心率维持在靶心率区间内，并持续一定的时间，方能获得理想的锻炼效果。若心率过慢，达不到一定的生理刺激，健身效果较差；但若心率过快，又存在影响健康的风险。因此只有维持适宜的心率，才能取得较好的效应。但是由于每个人的体质健康水平与运动基础不同，运动时的稳定心率也有所不同。一般而言，越接近靶心率的上限，训练效果越好。但需要循序渐进和量力而行，不宜单纯地追求心率指标。以下，我们针对不同的人群，设计了几种确定靶心率的方法，供各位读者参考。

（1）健康而体质较好的人群：靶心率可以控制在 120~180 次/min，具体可细分为：小运动量 120~140 次/min；中运动量 141~160 次/min；大运动量 161~180 次/min。

（2）中老年或慢性病人群：靶心率大致控制在（170 - 年龄）~（180 - 年龄）区间。例如，练习者为 70 岁的老人，他的有氧心率一般控制在（170 - 70）~（180 - 70）= 100~110 次/min。对刚刚开始采用运动干预的患者，则建议增加 0.9 的安全系数更为保险。如同为 70 岁的练习者，我们在训练慢性病患者时，应降低靶心率区间（相比于身体健康的 70 岁练习者），将靶心率控制在（170 - 70）× 0.9~（180 - 70）× 0.9 = 90~99 次/min。

（3）国外常用的靶心率计算公式：

[（220 - 年龄）- 静息心率] ×（60%~80%）+ 静息心率 = 靶心率

了解了心率的计算方法后，我们可以使用它来定义训练区，但是在此之前我们最好先确定练习者的最大心率，然后计算出静息心率与最大心率之间的差来定义训练区。通过运动测试来确定最大心率无疑是一种最为精准的方式，但是为了简便起见，实践中也常常采用以下公式来计算练习者的心率：

$$220 - 年龄 = 最大心率$$
$$最大心率 - 静息心率 = 贮备心率$$

3. 影响心率的因素

相较于传统的人工计（数）心率，现在，大多数铁人三项运动员都习惯使用心率监测器来评估运动强度，如心率表、心率带。心率监测器基本上可以反映使用者的心跳速度，其中一些功能较为先进的设备能够根据计算区域给出身体指标结果并允许下载数据。因此，心率监测器已成为一种物美价廉、易于使用的装备。虽然我们对于心率的应用已日趋熟练，但是依旧需要提醒大家，在实践训练时需要考虑以下几个影响心率的客观因素。

（1）温度。

（2）身体成分和遗传，不同的人有不同的静息心率和最大心律，并且人与人之间无法比较。

(3) 补水状态。

(4) 恢复情况。

(5) 心理因素，工作压力大、精神疲劳、恐惧等都会形成心理压力。即使没有运动，过大的心理压力也足以使人心跳加快。

4. 心率的滞后性

心率训练的另一个问题是心率的反应具有滞后性，这使得训练过程中，教练员与运动员期望得到的实时反馈受到一定影响。心脏的运动反应相对缓慢，有时滞后长达 2 min。如此，在开始相对激烈的重复运动时，心率可能需要 2 min 左右的时间才能达到真正需要的强度值。如果练习者打算以 X 次/min 的心率进行训练，他们可能在训练 2 min 后才能真正达到该心率，因此，他们无法完全依靠心率来调节自己的努力程度。

5. 执教要点

由于心率的滞后特性，实践中最好在 5 min 以上的稳态训练下使用心率进行强度评估。请牢记，影响心率的因素很多，因此我们不能仅凭一次测试的结果就下定论，有时甚至进行几次测试后的结果也未必完全精准。如果所有（影响运动表现）的因素都相同，我们可以使用心率来比较练习者在这两次训练中的表现。如果你所指导的运动员在经过一段时间的科学训练后能够以较低的心率来完成同一训练内容，则表明该名运动员的体能状况有所改善。

（五）频率

频率是指单位时间内完成周期性变化的次数，是描述周期运动频繁程度的量。对于铁人三项运动而言，测试频率指的是测试运动员在既定时间内（通常为 1 min）的划水、踏蹬与摆腿次数，它在一定程度上能够反映运动员所承受的负荷强度与疲劳程度，但必须结合动作幅度（划幅/步长）、动作效率（踏蹬功率）以及运动成绩来进行评定。例如，在骑行训练时，使用小传动比可使运动员以较高的踏频踩踏板，但练习强度较低；相反，使用大传动比虽然造成踏频下降，但较高的骑行功率使运动强度也随之提升。

那么，我们究竟该如何运用"频率"来评定练习者的运动强度与竞技表现呢？这里简单介绍两种方法：①在一次训练课中，我们可以通过频率的变化来判断运动强度以及运动员的疲劳程度。以长距离游泳为例，在划幅不变的情况下，划频下降预示着运动员出现疲劳，此时通常会伴随运动成绩下降。但是，也可能会出现划幅下降、划频维持稳定的现象，这也是疲劳产生的征兆。此时若想保持运动成绩，那么运动员必定要付出更多的努力、承受更高的运动强度。②在一个训练周期中，我们可以使用"频率"来检查训练效果。例如，某运动员该周期伊始的 10 km 计时跑成绩为 35 min，平均步频为 210 次/min；当一个训练周期结束后，我们再对其进行测试，成绩依旧为 35 min，但是步频下降至 200 次/min，我们可确定该名运动员经过系统训练后竞技水平获得了进步。同时，我们也可以断定该名运动员在第二次的测试中所承受的运动强度要小于第一次。结合以上两个示例，我们清楚地认识到对于周期性运动而言，"频率"是影响运动成绩的重要因素之一，但在训练"频率"或以"频率"为测试手段试图去分析更多的运动信息时，务必要结合运动成绩、动作功率、动作幅度等因素来综合评价。

二、训练区

训练区是一个试图将各种负荷和强度测量组合到一个可以分类和传达预期训练强度的系统中的概念。许多教练员在执教过程中面临的一个共同问题是，他们被各种五花八门的训练方法和专业术语所迷惑，无法准确评定不同训练方案所施加在运动员身上的精准负荷以及不同方案可能产生的训练效应。

在前一部分中，我们研究了对耐力项目的运动表现产生关键影响作用的几项生理学指标，并且介绍了几种衡量运动表现的方法。从运动科学的角度来看，这几个关键的生理学指标可以被视为运动训练强度区域之间的边界。图 7.6 显示了每个关键指标与运动员可以维持强度的大致时间，建议教练员们熟悉此区间分布，便于在训练中快速精准地做出判断。

从图 7.6 的底部开始，第一、第二个标记是乳酸阈强度区间，分别为 LT-1 和 LT-2，"铁三"训练中大部分的练习都处于这个区间内；继续向上是最大摄氧量强度区间，对青少年应该谨慎安排此区间练习，做到适宜刺激、点到即止；再往上则是耐力性项目训练中的一个极限——无氧强度区间，运动员在该强度区间大约可以维持 60 s 的持续练习，在青少年"铁三"训练中，通常为 100 m 自由泳、800 m 骑行、350 m 跑步，常作为高强度课或测试课安排；最顶端是 ATP-CP 供能区间，强度最大、速度最快，强调"每一次训练后都需获得充分的恢复"，在耐力性项目中此区间

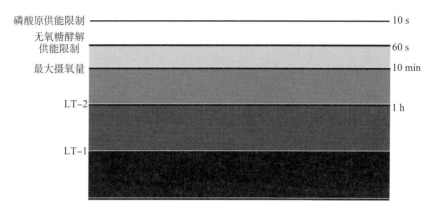

图7.6　不同强度区间与对应训练时间

的练习分量很少，极易被忽视。

通过不同的生理学指标可以构建区域系统，通过每个指标形成专门的训练区域，便于教练员们掌控训练，也可以通过区域的方式表达教练员们的设计思路与训练目标。不同的系统指导思路也略有不同，并且大多数系统都有专门的表达强度的方式，如自行车训练中 watts（功率的度量单位）与血乳酸和心率的关系，或在一个或多个指标上进行的测试百分比。所有系统都要求使用者用基线来划分区域边界，如常见的自行车测试是确定运动员在 LT-2 强度时可以维持的功率，而基于此的系统会使用从多名运动员处获得的平均值来建议被测运动员在其他各个区域保持的功率。这就是许多体系引用某个测试值的百分比的原因，例如最大心率百分比（% HRmax）或最大摄氧量百分比（% VO_2max）。

（一）需要注意的问题

基于区域的系统都存在一个问题：它们往往是根据许多运动员的平均水平设定，并不一定完全适用于每一位运动员。例如，个别运动员 LT-2 的 VO_2max 百分比明显高于其他运动员，那么对其训练时就要酌情调整。因此，为运动员建立准确的个人训练档案是十分有必要的。建议通过使用几种不同的强度测量和一系列科学的测试来构建精准的个人档案，将摄氧量测试（包括肺通气量与最大摄氧量）、血乳酸测试、功率和心率计算等结合使用无疑是一个比较全面的方法。当然，我们也可以使用一些旨在衡量某人运动表现的特定边界的实验室测试，以测量各种强度和持续时间。但是，此类测试既费时又昂贵，在儿童、青少年与业余选手的训练中很少采用。

请记住，无论进行哪一类测试，我们的目的都是：①确定运动员的优势和劣势；②评估（一个周期的）训练效应。教练员通过科学、合理的测试来确认运动员是否在克服自身弱点方面取得进步。然后，他们需要根据反馈来设计训练，进一步获取成功。由于基于区域的系统在表达那些针对特定的身体适应训练时只有一种简单的方式，如在 LT-1 或以下强度区间的训练可能会提高脂肪有氧氧化能力，诸如此类的表述容易使使用者产生误解，认为每一个区域只有一个专门功能。实则不然。尽管每个区域都旨在集中提高某一项身体机能，但是，就算我们离开该训练区，我们所寻找的特定身体应激也不会立即消失。区域并不是某一项身体适应的起点和终点，它们只是定义了实现身体适应的最佳位置。当然，训练时，偏离所属区域越远，那么获得的效果就越差。

（二）整合训练区域系统

训练区有很多方法和系统，它们都有效地展示了同一训练。作为一名执教者，我们需要做的是了解每一堂训练课的设计目的以及安排运动员进行特定强度训练的原因。理解训练区的概念，有助于我们与运动员进行交流。请记住，每一个系统所使用的名称对于我们并不重要，重要的是每个相关人员都必须了解它们的含义。为了方便大家参考，本书整合了全部的训练区域以及各项关键指标列于表 7.7 中，期望能够帮助各位读者加深了解。

表 7.7 不同训练区域各项指标参考值

区域	RPE	生理学指标	% HRmax	% VO$_2$max	% LT-2	血乳酸/(mmol·L^{-1})	训练时长/min
1	1		<75%	<55%	<81%	1.0	
1	2		<75%	<55%	<81%	1.0~2.0	
1	3		<75%	<55%	<81%	<2.0	
2	4	LT-1	<75%~84%	<50%~65%	<81%~89%	1.0~3.0	60~360
3	5		<82%~89%	<60%~75%	<89%~94%	1.5~3.5	120~240
4	6	LT-2	<89%~93%	<70%~85%	<94%~102%	2.5~4.5	45~120
4	7		<89%~93%	<70%~85%	<94%~102%	2.5~5.5	30~60
5	8	VO$_2$max	93%+	<80%~110%	<102%~106%	4.5~7.0	<30
6	9		n/a	<110%~150%	>106%	>7.0	
6	10		n/a	<110%~150%	>106%		

我们在下一部分将进一步扩展此系统，并显示其与训练区域和其他专家使用的各种不同系统之间的关系。在此阶段，我们要了解的重点是强度的总体发展、能反映运动性能的关键生理学指标及其与可持续训练时间的关系。

三、影响训练的因素

训练活动以不同的方式影响着运动员的发展，这些方式都通过"训练负荷"调控对受训者产生作用。在实践调研中，我们发现大家经常将"疲劳"视为影响运动负荷的唯一因素。实际上，影响训练负荷的因素有很多，我们将其归类于四个板块供大家了解，如图7.7所示。

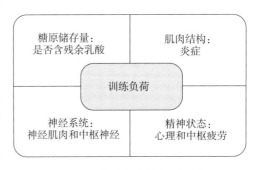

图7.7 影响训练的主要因素

（1）糖原储存与乳酸堆积。糖原储存：训练通常会消耗肝糖原和肌糖原，应通过及时地摄入、补充使消耗的糖原重新获得储备，以满足进一步训练的需求。乳酸堆积：乳酸是能量生产和利用过程的副产品，在训练结束时，肌肉内可能会堆积一定的乳酸，可以通过适当的放松来减少乳酸残留。

（2）肌肉结构：训练中，我们会通过对肌肉施加压力使其产生相应的适应能力以提升力量或耐力表现，这一过程可能会引起肌肉结构的轻微撕裂。这些轻微的撕裂运动员可能会感受到，也可能没有明显的感觉。在运动医学领域我们将其称为延迟性肌肉酸痛（DOMS）。可以通过及时的物理降温、按摩、冰浴等手段来加快肌肉修复。同时，在训练后的恢复期，确保身体能够摄取足够的蛋白质来建造和修复肌肉，这一点也很重要。

（3）神经系统：神经系统的中枢和外周部分都会出现疲劳，良好的营养和睡眠可以帮助恢复。一般情况下，免疫功能下降与神经系统恢复能力有一定的关系。

（4）心理：在本章的开始部分，我们提到了运动员的心理能力将对其能否集中精力参赛以及能否克服机体不适造成影响。同样，运动员训练后的恢复速度也会受其"良好"的自我感觉影响。例如，与没有外界压力并感到快乐的运动员相比，参加考试、工作或个人压力较大的运动员获得恢复的时间更长。因此，教练员在考虑运动员的恢复时间时，应综合考虑多种因素。适当地开展心理训练可以帮助运动员提升身体适应（疲劳）能力，但切记，控制好训练的时间，避免造成额外的心理负担。

（一）适应

不同类型的训练会导致运动员身体产生不同的适应。这就是为什么我们作为教练员，需要计划不同的训练内容、练习强度和持续时间，以便我们能够为运动员提供最佳的适应性融合，帮助满足比赛需求。表7.8简单介绍了不同类型训练产生的相关适应性表现。

表7.8 不同类型训练的适应性表现

训练类型	适应性表现
区域1：有氧恢复训练	恢复
区域2：LT-1一般有氧训练	提高耐力；增加心搏量；心输出量增加；心脏体积增大；血浆量增加；心率降低（对于相同强度）；毛细血管密度增加；增加线粒体的体积与密度；增加肌纤维横截面积；提升脂肪氧化能力
区域3：高强度有氧训练	包括区域2中的全部表现；提升运动的经济性；更加依赖碳水化合物作为燃料来源
区域4：LT-2训练	通过提升LT-2增加VO_2max的利用率；提高乳酸清除速率；以竞赛速度的提高来提升运动的经济性
区域5：VO_2max训练	增加VO_2max；增加毛细血管量；提升注意力水平；达到比赛特定强度
区域6：无氧能力训练 乳酸耐受能力训练 最高强度训练	提高乳酸的生产能力；提高抵抗酸中毒和疼痛的能力；改善对比赛中速度变化的反应能力；提升运动的速度和节奏；增强肌肉力量

值得注意的是，不同区域之间没有明确的界限。例如，进行区域4的LT-2练习，同样会表现出（区域3中）运动经济性提升与（区域4中）VO_2max能力增加。

(二) 恢复

如同我们在上一部分所讨论的，引起疲劳的因素有很多种，运动员从不同类型的训练中恢复所需的时间也有所不同。这在很大程度上取决于特定运动员的个性，不同运动员以不同的方式响应训练，而教练员的关键作用是确定对特定运动员有效的方法。教练员需要在训练后保持与运动员的沟通，尽可能地获得运动员于不同时间反馈的身体感觉，这将有助于了解运动员的个人特点。

对于一些执教经验尚浅的教练员来说，这方面的知识是比较缺乏的。表7.9将不同类型训练所需的恢复时间进行了梳理，供教练员们参考。请注意，这里所表述的恢复时间指的是再次执行相同（最大）级别训练所需的时间，并非两次（不同类型的）训练课之间的间隔时间。例如，完成区域5训练后不需要完全静止休息36～72 h，而是可以在第二天进行区域1训练帮助运动员恢复，同样也可以在区域1训练过后安排区域3训练。

表7.9 不同类型训练的恢复时间

区域与训练类型	恢复时间/h
区域1：有氧恢复训练	加速恢复
区域2：LT-1一般有氧训练	6～12
区域3：高强度有氧训练	12～48
区域4：LT-2训练	48～100
区域5：VO_2max 训练	36～72
区域6：无氧能力训练	12～24
区域6：乳酸耐受能力训练	48～72
区域6：最高强度训练	24～48

铁人三项训练需要通过适宜的刺激使运动员产生一定程度的疲劳，再通过不断地适应疲劳而获得能力提升，这是一个"刺激—适应"反复循环的过程。执教的关键是确保运动员能够应付疲劳，避免疲劳堆积而出现过度训练状态。在一个训练周期中安排固定的休息日是非常有必要的。要知道，只有运动员的身体对某一类型的负荷达到完全的适应后，一个训练计划才算圆满完成，而不仅仅是执行一堂训练课或一个训练周期就算完成了训练任务。请记住，教练员的职责不是执行训练计划，而是建立一个科学的训练计划帮助运动员通过恰当的适应达成竞技目标。

第三节 功能性动作筛查的意义及实操

在第六章中，我们介绍了功能性训练，本章我们将向你介绍功能性动作筛查。需要说明的是，这两部分内容并非从属关系，无论你是否采用功能性训练手段，你都可以使用功能性动作筛查来评测所指导的运动员的身体基本活动能力。当然，我们极力建议你将这两部分训练思想与方法手段融入你的日常训练活动，并使其贯穿于运动员的整个训练生涯。

功能性动作筛查，即 functional movement screen，在运动训练界常将其缩写为 FMS。它通过 7 个基本动作，检测人体运动的对称性、身体弱链以及局限性，对运动代偿进行跟踪测试，并通过相应的动作训练来解决身体的弱链和局限性，以减少运动损伤，提高运动员竞技能力。它的操作简单易行，适用于任何人，包括伤病者、普通人群和运动员。

传统体能测试基于五大传统身体素质——力量、速度、耐力、柔韧性、协调性，是对人体运动能力的测试和评价。它们的主要测试对象是运动员，使用的测试方法中有一部分是普通人不需要或不能完成的。传统体能测试方法依身体素质和专项需求而定，每种身体素质都有多种方法，每种测试方法并不能适用于每个项目，不同的项目需要选取不同的测试方法。它更侧重于运动员运动能力的提高，所以教练员和运动员为了能够完成测试或者在多次测试中取得优异成绩，而在训练过程中，往往只关注训练量与训练强度，忽视训练中的代偿性动作，给运动损伤的出现埋下隐患。

通过 FMS 测试能够发现运动员动作模式的多种问题，然后根据测得分数确定训练计划的基线，进而通过合理、科学、个性化的矫正训练来提高运动员的基本动作能力和运动表现。FMS 可以对运动员的训练进行跟踪监测，对训练进行监督，在损伤发生之前发现危险的人体弱链，以减低运动损伤的概率。FMS 测试系统的主要目的是改变身体动作问题，而不是解释、剖析问题背后的复杂成因。

一、功能性动作筛查的作用与价值

（一）FMS 的定义

FMS 由美国著名理疗专家和训练学专家 Gray Cook 和 Lee Burton 等人研

究创新，并广泛应用于美国职业运动员运动能力评估中，是旨在发现人体基本动作模式障碍或缺陷的一种测试方法。它简便易行，仅由7个动作构成，可以广泛应用于各种人群的基础运动能力（灵活性和稳定性）评价，是一种革新性的动作模式质量评价系统。

对于物理治疗师、私人教练员、竞技体育教练员或体能教练员来说，功能性动作筛查是一种简单、量化的基础运动能力评价方法。FMS只要求教练员或培训人员有观察他们已非常熟悉的基本动作模式的能力。FMS的核心是：测试易操作、评价方法简单。使用FMS进行测评的测试者不需要具有病理学认证证书。这种方法的目的不是诊断受试者的整形外科问题，而是发现健康个体在完成基本动作模式时的局限性因素或评估整体均衡性。

使用这种评价方法可以测评出受试者的一些基本运动能力，而测试结果就成为制订运动训练计划的出发点。从某种意义上讲，这种测评方法是从其他一些技能测试方法的基础上发展而来的，在测试过程中所使用的测试工具和动作都能够得到受试者和教练员的认同。

测试内容包括7个基本动作模式，在完成这7个动作时需要受试者灵活性与稳定性的相对平衡。通过所设计的基本动作模式，研究人员可以观测受试者动作在基本运动、控制、稳定等方面的表现。在测试时，要求受试者尽可能地以最大幅度来完成运动，如果受试者没有适当的稳定性和灵活性，其薄弱环节和不平衡点就会充分暴露出来。根据以往的观察，即使高水平运动员也不一定能完美地完成这些简单的动作。因此，我们可以认为，这些人在完成这些测试时，使用了代偿性的动作模式——他们为了自己表现更好，使用了一种非高效的动作。如果他们继续使用这种代偿性动作，客观上就会强化这种错误的动作模式，最终会使动作不符合运动生物力学的要求。

（二）FMS的目的

FMS是国际职业竞技体育中广泛应用于理疗康复和体能训练领域的测试方法，由著名的功能动作训练衍生而来。它通过对人体蹲、跨、弓箭步、伸、举，以及躯干的前后倾和旋转这7个重要动作模式的检查，以发现运动员身体在灵活性和稳定性方面存在的缺陷与不对称，以及存在的损伤风险。每一项的分数为0~3分，总分为21分。它在运动医学和体能训练之间架起了一座桥梁，使教练员在身体训练中更为自觉地使用康复知识为运动员健康服务。

（三）FMS 的价值

FMS 作为对传统测试方法的一个有益补充，用以检测运动员潜在的伤病，将检测结果作为运动员开展预防伤病训练的实施依据，通过延长运动员的运动寿命来提高训练效益。训练有素的教练员和体能训练专家们通过让受试者完成这些动作，可以发现受试者的弱点、不平衡性或不对称性等影响其未来发展的短板因素。

FMS 不是训练手段，更不是竞技手段，只是一种用于为动作评分和评级的工具。功能性动作筛查只是在评价动作质量和持续性的工具中填充内容，它更为简单、实用，但它并不用于诊断任何存在功能障碍或动作模式缺陷的对象，而是用于发现存在问题的动作模式。

FMS 是一项评价技术，它试图通过测试功能性动作来发现受试者在灵活性与稳定性方面的不平衡点。这种评价技术可以放大受试者动作补偿的问题，从而使我们更容易发现问题根源所在。也正是这些动作上的瑕疵会导致运动链系统出现故障，影响受试者在活动时的动作效率，并伴随受伤的风险。

FMS 可作为身体检查的一部分，以确定受试者身体上可能会存在的在进行传统医学检查和运动表现评价时很难发现的问题。在很多情况下，肌肉柔韧性和力量的不平衡性，以及损伤史等问题是很难被发现的。这些问题已经被公认为导致运动损伤的最大潜在因素，但它们可以通过 FMS 测试得以确认。这种以动作为基础发展而来的测试，可以查明与本体感觉相关的灵活性与稳定性等方面的功能性问题。倘若使用 FMS 可以发现这些问题的话，就可以减少运动损伤的可能性，最终提高运动表现。

（四）FMS 的作用

7 组动作所采用的动作模式均为基本的可测量动作，并能够体现受试者的灵活性和稳定性。

（1）深蹲可以测试双髋、双膝和双踝的对称以及功能的灵活性、稳定性。

（2）跨栏架步可以检测髋、膝、踝的双侧灵活性和稳定性，以及骨盆和身体核心部位的稳定性与控制能力。

（3）直线弓箭步使下肢处于分腿站立姿势，而上肢则处于一种相反或交互的动作模式之中，它检测了脊柱的稳定性，髋、膝、踝和足部的灵活性和稳定性，以及多关节肌的柔韧性。

（4）肩部灵活性主要是检测肩关节内收内旋、外展外旋的能力，及其两侧的对称性。

（5）主动直膝抬腿检测了在保持骨盆和身体核心部位稳定情况下的分腿能力和大腿后部肌群、腓肠肌和比目鱼肌的主动柔韧性。

（6）躯干稳定俯卧撑动作可以检测上肢在做对称运动俯卧撑时，身体躯干在矢状面的稳定性。

（7）旋转稳定动作模式可以检测在上下肢共同运动时，骨盆、身体核心部位和肩带在多维面的稳定性及其两侧的对称性。

二、功能性动作筛查的具体测试内容

人体的各种复杂动作包括竞技动作都是人体功能性动作的组合，这些功能性活动有以下7种重要动作：蹲、跨、弓箭步、伸、举，以及躯干的前后倾和旋转。而FMS测试的7个基本测试动作正是模仿并检测这7种重要的动作，它包括深蹲、跨栏架步、直线弓箭步、肩部灵活性、主动直膝抬腿、躯干稳定俯卧撑和旋转稳定动作模式。

其中深蹲、躯干稳定俯卧撑是对称性动作，而跨栏架步、直线弓箭步、肩部灵活性、主动直膝抬腿、旋转稳定动作模式5个动作测试为非对称性动作，需要左右测试。另外，肩部灵活性测试、躯干稳定俯卧撑测试与旋转稳定动作模式测试分别附有1个伤病排查动作。这些动作模式的完成都是将身体置于一个特别设计的动作位置，以检测身体在灵活性和稳定性方面存在的缺陷与不对称，这些缺陷和不对称直接影响人体动作完成和动力传递的有效性与协调性。

事实证明，一些高水平的运动员并不能很好地完成这些基本动作，他们在完成这些动作的过程中出现了一些代偿性动作，这些代偿性动作破坏了动作的有效性，导致力量传递的丧失和能量传递的损耗。同时在长年累月的重复中，这些代偿性动作很可能为运动损伤的出现埋下隐患。而功能性动作筛查则是为运动员提供了一个可以快速发现人体的危险动作模式的方法，使运动员通过及时的矫正训练得以将之排除。

（一）深蹲

1. 测试目的

深蹲模式是许多运动动作的组成部分，它充分体现了下肢灵活性、躯干稳定性，以及在对称姿势下髋和肩关节的功能。虽然在现代生活和日常锻炼中不需要人们完成全蹲，但并不意味着这个动作在社会的进化中已经不再被需要了。

把深蹲作为运动筛查中的基本动作，是因为深蹲动作模式可以非常全面地展示受试者的下肢灵活性、姿势控制能力、盆骨和核心稳定性。正确完成深蹲动作要求受试者具有良好的神经肌肉控制能力。同时，深蹲可用于测试髋、膝、踝两侧对称的功能灵活性和稳定性，而将横杆举过头顶的深蹲动作还可以同步测试肩关节、肩胛区、胸椎的灵活性和稳定性。

2. 测试说明

首先让受试者保持双脚间距与肩膀同宽站立，双脚保持平行对称，脚尖不得朝外。受试者将横杆置于头顶上，调整双手位置，使肘与杆成90°角。

接着，让受试者双臂伸直。指示受试者慢慢下蹲至尽可能低的位置，保持双侧脚后跟着地，身体面向前方，抬头挺胸，将横杆尽可能高地举过头顶，双膝与双脚在同一垂直面内，双膝不得外翻。

可重复做3次该动作，但如果第一次完成动作即达到3分标准，则无须重复。在使用测试板的情况下，未能达到2分标准，则评为1分。

3. 测试口令

（1）完成以下动作的过程中如果感到疼痛请告诉我。
（2）双脚与肩同宽，脚尖向前，挺胸站立。
（3）双手握住横杆，将横杆平举过头顶，使肩肘呈90°角。
（4）将横杆举至头顶正上方。
（5）上身挺直，双膝姿势和举横杆的姿势保持不变，尽量往下蹲。
（6）蹲至最低处时保持1 s，然后回到原来的姿势站立。
（7）你是否听明白这些指令了？

4. 测试要点

（1）如有需要，受试者有3次机会完成动作。
（2）如果受试者未能达到3分，则将测试板垫在受试者脚跟下，让受试者再重复上述指令。
（3）从正面和侧面观察受试者。
（4）用FMS测试板或大小相同的板垫高脚后跟进行测试时，包括双脚姿势在内的所有姿势必须保持与测试内容一致。

3分标准（图7.8）：

图 7.8　深蹲 3 分标准

（1）躯干与胫骨平行或趋于与地面垂直。
（2）股骨位于水平面以下。
（3）双膝在双脚正上方。
（4）长杆在双脚正上方保持水平。

2 分标准（图 7.9）：

图 7.9　深蹲 2 分标准

（1）在使用测试板的情况下，躯干与胫骨平行或趋于与地面垂直。
（2）在使用测试板的情况下，股骨位于水平面以下。

（3）在使用测试板的情况下，双膝在双脚正上方。
（4）在使用测试板的情况下，长杆在双脚正上方保持水平。
1分标准（图7.10）：

图7.10　深蹲1分标准

（1）胫骨和躯干不平行。
（2）股骨不在水平面以下。
（3）双膝不能保持在双脚正上方。
（4）长杆不在双脚正上方。

（二）跨栏架步

1. 测试目的

跨栏架步动作是位移动作和加速动作必不可少的基本构成元素。虽然在大多数运动中人们不需要如此跨步，但这个动作可以暴露人体单腿站立跨步过程中运动功能是否存在补偿或不对称情况。这项测试可以对受试者的稳定性和控制能力进行评价。

这一动作要求双侧髋部具有良好的协调性和稳定性来完成不对称运动。运动中，一侧身体承受体重，另一侧身体可以自由移动。完成动作时必须保持盆骨和核心稳定，将横杆水平放于肩后，双手握住横杆保持不动，这样更便于测试人员观察到上肢及躯干是否在运动中保持不动。

灵活性、稳定性、平衡性、姿势良好且运动功能良好时，不会出现上身过度移动，如果运动中出现上身过度移动可视为补偿性运动。跨栏架步可以测试髋部两侧、双膝、双踝的灵活性和稳定性。这一测试还便于测试人员观察人体运动功能的对称性，因此也可以用于测试盆骨和核心的稳定性与控制力。

2. 测试说明

首先测量受试者胫骨长度。由于实践中很难确定胫骨与股骨的确切节点，因此将胫骨粗隆中点作为测量标志点。

受试者右脚外侧靠在栏架底部，右腿与栏架的一条竖杆平齐，以此调节栏架高度。将栏架的弹力绳滑至胫骨粗隆中点所在高度，然后调节栏架另一短杆的弹力绳至相同刻度，使两支竖杆的弹力绳位于相同的刻度上。另一种度量方法是用横杆测量地面至胫骨结节骨的高度，再将弹力绳移至相同高度。

受试者站在栏架中心的正后方，双脚并拢站立，脚尖平齐并轻触栏架底部。将横杆水平置于肩后、颈部下方处。要求受试者腰背挺直跨过栏架，脚跟着地，再回到起始姿势。要求受试者缓慢完成跨栏架步动作，完成过程中身体应始终处于受控状态。

若受试者的动作有任何一方面未达3分标准，则评为2分。若受试者的动作有任何一方面未达2分标准，则评为1分。

3. 测试口令

（1）完成以下动作的过程中如果感到疼痛请告诉我。

（2）双脚并拢站直，双脚脚尖轻触测试工具。

（3）双手握住横杆，把横杆水平放在后颈处，贴在肩上。

（4）保持上身挺直，抬起右脚，跨过栏杆，右脚向上抬起时，保持右脚与右踝、右膝、右髋呈一条直线。

（5）右脚脚跟着地，然后保持右脚与右踝、右膝、右髋呈一条直线，再将右脚移回原位。

（6）你是否明白这些指令了？

4. 测试要点

（1）确保弹力绳平齐。

（2）开始测试时要求受试者尽可能挺直站立。

（3）为执行动作的腿评分。

（4）左右两侧的动作均测试。

（5）如果有必要，受试者左右两侧的测试最多各有3次机会。

（6）观察躯干是否稳定。

（7）从正面和侧面观察。
（8）确保站立腿的脚尖在动作过程中和完成后始终与栏架接触。
3 分标准（图 7.11）：

图 7.11　跨栏架步 3 分标准

（1）髋、膝、踝在矢状面上保持平齐。
（2）腰椎保持不动。
（3）长杆和栏架保持平行。
2 分标准（图 7.12）：
（1）髋、膝、踝在矢状面上不能保持平齐。
（2）腰椎移动。
（3）长杆和栏架未保持水平。
1 分标准（图 7.13）：
（1）跨步过程中脚碰到栏架。
（2）身体失去平衡。

（三）直线弓箭步

1. 测试目的

直线弓箭步动作是日常活动、体育运动和运动训练中常见的减速、转向动作的构成部分，但它对人体的灵活性、稳定性和控制力的要求要高于

图 7.12　跨栏架步 2 分标准

图 7.13　跨栏架步 1 分标准

许多日常活动。我们通过模拟旋转、减速和侧向运动时因身体姿势变化而产生的压力和扭转力矩状态，采用直线弓箭步动作对左/右躯干与下肢的运动功能进行快速评估。

测试过程中，保持双脚间距小，要求受试者从一开始就保持足够的稳定性，并能在髋部不对称的姿势下使髋部两侧平均受力，持续有力地控制骨盆和身体核心区域。

进行直线弓箭步动作时，下肢处于劈叉姿势，上肢则呈相反姿势。这种动作模式既符合脊柱的运动力学特点，也与运动过程中上下肢摆动力矩的自然平衡关系一致。此外，该测试还考验髋、踝、脚的灵活性与稳定性，同时考验背阔肌和股直肌等多关节肌群的灵活性。

真正的弓步动作是由一个跨步动作和一个下压动作组成的，直线弓箭步测试仅观察下压动作和恢复动作。对于一个简单的动作筛查来说，跨步动作会带来太多的变量和不确定因素，而两脚窄距离弓步和上肢相反的姿势足以发现弓步动作模式中存在的灵活性和稳定性问题。

2. 测试说明

测量地面至胫骨粗隆顶端、中点的高度以确定受试者的胫骨长度，或通过跨栏架步测试时栏架竖杆的刻度获取胫骨长度。告知受试者将后脚脚尖放在测试板刻度线的起始线上。根据胫骨长度，将受试者的前脚脚跟放在测试板刻度线相应刻度上。多数情况下，让受试者摆好脚部姿势后再握横杆会比较容易一些。

将横杆竖置于后背部，轻触头、胸背脊柱和骶骨。受试者与前脚不同侧的手应在颈椎后处握住横杆，另一只手则在腰椎后处握住横杆。横杆在测试的整个下压和恢复过程中必须保持与地面垂直。

受试者必须降低后膝触碰前脚脚跟后方的板，然后恢复到起始姿势，才算完成直线弓箭步动作。

若受试者的动作未达 3 分标准，则评为 2 分；未达 2 分标准，则评为 1 分。

3. 测试口令

（1）完成以下动作的过程中如果感到疼痛请告诉我。
（2）右脚平踩在测试板上，脚尖与刻度对齐。
（3）左脚脚跟根据胫骨长度踩在相应刻度上。
（4）双脚平放，脚尖朝前。
（5）沿脊柱放置横杆，使横杆轻触脑后、背部、臀部中央。
（6）握住横杆时，右手贴在后颈上，左手贴在腰后。
（7）保持身体挺直，让横杆始终触碰头、上背、臀部，然后重心下沉呈弓步姿势，右膝摆在左脚脚跟后方并接触测试板。
（8）恢复到起始姿势。
（9）你是否明白这些指令了？

4. 测试要点

(1) 评分中的左、右侧依前腿左、右而定。
(2) 动作过程中横杆始终保持垂直,并与头、胸背、骶骨接触。
(3) 前脚脚跟保持平放在板上,恢复到起始姿势时,后脚脚跟与板接触。观察是否失去平衡。
(4) 与受试者保持较近的距离,以防受试者完全失去平衡。
(5) 左右两侧的动作均需测试。
(6) 如果必要,受试者左右两侧的测试最多各有 3 次机会。

3 分标准(图 7.14):

图 7.14　直线弓箭步 3 分标准

(1) 长杆始终与身体接触。
(2) 长杆保持垂直。
(3) 躯干没有晃动。
(4) 长杆与双脚保持在同一矢状面上。
(5) 后膝触碰前脚脚跟后方平板。

2 分标准(图 7.15):

(1) 长杆未能始终与身体接触。
(2) 长杆未能保持垂直。
(3) 躯干晃动。
(4) 长杆和双脚未能保持在同一矢状面上。

图 7.15　直线弓箭步 2 分标准

（5）后膝未触碰到前脚脚跟后方平板。

1 分标准（图 7.16）：

图 7.16　直线弓箭步 1 分标准

（1）身体失去平衡。
（2）无法完成该动作模式。

（四）肩部灵活性

1. 测试目的

肩部灵活性动作可以检测肩关节区域、胸椎、胸廓在上肢相对应的肩部运动中是否保持自然对称的运动功能。尽管生活中很难见到与测试动作完全一致的动作，但通过该动作测试可以观察到颈椎及胸椎的代偿性动作，排查肩关节存在的疼痛感。

2. 测试说明

首先，测量受试者腕褶痕远端与最长手指尖端的长度，即受试者的手长。受试者双脚并拢站立，双手握拳，拇指在四指内。

然后让受试者一拳伸到后颈处，同时另一拳伸到后背处，一边肩膀尽可能地向外张、收拢，另一边肩膀尽可能地向内扭转、收拢。

测试期间，手必须始终保持握拳，动作连贯。测量受试者双手相距最近两点之间距离，此距离即反映受试者肩关节灵活度的大小。测试中，受试者左右手互换姿势时最多各有 3 次机会来完成规定动作。

受试者的动作有任何一方面未达 3 分标准，则评为 2 分。受试者的动作有任何一方面未达 2 分标准，则评为 1 分。

3. 测试口令

（1）完成以下动作的过程中如果感到疼痛请告诉我。

（2）双脚并拢站直，两臂自然下垂。

（3）双手握拳，四指包住大拇指。

（4）将右拳举过头顶，然后沿着背部尽可能地压低，同时将左拳沿着背后部尽可能地往上提，动作要连贯，一气呵成。

（5）双手一次到位后不得再"移动"以靠得更近。

（6）你是否听明白这些指令了？

4. 测试要点

（1）评分中的左、右侧依据举在肩上的左臂或右臂而定。

（2）确定受试者双拳一次到位后没有再尽力让双手靠近。

（3）重复测试并对两侧均进行排除性测试。

（4）如果必要，受试者左右两侧的测试最多各有 3 次机会。

3 分标准（图 7.17）：

双拳距离小于一个手长。

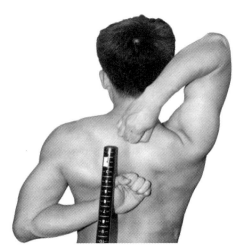

图 7.17 肩部灵活性 3 分标准

2 分标准（图 7.18）：
双拳距离小于一个半手长大于一个手长。
1 分标准（图 7.19）：

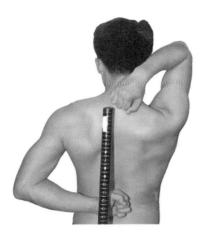
图 7.18　肩部灵活性 2 分标准

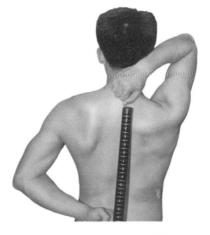
图 7.19　肩部灵活性 1 分标准

双拳距离超过一个半手长。
主动肩胛稳定性（肩部排除测试）
口头指令：
（1）双脚并拢站直，两臂自然下垂。
（2）右手握住左肩，手掌放在左肩前方。
（3）保持手掌位置不动，将右肘尽可能高地往上提。
（4）有疼痛感吗？
排除测试（图 7.20）：
两侧均须进行排除测试。即使受试者排除测试的评分为阳性（无法完成规定动作），两侧的分数也都要记录，以备将来参考。若受试者在排除测试动作中感到疼痛，则评为 0 分，同时应当全面评估受试者的肩部，或推荐受试者前往其他机构诊断。

（五）主动直膝抬腿

1. 测试目的

主动直膝抬腿评估平躺时下肢分别运动的功能。

图 7.20　排除测试

这个动作除了识别髋关节屈曲的主动灵活性，还可以判断运动中核心的初始稳定性和持续稳定性。这个动作必须充分发挥多关节肌群良好的运动功能才能完成。

臀大肌、髂胫束复合体和腘绳肌肌腱是最容易限制髋关节屈伸的人体结构。完成该动作时一方面考察腘绳肌肌腱和小腿三头肌的柔韧度，另一方面还观察髂腰肌和腰部肌群对盆骨的稳定功能。

2. 测试说明

受试者仰卧，两臂放置于体侧，手掌朝下，头部平躺于地面，双膝下放置测试板，双脚呈中立位，脚掌与地面垂直。

将横杆放置在髂前上棘（ASIS）和膝关节中线的中间，与地面垂直。然后，让受试者抬起测试一侧的腿，同时做到该侧下肢的踝、膝保持初始姿势不变。

活动腿上抬到最高位时，非活动腿保持中立位不移动。若活动腿踝骨垂直线超过横杆，则记录 3 分；若活动腿踝骨垂直线未超过横杆，则像移动铅垂线一样移动横杆，观察活动腿踝关节垂直线是否超过非活动腿膝关节中线，超过则记录为 2 分；若活动腿踝骨垂直线未超过非活动腿中线，则记为 1 分。

两侧均需完成主动直膝抬腿测试，每侧最多 3 次机会。若受试者的动作未达 3 分标准，则评为 2 分。若受试者未达 2 分标准，则评为 1 分。

3. 测试口令

（1）完成以下动作的过程中如果感到疼痛请告诉我。

（2）平躺，双膝后部压在测试板上，脚趾朝上。

（3）双臂放在身体两边，手掌朝下。

（4）双脚呈中立位并拢姿势。

（5）受试腿保持平直，另外一侧的膝盖与测试板接触，然后尽可能高地抬起受试腿。

（6）你是否听明白这些指令了？

4. 测试要点

（1）评分中的左、右侧轮流抬起腿而定。

（2）如果膝关节中线难以辨认，则通过屈曲、伸直膝部加以确定。

（3）确保非活动的下肢保持中立位。

（4）左右两侧的动作均需测试。

（5）如有必要，受试者左右两侧的测试最多各有 3 次机会。

3 分标准（图 7.21）：

图 7.21　主动直膝抬腿 3 分标准

（1）踝骨垂线落在大腿中部和髂前上棘之间；
（2）非活动下肢保持中立位。

2 分标准（图 7.22）：

图 7.22　主动直膝抬腿 2 分标准

（1）踝骨垂线落在大腿中部和关节线之间；
（2）非活动下肢保持中立位。

1 分标准（图 7.23）：
（1）踝骨垂线落在膝关节线以下。
（2）非活动下肢保持中立位。

图 7.23　主动直膝抬腿 1 分标准

（六）躯干稳定俯卧撑

1. 测试目的

躯干稳定俯卧撑是一种特殊的单次伏地起身练习。它是一种观察反射性核心稳定的基本方法，并非测试和考量上身力量的方法。该动作模式的目的是，以上肢撑地的姿势，不借助脊柱和髋部运动完成动作。

伸展和旋转是完成该动作模式时最常见的代偿性动作。这些代偿性动作的出现表明受试者在完成俯卧撑动作模式时先使用了原动肌，然后才使用稳定肌群。

躯干稳定俯卧撑动作模式测试受试者在上身对称的下推闭链运动中稳定脊柱在同一矢状面的能力。

2. 测试说明

受试者俯卧，两臂伸过头顶。男性受试者和女性受试者的初始姿势不同。男性受试者双手拇指放在额头最上方，而女性受试者双手拇指放在下巴位置。然后根据评分标准，将拇指下移到下巴或肩膀位置。两膝完全伸展，两踝呈中立位，脚板与地面垂直。

要求受试者以此姿势完成一次俯卧撑。身体应当整体撑起，测试过程中脊柱不得左右摆动。若受试者不能以此姿势完成一个俯卧撑，则让受试者将双手下移，变成更轻松的姿势。

躯干稳定俯卧撑最多有 3 次测试机会。若受试者的动作有任何一方面未达 3 分标准，则让受试者将双手移至恰当位置，测试受试者能否达到 2

分标准。若受试者的动作有任何一方面未达 2 分标准，则评为 1 分。

3. 测试口令

（1）面朝下俯卧，两臂伸展过头顶，双手与肩同宽（拇指末端与肩锁关节平齐）。

（2）双手下移，使拇指与额头（男性）或下巴（女性）平齐。

（3）双腿并拢，脚趾勾起撑地，双膝和肘抬离地面。

（4）保持躯干稳固，将身体作为一个整体撑起，做一次俯卧撑。

（5）你是否听明白这些指令了？

4. 测试要点

（1）受试者须将身体作为一个整体撑起。

（2）确保受试者每次完成动作时手部姿势不变，准备撑起时双手没有向下移动。

（3）确保胸部和腹部同时离地。

（4）如有需要，受试者有 3 次机会完成动作。

（5）如有需要，让受试者双手摆放在恰当位置，然后重复上述指令。

3 分标准（图 7.24）：

图 7.24　躯干稳定俯卧撑 3 分标准

（1）男性受试者完成拇指与前额顶端平齐姿势的一次动作。

（2）女性受试者完成拇指与下巴平齐姿势的一次动作。

（3）受试者将身体作为一个整体撑起，脊柱不弯曲。

2 分标准（图 7.25）：

（1）男性受试者完成拇指与下巴平齐姿势的一次动作。

图 7.25　躯干稳定俯卧撑 2 分标准

（2）女性受试者完成拇指与锁骨平齐姿势的一次动作。
（3）受试者将身体作为一个整体撑起，脊柱未弯曲。
1 分标准（图 7.26）：

图 7.26　躯干稳定俯卧撑 1 分标准

（1）男性受试者无法完成拇指与下巴平齐姿势的一次动作。
（2）女性受试者无法完成拇指与锁骨平齐姿势的一次动作。
躯干稳定俯卧撑的伤病排查测试内容如下：
腰部排除测试
口头指令：
（1）做俯卧撑，完成后将双手收至胸部两侧；
（2）撑起身体，尽可能向后仰；
（3）有疼痛吗？

（七）旋转稳定动作模式

1. 测试目的

旋转稳定动作模式是通过上下肢配合动作来观察受试者多层面的骨盆、核心、肩胛带的稳定性。此动作模式是一个综合性的模式，需要恰当的神经、肌肉协调，要求上下肢的能量通过躯干来进行传送。它源自人类发育过程中排在爬行动作之后的动作模式——匍匐，在人类动作模式发展顺序上排第二位。

该测试有两个重大意义，它既能展示横向平面的反射性稳定和重心转移能力，也能体现基本攀爬动作模式中所能观察到的灵活性和稳定性的协调作用。

2. 测试说明

受试者四肢着地，在受试者的双膝与双手之间放置一块板，该板可以是FMS测试平板，也可以是与之大小相似的板。板与脊柱平行，双肩和髋与躯干呈90°角，双踝呈中立位，脚板与地板垂直。

在动作开始前，双手应当张开，双手拇指、双膝、双脚均与板接触。受试者的一侧肩前屈（向前伸臂），同时伸展同侧髋与膝，然后将肘关节和膝关节靠拢，并保持身体与板对齐。允许受试者将肘关节和膝关节靠拢时脊柱弯曲。

两侧肢体均需测试，如有需要，两侧最多各3次机会，成功完成一次动作后无须再重复。

若受试者未能达到3分标准，则要求受试者完成一次异侧模式，即用不同侧的肩和髋完成上述动作。在异侧模式中，手臂和腿不必在板上平齐，但肘关节和膝关节应当在板上方触碰。

3. 测试口令

（1）双手双膝横跨测试平板，双手置于双肩正下方，双膝置于髋部正下方。

（2）双手拇指、双膝、双脚脚趾必须与测试平板的侧面接触，脚趾勾起撑地。

（3）同时将右臂向前伸平，将右腿向后蹬直。

（4）右侧肢体不要着地，使右手肘和右膝在测试平板正上方接触。

（5）先恢复到伸展姿势。

（6）再恢复到初始姿势。

（7）你是否听明白这些指令了？

4. 测试要点

（1）若受试者无法完成同侧肢体的动作，则指示受试者完成一个异侧模式，以便观察是否达到 2 分标准。

（2）测试评分中的左、右依活动上肢的左、右而定。

（3）确保同侧肢体保持在板上方则评为 3 分。

（4）异侧膝关节和肘关节必须在板上方接触才能评为 2 分。

（5）确保动作开始时脊柱平坦，髋、肩呈 90°角。

（6）左右两侧的动作均需测试。

3 分标准（图 7.27）：

图 7.27　旋转稳定动作模式 3 分标准

（1）正确完成同侧动作各一次。

（2）同侧肢体保持在板上方。

2 分标准（图 7.28）：

（1）正确完成对侧动作各一次。

（2）对侧膝关节和肘关节接触于板上方。

1 分标准（图 7.29）：

无法完成对侧动作。

脊柱排除测试

口头指令：

（1）四肢着地，双脚放平，臀部尽量往脚跟上坐。

（2）上身下压，趴在大腿上，双手尽可能地向前伸。

图 7.28　旋转稳定动作模式 2 分标准

图 7.29　旋转稳定动作模式 1 分标准

（3）有疼痛感吗？

脊柱屈曲排除测试（图 7.30）：

图 7.30　脊柱屈曲排除测试

受试者四肢着地，臀部向后坐于脚后跟上，前胸下压，触碰大腿，双手尽量向前伸，以此来检查脊柱屈曲。若受试者感觉到任何与此动作有关的疼痛，则评为0分，并执行更为全面的评估或推荐受试者前往其他机构检测。即使受试者排除测试结果为阳性（无法完成规定动作），两侧的评分也都要记录，以备将来参考。

三、功能性动作筛查的具体测试流程

FMS测试通过对运动员完成测试过程中所出现的身体问题以及测试分数的分析去了解并熟悉运动员目前的身体状况，为下一步训练计划的制订与实施确定一个基本依据，从而确定相应的训练方案。

FMS测试具有操作简单和结果量化的特点。它可以证明动作模式是人体基本功能的关键。通过测试的评测分数可以先发现问题，进而跟踪训练，并且它是与恢复人体良好动作形态的矫正训练相互补充的。

FMS测试包括7个测试动作、详细的评分说明、丰富的矫正训练动作库，是一套非常科学系统的测试方法。

项目： 运动员姓名： 测试日期： 测试者：

	深蹲测试
目的	• 评价髋、膝、踝关节的双侧对称功能活动能力。 • 通过上举杠铃杆过顶，测试胸椎和双肩的双侧对称功能活动能力
操作指南	1. 首先运动员以双足间距与肩同宽姿势站立，同时双手以相同间距握杆（肘与杆呈90°）。 2. 然后双臂伸直向上举杆过顶，慢慢下蹲至尽可能低的位置，保持双足后跟着地。 3. 保持面向前方，抬头挺胸，杆保持在头顶以上。 允许试做3次，如果3次均不能完成这个动作，在运动员的双足跟下各垫5 cm厚的板，再完成以上动作
评分	3分： 1）杆在双足上方平行或更靠后。 2）躯干与胫骨平行或与地面垂直。 3）股骨位于水平面以下。 4）双膝在双脚正上方	2分： 4条评分标准中有1条未达标，或在运动员双足跟下各垫5 cm厚的板后4条均达标。 1分： 4条评分标准中有2~3条未达标
	测试过程中，运动员感觉身体某部位疼痛，得0分

问题分析：

（1）深蹲需要闭链中踝关节、膝关节和髋关节的弯曲能力，胸椎的伸展能力以及肩关节外展和屈曲能力。

（2）不能完成测试的原因可能有以下两点：①肩关节和胸椎的灵活性差会使躯干上部的灵活性受限；②闭链中若脚踝和髋关节屈曲能力较差，同样也会影响下肢的灵活性。

项目：　　　　运动员姓名：　　　　测试日期：　　　　测试者：

	跨栏架步测试
目的	• 评定髋、膝、踝关节的稳定性和两侧功能的灵活性
操作指南	1. 运动员双足并拢并使足趾处于栏架下方。 2. 调整栏架与运动员胫骨结节同高，双手握杆置于颈后肩上保持水平。 3. 运动员缓慢抬起一腿跨过栏杆，并以足跟触地，同时支撑腿保持直立，重心放在支撑腿上，并保持稳定。 4. 缓慢恢复到起始姿势，运动员有3次机会完成测试。 5. 抬另一侧腿重复以上动作，记录最低得分
评分	3分： 1）髋、膝、踝在矢状面上保持平齐。 2）腰部没有明显移动。 3）双手握杆与地面（横栏）平行 2分： 1）髋、膝、踝在矢状面上不能保持平齐。 2）腰部有移动。 3）双手握杆与地面（横栏）不平行。 1分： 1）足碰到横杆。 2）身体失去平衡
	测试过程中，运动员感觉身体某部位疼痛，得0分

问题分析：

（1）踏栏架步的动作可以检测支撑腿的踝关节、膝关节和髋关节的稳定性以及髋关节在封闭链中的伸展能力。这个测试同样也要求腿开链中踝关节、膝关节和髋关节的伸展能力以及单腿站立的平衡能力。

（2）不能完成测试的原因可能有以下两点：①支撑腿的稳定性较差、跨步腿的灵活性较差；②由于运动员髋关节相对的、非对称的灵活性较差，运动员一条腿保持髋关节伸展时，另一条腿无法做到最大限度地屈曲髋关节。

| 项目： | 运动员姓名： | 测试日期： | 测试者： |

	直线弓箭步测试
目的	• 评价髋部的稳定性与活动能力，股四头肌的柔韧性以及膝、踝关节的稳定性
操作指南	1. 测量运动员胫骨的长度。 2. 运动员以右足踩在测试板的近端，右手在头后、左手在身后握住一根长杆，保持杆紧贴头后、胸椎和骶骨。 3. 从右足尖向前量取与胫骨相同的长度并标记，然后左足向前迈出一步，足跟落在标记上，随后下蹲至后膝在前足跟后触板。始终保持双足在向前的直线上。 4. 双侧上下肢交换，再次完成测试，取 2 次测试的低分记录。 允许尝试 3 次来完成测试动作
评分	3 分： 1）躯干部分基本没有晃动，且长杆始终与身体接触。 2）保持双足踩在测试板上。 3）保持后膝在前足跟后触板	2 分： 1）躯干部分出现晃动，长杆不能始终接触身体。 2）不能保持双足踩在测试板上。 3）后膝不能在前足跟后触板。 1 分： 身体失去平衡
	测试过程中，运动员感觉身体某部位疼痛，得 0 分，且需要医学专家尽快检查出现疼痛的原因

问题分析：

（1）直线弓箭步主要检测支撑腿脚踝、膝盖、髋关节的稳定性以及髋关节闭链外展的能力。直线弓箭步同样也要求后腿髋关节外展的能力以及踝关节的屈曲能力。在测试过程中，运动员要有良好的平衡能力。

（2）不能很好地完成测试的原因可能有以下几点：①双腿髋关节的灵活性差；②测试过程中支撑腿脚踝和膝盖的稳定性不够；③髋关节外展能力较弱时可能会导致身体不平衡；④支撑腿的股直肌太紧张。

| 项目： | 运动员姓名： | 测试日期： | 测试者： |

	肩部灵活性测试
目的	• 综合测试评价肩关节内旋、后伸及内收能力
操作指南	1. 运动员保持站立位，一只手由下向上、以手背贴后背部，沿脊柱尽力向上（可握住木尺）。 2. 另一只手由上向下、以手掌贴后背部，从上向下尽力滑动。 3. 记录两拳间尺子的距离（由测试者协助握好尺子，垂直地面）。 4. 上下交换双手位置，重复以上测试，取低分为测试得分

续表

评分	3分： 1）保持正确的队列姿态（双肩、髋、膝及足）。 2）保持双肩水平。 3）肩胛骨紧贴躯干（没有摆动）。 4）肩关节和躯干保持在同一垂直平面上。 5）上下两手间距离小于1只手距离（腕横纹到中指尖距离，可先测量得出数字）	2分： 上下两手间距离大于1只手距离，而小于1.5只手距离。 1分： 上下两手间距离大于1.5只手距离
	测试过程中，运动员感觉身体某部位疼痛，得0分。同时，两侧均需进行排除测试，若运动员在排除测试中感到疼痛，则评分为0分，且需要医学专家尽快检查出现疼痛的原因	

问题分析：

（1）伤病排查动作说明：右臂屈肘，手掌放于左肩上，掌心向下，手臂放松贴住身体。保持手掌位置，向上尽量高地抬起肘部，重复动作3次，换手臂。检查动作过程中是否有疼痛。

（2）肩部灵活性的测试主要是测试肩关节外展外旋、内收内旋的综合活动能力。

（3）不能完成测试的原因可能有以下两点：①胸小肌和背阔肌的过度发展或紧张容易使肩部向前或绕环时动作变形；②肩部的功能障碍可能是由肩关节的灵活性差引起的。

项目： 　　运动员姓名： 　　测试日期： 　　测试者：

主动直膝抬腿测试	
目的	• 评价腘绳肌与比目鱼肌的柔韧性、保持骨盆稳定性和异侧腿的主动伸展能力
操作指南	1. 运动员双手置于身体两侧仰卧，掌心向下，头平躺在地上，双膝下放置测试木板，双脚呈中立位，脚掌与地面垂直。 2. 被测腿上抬，踝背屈，膝关节伸直。 3. 保持异侧腿与木板接触，且身体平躺在地面，随后将木杆放在踝关节中央，并自然下垂，与地面垂直，记录踝骨垂线的位置。 4. 换另一侧腿完成测试，记录最低分

评分	3分： 木杆位于前侧髂骨上缘与大腿中点之间	2分： 木杆位于大腿中点与膝之间。 1分： 木杆位于膝关节之后
	测试过程中，运动员感觉身体某部位疼痛，得0分	

问题分析：

（1）主动直膝抬腿测试可以检测腘绳肌的柔韧性，而这种柔韧性是运动员真正在训练和比赛中所需要的柔韧性，相对于被动的柔韧性，这种主动的柔韧性更需要被发展，而且该动作也需要运动员相对腿的髂腰肌的柔韧性和下腹部的稳定性。

（2）不能完成测试的原因可能有以下两点：①运动员的腘绳肌柔韧性太差；②髂腰肌紧张会使骨盆容易前倾，导致相对髋部的灵活性差，如果这种局限性明显的话，那么腘绳肌就不能真正地得到拉伸。

项目： 　　运动员姓名： 　　测试日期： 　　测试者：

躯干稳定俯卧撑测试	
目的	• 在上肢对称性活动中，测试躯干水平面内的稳定性，同时直接测试肩胛骨的稳定性
操作指南	1. 运动员俯卧，双足尖着地，双前臂撑地，两臂间距稍宽于肩。 2. 双手拇指与额头保持在一条直线上，同时双膝尽力伸直，女性运动员双上臂可略微下移，使双手拇指与下巴保持在一条直线上。 3. 腰椎保持自然伸直姿势。 4. 运动员向上撑起使身体整体抬起，完成动作的全过程中腰部不可晃动，保持腰椎自然伸直姿势。 5. 男性运动员如果不能从起始姿势完成此动作，可以上臂下移使双手拇指与下巴保持在一条直线上，再完成一次动作；女性运动员如果不能从起始姿势完成此动作，可以双上臂下移使双手拇指与锁骨保持在一条直线上，再完成一次撑起动作

续表

评分	3分： 1）从标准俯卧地面姿势开始，完成动作。 2）男性双手拇指与额头保持在一条直线上。 3）女性双手拇指与下巴保持在一条直线上。 4）全过程保持腰椎自然伸直姿势	2分： 1）标准俯卧地面姿势，但在开始动作前运动员已经稍抬起躯体。 2）男性双手拇指与下巴保持在一条直线上。 3）女性双手拇指与锁骨保持在一条直线上。 4）全过程保持腰椎自然伸直姿势
	1分： 1）男性运动员无法完成一次双手拇指与下巴平齐的撑起动作。 2）女性运动员无法完成一次双手拇指与锁骨平齐的撑起动作。 3）不能在全过程中保持腰椎自然伸直姿势（即便可以完成标准动作）	
	测试过程中，运动员感觉身体某部位疼痛，得0分；或者得3分时，补充腰部排除测试时出现疼痛，得0分	

问题分析：

（1）伤病排查动作：俯卧撑做完后，双手收至胸部两侧，撑起身体向后仰，检查动作过程中是否有疼痛。

（2）躯干稳定俯卧撑测试是检测当上肢进行对称运动时躯干在矢状面的对称稳定性。许多功能性训练动作都是需要通过稳定的躯干来将上肢力量传递至下肢，反之亦然。像篮球中的跳跃投篮、排球中的空中拦网、足球中的过人，都是以这种形式进行能量传递的。如果在这些动作中躯干没有很好的稳定性，能量的动力传递就会减弱，从而使动作质量降低，同样也会产生微创伤。

（3）不能很好地完成测试的原因应该是躯干的对称稳定性差。

项目：　　　　运动员姓名：　　　　测试日期：　　　　测试者：

旋转稳定动作模式测试	
目的	• 在上下肢联合运动中测试躯干的多向稳定性
操作指南	1. 运动员肩与躯干上部垂直，髋和膝屈曲90°，大腿与躯干下部垂直，足背屈。 2. 腰椎保持自然伸直姿势。 3. 将测试板放在手与膝之间，使双手与双膝都可以触到板。 4. 一侧手臂前伸，同时伸展同侧髋与膝，运动员抬起手和腿并离地约6 in（1 in＝2.54 cm）。抬起的肘、手和膝必须与测试板的边线保持在同一平面内。

操作指南	5. 躯干保持在与测试板平行的水平面内。全过程保持腰椎自然伸直姿势。 6. 运动员肘与膝在同一平面内屈曲靠拢，靠拢时允许脊椎弯曲。 7. 运动员可以尝试 3 次来完成测试动作。 8. 如果运动员得分在 3 分以下，以同时上抬对侧肢体的方式（呈对角线）完成测试动作。 9. 运动员换用对侧肢体完成相同测试动作，记录最低得分	
评分	3 分： 运动员双侧肢体都能完成标准测试动作（同侧肢体同时上抬方式），同时保持腰椎自然伸直姿势，躯干与地面平行，肘、膝与测试板边线在同一平面内	2 分： 运动员能以对侧肢体同时上抬方式完成标准测试动作，同时保持腰椎自然伸直姿势，躯干与地面平行
	1 分： 运动员以对侧肢体同时上抬方式也不能完成测试动作	
	测试过程中任何时候，运动员感觉身体某部位疼痛，得 0 分；或者得 3 分时，补充脊柱排除测试时出现疼痛，得 0 分	

问题分析：

（1）伤病排查：旋转稳定动作模式测试动作完成后，保持低头，臀部向后坐于脚跟上，手臂保持在前，检查动作过程中是否有疼痛。

（2）旋转稳定动作模式测试可以检测非对称躯干在非对称的上下肢运动时在矢状面和垂直面的稳定性，在体育运动中许多功能性训练都是需要通过稳定的躯干来将上肢力量非对称地传递至下肢，反之亦然。径赛和足球中的跑和加速这类型的能量传递非常多见，如果躯干没有很好的稳定性，能量的动力传递就会减弱，从而使动作质量降低，同样也会产生微创伤。

四、功能性动作筛查实操的注意事项

刚进入铁人三项专业训练的运动员身体各环节的稳定性、灵活性都比较差，但一般身体比较对称，各关节的功能正常。低分的动作模式都是由于长期高强度的专项训练造成的，在训练中对低分的动作模式要给予针对性的训练和定期监测。每次功能性动作筛查后经过一个阶段的训练干预，每项动作得分可能没有变化，但动作的质量会有所不同。功能性动作筛查仅仅是一个动作质量的筛查系统,在对运动员动作质量筛查结束后,还需要进行进一步诊断、评估,查找运动员出现低分动作的原因,根据分析出的原因制订有针对性的训练计划。

功能性动作筛查属于半定量测试,有一定的主观性,不同的测试者会对测试结果造成一定差异,在功能性动作筛查中最好聘请同一个测试者进行测试评价。在功能性动作筛查中每项测试的满分都为 3 分,每 1 分之间都存在着很大的差距,运动员分数可以没有变化,但动作质量可能会有所改进,因此在做测试时我们应该将重点放在动作质量上。经过长时间专项训练的高水平运动员要根据自己在功能性动作筛查时所表现出来的不足进行有针对性的训练。

(一)FMS 等级分数说明

FMS 测试动作的得分等级是从 3 分到 0 分,具体说明见表 7.10。

表 7.10　FMS 测试分数说明表

得分	分数说明
3 分	能够完成功能测试动作
2 分	能够完成降低难度的功能测试动作或者完成功能测试动作时有代偿性动作
1 分	不能完成功能测试动作
0 分	完成动作过程中或在完成排查动作时身体有疼痛

(二)FMS 等级分数解析

不同的得分所展现的身体状况是不同的,在 FMS 测试中有五项是左右对称测试得分的,所以在得分中会有以下几种情况:①0 分;②单侧或两侧得分相同,分别为 1 分、2 分、3 分;③两侧得分不同,分别为 1 分、2 分,1 分、3 分,2 分、3 分。当两侧得分不同时,以低分为单项测试的最终分数。具体分数解析见表 7.11。

表 7.11　FMS 测试分数解析表

得分情况	分数解析
0 分	医学诊断
1 分	(1) 对称性测试动作(深蹲或脊柱稳定俯卧撑) (2) 非对称性测试动作得分相同

续表

得分情况	分数解析
1、2分	身体左右非对称
1、3分	身体左右非对称
2分	(1) 对称性测试动作（深蹲或脊柱稳定俯卧撑） (2) 非对称测试动作得分相同
2、3分	身体左右非对称
3分	(1) 对称性测试动作（深蹲或脊柱稳定俯卧撑） (2) 非对称性测试动作得分相同

（三）FMS测试结果对身体训练的启示

FMS测试是平衡和提高身体能力的标准训练系统，根据7个测试动作的完成情况，制订一系列的专门个性化的训练计划，并执行个性化训练来达成你的目标。在制订矫正练习计划之前，对FMS测试分数进行具体的分析，并根据分析的情况确定相应的训练计划。

FMS测试系统认为，不同的分数对应的训练过程和训练内容不同。总体而言，训练的内容类型大概分成三种情况，分别为软组织的唤醒练习（如通过泡沫筒、按摩棒等方式进行的练习）、柔韧性的练习和纠正动作的练习，并且在不同的训练阶段分别采用不同的训练内容，FMS矫正练习建议见表7.12。

表7.12 FMS矫正练习建议

得分	第一阶段纠正处方	第二阶段纠正处方	第三阶段纠正处方
0分	软组织	软组织	软组织
1分	柔韧性	柔韧性	纠正动作
2分	柔韧性	纠正动作	纠正动作
3分	纠正动作	纠正动作	纠正动作

功能动作测试的矫正练习要遵循两个步骤。第一，我们根据测试中的7个动作测试的侧重点对其进行分类；第二，矫正练习遵循线性发展，即从基本灵活性，再到基本稳定性，最后到对动作模式的重新训练。但是这种线性发展并不是孤立的，每一种测试动作都是灵活性、稳定性与动作模式新训练的相互补充，是相辅相成的关系。具体来说，测试动作以及矫正

练习都与以下三方面息息相关：

灵活性练习——集中于关节的活动范围，肌组织长度和肌肉柔韧性。这表明了测试动作中的每个动作对于基本灵活性的需求。灵活性练习中包括任何一种形式的伸展练习或动作模式的关节灵活性工作，而且表现出动作模式所需要的所有可利用的灵活性。

稳定性练习——集中于动作的基本次序。这种练习的目标是对每一种动作模式中动作的开始和结束姿势的控制，此类练习包括任何一种姿势控制的工作形式，特别要注意开始和结束范围的姿势控制。此类练习强调的是时机，即快速的神经肌肉控制，而不是能够锁定动作的力量。这些练习都需要运动员在没有语言指导和视觉信号的情况下表现出最佳的姿势控制能力。

动作模式新训练——在具体动作模式中运用基本灵活性和稳定性来加强动作模式的协调和时机。这些练习通过重复的反应性训练使运动员增强自信，为了改进灵活性和稳定性之间的作用与配合，我们应该通过完整的动作模式新训练来巩固并强化。

矫正练习总是以灵活性练习开始的。执行这些练习必须首先通过身体两侧的限制性测试，以确认身体灵活性限制和非对称性。如果身体有灵活性问题，那么灵活性应首先成为矫正练习的核心；如果灵活性没有获得明显的改进，暂不进行稳定性练习。只有灵活性得到提高，才会有最佳的练习姿势和位置，然后才能执行稳定性练习。如果运动员在训练中存在任何一个有关灵活性的问题，那么就要在进行稳定性练习之前的每一次练习开始部分进行灵活性练习。

适宜的肌肉长度和关节准确性是稳定性练习的基础，灵活性练习会消除肌肉的僵硬和肌肉的紧张，发挥稳定性作用。运动员如果获得了最佳的灵活性，就应该直接转向稳定性练习，并对灵活性进行周期性的确认。

稳定性练习是在新的可利用的范围内对姿势、基准性、平衡能力和力量的控制能力提出了要求。我们应把稳定性练习作为动作模式的练习，包括动作姿势和动作时机，而不是传统的力量训练。当灵活性练习中已经没有动作限制或非对称表现时，就可以开始进行稳定性练习了。灵活性练习中没有出现动作限制或非对称表现，仅仅说明该运动员在此关节上有较完整的表现，但并不表明其能够对有效的动作控制做出反应。动作控制的理念有助于我们在多角度、多范围上思考运动，而不是只把"力量弱"作为不良稳定性的唯一解释。动作控制是一个广泛的类别，包括灵活性、基准性、平衡、时机、次最大肌肉反应速度、协调以及有效的活动性。动作的有效性低就会导致动作控制薄弱,而仅仅靠稳定肌群的力量训练并不能解决此问题。动作控制能力的改善需要将稳定性练习与力量练习分开,这就是为什么稳定性练习要使用轻负荷,我们需要运动员首先具有良好的动作姿势和基本的抓握动作或对动作的控制能力,对负荷变化做出迅速、稳定的调整比产生较大力量更重要。

当稳定性提高后,矫正练习就可以进行动作模式新训练了,新的动作模式训练应该遵循合理的训练原则,并且显示出矫正练习的稳定性和灵活性。很多辅助性训练器械能够减少补偿作用的发生,能够有效帮助进行高质量的动作模式练习。矫正练习的基本原则是利用技术改进动作的模式和动作质量,而不是一味地强调增大负重。快速地增加负重和强度常常会引起更多功能不良的动作模式。

所有的训练计划应该具有变通性和动态性,多数情况下,如果单一的训练课发生变化,那就应该根据具体情况及时地调整、纠正动作以及训练内容和强度。不要拘于已定的训练计划,训练应具有动态性。例如,身体灵活性提高了,那么就可以进入静态的稳定性训练;如果发现静态稳定性的对称情况改善、能力提高了,那么就可以转向动态的练习。切记,要进行多次、重复的练习,细细体会虽然缓慢但是较为稳定的进步。矫正练习单一动作建议见表7.13。

表7.13 矫正练习单一动作建议

动作	软组织所针对肌肉	柔韧练习动作	矫正练习动作
深蹲	臀大肌 腓肠肌 腰 股收肌 小腿三头肌	1. 侧卧髋屈肌拉伸 2. 仰卧抱膝腘绳肌牵拉 3. 俯身手脚走 4. 盘腿凳上压髋	1. 深蹲(垫脚) 2. 髋关节外展(迷你带) 3. 硬拉-单臂哑铃
跨栏架步	股四头肌 臀大肌	1. 侧卧髋屈肌拉伸 2. 原地前弓箭步-肌后群拉伸组合 3. 仰卧抱膝腘绳肌牵拉 4. 盘腿凳上压髋	1. 直腿单腿背桥 2. 仰卧跑 3. 俯撑慢速登山步 4. 手上举站立踏步 5. 单腿站立稳定砍/举

续表

动作	软组织所针对肌肉	柔韧练习动作	矫正练习动作
直线弓箭步	小腿三头肌 腓肠肌 臀大肌 股四头肌	1. 单跪髋屈肌拉伸 2. 仰卧抱膝腘绳肌牵拉 3. 原地前弓箭步－肌后群拉伸组合	1. 单腿背桥举腿 2. 分腿蹲旋体 3. 单跪稳定砍/举 4. 剪刀站稳定砍/举 5. 持哑铃后跨（滑垫）
主动直膝抬腿	髋屈肌 腘绳肌 小腿三头肌	1. 仰卧举腿－借力 2. 仰卧屈膝腘绳肌牵拉 3. 直腿体前屈 4. 原地前弓箭步－肌后群拉伸组合	1. RDL（罗马尼亚硬拉）－借力单腿 2. 仰卧交替举腿（可上肢加阻） 3. RDL－单腿哑铃 4. RDL－单腿单臂哑铃（对侧）
肩部灵活性	胸大肌 上背肌	1. 侧卧屈膝过顶转肩 2. 治疗球－胸椎手臂交替屈 3. 仰卧两臂贴地上举 4. 跪地胸椎旋转	1. 跪撑－静力对侧手脚撑 2. 单跪稳定砍/举 3. 俯撑－静力对侧手脚撑 4. 腹桥抬臂 5. 直腿单腿背桥
躯干稳定俯卧撑	髋屈肌 腰		1. 俯卧撑 2. 腹桥抬臂 3. 俯撑单侧手支撑 4. 手脚走 5. 俯卧撑肩胛激活
旋转稳定动作模式	臀大肌 腰	1. 仰卧抱膝 2. 仰卧屈膝腘绳肌牵拉	1. 跪撑－静力对侧手脚撑 2. 跪撑后抬腿 3. RDL－单腿单臂哑铃 4. 腹桥抬腿/抬臂 5. 跪撑外摆髋

五、功能性动作筛查在动作表现中的作用

功能性动作筛查通过简单的方法捕获基本动作、动作模式中的运动神经控制、基础运动能力这三方面的信息，判断动作缺陷最严重的区域，确定哪里的能力受限或不对称，最终整合得出相关结果。一旦确定最严重的

不对称性或缺陷，即可根据需要采取更准确恰当的措施。

功能性动作筛查的本意是采用简单易用的动作评估评分体系描述受测人员完成动作模式的质量，而非诊断或测量某单一关节的动作。由于人体的构造非常复杂，仅测量独立动作对整个动作模式几乎无益，因此在筛查初期不应当太过看重独立动作。

对于铁人三项运动员而言，长期往复地练习既定动作会使得自身的相关肌肉与关节承受极大的负荷，高水平运动员更是如此。多次且单一的动作模式对于运动员的竞技水平提升而言，是一把双刃剑。如果在多年的训练中，运动员与教练员都能够始终保持正确的动作模式，确保动作的正确表现与高效输出，就不会出现负面影响。但事实上，很多训练队并不能达到上述的理想状态，教练员不可能时时刻刻去把控运动员的动作模式与发力顺序，运动员自身也同样不可能保证在成千上万次重复训练中保持绝对正确的动作输出模式。因此，定期对运动员实施功能性动作筛查是十分有必要的。

一方面，可以通过受试者的得分结果去评判受试者的动作模式掌握程度，暴露出日常训练中不易被发现的代偿现象，帮助测试人员及相关教学人员尽早发现问题，从而在一定程度上遏制受试者受伤的趋势。另一方面，现场的实际测试情况也能帮助测试人员去判断出现问题的原因，特别是平时易被忽略的异常疼痛现象，确保受试者规避进一步增大受伤风险的可能。下文将总结、归纳影响 7 组动作筛查表现的潜在因素。

动作一：深蹲

（1）上躯干灵活度低可能是由于肩关节和/或胸椎灵活性差造成。

（2）包括闭链踝背屈受限和双膝、髋部灵活性差在内的下肢灵活度低可能导致测试表现不佳。

（3）稳定性和控制力差导致测试表现不佳。

动作二：跨栏架步

（1）站立腿的稳定性差或跨栏腿的灵活性差均有可能导致问题的产生。

（2）值得注意的是，该动作模式测试的不是任何一个单独的部分，测试要求一侧腿发挥最大的髋部灵活性，另一侧腿则要保持明显的髋部伸展，这就需要髋部两侧能够不对称地体现灵活性和动态稳定性。

动作三：直线弓箭步

（1）前腿或后腿的踝、膝、髋灵活性可能不足。

（2）可能缺乏足够的动态稳定性来完成这一动作模式。

(3) 胸椎区域可能存在局限，影响受试者高质量完成这一测试。

动作四：肩部灵活性

(1) 肩胛稳定性由胸椎灵活性决定，这是最主要的关注点。

(2) 胸小肌、背阔肌、腹直肌过分发达、肌肉变短可能导致肩前倾或圆肩等身体姿态上的变化。这种姿态改变将使盂肱关节和肩胛骨的活动范围不受限制，变成运动的劣势。

(3) 可能患有肩胛胸壁功能障碍，使盂肱关节受到不良的肩胛胸阔区域的灵活性或稳定性影响，导致其灵活性下降。

(4) 测试要求不对称性的动作，因为两臂往相反的方向移动。测试还要求两臂同时抓取，伴随姿态的控制和核心稳定性。

动作五：主动直膝抬腿

(1) 盆骨控制不足无法执行该动作模式。

(2) 受试者可能由于一侧的髋部僵化，伸展受到限制，而导致另一侧的髋部灵活性不足。

(3) 受试者的腘绳肌柔韧性可能较差。

(4) 若受试者髋部两侧灵活性不对称则表明以上因素共同存在。在该动作模式的理想情况下，非活动下肢也应发挥作用。该动作模式正确执行时，非活动下肢展现稳定性（一种无意识的任务），而活动下肢则展现灵活性（一种有意识的任务）。

动作六：躯干稳定俯卧撑

(1) 测试中表现不佳的原因可能是反射性核心稳定性差。

(2) 上身力量和/或肩胛稳定性不足也是造成测试表现不佳的原因。

(3) 髋和胸椎灵活性限制可能会影响受试者的能力，导致受试者无法以最佳起始姿势完成该动作模式，或导致受试者测试表现不佳。

动作七：旋转稳定动作模式

(1) 测试中表现不佳的原因可能是躯干和核心的反射性稳定能力差。

(2) 肩胛和髋稳定性不佳也可能导致表现不佳。

(3) 膝、髋、脊柱、肩的灵活性受限可能会降低受试者完成整套动作模式的能力，导致测试评分低。

第八章

铁人三项运动员竞技参赛原则与程序化参赛方案制订

第一节 竞技参赛原则概述

一、铁人三项运动员遵循的竞技参赛原则与竞技参赛规律

竞技参赛原则通常是指参赛者在参加运动竞赛活动中所应遵循的基本准则。竞技参赛原则对于竞技参赛活动的方式、方法予以指导和规范，指引参赛者在竞技参赛活动中如何思考、如何操作才能够取得理想的参赛效果。一般而言，原则是人为确定的。在科学的工作原则指导下，工作就会有进展；如若工作原则制定不科学，容易导致竞赛、训练出现难以避免的失误。因此，科学制定铁人三项运动员的竞技参赛原则极其重要，它直接关乎运动员的竞技表现和竞赛成绩。科学且正确的竞技参赛原则既是竞技参赛活动客观规律的反映，也是竞技参赛普遍经验的概括和科学研究成果的结晶。

（一）竞技参赛活动的客观规律

为了科学地确立能够反映竞技参赛活动客观规律的参赛原则，首先要正确认识和把握竞技参赛活动中比赛结果的决定因素以及运动员竞技状态变化、竞技能力表现的规律。这些规律包括：

（1）铁人三项运动员的参赛结果包括比赛名次与竞技表现，不同的参赛目标要求不同的参赛行为。

（2）铁人三项运动员的参赛结果由运动员自身表现的竞技水平、竞技对手表现的竞技水平以及比赛结果的评定行为这三方面的因素所决定，其中运动员的竞技能力是创造运动成绩的核心内因。

（3）铁人三项运动员的竞技状态是不断变化的，竞技状态的好坏对比赛结果有着重要的影响。

（4）充分的赛前准备有助于成功地完成比赛。

（5）在适宜的比赛环境中，运动员可高度动员其心理与生理系统，充分发挥和表现出在训练中已经获得的运动竞技能力。

（6）铁人三项运动员心理与生理系统在高度动员后，需要在必要的条件下进行调整与恢复。

竞技参赛规律是在竞技参赛系统内部各构成因素之间，以及它们与系统外部各相关因素之间在结构与功能上的本质联系和发展的必然趋势，是不以人们的主观意志而转移的客观存在。这些本质联系在竞技参赛活动中不断重复出现，在一定条件下影响或者决定着竞技参赛的进程。参与铁人三项运动的赛事组织者、运动员和教练员应深刻认识竞技参赛规律，唯有严格遵循竞技参赛规律去组织、规划竞技参赛活动，才有可能取得竞技参赛工作的成功。而任何违背竞技参赛规律的认识和做法，都必然会受到竞技参赛规律的惩罚，甚至付出巨大的代价。

依据铁人三项运动的竞技参赛规律确定竞技参赛的基本原则，以科学指导铁人三项的竞技参赛活动，就能够更成功地参加并完成比赛，取得理想的比赛成绩。

（二）竞技参赛原则体系及其构建

特定行为原则的设立应能对该行为主体的行为提供积极的指导，特定行为原则体系的构建则应能为该行为主体的特定行为提供全面的、完整的理论指导。竞技参赛原则体系的构建应该能够完成这一要求，为竞技比赛铁人三项运动员参赛行为提供全面的、完整的理论指导。运动员的参赛行为应该努力实现两项基本的要求，其一是必须符合竞技场上的行为规范，其二是要力求获得满意的竞技表现。我们即从这两个方面确立各自相应的竞技参赛原则。

1. 竞技场上的行为规范以及相应原则的确立

竞技体育是一种有着广泛影响的社会活动，所有参加者，包括运动员、教练员、运动队管理人员等，在竞技体育活动中都必须遵守共同的行为规范，以保证竞技体育活动的顺利进行。竞技体育活动的主角，即参加比赛的运动员、教练员和运动队管理人员，当然更应该在竞技活动中模范地遵守行为规范。公平、竞争、安全都是参赛者应该遵守的行为规范。

1）竞技的公平性

对公平竞技的崇尚和追求是现代竞技体育观的重要组成部分。运动员在公平的环境和条件下参与竞技，竞技的结果才有价值，竞技的过程才有魅力。为此，必须科学地制定比赛规则和竞赛规程，并在比赛组织工作中坚决遵照执行。体育竞赛中，运动员参赛的"假资格"和比赛结果的"假成绩"，是破坏竞技体育健康发展的两大公害。"二假"的滋生，破坏了公平竞争的原则、败坏了竞技体育的声誉、玩弄了广大观众的感情，导致了竞技腐败的产生，甚至威胁着竞技体育的生存。基于对公平竞技的崇尚和追求以及对竞技对手的尊重，应该确立"诚信参赛"和"遵规守纪"的原则。

2）竞技的竞争性

竞技体育是人类对自身运动能力的挑战，是人类对健与美理想的追求，是人类现代文明发展的展示。竞技体育活动要依靠各方选手协力合作、相互竞争而予以完成。进取求优、竞争求胜是竞技体育重要的基本特征，竞争精神是竞技体育最有生命力的品格。

参赛者水平高低不同，也就会有不同的参赛目标。但无论是奥运会顶尖高手的对决，还是业余选手的比拼，铁人三项选手都应该努力拼搏，力争表现出个人所能够达到的最佳竞技水平。运动员在参与竞争的过程中，同时体验着向自身能力挑战的艰辛以及与对手竞技中的挑战，体验获得成功时的愉悦以及遭受失败时的历练。努力拼搏，而决不轻言放弃；团结协作，而不以牺牲集体的成功去追求个人的突出。运动员在比赛的竞争中展示了人类不断进取的渴求，也磨炼造就了开拓、发展、坚韧的优秀品格。在比赛中积极进取，奋力拼搏，争胜求优，应该是指导参赛者行为的一项重要原则。

3）竞技的安全性

竞赛，作为一种开放的社会活动，必须高度重视参赛者的安全。运动员在竞赛过程中不应伤害对手，同时也要保护自己。在与运动员的健康有明显冲突的情况下，不应不恰当地要求运动员坚持参加比赛。显然，在竞技参赛过程中，应把关爱和保护运动员健康、谨慎地处理好不同类型和不同程度的伤病与参赛的关系列为一条重要的原则。

2. 指导铁人三项运动员获得满意竞技表现原则的确立

铁人三项运动员在比赛中的竞技表现，是获得理想比赛结果的重要条件。与决定比赛结果的另外两个条件，即参赛对手的竞技表现和比赛结果的评定行为相比，有着很高的可控性，因此，这也是运动员、教练员主要致力于发展和改进的首要方面。

为了能产生理想的竞技表现，运动员需要具备相应的竞技参赛能力，并且能够在比赛中充分地发挥和表现出来。发展和获得竞技参赛能力是运动训练过程的任务，而在比赛中是否能够发挥和表现出已经具有的竞技能力，则取决于运动员准备和参加比赛过程的组织与控制水平。首先，要设立适宜的参赛目标。参赛目标的确定对于赛前准备有着重要的导向作用，也在很大程度上引导着运动员的参赛行为。参赛目标的不同会对赛前训练周期、训练内容、训练方法、训练负荷的安排提出不同的要求，会使得运动员在比赛中有不同的心理指向、选用不同的比赛战术。因此，"适宜参赛目标原则"应该作为一项重要的竞技参赛原则。

运动员的竞技状态是不断变化的，良好的竞技状态是成功参赛的必要条件。运动竞赛有明确的日程安排，通常在一个训练年度之始，即已安排好该年度中所有重要比赛的日期和地点。因此，要力求使运动员在重要的比赛中处于最佳的竞技状态。需要在运动训练过程中解决的任务有很多，其中包括发展素质、改进技术等，但在临赛阶段，应把培养、调整竞技状态放在首位，如有矛盾，则发展某项身体素质、改进某个技术细节等训练内容都应服从于竞技状态的调整。为此，应将"竞技状态调控优先"确定为竞技参赛的一项原则。

任何项目运动员的竞技能力都包含着运动员的体能、技能、战术能力、心理能力和知识能力这五种子能力。在训练过程中，会安排综合的训练，也会安排相应比例的分解训练。而在比赛中，展现的则是完整的、综合的专项竞技能力。赛前准备的一项重要任务就是要把平时训练中分散的、逐一培养发展的各种子能力组合起来参与竞技。这种组合的效果在很大程度上决定着运动员的竞技表现。因此，应把"竞技能力优化组合"列为一项竞技参赛原则。

不少项目运动员参加比赛，要使用专门的器材设备，如铁人三项游泳赛段中所用到的游泳装备、自行车赛段用到的自行车以及在跑步赛段所用的专业跑步鞋等。为了保障比赛的万无一失，铁人三项运动员除了常用的首选器材外，还必须设有一定的运动装备备份，如自行车的备胎、防紫外线风镜等。此外，铁人三项比赛中常常会发生许多预想不到的事件，诸如雨天温度骤降、路滑摔车、意外爆胎等不可控因素，都会对比赛结果产生许多不利的影响，其中任何一个因素考虑不周，都会对成功参赛带来严重的，甚至是致命的影响。因此，遵循"冗余备赛原则"做好各项工作的准备，是成功参赛的有力保障。比赛的进程是千变万化的，大量的生动赛例告诉我们，无论运动员在赛前做了多少充分的准备，仍然难以完全准确地预测未来比赛的全部进程，例如铁人三项公开水域水情变化、自行车骑行战术安排以及不同参赛集体的参赛策略等，都会对运动员竞技表现产生这样或那样的影响，这就要求运动员能够准确地判断赛场主客观条件出现的新情况，及时应变，采取有效的应对措施，以求参赛的成功。因此，明确"因势应变"参赛原则是非常重要的。

二、竞技参赛原则体系的构建

竞技参赛原则体系应该能够为竞技比赛的参赛者的参赛行为提供全面的、完整的理论指导，包括指导参赛者的行为符合竞技场上的行为规范，也包括指导参赛者能够获得满意的竞技表现。

为了指导参赛者的行为符合竞技场上的行为规范，提出的原则有诚信参赛原则、遵规守纪原则、积极进取原则、慎对伤病原则；为了指导参赛者获得满意的竞技表现，提出的原则有适宜参赛目标原则、竞技状态调控优先原则、竞技能力优化组合原则、冗余备赛原则以及因势应变参赛原则。这9项原则组成了竞技参赛原则的理论体系，各项具体的参赛原则分别在准备比赛和参加比赛的不同方面对参赛者给予正确的指导（表8.1）。

表8.1 竞技参赛原则理论体系

价值取向	竞技参赛原则	指导实践要点
指导参赛者行为规范	诚信参赛原则	树立诚信参赛的做人准则
	遵规守纪原则	严格遵守规则规程
	积极进取原则	强化拼搏争优的参赛理念
	慎对伤病原则	处理好竞技与伤病的关系

续表

价值取向	竞技参赛原则	指导实践要点
指导参赛者获得理想竞技表现	适宜参赛目标原则	明确合理的要求与导向
	竞技状态调控优先原则	以理想的竞技状态参赛
	竞技能力优化组合原则	实现竞技能力的优化组合
	冗余备赛原则	留有余地，有备无患
	因势应变参赛原则	审时度势，及时应变

第二节　指导参赛者行为规范的竞技参赛原则

一、诚信参赛原则

诚信参赛原则，是指参赛者应以诚信的态度，实事求是地参与比赛活动的原则。诚信参赛包括符合参赛资格规定以及依靠正当的竞技行为获得真实的参赛成绩两个方面。

（一）符合参赛资格规定

运动竞赛是在特定的条件下进行的，鉴于许多生物学和社会学条件对于运动员的竞技表现有着非常巨大的影响，所以，比赛都是按不同群体、性别分别组织举行的。为此，各种铁人三项的竞赛规程中都对参赛者的资格做出了相关的规定，包括性别、年龄、职业、健康状况等。

（二）依靠正当的竞技行为获得真实的参赛成绩

1. 科学营养，拒绝违禁药品

运动员应有健康的躯体，而高负荷的运动训练伴随着大量的能量消耗，需要足够高质量的营养补充。但是，运动员绝不可服用违禁药品，借以提高机体能力。国内外运动竞赛的组织者都对服用违禁药品予以严厉的惩罚。

2. 诚信竞技，拒绝串通假赛

比赛应是运动员真实竞技能力的较量，真实的比赛蕴含体育竞技的真谛，展示体育竞技的魅力。要坚决反对在比赛中弄虚作假、操纵比赛等欺骗行为的丑恶现象。

3. 尊重对手，不得蓄意加害

任何一名选手的运动竞赛都是在与其他参赛者共同竞技中进行的。其他参赛者既是竞技的对手，也是竞技的伙伴。所有参赛者的共同努力，是营造精彩竞技的重要前提。尊重对手，是运动员基本的竞技品德。战胜对手、以竞技取胜是运动员参赛的核心追求。

二、遵规守纪原则

竞技者在参赛过程中的一切言行均应严格遵守该项目的比赛规则和具体赛事的竞赛规程有关的规定。每个竞技项目的比赛，都须按照该项目通用的比赛规则组织进行。比赛规则是关于该项目比赛的方式、比赛的进行、运动员成绩的确定、胜负的判定等问题的明确规定，由该竞技项目的国际协会（联合会）主持制定。每次铁人三项赛事的举办方都要就该赛事的组织实施，制定赛事的竞赛规程，包括赛事的名称、时间、地点、参赛资格、报名办法等都有明确的规定。每份竞赛规程只适用于特定赛事，该赛事结束后，相应的竞赛规程即不再使用。

比赛规则规范着比赛进行的方式和比赛结果的裁决，竞赛规程明确了具体赛事的组织和管理要求。规则和规程就是比赛组织实施的基本法规，是判定参赛者参赛行为是否适当的权威规定，是决定比赛结果的规范标尺，任何比赛的参赛者都必须严格遵守，这样，比赛行为才能在法治的轨道上顺利完成。

三、积极进取原则

积极进取原则，是指运动员在比赛中应努力拼搏，团结协作，力争参赛胜利或表现出个人或团队所能够达到的最佳竞技水平或取得理想名次的参赛原则。竞赛是竞技体育重要的基本特征，比赛是运动员（队）竞技水平的较量，比赛的参加者总是力求取胜的，竞争求胜是竞技体育参赛者永恒的追求。尽管一个项目的比赛通常最后只有3人获得奖牌，但运动员也必须积极进取、顽强拼搏，以获取更好的成绩。

现代竞技赛场上，比赛胜负的确定只在毫厘之间，优秀选手稍有松懈，就会被对手超过。同时，运动员的训练状态也在不断变化，无论多么优秀的选手也不可能永远保持"最佳"，因此，冠军们在赛场上也必须始终兢兢业业、认真参赛，永远保持积极进取、顽强拼搏的精神。对于大多数铁人三项运动员而言，或许没有夺取优胜的实力，但他们同样应该以积极进取的态度参加比赛，同样需要顽强拼搏，去争取尽可能好的参赛成绩。即使仅比之前的成绩快了 0.1 s 或者名次向前提升了 1 位，都是可喜的进步，都是刻苦训练的成果。而正是这点滴进步的累积，才有可能造就未来的冠军。

四、慎对伤病原则

慎对伤病原则，是指运动员在备赛和参赛过程中，应注意保护自己的健康，在此过程中出现伤病时，需谨慎地处理好不同类型、不同程度的伤病与参赛关系的原则。促进人的身心健康是发展体育运动的根本宗旨之一。作为体育运动重要组成部分的竞技体育，却有着两方面不同的特征。一方面，竞技体育巨大的示范意义，能把无数青少年吸引到体育运动中来，使他们为塑造健康的体魄和丰富多彩的人生而参加锻炼、享受竞技。另一方面，社会对竞技运动水平不断提高的期待，运动竞技激烈程度的不断加剧，使得竞技选手面对体能极限的挑战、复杂技巧的磨砺、唯美展示的追求，必须常年从事艰苦的，有时甚至是"残酷的"训练。而在这一过程中，则很可能会使运动员的机体被过度动员，并带来运动性伤病。

竞技体育的发展为现代社会生活所需要，运动员必须进行艰苦的训练，同时，应通过提高训练的科学化水平，加强医务监督和医疗保障，尽量预防、避免或减少运动员伤病的发生。而在运动员带有伤病面对比赛时，则应全面考量伤病的程度、比赛的价值、比赛可能对伤病变化的消极影响，做出是否参赛和怎样参赛的决策。解决好这一矛盾，是科学地组织备赛和参赛活动的重要课题。

（一）促进运动员健康是竞技体育活动的重要职责

体育是现代社会生活的重要组成部分，促进人的健康发展是体育运动的一项根本宗旨。人们之所以热爱体育，是因为它能够给人们带来健康和快乐，带来成就和激情。违背体育运动根本宗旨、损害运动员健康的要求和行为都是应该反对与防止的。

运动员艰苦训练的直接目标就是成功地参加比赛，而运动性伤病发生的概率很高，因此当运动员身患伤病面对比赛时，就要对伤病的程度和比赛可能对伤病带来的影响进行客观的分析。运动员伤病严重、比赛会明显地导致伤病加重时不应安排参赛。

（二）健康的身体是保持系统训练并取得优异成绩的重要基础

当代竞技体坛众多的案例表明，选拔具有巨大竞技潜力的儿童少年运动员进行系统的多年训练，才有可能培养出优秀的竞技选手。在多年持续进行的艰苦训练过程中，运动员保持健康的身体至关重要。有了健康的身体，运动员才能坚持严密计划的系统训练，才能承受高质量的训练负荷，才能一步步地提高和完善自己的竞技能力水平，才能在各种条件的比赛中表现出自己具有的竞技水平。而如果运动员患病，或者长期受运动创伤的困扰，那么，再好的训练计划也无法实施，再大的竞技潜力也无从发挥，再美好的奋斗目标也无法实现。

当然，在多年训练过程中，在不断追求突破的道路上，较难完全避免运动伤病的发生。问题在于，当运动伤病出现时，应该如何正确对待。有些教练员此时还是一味蛮干，脱离实际地片面强调"苦练"，要求"轻伤不下火线"，导致运动员伤病日益加重，结果使训练的系统性遭到严重的破坏，许多这样的惨痛教训值得我们牢牢记取。正确的做法是，认真对待，抓紧治疗，与医师密切配合，在科学诊断的基础上，确定治疗方案。在确保身体伤病能够尽快治愈的前提下，适当地组织进行适宜的训练。

第三节　指导参赛者获得理想竞技表现的竞技参赛原则

一、适宜参赛目标原则

适宜参赛目标原则，是指参赛者在比赛前应根据运动员竞技能力的现实状态、竞技潜力、对手实力，以及比赛级别、比赛环境等影响因素科学制订运动员参赛目标的原则。

竞技参赛的直接目标是取得满意的比赛成绩。运动员比赛的成绩，即参赛的结果，包括参赛者在比赛中所获得的名次以及所表现出来的竞技水平两个部分。参赛目标也应该包括名次目标和竞技水平目标两个部分。竞技名次目标可以非常具体，如夺取金牌（第一名）等，也可以定在一个区间之中，如进入前八名等。竞技水平目标依不同的项目而有所不同。

（一）确立适宜参赛目标的意义

参赛目标的确定，对于运动员参赛的准备和参赛的行为有着导向性的意义。适宜的参赛目标应是在科学诊断的基础上，对己方、他方实力及参赛环境做出实事求是的对比分析之后，制订出的经过努力有较大概率可能实现的参赛目标。适宜的参赛目标可为参赛者提供积极的心理导向，可引导运动员科学地进行训练周期的设计，组织好参赛周期的运行，有助于参赛者正确地选择参赛战术，并准确地组织实施。过高或过低的参赛目标都不利于参赛的准备和参赛的实施。过高的参赛目标会迫使运动员竭力去争取力不能及的比赛结果，会带给运动员过重的心理压力，实施不切实际的战术，会导致运动员盲目蛮干，引发急躁情绪，容易发生创伤；过低的参赛目标则降低了对参赛者的要求，导致运动员动员程度不足，会带来对比赛淡漠、意志松懈，遇到意外的困难时惊慌失措、丧失斗志。

（二）确立适宜参赛目标的影响因素

在确定运动员参赛目标时，首先要确定赛事的性质，是参加竞技性的比赛，还是参加训练性或检查性的比赛；是年度主要比赛，还是热身赛。参加不同目的的比赛，参赛的目标当然会有所区别。

运动员参加具体赛事的比赛成绩，即参赛的结果，受三个方面因素的影响：①运动员自身所具有的竞技能力以及在比赛中发挥的水平；②参赛对手所具有的竞技能力以及在比赛中发挥的水平；③比赛结果的评定行为。因此，在确定具体赛事的参赛目标时，也应该全面考虑这几个因素的影响，选择确定运动员经过努力有较大概率能够表现出来的竞技水平和能够夺得的比赛名次作为参赛的目标较为合理。

在上述三个方面的影响因素中，在正常、规范的情况下，比赛结果的评定行为对所有的参赛者都是一样的。因此，参赛的各方运动员所具有的竞技能力，以及在比赛中可能发挥的水平，就是人们在设定参赛目标时应予重点研究和仔细思考的变量。

二、竞技状态调控优先原则

竞技状态调控优先原则，是指在赛前训练中教练员、运动员要特别重视和优先考虑力求使运动员在比赛中处于最佳竞技状态的原则。

在赛前训练中，将竞技状态调控问题置于优先地位是相对于竞技能力的发展而言的。竞技能力的发展与竞技能力的表现是运动员训练和参赛的两大主题。在一般情况下，训练活动的主要任务是发展运动员的竞技能力，而参赛的主要任务则在于表现运动员的竞技能力。因此，在参赛的准备和参赛的过程中，一切行为均应服务于这一主要任务的实现。

诚然，在赛前训练中，针对面临比赛的迫切需要，有时仍然有必要集中发展铁人三项运动员某种具体的竞技能力，如改进爬泳完整配合和骑行技术细节、演练公路自行车特定的战术配合等。但就总体而言，竞技者此时关注的焦点，毫无疑问应该是如何保证运动员能在比赛中把此前训练中已经获得的竞技能力充分地表现出来。而能否将运动员的竞技状态调控至理想状态，就是能否实现其竞技能力充分表现的关键所在。

运动员的竞技状态，即准备和参加比赛所具有的竞技能力状态，是始终处于不断的变化之中的。训练的专项化程度偏低、训练负荷过大或过小、参赛动机激励程度不足、热身赛强度太低、连续参赛身心疲劳和内外环境竞技压力过高，都会影响运动员竞技状态的水平。如果运动员临赛时处于不佳的状态，那么训练中的一切努力和训练中运动员所发展的竞技能力，都得不到充分的展现和发挥。因此，在准备参赛，特别是准备参加重大比赛的过程中，一定要坚定地把竞技状态调控问题置于优先地位。在直接参赛过程中，更是一切都要根据运动员竞技能力状态的变化，及时采取有效的调控措施。

（一）把握竞技状态变化规律的必要性

竞技状态就是运动员竞技能力的发展状态。运动员通过遗传、训练和生活等不同途径所发展和获得的体能、技能、战术能力、心理能力和知识能力构成了其综合的竞技能力状态。在训练中，可以称为训练状态；在赛前，可以称为准备状态；在比赛中表现出来即为竞技状态。

运动员的训练状态，或称竞技状态，始终处于不断的变化之中。当其处于良好的、最佳的竞技状态时，能够最充分地表现出其在训练中所获得的全部竞技能力；而处于不佳的甚至是最差的竞技状态时，所表现出来的竞技水平就会明显低于正常水平。每个运动员竞技状态的变化都有其特定的规律，了解、认识运动员竞技状态变化的特有规律，及时对运动员训练状态或竞技状态做出科学的诊断，是顺利组织训练、科学安排负荷、成功参加比赛的重要前提。

（二）调控运动员竞技状态高峰出现时刻的重要性

运动员训练的最终成果集中地体现于参赛的成绩之中。运动员在训练中可能会有惊人的表现，如跳高运动员可能在训练中跳过超过纪录的高度，但那是不能够被承认的。许多项目的国际联合会都明确规定，只有在特许的比赛中表现出来的竞技水平，才有被承认为相应层级纪录的可能。

重要比赛通常都会提前确定比赛的日程，因此，教练员及其训练团队应依据运动员竞技状态变化的规律，科学调控运动员的竞技状态，使其竞技状态的高峰出现于重要的比赛日，以获得理想的参赛成绩。

三、竞技能力优化组合原则

竞技能力优化组合原则，是指在赛前安排中要有计划地把平时训练中分散的、逐一培养发展的各种子能力有机地组合起来，更好地参与竞技的原则。

竞技能力是指运动员的参赛能力，是运动员参加比赛的主观条件或自身才能，由具有不同表现形式和不同作用的体能、技能、战术能力、心理能力以及知识能力所构成，并综合地表现于专项竞技的过程之中。任何运动项目、任何运动员的竞技能力都是由这五个要素，或称五种子能力构成的，都应该从这五个方面去认识、发展和评价自己的竞技能力（表 8.2），但在比赛中，则需同步地、综合地、完整地展现运动员的竞技能力。

表 8.2　运动员竞技能力的构成因素及其在比赛中的主要表现

竞技能力构成因素	主要竞技表现
体能	力量、速度、耐力、柔韧、协调、灵敏
技能	动作质量、动作经济性
战术能力	自身抗扰、干扰对手、影响判定
心理能力	比赛情绪动员、比赛情绪控制、意志品质
知识能力	竞技知识的掌握与运用

（一）运动员竞技能力的结构特点

运动员的体能、技能、战术能力、心理能力与知识能力依特定的结构特征组合而形成运动员综合的竞技能力。依据运动员竞技能力各组成要素之间相互联系、相互作用方式的具体特性与功能建立的反映竞技能力构成共性的模型是对运动员竞技能力结构的概括、归纳或抽象。运动员竞技能力结构模型反映竞技能力内部各要素之间关系的本质特性。在铁人三项运动员常年的运动训练过程中，应适时地根据运动员在特定阶段、特定时刻竞技能力结构的不同特征，有选择地确定训练的主攻方向，决定集中时间和精力"扬长"还是"补短"，正确处理二者之间的辩证关系，以求高效地改善和发展运动员总体的竞技水平，从而为我们准确地把握运动员竞技能力的构成，科学地诊断运动员竞技能力的现实状态，合理地选择运动训练内容和训练方法，恰当地确定不同竞技能力训练安排的比例和准确地制定和实施参赛战术，提供重要的科学依据。

（二）运动员竞技能力分解训练的必要性

运动员参赛时展现的是完整的竞技能力，在准备和参加每一次重要比赛的训练周期中，最终都把形成和加强综合的专项竞技能力作为重要的训练目标。但是，在日常训练活动的全过程中，不能只安排综合的、完整的专项训练。例如铁人三项运动员的游泳训练应多在自然水域中开展，才能从实战出发提升运动员的专项竞技能力。竞技运动训练的普遍实践证明，"比赛实战"是训练的最终目标，运动训练的一切活动都应该"从实战出发"，实战或模拟实战的训练在全部训练活动中应该占有重要的地位，但却不能只是安排"实战"。完整训练法和分解训练法都是常用的训练方法。

无论是运动员的技能训练、体能训练，还是运动团队的战术能力训练，都需要运用和安排分解训练。绝大多数竞技项目的运动技术，都有不同程度的复杂结构，都由若干个技术环节有机地组成，因此，只有在分别掌握了各个动作环节基本技术的基础上，才有可能完成完整的练习。训练实践证明，运用分解训练法有利于逐一地解决每一个技、战术训练任务，并可集中精力完成专门的训练任务。

（三）竞技实战对运动员竞技能力组合状态的要求

运动员在日常训练中，会安排相应比例的时间和负荷，运用分解训练法逐一地解决不同的体能、技能或战术能力训练任务，但参赛时展现的却是综合的完整的竞技能力。在备赛期间，如何将已形成的或者有可能形成的各项竞技子能力进行系统整合，使它们能够科学地融合为一个竞技能力整体，最大化地发挥系统合力以满足竞技比赛的实际需求，这是运动训练的终极目标。因此，离比赛的时间越近，训练的专项化程度就越高，训练内容的综合性程度也就越高。要把长时间训练中得到发展和提高的各种竞技能力有机地组合到一起，最后更好地将其融入专项比赛完整的演练中去，同步地施展出各种竞技子能力的发展水平。

四、冗余备赛原则

冗，闲散的、繁忙的、多余的意思。冗余，原是一个工程学中使用的概念，指重复配置系统的一些部件。当系统发生故障时，冗余配置的部件介入并承担故障部件的工作，由此减少系统的故障时间。近年来，"冗余"一词逐渐被引入多个领域，广泛应用于工作中为应对可能发生的意外事件而预先专门准备的重复配置。冗余原则要求凡事都多预留一些备份，宁可备而未用，而不能在需要时无所准备，力求在发生事先未曾预料到的事件时伸缩自如、游刃有余。用于竞技参赛工作中，冗余备赛原则就是指赛前准备工作中，在参赛方案、参赛选手、器材设备、时间安排等各个有关方面做好必要备份，以保障参赛顺利进行的原则。

（一）"有备无患"与"留有余地"的管理理念

运动员参加运动竞赛，都要追求理想的参赛结果，但运动竞赛的结果受运动员自身、竞技对手、比赛环境和条件、比赛结果的评定行为等多种因素的影响。对于参赛者来说，诸多影响因素中的许多因素都是难以控制的，如运动员自身的偶然伤病、竞技对手的战术运用等；还有一些因素则完全是不可控的，如赛地气候的突然变化，竞赛器材在运输途中的意外遗失、损坏等。面对这些偶发情况，"冗余备份"就会发挥重要的效用。显然，在竞技参赛活动中，强化"有备无患"和"留有余地"的管理理念，贯彻冗余备赛原则是十分必要的。

（二）竞技比赛中的多种备份需要

1. 参赛方案的备份需要

参赛者在赛前都会依据自身竞技水平的临赛状态，以及竞技对手和赛地、赛场的有关信息制订参赛方案。但运动员自身和竞技对手的竞技状态都在不断地变化，比赛环境也有可能发生这样或那样的改变，因此，需要针对可能产生的不同变化预先制订可供使用的备份方案。

2. 参赛运动员的备份需要

在铁人三项比赛的接力项目中，各运动队都会预留出比报名运动员多的预备人选。每个队伍中都有主力阵容，其他队员作为替补，以备不时之需。

3. 参赛装备的备份需要

铁人三项运动员在比赛中所使用的服装、器材对于顺利地参赛有着重要的意义。为了保证运动竞技的公平进行，许多竞技项目对于参赛服装、使用器材都有明确、详尽的规定。铁人三项运动员参加比赛时，都需要穿特定的服装、鞋，使用规范的运动器材，并且要在赛前接受检查。若运动员所携带的服装与器材发生损坏、丢失或经检查不合格等，将会严重影响运动员正常参赛。因此，预先准备好备份，携带到赛场或者赛地，无疑是至关重要的。

五、因势应变参赛原则

因势应变参赛原则，是指面对比赛过程中各种影响因素的变化，相应调整参赛行为，以获得理想比赛结果的参赛原则。

比赛结果的不确定性是竞技比赛的重要特征之一，而比赛过程的多变性正是导致比赛结果不确定性的重要原因。任何一个参赛者（队），无论在赛前做了多么充分的信息收集，做了多少备战预案，在比赛中都难以避免地会遇到这样或那样的状况，都难以确保全部的比赛过程会一丝不差地按照预定的方案发展、进行。运动员和教练员在这种情况下，不应死板地固守赛前预定的计划和方案，而应准确地审时度势，及时地做出调整，才能获得比赛的成功。

（一）运动竞技结果影响因素的多元性

运动员参赛的结果，不论是竞技水平，还是比赛名次，都是由运动员在比赛中的表现、对手在比赛中的表现以及竞赛结果的评定行为这三方面因素所决定的。进一步解析表明，运动员与对手在比赛中的表现都决定于他们各自具有的竞技能力及在比赛中的发挥程度；而比赛结果的评定行为则受竞赛规则、评定手段及裁判员的道德与业务水平等多个因素的影响。

（二）运动竞技态势的变异性

在赛前备战和竞技比赛过程中，决定运动员参赛结果的各个因素都在不断地变化着。参赛者自身与参赛对手竞技能力的状态有起有伏；比赛中的竞技表现时好时差；偶然的机遇，突发的转化，都有可能出现。在构成运动员总体竞技能力的体能、技能、战术能力、心理能力与知识能力这五种子能力之中，依其临赛发生变异的概率大小排序，变异概率最高的当数运动员的心理能力，其后依次为体能、战术能力、技能，变异概率最低、稳定性最高的是知识能力。

人类的心理活动每时每刻都在活跃地进行着，竞技场上诸多因素的变化，比赛进程中参赛各方优势、劣势的波动，都可能引发运动员心理活动过程中的反应，或使运动员兴奋，或使运动员沮丧；或给运动员以激励，或给运动员以打击。而且，异常活跃的心理变化可能会在一瞬间发生。受训练负荷、机体代谢、营养恢复等因素的影响，运动员体能也会在不同的训练日或不同的赛次有着不同程度的差别。高水平铁人三项运动员的专项运动技术尽管多已具有较高的自动化程度，战术运用或与队友的战术配合通常也都具有相对较高的稳定性，但每次比赛中的表现也不尽相同，由于比赛规模或参赛对手竞技表现的不同，铁人三项运动员在比赛中技战术水平的发挥，更是会有明显的差别。

第四节 铁人三项运动员竞技参赛准备

一、竞技参赛准备的意义

（一）比赛对运动员的特殊要求

初次或不经常参加铁人三项比赛的选手常常会有这样的体验：平时训练很好，但在比赛中却发挥不出来，于是，开始怀疑自己是"训练型"选手。事实上，此认识不一定是准确的。这种现象的出现和训练与比赛这两种活动的差异有着密切的联系。长期以来，许多人把训练和比赛当作一回事，以为它们之间只是程度上的差异，而不是本质上的差别，因此看重训练,在训练上比较有办法,也很能吃苦,训练效果也不错,但就是缺乏把这种能力带到比赛中的方法,一旦参加比赛就常常发挥不佳。

比赛是与训练紧密相关而有明显区别的。和训练相比,比赛复杂得多,影响运动员成绩的因素也是多方面的,如技术、战术、体能、心理、身体状况、饮食、气候、场地、交通、新闻媒体、比赛时间、比赛地点、器材、住宿、观众、裁判员、赛前训练、临场指导和人际关系等。相关学者认为:"影响比赛过程的因素是极其庞大而复杂的。粗略分析,就包括如下几大类:运动员的竞技能力及其表现;教练员的指挥艺术;比赛环境(包括场地器材、气候地理、观众、气氛等);裁判员的道德水平和业务水平;比赛的组织与管理工作等。"与竞赛相比,训练过程比较封闭,训练时运动员心理负荷较小。而比赛过程之开放、心理负荷之大、涉及的因素之广远在训练之上。比赛的强度和密度通常要比训练大得多,比赛中各种情况都可能发生。如果忽视这些差异,训练很容易与比赛脱节。

李益群等(2002)提出影响运动员比赛成绩的三个子系统,即运动员子系统、教练员子系统和比赛条件子系统,并指出"训练水平要兑换成运动成绩,这个兑换的比赛过程有这么多复杂因素介入,有比训练过程更加难以控制的局面,所以,比赛过程是一个极复杂的过程"(表8.3)。

表8.3 比赛过程和训练过程的比较

比赛过程特点	训练过程特点
时间短	时间长
多变	少变
对抗性强	对抗性相对不强
心理负担重	心理负担相对不重
可控因素少	可控因素相对较多

(二)竞技参赛准备的重要性

俗话说,不打无准备之仗。赛场如战场,要想"打好每一仗",竞技参赛准备就显得尤为重要。一个运动员、教练员或运动队,在训练一个周期和一段时间后,进入赛前的临战状态,主要任务是做好竞技参赛准备。

竞技参赛准备是实现由训练向比赛顺利过渡的专门活动或阶段。运动员平时的技术训练、战术训练和体能训练的效果,都需要通过竞技参赛准备来进行整合,使运动员进入良好的竞技状态。

竞技参赛准备的目的是在适当的时机，遵循一定的原则，运用各种手段，采取相应的对策，针对比赛中可能发生的问题来考虑和实施调整，帮助运动员形成最佳的竞技状态，促进运动员在比赛中尽可能地发挥出训练水平，并在比赛中取得好成绩。在影响比赛的诸多因素中，竞技参赛准备是教练员和运动员能够控制的因素。若能认真处理好，将会起到事半功倍的效果。科学合理的竞技参赛准备是决定运动员正常发挥、取得理想运动成绩的重要环节之一。竞技参赛准备充分与否对比赛结果的影响是显而易见的。从某种意义上讲，在竞技参赛准备阶段，比赛虽然还没有正式开始，但是双方的"较量"已经展开。

二、竞技参赛准备的内容

竞技参赛准备是一项系统工程。优秀运动员或运动队在多年组织参赛的实践过程中，积累与总结了丰富的实践经验，对于竞技参赛准备的工作内容有着成功的概括。通常情况下，竞技参赛准备工作，主要应包括信息准备（information preparation）、心理准备（mental preparation）、体能准备（physical preparation）、技术准备（technical preparation）、战术准备（tactical preparation）和物品准备（items preparation）等内容。

（一）信息准备

与做好各种工作的准备一样，信息准备是竞技参赛准备工作的第一步，为竞技参赛所有准备工作提供不可缺少的信息基础。面对准备参加的比赛，运动员一方面要对自己的竞技能力发展水平做出准确的诊断，要对自己在未来的比赛中可能表现的竞技状态做出科学的预测，另一方面还要主动收集有关赛事的环境和条件、竞赛组织管理的要求和特点、参赛对手的水平和状态等竞技信息。

在对这些信息进行整理、加工和分析的基础上，运动员及教练员力求合理地制订参赛目标，正确地预测比赛进程，科学地制定参赛战术，并有针对性地设计赛前训练计划。只有这样，才可能在未来的赛事中取得满意的参赛结果。

（二）心理准备

如果说在参赛准备阶段开始时还可以各有侧重地分别解决技术、战术和身体素质方面的任务，那么随着比赛日的临近，必须巩固和提高未来比赛条件下运动员的综合运动能力，包括运动员参赛的心理准备。

运动员在参加比赛前往往只重视身体和技术、战术的准备，而忽视心理准备。然而，随着部分运动员在许多重大比赛中出现因心理准备不足而与冠军失之交臂的事例，赛前心理准备工作也逐渐受到教练员和运动员的接纳与重视。许多运动员在平时训练时心理问题并不突出，而到比赛时则显现出来。因此，有必要对运动员进行有效的心理干预，而在运动员心理干预中，参赛心理准备则是必不可少的。

运动员参赛心理准备的主要目的是消除赛前或比赛中可能出现的某些心理阻碍，使运动员在赛前形成并在整个比赛过程中保持积极而稳定的心理状态。最佳竞技心理状态有助于理想竞技状态的形成并在比赛中出现。这是运动员在比赛中取得优异成绩的核心因素之一。参赛心理准备主要包括以下内容。

第一，建立正确的比赛心理定向。比赛心理定向是运动员在赛前和赛中特有的注重比赛过程，还是注重比赛结果的思维活动指向或定式。这既是赛前心理准备的内容，更是平时训练中应着重培养的内容。

人的心理定向可分为任务定向和自我定向。任务定向以自我提高的程度为参照标准，较少受到自己与他人比赛成绩的干扰，不易感到焦虑。自我定向是在与他人成绩进行比较的基础上设定的成绩指标，只有成绩比别人好，才能感觉到成功，心理和行为常让结果牵着走，容易引起情绪波动，感到紧张。

正确的比赛心理定向应当是关注自我，关注技术动作、比赛过程和关注现在、当前的比赛活动；不正确的心理定向是关注他人，关注比分和比赛结果，以及关注过去和将来的得失。正确的比赛心理定向应当是那些个人能够控制的因素，而不正确的就是那些个体无法控制的因素。

第二，制订详细、周密的心理准备方案。制订比赛心理准备方案的过程不仅是一个准备过程，而且也是明确指导思想的心理定向过程、一个积极强化的过程。当运动员完成这一过程，感到内心踏实了，似乎整个比赛过程已在自己掌握之中时，比赛的不确定性及产生比赛应激的可能性自然也随之降低。

通常，心理准备方案可以作为比赛方案的一部分，也可以单独撰写；可以是运动员独自制订，也可以是与教练员和心理教练共同讨论或在他们的帮助和指导下完成。方案的内容应该结合本人当时的状况、思想活动、该次比赛的特点等，在综合考虑的基础上完成。其内容应具体详细，有针对性和可操作性，避免空洞的、泛泛的内容。

第三，帮助运动员调整好赛前心理状态。为使运动员形成赛前最佳心理状态，教练员首先要运用心理诊断的理论和方法确定运动员参赛时应处于何种状态及其具体程度；其次，有针对性地应用镇静或兴奋等相关心理训练方法，同时请运动心理学专家通过心理咨询等手段来帮助运动员调整赛前心理状态。

总之，在运动员心理准备期间，教练员和科研人员要妥善解决下列任务：创建一个统一的、封闭的运动队集体；创造一种促进运动成绩提高的总体氛围；激发运动员取得优异运动成绩的动机，坚定运动员对比赛和战术运用的必胜信心；针对直接对手的特点进行相应的调适训练；根据比赛前和比赛期间的一般气氛（如观众、传媒和裁判员的行为等）进行针对性模拟训练。

（三）体能准备

运动员在比赛中的体能消耗与训练中有很大的不同。比赛时的运动强度通常要比平时训练大很多，很多项目的运动员在比赛期间极易出现身体疲劳，从而影响到比赛发挥。

体能是运动员技术、战术发挥的基础和保证。考虑到比赛中体能消耗过大的实际情况，在平时训练，特别是在赛前阶段，体能训练不但不能放松，还应更加重视。在全面提高运动员身体素质的基础上，应进行有针对性的体能训练，积极做好体能贮备，以保证比赛的需要，并适应比赛的要求。

另外，为了搞好体能准备工作，赛前要注意减少不必要的体能消耗，除赛前训练外，应尽量减少外出活动的机会，原则上不安排旅游观光、观看文艺演出等休闲或社交活动，搞好饮食，保证睡眠，并采取热水浴和按摩等手段来消除运动员的疲劳。

（四）技术准备

一般而言，运动员赛前都非常重视技术准备，包括：完善自身的运动技术，纠正小的技术缺陷，根据赛场的具体条件能动地巩固和适应比赛动作的技术要求等。随着赛事的临近，运动员在技术方面的准备要以提高训练质量为主基调。扎实有效的技术准备主要体现在以下几个方面。

（1）技术训练要因人而异，既要充分体现运动员的技术风格与特点，又要兼顾运动员的技术状态差异。

（2）技术训练要程序化、规范化，尽可能地按照最新的比赛规则来严格要求与规范训练。

（3）减少一般性练习和分解练习的数量与比重，主要采用更加接近专项的运动形式，以完成完整的技术动作为训练科目，努力提高练习的成功率和稳定性。

（4）搞好赛前小周期技术训练的调控，循序渐进，逐步减少练习量，提高练习强度，起到赛前诱导的作用，同时也要避免由于训练过度所带来的过度疲劳，以及由此引发的伤病等意外状况。

（五）战术准备

相比而言，战术准备是一项复杂和更具挑战的工作。战术准备是建立在其他准备基础之上的，也就是说其他准备工作基本就绪了，才能在"知己知彼"的情况下着手进行战术准备，制订参赛战术方案。

进行战术准备，要针对赛场的具体条件，了解对手的战术信息，细致入微地设计战术方案，并要注意以下三点：①要根据运动项目自身的特点和规律，适应当前的运动技术、战术的发展趋势；②要根据运动员身体的具体条件，符合实际情况；③要根据具体的比赛任务和主要对手的特点。

战术准备不仅仅是指导思想的确定，更要注重战术指导思想的贯彻与实施。首先，要统一全队思想，这在团队比赛的项目中尤为重要。战术指导思想不是空洞的口号，而是行动的指南，要通过认真学习与深入讨论，使全队人员提高对其含义与作用的认识，了解其全部内涵，才能在训练和比赛中有明确的奋斗目标和努力方向。其次，要制定具体的措施。根据项目发展的趋势，结合本队的实际条件，制定适合本队情况的指导思想与具体措施。最后，落实到训练和备战中。要把本队制定的战术指导思想和具体措施，落实到每堂课的训练之中，贯彻于每项技术、战术的行动中，以巩固和完善技术和战术风格，完成训练任务，实现奋斗目标。

为了应对比赛中的各种变化，有备无患，按照冗余备赛原则，在战术准备时需要制订多个参赛战术方案，其中包括基本的战术方案和备用的战术方案。一旦比赛中出现变故，可以启用事先准备好的备用的战术方案。至于需要准备多少套备用的战术方案，则要根据项目和运动员的实际情况来确定。可通过大赛之前的热身赛和模拟赛，演习和检验战术方案的合理性、实效性，以利及时调整完善。

（六）物品准备

运动器材作为竞技参赛准备的一部分，必须保持所有装备都处于完好状态。运动员参赛前,要仔细检查比赛所需的器材,并保持其干净、整洁和正常使用。此外,在出发前最好请有经验的裁判员按照最新的规则要求检查比赛所使用的器材。另外,为了确保比赛时万无一失,按照"冗余参赛"原则要求,应该至少准备1套备用件,易损零件或器材要多配备几个或几套,适当配备一些相应的备用装备和器械。对于某些重要的铁人三项比赛器械,如公路自行车等,为了防止在运输和比赛中出现损害或丢失情况,应该妥善包装或者分批次运输、分地点放置与保管,以确保比赛器材正常使用,做到万无一失。

三、竞技参赛准备的工作流程

竞技参赛准备的工作流程由以下五个环节组成,即募集与处理竞技信息、对运动员赛前状态进行诊断与建立参赛目标、对运动员参赛风险进行识别与评估、制订赛前训练计划与制订竞技参赛方案。

(一)竞技信息的募集与处理

1. 竞技信息的募集

运动竞赛中,详尽地了解对手及本方的各种信息,是制胜的先决条件。通过掌握最新的竞赛规则及参赛指南,同时积极运用先进的科技手段,了解有关运动队、运动员及主要竞争对手的信息,这包括彼我双方的近期状态,如战绩和技术统计资料、运动员伤病情况,以及以往的训练和比赛的影音图像、文字资料、技术和战术特点等。通过对此类信息的收集汇总、鉴别分析,做到知己知彼,以便有的放矢地做好准备。

不仅如此,还要尽可能准确地了解比赛环境的各方面情况,包括比赛场地、器材、环境、气温、气候、裁判员与观众、赛场的实时消息等各个赛场因素,使运动员、教练员做到心中有数,有备无患。

2. 竞技信息的处理

并不是所有募集到的竞技信息都有价值,有些竞技信息可能是无用的。因此,在募集到大量的竞技信息后,还需要进行整理与分析,提取可操作的那部分信息,然后才能运用到赛前准备中。竞技信息的处理可分为教练员竞技信息的处理和运动员竞技信息的处理两类,其中赛前竞技信息的处理主要是指教练员竞技信息的处理。

竞技信息处理对于运动员的参赛结果有着重要意义。正确处理竞技信息能够使运动员改变自身参赛系统与竞技信息环境之间的关系，获得更多的有益竞技信息，避除或转化有害竞技信息，有利于建立和维护良好竞技状态，从而为运动员进入最佳竞技状态、取得优异运动成绩而创造良好的条件。

（二）运动员赛前状态诊断与参赛目标的建立

1. 运动员赛前状态诊断

通常把赛前状态分为好与差两种，实际上它们是两种极端，赛前状态大多是在好与差的区间里。适宜的赛前状态不是一个点，而是一个区域。不同项目的运动员适宜的赛前状态都是不同的。赛前状态和运动成绩之间不是相互对应的线性关系。通常有四种情况：①赛前状态差，运动成绩不好；②赛前状态好，运动成绩好；③赛前状态差，运动成绩好；④赛前状态好，运动成绩不好。如果把比赛对手状态作为中介变量，情况就比较复杂了，有八种可能情况。尽管赛前状态与比赛成绩之间存在多种可能的关系，但是赛前状态与比赛成绩一致的情况还是比较常见的。因此，有必要对运动员赛前状态进行诊断，从而采取有效措施帮助运动员调控好赛前状态。

根据参赛准备的进程和比赛的赛程安排，诊断并监控运动员赛前状态。赛前状态的三种主要类型见表 8.4。

表 8.4　赛前状态的三种主要类型

类型	主要特点
适宜准备状态	中枢神经系统兴奋性适度提高，植物性神经系统和内脏器官的惰性得到一定的克服，使进入工作状态的时间适当缩短，从而有利于发挥机体工作能力和运动成绩的提高
起赛热症	中枢神经系统兴奋性过高，表现为过度紧张，常有寝食不安、四肢无力、全身微微颤抖、喉咙发堵等不良生理反应，因而使运动员工作能力和运动成绩下降。此类型常见于初次参加比赛的年轻运动员，或运动员参加特别重大的比赛，或运动员过分重视比赛结果
起赛冷淡	由于赛前兴奋性过低，进而引起了超限抑制，表现为对比赛淡漠，浑身无力，不能在比赛时充分发挥机体工作能力。此类型是第二种类型的继发反应

判定运动员赛前状态情况，通常采用训练学标准、生理学标准和心理学标准。训练学标准有动作效率、运动经济性、命中率和考核成绩等；生

理学标准有脑功能、心肺功能的情况等；心理学标准有动机、自信心、注意集中、本体感觉和情绪等方面。

2. 运动员参赛目标的建立

运动员参赛目标是建立在运动员赛前状态基础上的，另外，要体现出竞技参赛目标的弹性特征。在一场综合性的大型比赛中，影响运动员比赛结果的因素很多。对任何一个参赛者来说，其中都有一些因素是无法控制的，如对手竞技水平的变化和裁判员的执法行为等。而受许多不可控因素影响的事件结果，当然也很难在事先做出准确的预测。所以，主观硬性要求运动员在比赛中一定要获得第一名或者第二名，常常会干扰运动员在比赛中的正常发挥，所要求必须完成的指标也常常难以完全实现。

因此，设立竞技目标时，正确的、聪明的做法是确定一个适宜的弹性区间。将经过艰苦的努力有较大可能完成的弹性区间目标定为参赛目标，既能对参赛的运动员和教练员产生巨大的激励作用，又为非可控因素的干扰留下了调节的空间。

（三）运动员参赛风险的识别与评估

1. 运动员参赛风险的识别

运动竞赛是一项极其复杂的系统工程，运动员参赛则是一个充满风险的过程。运动员参赛过程，通常分为两个大的阶段：第一个阶段是赛前准备阶段，第二个阶段是比赛阶段，而每个阶段又由许多小的阶段组成。对于这些确定的小阶段，一般都有规定的参赛程序和流程，其管理工作的复杂性相对不大。但在运动员实际参赛过程中，不可避免地会受到比赛的各种不确定因素的影响，存在风险性问题，其管理则相当复杂。由于来自竞赛的信息不完整或信息相对滞后，对运动员参赛风险的识别及性质的把握有很大难度。因此，在某种意义上讲，运动员要想在比赛中取得理想成绩，一个重要任务是对面临的参赛风险进行认真的分析与有效的管理。

运动员参赛风险是运动竞赛这一特定社会活动中出现的风险，它包括运动员在参加运动竞赛活动各个阶段或环节可能遇到的风险，即在运动竞赛中发生各种干扰运动员比赛发挥或导致运动员比赛成绩降低事件的可能性。运动员参赛风险是由竞赛中的不利事件或干扰事件引发的，它所导致的可能结果是降低运动员竞赛成绩或使运动员在竞赛中发挥失常。从运动员赛前准备阶段开始，就存在各种不同的参赛风险及这些参赛风险的组合，它们出现的概率和所造成的影响也各不相同。

运动员参赛风险的识别是风险管理的第一步，主要是对在未来重大比赛中我国优势项目高水平运动员可能面临的和潜在的参赛风险加以分析、判断和归类。运动员参赛风险是多种多样的，在现有体育文献中就有这方面内容的很多报告，可以通过收集整理这些曾经出现的运动员参赛风险事件，来帮助我们做出识别。

通常在风险识别时采用《风险检查表》，即将可能发生的许多潜在风险列在一个表上，供风险管理人员进行检查核对，用来判别是否存在表中所列出的或类似的风险。《风险检查表》中，列出了所有可能的与每一个风险因素有关的问题，使得风险管理者集中来识别常见的、已知的和可以预测的风险。

2. 运动员参赛风险的评估

风险评估是对运动员参赛风险的定量分析，目的是为风险决策、风险应对策略与方法的选择提供可靠的科学数据。在世界大赛中，运动员经常受到各种参赛风险的影响，那么，哪些风险是运动员主要参赛风险？它们的影响有多大？为此，在进行运动员参赛风险识别的基础上，需要了解运动员参赛风险的具体情况，这就要对运动员参赛风险进行评估。准确的运动员参赛风险评估可以为运动员的赛前准备或赛前训练提供帮助，更为重要的是，可以为运动员训练水平的提高和比赛能力的培养提供依据和参考。及时准确的运动员参赛风险评估结果可以有利于应对运动员参赛风险策略与方法的个性化，也可以使每一个运动员应对参赛风险个性化。

（四）赛前训练计划的制订

参赛准备计划包括赛前训练计划和比赛的专门计划（或称比赛方案）。赛前训练计划包括周期组成、内容选择、负荷安排等；比赛的专门计划则包括：比赛方案设计，比赛任务和要求，双方情况分析，比赛运用的技战术，赛前练习、准备活动的安排与要求，对比赛中可能出现的各种困难情况的预料及应对策略，比赛期间生活作息制度与要求，以及准备会的安排。

需要指出的是，由于参赛准备过程和比赛中会发生一些突发事件，如运动员伤病等，因此，制订的参赛准备计划要有一定弹性或灵活性，能及时根据临场的条件变化做出相应调整。

（五）竞技参赛方案的制订

比赛虽然变幻莫测，但还是有规律可循的，铁人三项运动员应根据对赛前状况的分析和对比赛条件的了解，制订出周密的参赛方案（包括赛前行为和思维程序），尽可能多地设想一些情况和解决的措施，准备越充分，心里越踏实。另外，在实施过程中，根据该参赛准备计划的完成情况，及时修订参赛方案，并运用于比赛之中。同时，还要做好服装、器材设备等准备工作。

第五节 铁人三项运动员竞技参赛方案的制订

一、运动员参赛方案的内容与制订

（一）运动员参赛方案的内容

铁人三项运动员参赛方案是运动员为完成比赛任务而可能采用的行动计划。通常，一个行动计划应包括：做什么（what）、何时做（when）、在何处做（where）、为何做（why）、怎么做（how）五个方面的内容。

运动员参赛方案通常要用概括性的文字来表述，主要有以下四个方面的内容。

1. 参赛指导思想

运动员参加比赛都要受一定的思想、观念或理论的指导和支配。指导运动员参赛行为的思想、观念或理论体系，就是参赛指导思想，亦称参赛行动指南或参赛定向。参赛指导思想支配运动员比赛行为表现，进而影响比赛发挥和比赛结果。这要求运动员赛前对自己的参赛角色进行合理定位，即"摆正位置"，就是参赛指导思想的具体表现。

通常要求运动员在比赛中首先摆正自己的位置。比较常见的运动员参赛定位不准，大多是过多考虑比赛结果，其最后的比赛结果常常也不会理想。

2. 程序化参赛过程

这部分工作主要是安排运动员在比赛中的具体参赛行为，通常要求运动员尽量把比赛过程（怎么比）写得细。采用程序化参赛模式可以有助于运动员有条不紊地实施比赛行为，避免或减少参赛风险事件的发生，从而提高参赛的可靠性，保证运动员比赛发挥。程序化参赛就是将比赛过程中的活动进行"编程"，什么时间由谁来做什么，将参赛行为进行分解细化。

3. 比赛中可能出现的问题

为了能在大赛中使运动员保持平稳的心态、充分发挥水平，必须对可能出现的困难做好充分准备。无论是什么项目，无论是哪个队员，要打好比赛就要把困难考虑周全，把对策准备足，要多问几个为什么。在运动员参赛方案中，应该根据以往训练和比赛的经验，提出比赛中可能会出现什么问题，并进行认真分析。

4. 可能出现问题的应对策略与方法

这部分工作非常重要。在提出可能出现的问题并分析的基础上，提出切实可行的应对策略与方法，并在赛前训练中演练，以检验实效。平时的训练和以往的比赛都可以用作学习的应对策略与方法。不能仅仅靠获取比赛经验去学会比赛，在平时的训练中也可以学会很多比赛的策略与方法。

（二）运动员参赛方案的制订

虽然比赛场上的竞技态势是动态变化的，但是只要仔细观察、认真分析，运动员依旧可以找寻到竞赛变化规律，可以提前预测比赛的结果。

许多优秀的铁人三项运动员都十分重视并认真制订自己的比赛方案，但是在能否制订一个完善的参赛方案上还存在一些问题，如方案中对自己要求过高、面对比赛中可能出现的情况采取的措施不合适，以及与平时训练中的要求脱节等。因此，运动员赛前制订出参赛方案后，要与教练员一起讨论分析并修改完善。需要指出的是，平时训练要从实战出发，而比赛方案不能脱离平时训练，不考虑运动员的实际情况，一味过高要求是不可取的。比赛方案的制订要实事求是，并最好落实到平时训练中。

一个好的参赛方案除了包括技术和战术方面的要求外，还应有心理方面的安排（包括行为程序和思维程序）。技术和战术方面主要是个人合理动作程序和战术安排等。在充分地了解了对手之后，就需要有针对性地为制订战术做好两件事：①希望在场上出现何种情况；②怎样防止不利于己方的情况的发生。谁都希望发挥一些技术特长和采用惯用战术来控制场上局面，争取胜利。但当对手遏制你，打破了你常规的比赛节奏，并攻击你弱点时，你在赛前就要预料到这一点，并制定具体战术来避免这种情况的发生。这样，在比赛中才能做到处乱不惊、应对自如。

行为程序主要是指比赛前什么时候应当做什么，如比赛当天早上起来以后的安排、准备活动的时间和内容以及比赛期间自己在闲暇时间的活动等；思维程序主要是指比赛前什么时候应当想什么，如默念动作要领、想象动作以及中止无关想法干扰的合适时机等。在心理方面，还应安排一些运动员已掌握的心理调节法，用以处理比赛中经常出现的情绪紧张，稳定比赛的心理状态。

二、程序化参赛的优点与实施

（一）程序化参赛及其优点

运动员参赛是一个复杂的系统，涉及方方面面的人与事，需要进行有效的管理，而大量的成功运动实践表明，程序化参赛是一种很好的管理模式。

1. 程序化参赛的来源

程序化参赛源于程序化管理（programmed management）的理论与方法。早在1776年，亚当·斯密在其《国富论》一书中就描述了大头针的生产制造过程，并将其划分为大约18道工序，这是最早从社会分工的角度对程序化管理问题所进行的研究。

通常，程序化管理要说明进行某种活动或完成某项工作的内容、操作方法及其相应的规则系统和前后衔接递进关系。管理者一般把反复出现的业务编制成具有相对确定性的程序，执行人员只要按照编好的程序去做，就能得到较好的效果。程序化管理存在于一切活动中，科学地制定程序，有助于提高效率。

2. 程序化参赛在体育运动中应用简述

程序化参赛对我们来说并不陌生。苏联学者探讨了体操运动员的参赛准备，详细介绍了"点名前采用的方法""点名后采用的方法"和"在准备姿势时采用的方法"，并提出："将直接准备分为阶段，提出任务和采用最典型的方法，不是将完整的直接准备体系明显地分成几个'部分'，因为这种分解是有条件的，仅仅是为了利用它，达到一定的教学目的。"

程序化参赛最早出现在我国一些优势项目（如体操和射击等）运动员参赛活动中，后来经皮划艇和赛艇等项目创造性应用并取得了很好的效益，因此逐渐流行起来。中国皮划艇队在对2004年雅典奥运会备战和参赛全过程进行系统总结后，将程序化参赛的主要作用归结为以下四点。

（1）程序化方案的制订可以使参赛群体包括教练员、运动员和管理人员、工作人员形成共识，从而形成强大的心理氛围。

（2）程序化参赛可以避免运动员因大赛的紧张造成过度紧张而忘却某

些重要参赛环节。

（3）程序化参赛可以使不同的角色各归其位，使比赛的现场忙而不乱。

（4）程序化参赛可以为运动员发挥比赛能力提供必要的保障。

中国皮划艇队关于程序化参赛主要作用的认识源于他们的成功实践，也为铁人三项参赛人员深入理解程序化参赛及其特点提供了重要的参考依据。

3. 程序化参赛的目的

程序化参赛的目的是规范运动员和教练员等相关人员的行为，提高参赛过程的合理性和规范性，使运动参赛主体能够更好地在激烈的比赛竞争中取胜。

程序化参赛是对赛前准备的系统化安排。从出发参加比赛开始，特别是抵达赛区以后，每一段时间该做什么都有明确的活动方案或时间表，如几点起床、几点吃饭、几点乘车、几点练习、几点比赛，什么时候要带什么、勿忘什么、注意什么，可以说应有尽有，参赛工作井然有序，才能避免因丢三落四而导致影响不利的影响。

4. 程序化参赛的优点

程序化参赛可以为运动员参赛提供脉络清晰的操作路径，降低他们的心理压力，有效地应对运动员参赛风险，使比赛忙而不乱，从而保证运动员技、战术水平的发挥。程序化参赛的主要优点是：

1）程序化参赛有利于运动员和教练员实施合理参赛行为

提高运动员参赛活动效率不同于平时的训练。体育比赛的复杂性和应激性决定了运动员参赛行为的难度。运动员参加比赛面临的挑战巨大，经常会遇到各种实际问题或困难，进而干扰运动员正常的参赛。例如，比赛时运动员由于心理紧张，注意指向出现偏差，导致"发挥失常"。

程序化参赛要求运动员和教练员按照规定的方法、程序去做自己应该做的工作，从而避免或减少由于疏漏或遗忘而导致的参赛风险事件的发生，保证运动员顺利参赛和取得理想的运动成绩。

程序化参赛对运动员参赛过程进行了精心安排，什么时候做什么，该怎么做，都是预先考虑好的。这样就可以最大限度地减少重复活动，减少由于方式、方法不当而造成的失误，同时，也会在一定程度上降低参赛管理的难度与强度，最终达到提高运动员参赛活动效率的目的。

2）程序化参赛有利于运动员良好参赛心理状态和理想竞技状态的形成

程序化参赛实际上是一种"以不变应万变"的工作思路。面对变幻莫测的比赛，应该始终坚守以不变应万变。以不变应万变并不是故步自封、止步不前，而是在"大敌当前"的情况下沉着、冷静的表现。"慌乱"是运动员参赛的一大禁忌，而程序化参赛可以在一定程度上帮助运动员避免慌乱以及由此引发的不良的参赛心理状态。程序化参赛可以引导运动员关注比赛过程本身，而不是比赛结果，因此它对运动员理想竞技状态的形成有着积极的作用。

（二）程序化参赛的实施

程序化参赛的实施需要一定的环境条件及运行规范，具体包括前提条件、运行程序图及其说明。首先，明确教练员和运动员在参赛过程中的任务与职责，并对参赛过程进行环节分析，将运动员参赛的常规行为编制成相应的程序，同时将偶发事件及其应对也一并考虑进去，供运动员比赛时使用。其次，绘制运动员程序化参赛运行图。通常，其是按照比赛的环节或先后顺序确定运动员具体参赛行为，一步步推理绘制而成。另外，要有程序化参赛运行图的实施说明，就是要具体进行每项工作由谁负责、谁来执行等一系列问题的说明。有了这个说明，运动员和教练员不但清楚了自己的具体任务与职责，而且明白了自己的参赛行动路线，避免了参赛工作的盲目性，有利于提高参赛效率。

程序化参赛的实施是建立在程序化参赛方案制订的基础之上的，而程序化参赛应该按照程序化参赛运行图来实施。程序化参赛的实施是一项复杂、细致的工作，它不但要求教练员和运动员各负其责、相互协调，而且要求相关人员的密切协作，只有这样才能将程序化参赛贯彻落实到底。

主要参考文献

鲍伊尔，2017. 体育运动中的功能性训练［M］. 北京：人民邮电出版社.

陈小平，等，2020. 当代运动训练经典理论与方法［M］. 北京：人民体育出版社.

国家体育总局青少年体育司，国家体育总局自行车击剑运动管理中心，2016. 中国青少年铁人三项训练教学大纲［M］. 北京：北京体育大学出版社.

吉尔伯特，2019. 高水平教练执教手册［M］. 北京：人民邮电出版社.

罗曼诺夫，罗伯逊，2018. 游骑跑三项运动技术［M］. 台北：脸谱出版社.

陶焘，2021. 游泳运动员身体功能训练理论与实践［M］. 武汉：武汉大学出版社.

田麦久，2010. 竞技参赛理论研究文集［M］. 北京：人民体育出版社.

田麦久，2014. 高水平竞技选手的科学训练与成功参赛［M］. 北京：人民体育出版社.

中国铁人三项运动协会，2018. 国际铁人三项联盟竞赛规则［M］. 北京：北京体育大学出版社.

PAYNE G，等，2008. 人类动作发展概论［M］. 北京：人民教育出版社.

RIEWALD S，RODEO S，2021. 游得更快的科学原理：优异运动表现的技术和训练研究进展［M］. 北京：科学出版社.